中国旅游业改革发展报告

（2016—2017）

国家旅游局政策法规司
中国社会科学院旅游研究中心 编著

中国旅游出版社

深化旅游改革　推进全域旅游　发展优质旅游

党的十八大以来，以习近平同志为核心的党中央以巨大的政治勇气和政治智慧部署全面深化改革，全国各项改革形成夯基垒台、积厚成势、蹄疾步稳、纵深推进的良好态势。当前，中国特色社会主义进入新时代，旅游业作为国民经济的战略性支柱产业，无论从国家宏观发展要求，还是从自身发展需要，都迈入了新的发展阶段。时代呼唤改革，发展离不开改革，我们要推动旅游改革在新起点上实现新的突破。

旅游改革要为抓住全面深化改革历史机遇发力

旅游改革的背景是国家全面深化改革。我国旅游业发展与国家的改革开放同步，改革是旅游业发展的生命之源，也是旅游业保持蓬勃之势的不竭动力。在党中央、国务院的坚强领导下，旅游业在近四十年的改革历程中实现了从无到有、从小到大的发展，实现了从旅游短缺型国家到世界旅游大国的历史性跨越。党的十八大以来，无论是“放管服”改革、财税制度改革、金融体制改革，还是国企国资改革、农村土地制度改革、生态文明体制改革、自然资源产权管理制度改革等都取得了突破性进展，这些改革对于消除旅游发展所面临的要素资源制约、保障政策制约、管理体制制约等都创造了良好的条件。因此，深化旅游业改革恰逢其时，既是贯彻党中央、国务院战略决策部署的必然之举，也是推进旅游业高质量发展的大势所趋。全国旅游系统要认清形势，主动适应，抢抓机遇，形成改革合力，确保全面发力、多点突破、纵深推进。

旅游改革要为推进全域旅游发力

旅游深化改革的主线在于推进全域旅游。全域旅游是贯彻习近平总书记五大发展理念，系统总结中国旅游业的发展实践，分析未来发展大趋势作出的战略选择，是建设世界旅游强国“三步走”的必然途径和有效抓手，并已上升为国家战略。从目的看，旅游改革要立足群众获得感幸福感，发展全域旅游有利于满足本地居民和外来游客的共同需要。从空间看，全域旅游示范区创建单位已达506家，其中有7个省级创建单位，覆盖31个省区市和新疆生产建设兵团，这些全域旅游示范区创建单位都是旅游改革的重要阵地。从内容看，发展全域旅游所应包含的综合管理体制、综合执法机制、旅游用地、旅游投融资、景区管理体制、旅游扶贫等都是旅游改革的重要突破口。党的十八大以来各地旅游改革中的诸多亮点，无一不是大力发展全域旅游的结果。全域旅游的体制观、资源观、产品观、业态观、发展观，明确了中国旅游业在国民经济中的新方位，明确了推进旅游改革应有的定力和取舍，明确了旅游改革的步子往哪里迈、劲儿往哪里使，旅游改革要围绕全域旅游这条主线来发力。

旅游改革要为开创优质旅游发展新时代发力

从高速旅游增长阶段转向优质旅游发展阶段是国家整体经济转型的必然要求，是化解新时代我国旅游主要矛盾、保持旅游业健康发展的必然要求，也是建设世界旅游强国和服务“两个一百年”奋斗目标的必然要求。推动优质旅游发展，要站好三个角度。站在消费者的角度，旅游消费者需要的是更安全、更便利、更快乐、更舒心的优质旅游；站在服务者的角度，服务者应该提供既有标准化又有特色化的优质服务；站在保障者的角度，我们应为优质旅游发展提供优质的制度、人才、环境等各种保障和支撑。旅游改革的目的是保证旅游发展坚持走中国特色内涵式旅游发展之路、坚持走高渗透融合发展之路、坚持走依法治旅之路、坚持走科技创新发展之路、坚持走全方位开放开拓之路，全面破解旅游发展不平衡不充分的问题，奋力开创优质旅游发展新时代。

今年是贯彻十九大精神的开局之年，也是中国改革开放40周年。我们要以习近平新时代中国特色社会主义思想为指导，脚踏实地、锐意进取，坚定不移地把旅游改革推向深入，为更好地实现人民对美好旅游生活的需要，为加快建设世界旅游强国、奋力迈向优质旅游新时代做出新的更大贡献！

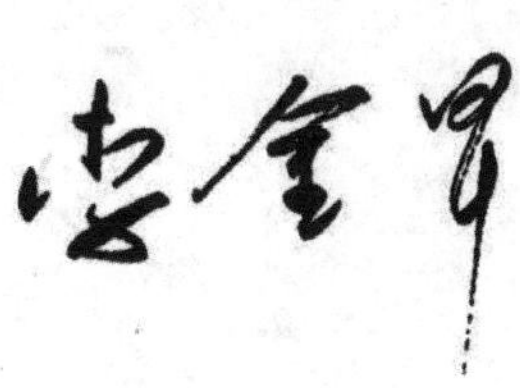

2018年1月31日

目　录

一、中国旅游业改革发展的新阶段

二、中国旅游业改革发展的新目标

一、中国旅游业改革发展的新阶段

党的十八大以来，围绕坚持和发展什么样的中国特色社会主义、怎样坚持和发展中国特色社会主义等重大时代命题，形成了完整的新时代中国特色社会主义思想。十九大报告中指出："经过长期努力，中国特色社会主义进入新时代，这是我国发展新的历史方位。"

从十八大到十九大，过去五年中，中国旅游业改革发展紧扣重大时代命题，围绕着新使命、新功能和新理念，全面深化旅游改革，推动了旅游业的快速发展。站在新时代的起点上，中国旅游业改革发展将承载新的时代使命、发挥新的综合功能。

（一）新使命

1. 适应新时代，推动高速旅游增长向优质旅游发展转变

党的十九大报告指出，中国特色社会主义进入新时代。我国经济发展也进入新时代，已由高速增长阶段转向高质量发展阶段，这为新时代旅游业发展提出了新方向、新机遇、新要求。面向新时代，站在发展新起点，适应国家宏观战略和旅游发展新要求，发展优质旅游，推动从高速旅游增长阶段转向优质旅游发展阶段，成为当代我国旅游业发展的光荣使命。

发展优质旅游，要按照高质量发展要求，坚持质量第一、效益优先，注重旅游"质量""品质""服务"，坚持走中国特色内涵式旅游发展之路、坚持走高渗透融合发展之路、坚持走依法治旅之路、坚持走科技创新发展之路、坚持走全方位开放开拓之路，推动旅游业发展方式转变、产品结构优化、增长动力转换，实现旅游发展粗放型发展向集约型发展转变，从资源驱动和低水平要素驱动向创新驱动和高质量服务驱动转变，迈入更加安全、文明、便利，更加快乐的优质旅游发展新时代，不断满足新时代人民

的旅游美好生活需要，助推世界旅游强国建设。

2. 把握新方位，推进旅游供给侧结构性改革

十九大做出中国特色社会主义进入新时代、我国社会经济发展迈入历史新方位的判断，为我国旅游业改革发展以及如何发挥旅游业在全面建成小康社会和社会主义现代化强国建设过程中的作用指明了方向。

实践证明，旅游发展对于稳增长、调结构、促就业、利民生有着不可替代的重要作用。中国旅游业的进一步发展，有助于推动“中国梦”和社会主义现代化强国的实现。新的历史方位下的发展，将更加注重发展的质量与效率，更加关注发展中的公平与正义，同时应积极推进旅游供给侧结构性改革。

围绕旅游供给侧结构性改革，重点应以全面深化改革为引擎，全力推进旅游行政管理体制改革创新，解决制约旅游业发展的制度瓶颈，创造制度红利；以现代科技为手段，积极推进互联网、人工智能和大数据等现代科技在旅游业中的应用，优化旅游生产要素配置，全力提升旅游全要素生产率；以旅游消费需求为导向，积极推进旅游新业态发展，优化旅游产品供给结构；以精品意识为理念，构建多样化、个性化和品质化的旅游公共服务体系，提升旅游产品和服务的供给质量，满足人们高品质的旅游需求；以旅游市场化改革为驱动，增强旅游产业主体和市场主体的创新能力，培育一批世界级的旅游企业。

3. 认识新矛盾，发挥旅游业的多重价值

改革开放之初，我国的生产力水平低下。1981 年十一届六中全会指出：“我国社会主要矛盾是人民日益增长的物质文化需要同落后的社会生产之间的矛盾。”经过 30 多年的不懈努力，社会生产得到极大提高，人们物质文化的需要基本得到满足，如今社会主要矛盾发生了重要转变。党的十九大报告提出，社会的主要矛盾已转化为“人民日益增长的美好生活需要和不平衡不充分的发展之间的矛盾”。

旅游具有极强的幸福功能，通过旅游可以提升人感知美、发现美的能力，满足人们的物质与精神需求；旅游可以促进城乡之间的融合发展，促进不同区域之间的互动交流，有效地解决发展不平衡不充分的问题；旅游可以在满足人民美好生活的新需要、提高人民生活质量、增强人民获得感和幸福感方面发挥重要作用；旅游业可以成为人民美好生活的助推器。

认识新矛盾，应特别关注旅游业的多重价值。重点应通过扩大旅游产品有效供给、加大旅游公共服务及交通等基础设施推动旅游产品结构更加合理化，推进城乡旅游和东中西部旅游平衡发展；加快国民休假制度和旅游管理体制改革，解决人民日益增长的旅游美好生活需要和不平衡不充分的旅游发展之间的矛盾，充分发挥旅游业在促进社会发展和改善人民生活水平方面的重要作用；要特别关注旅游发展在实现社会效益、

平衡区域发展和维护公平正义方面的独特作用。

4. 围绕新征程，明确旅游业的发展节奏

十九大报告明确提出，从十九大到二十大，是“两个一百年”奋斗目标的历史交汇期，在第一个一百年要全面建成小康社会，第二个一百年要乘势而上开启全面建设社会主义现代化国家新征程。新征程提出了两个阶段的战略目标，第一个阶段“在全面建成小康社会的基础上，再奋斗十五年，基本实现社会主义现代化”；第二个阶段“在基本实现现代化的基础上，再奋斗十五年，把我国建成富强民主文明和谐美丽的社会主义现代化强国”。

在改革开放之初，旅游业是推动改革开放的破冰产业，既有效地推动了我国改革开放，也为广大民众提供了丰富的就业机会，提升了人民的收入水平，满足了人民的物质和精神文化需求，推动了邓小平提出的“三步走”战略前两步的提前实现。开启新时代的新征程，旅游业可进一步服务于两阶段走的战略目标。

要明确旅游业的发展节奏，将旅游发展的“三步走”战略与社会整体发展“两阶段”目标相结合，服务并超前于后者。具体来看：旅游第一步战略，对应于全面建成小康社会时期，重点推动旅游产品和服务的多样化、品质化，并大力实施旅游扶贫工程，以推动第一个百年奋斗目标的提前实现；旅游第二步战略，应通过创新驱动旅游发展，增强国际影响力，预计 2030 年建成较高集约型旅游大国，基本实现旅游治理现代化，比第一步基本实现社会主义现代化提前五年；旅游第三步战略，对应于十九大所提出的第二阶段目标，旅游应形成完善的现代旅游创新体系和更加科学的治理机制，在 2040 年建成世界旅游强国，实现旅游治理现代化，比第二步实现社会主义现代化强国提前十年。在明确发展节奏的基础上，应重点研究推进旅游服务于社会经济总体发展“两阶段”战略目标的具体路径。

5. 推动新文明，发挥旅游生态效应

十八大报告中，着眼于实现全面建成小康社会，提出了经济建设、政治建设、文化建设、社会建设、生态文明建设“五位一体”的战略布局；十九大报告进一步将生态文明建设提升到新高度，提出“坚持人与自然和谐共生”，“建设生态文明是中华民族永续发展的千年大计”，“生态文明建设功在当代、利在千秋”。

旅游不仅是转化生态价值、传播和分享生态文明的美丽产业，还是资源节约、环境友好、生态共享的绿色产业。大力发展旅游业，充分发挥旅游的生态效应，是推动形成新文明的有效通道。必须大力推动旅游发展方式的变革，实现旅游业绿色发展，充分发挥旅游对保护和利用生态资源、推进生态文明建设的引领作用，推动建设美丽中国、健康中国，实现中华民族的永续发展。

在这方面，要重点以生态文明的理念为指引，构建旅游生态环保体系，实现人与

自然的和谐共生；创新自然生态保护管理机制，完善旅游生态文明的评价考核机制，全力推进国家生态旅游示范区和国家公园体制建设；大力发展生态旅游，促进绿色旅游发展；转变旅游发展方式和消费方式，促进旅游实现包容式发展，培养旅游者文明低碳的消费行为。

6. 扮演新角色，强化旅游外交功能

十九大报告提出，“开放带来进步，封闭必然落后。中国开放的大门不会关闭，只会越开越大”，并从“一带一路”建设、自贸区改革、服务业对外开放等多方面，对推动形成全面开放新格局进行了全方位部署。

旅游是增进各国民众文化交流的桥梁，是促进各国经济实现共容发展的渠道。改革开放之初，旅游业是推动对外开放的破冰产业。在新时代，应结合党中央对全面开放新格局的全方位部署，深入研究如何推进旅游业与不同领域的对外开放，推动旅游业成为全面开放的前沿阵地，推动中国国际影响力的提升，发挥旅游在建设新型国际关系、构建人类命运共同体方面的重要作用，为世界发展贡献中国方案与中国智慧。

在这方面，应主动参与全球旅游治理体系的建立，推动中国旅游业在全球旅游发展公共政策、道德准则、商业模式等方面发挥引领作用；贯彻和落实《“十三五”旅游业发展规划》提出的旅游外交战略，积极推进“一带一路”国际旅游合作，拓展与重点国家旅游交流，创新完善旅游合作机制；深入推进旅游民间外交，构建保障机制推动旅游民间外交转化为官方外交；加大支持与推动由中国主导的国际旅游组织和机构的创办，为发挥旅游外交功能提供保障。

7. 服务新攻坚，发挥旅游扶贫效应

十九大报告首次提出了实施乡村振兴战略，指出“农业农村农民问题是关系国计民生的根本性问题，必须始终把解决好‘三农’问题作为全党工作重中之重”，并从制度安排、产业发展和人才队伍建设等方面做出了全面部署。

乡村旅游是促进乡村振兴的重要途径，是旅游扶贫的主阵地，旅游扶贫是全国扶贫的生力军。对于实现乡村振兴具有不可替代的作用。长期以来，通过发展乡村旅游，推动广大农村地区迅速地实现脱贫，效果显著。根据国家旅游局公布的数据，仅 2011 年到 2014 年，广大农村和边远地区，超过 1000 万人通过发展旅游实现了脱贫的目标，约占脱贫人口的 10%。

在这方面，应大力发展乡村旅游，完善乡村基础设施建设，创新乡村旅游开发的体制机制，实现农村变样、农民致富和农民增收；全力推进乡村旅游服务业的发展，为农民就业提供新渠道；以发展乡村旅游为抓手，改善乡村综合环境，加快乡村发展实现现代化，推动构建乡村形成符合新时代的现代产业体系；加强乡村旅游发展规划，推动智慧乡村旅游建设，进一步优化乡村旅游发展环境，推进乡村旅游实现品质化、

多样化和精细化发展新局面。

8. 构建新体系，突出旅游创新带动能力

十九大报告中创新性地提出了建设现代化经济体系的新目标，指出＂必须坚持质量第一、效益优先，以供给侧结构性改革为主线，推动经济发展质量变革、效率变革、动力变革，提高全要素生产率”，并从深化供给侧结构性改革、加快建设创新型国家、实施乡村振兴战略、实施区域协调发展战略、加快完善社会主义市场经济体制、推动形成全面开放新格局六个方面，详细阐述了如何建设现代化经济体系。

当前，中国旅游业从改革开放前沿到经济社会发展中心，发展进入质量提升阶段，改革进入新纪元，决定了旅游业可以成为现代化经济体系建立的有效手段。围绕着现代经济体系的建设，要重点研究如何通过进一步深化旅游业改革，推进旅游创新发展，转变旅游业发展方式，提升旅游全要素生产率，发挥旅游创新在现代化经济体系构建中的作用。

应以旅游供给侧结构性改革为抓手，加快推动旅游业成为创新带动型产业，突出强调旅游创新带动能力；推动旅游发展实现质量变革、效率变革、动力变革，加快推进现代科技在旅游业的应用，构建现代旅游产业体系；深入贯彻实施“旅游＋互联网”战略，支持在线旅游创业创新，推动旅游投融资创新；加大对互联网旅游新产品、新业态、新模式等创新成果的知识产权保护力度，严厉打击侵权假冒行为；大力培育旅游创新高层次人才，引进相关的稀缺性高层次人才，加大对旅游基础理论研究的支持力度。

9. 树立新理念，实现旅游治理现代化

在十八届三中全会上，面对新形势与新问题，党中央提出，全面深化改革的总目标是完善和发展中国特色社会主义制度，推进国家治理体系和治理能力现代化。这是党中央首次将国家治理现代化的新理念写入报告，具有划时代意义。十九大报告又进一步强化了国家治理现代化的新理念，在分两阶段走的战略中，将国家治理现代化作为实现社会主义现代化强国目标的重要标志之一。

经过 30 多年的发展，我国旅游业已经从改革开放前沿，进入经济社会发展中心，全面融入了国家战略，旅游治理现代化也已成为国家治理现代化的重要组成部分。

在这方面，要以旅游公共利益最大化为导向，推动旅游治理的主体由“一元”向“多元”的转变；推动旅游治理的权力由“集权”向“分权”的转变，构建政府、旅游市场组织、旅游社会组织、公民参与边界清晰的“现代旅游治理体系”；推动旅游治理的方式由“人治”向“法治”的转变，让多元化的旅游治理主体依法规范化、制度化地参与旅游公共事务治理。

（二）新功能

1.深化改革的突破口

改革是当代中国最鲜明的时代特征。党的十八大以来，以习近平同志为核心的党中央从完善和发展中国特色社会主义制度、推进国家治理体系和治理能力现代化的总目标出发，对新时期全面深化改革进行了总体设计、系统布局、统筹谋划和整体推进。

旅游业是一个关联全局的重要产业，旅游业与相关产业的融合度、关联度越来越高，旅游对社会、经济、文化生态各个领域的辐射性、渗透性越来越广，影响面和影响力越来越大。近年来，在土地、税收、融资、PPP、自然资源管理体制（国家公园）、以旅游委、旅游警察、旅游巡回法庭等为代表的“1+3”旅游综合治理体系、旅游厕所等方面的改革举措，生动地体现了旅游在带动甚至倒逼相关领域改革方面的重要作用。因此，旅游业应成为各种改革的切入点，成为推动全面深化改革的突破口。

未来，应进一步推动旅游与交通、体育、教育、医疗、金融、公安、外交、科技、航空等各个领域的融合，并促进其发展与改革。与此同时，也应进一步深化旅游领域自身的改革，着力推进旅游治理体制机制改革、旅游市场综合监管改革、导游管理体制改革、旅行社体制改革、景区管理改革、旅游国有企业改革、旅游统计体系改革、旅游行业协会改革等方面的改革。

2.美好生活的风向标

习近平总书记在十八大记者见面会上提出，“人民对美好生活的向往，就是我们的奋斗目标”；十九大报告又进一步指出，我国社会基本矛盾已转化为“人民日益增长的美好生活需要和不平衡不充分的发展之间的矛盾”。目前，旅游已成为人们日常生活的重要内容，是人民生活水平提升的重要标志，也是其获得幸福感的重要渠道。然而，相对于人民对美好生活，尤其是美好旅游生活的需要，目前我国旅游发展还存在一些不平衡不充分的现象，其中最突出的是旅游中的不平等和出游时间上的不自由。

尽管参与旅游活动的人群范围越来越广泛，但是受各种主客观因素影响，仍有相当一部分群体无法享受到旅游的乐趣。一些贫困家庭人口和残障人士尚无缘旅游。贫富差距以及由此造成的消费差距导致不同群体的旅游差距；而贫困者由于没有机会通过旅游增长见识、扩大视野、了解社会、提高自我发展意识，从而有可能长期陷入贫困。所以目前，旅游尚未成为所有人普遍参与的社会活动。由于带薪休假制度尚未全面落实，人们休假和出游的时间高度集中于法定节假日，尤其是“十一”等长假期。以2016年为例，全年共29天的节假日中，全国所接待的游客量约占全年国内旅游接待人次的32%，旅游收入约占全年旅游收入的40%左右。如此高集中度的出游，不仅给景区、交通、住宿、生态环境等带来巨大压力，也降低了人们的旅游体验。因此，旅游也未成为人们完全可自由安排的生活内容。

在全面建设小康社会的过程中，要高度重视人民群众的度假权利和旅游权利，高度重视旅游发展中的不平衡不充分，不断完善相关制度，使更加广泛的民众能够享有旅游的权利，使旅游者能够更加自由地享受到旅游的乐趣，使旅游成为人民美好生活的风向标。

3. 社会融合的黏结剂

在社会全面转型和经济快速发展过程中，广大民众的社会情绪总体健康和谐，但日益呈现多元多样多变的态势。不同的思想认识、多元的利益诉求、复杂的社会环境、扩大的社会差距使各个群体焦虑感普遍增强，不安全感和不信任感有所蔓延，尤其是一些社会弱势群体，会存在较大程度的心理失落感甚至失衡。凝聚社会共识、增进社会融合，是建设全面小康社会和社会主义现代化强国的一项重要任务。

旅游在增进社会融合方面能够发挥独特作用。具体体现在两个方面。一是旅游对于满足“人民日益增长的美好生活需要”具有重要作用。通过旅游，人们不仅能够放松身心、娱悦心情，而且能够扩大视野、增进感情。尤其是对于社会弱势群体而言，如能有更多机会走出其惯常生活环境，则能够舒缓心情，缓解和消除各种负面情绪，更能够扩大视野，激发社会参与热情，提高自我能动意识。二是旅游发展可通过经济、政治和社会文化三个维度促进社会融合。国内外诸多研究证明，旅游在促进社会融合方面具有重要作用：就经济而言，旅游能使更多群体获得参与经济发展的机会，提高收益，提升技能，增加就业；就政治而言，旅游激发人们对社会事务、政策制定等的参与热情，并提升其参与能力；在社会文化方面，旅游能够更好地促进价值观的认同，提高对社会的参与度和融合度。

在全面建设小康社会、建成富强民主文明和谐美丽的社会主义现代化强国的过程中，要完善各种制度安排，扩大社会各个群体对旅游活动（作为旅游者）和旅游经营（作为从业者）的参与度，发挥旅游在连接不同群体、增进社会融合等方面的黏结剂作用，使更多人从旅游发展中拥有获得感、公平感和幸福感。

4. 生态文明的引领者

为了建设美丽中国、健康中国，实现永续发展，十九大报告指出，“人与自然是生命共同体”，要“加快生态文明体制改革，建设美丽中国”，要“建立以国家公园为主体的自然保护地体系”，将生态文明建设提高到前所未有的高度。生态文明以尊重和维护自然为前提，以人与人、人与自然、人与社会和谐共生为宗旨，本着为当代人和后代人均衡负责的宗旨，引导生产方式、生活方式和消费模式的转变。

与其他产业相比，旅游业是资源节约与环境友好的绿色低碳产业，是推动生态文明建设的重要抓手。恰当的、适度的旅游发展对于生态涵养、生态保护乃至生态文明建设具有不可替代的重要作用。近年来，我国各级政府高度重视旅游发展中的环境保护问题，国务院、国家旅游局和 31 个省份出台的所有旅游发展政策中，都涉及可持续发展或环境保护。《风景名胜区管理条例》(GB 50298—1999) 和《旅游规划通则》(GB/T 18971—2003) 均对环境保护有详细要求。2013 年通过的《旅游法》也对承载力等做出了规定。国家旅游局和环保部合作，开展生态旅游的标准制定和示范区评定工作。旅游目的地的规划、运营和管理中引入功能分区等做法，环保建筑、生态厕所、生态步道、生态车辆等得到广泛采用。很多景区实施“区内游、区外住”制度，并开发了 GIS 监测系统。

未来，要结合生态文明建设的总体要求和我国旅游业的发展现状，研究制定适合中国国情的可持续旅游发展条例、相关细则以及配套的标准和认证体系；按照《国家公园建设总体方案》的要求，逐步推进我国国家公园体制的建立和完善；探索建立旅游主体功能区制度；建立全国重点旅游景区监测和预警系统，做好高峰期的客流引导和风险防范，并在全国主要景区建立生态环境监测与监管联动机制；重点旅游目的地探索并尝试编制自然资源资产负债表，建立健全科学规范的自然资源统计调查制度，摸清自然旅游资源资产的家底及其变动情况；在全国和地方层面，建立可持续旅游发展账户系统，制定可持续旅游发展评价与考核办法，按照新的考核办法对重点旅游地及其负责人进行考核；加大对游客生态文明意识的教育和引导。

5. 对外开放的前沿地

伴随着新一轮深化改革的逐步深入，要“推动形成全面开放新格局”，“要以‘一带一路’建设为重点，坚持引进来和走出去并重，遵循共商共建共享原则，加强创新能力开放合作，形成陆海内外联动、东西双向互济的开放格局”。

与其他产业相比，旅游业市场化程度较高，内部制约相对较少，在对外开放中，较容易推进，遇到的阻力小。改革开放之初，我国旅游业是利用外资最早、最快、最多的领域，始终位于改革开放最前沿。从 1984 年第一家外资饭店到 1998 年第一家外商投资旅行社，旅游一直是吸引外资的重要领域，也是我国服务业对外开放程度最高的领域。

在新时代背景下，旅游业要进一步推动形成全面开放新格局：重点应大力推进“一带一路”旅游合作与交流，推动旅游业形成陆海内外联动、东西双向互济的开放格局；推动大国旅游合作向纵深发展，深化与周边国家旅游合作，加强与中东欧国家旅游合作，扩大与传统友好国家和发展中国家的旅游交流，推动与相关国家城市缔结国际旅游伙伴城市；推进我国与周边国家的跨境旅游合作区、边境旅游试验区建设；全力参与领导全球旅游治理规则的制定，构建全球旅游命运共同体。

6. 区域发展的联动机制

解决区域发展不平衡不充分的问题，是新时代新征程的必然要求。旅游发展能够促进旅游消费和投资从经济发达地区流向落后地区，实现财富在经济发达地区和落后地区之间的转移；发展旅游业，有助于促进不同区域之间、城乡之间的良性互动；旅游合作是区域合作的重要载体。因此，旅游具备促进区域平衡发展的内在特质。

从中国旅游区域发展的格局变化来看，近年来随着国家高铁线路的不断完善、航空线路的不断丰富，我国区域旅游已经呈现更加多样化和均衡化的发展格局。

未来，随着“一带一路”、京津冀协同发展、长江经济带三大国家新区域战略的推动，不同地区间将进一步形成东中西互动、优势互补、相互促进、共同发展的旅游新格局；随着乡村振兴战略的实施，特色小镇建设的推进，旅游将在构筑新型的城乡关系、促进城乡一体化发展方面发挥更加重要的作用。

7. 现代经济的新引擎

我国已走过了依靠要素驱动和投资驱动来拉动经济增长的阶段，未来经济增长转变为依靠创新驱动，从而加快建设创新型国家。

中国旅游业发展至今，得益于“开放红利”和“人口红利”带来的“消费红利”。当前和未来一段时期，中国旅游发展的驱动必须转到创新上来，通过创新实现效率提升和质量提升。

当前以及未来一段时期，要特别关注旅游业的创新问题。要关注企业层面的产品/服务创新、管理创新、流程创新、技术创新、营销创新，关注行业层面的竞争创新、结构创新，关注政府层面的制度创新、政策创新、治理创新以及上述所有创新的组合、集成与协同。要研究制定中国旅游创新发展战略；建立国家级旅游创新平台和高层次创新决策咨询机制；对全国旅游业创新现状、企业创新面临的问题、激励创新的相关政策进行系统研究；大力支持旅游领域的“大众创业、万众创新”，并给予政策与资金方面的支持；重点推动互联网、云计算、人工智能等现代化科技在旅游业的应用，大力发展智慧旅游，完善智慧旅游公共服务平台建设，促进旅游业发展，由要素和市场驱动转为依靠创新驱动。

8. 治理现代化集成器

社会主义现代化的重要标志，在于实现国家治理的现代化。国家治理体系和治理能力是一个国家制度和制度执行能力的集中体现。

旅游业的特性，最能体现一个国家或者某个地区的综合治理水平。推进旅游治理现代化，能有效地推进国家治理现代化的实现。旅游是一个涉及面广、综合性强的社会经济领域，旅游治理能力和治理体系是国家治理能力和治理体系的综合折射。在相当长时期内，“政府主导”是中国旅游发展的主要模式，也是中国旅游发展取得成功的关键所在。近年来，包括私人资本、外国资本等在内的社会投资在旅游发展中的比重日益提高，包括当地社区、民间组织等在内的社会组织在旅游管理中的地位不断提升，包括各类智库、大众媒体等在内的社会力量在旅游决策中的作用逐渐受到重视。尤其是在个性化、散客化、体验化、网络化成为大众旅游行为之普遍特征的今天，在产业融合、无边界化、多业共生、混业发展成为旅游供给体系创新发展之核心推力的当下，政府部门之间的协同以及政府与企业、行业协会、当地居民和游客的共同治理变得越来越重要。《旅游法》的出台以及新一轮简政放权的推进，使得行政手段越来越让位于法律手段、市场手段和社会手段。近年来，旅游管理部门积极推动“1+3+N”旅游综合管理体制的改革创新，开展旅游综合执法的改革创新，在旅游市场监管方面形成亮点。

未来，要进一步完善旅游业现代治理的组织体系、制度体系、运行体系、评价体系和保障体系，突出治理主体的多元化和包容性，充分发挥政府不同机构、社会组织、行业协会、社会大众、旅游者等不同主体的作用，综合法律、行政、经济、社会等各种手段，建立立体、高效、完善的旅游治理体系，提升旅游治理能力，并通过旅游治理体系和治理能力的现代化，促进国家治理体系和治理能力的现代化。

二、中国旅游业改革发展的新目标

（一）三大目标

当前和未来一段时期，中国旅游业改革发展的目标是：更好地满足人民对美好生活的需要，建设社会主义现代化旅游强国，开创优质旅游发展新时代。

1. 更好地满足人民对美好生活的需要

党的十九大报告指出，中国特色社会主义进入新时代，我国社会主要矛盾已转化为人民日益增长的美好生活需要和不平衡不充分的发展之间的矛盾。具体到旅游领域，体现为人民日益增长的旅游美好生活需要和不平衡不充分的旅游发展之间的矛盾。以旅游更好地满足人民日益增长的美好生活需要，解决人民日益增长的旅游需要与不平衡不充分的旅游发展之间的矛盾，成为我国旅游业改革发展的首要目标。

我国进入全面建成小康社会的决胜阶段，人民美好生活需要发生显著变化，精神层面的需求变得越来越重要，旅游已经成为人们的刚性需求、常态化的消费选择，也成为衡量幸福生活指数的重要标准、人民美好生活的重要内容。这也是 2016 年国务院办公厅印发《关于进一步扩大旅游文化体育健康养老教育培训等领域消费的意见》将旅游业定位为“五大幸福产业”之首的依据所在。

近年来我国旅游业改革发展成效显著，但是与人民群众不断升级且日渐多元的旅游生活需要相比，仍有很大差距，在产品供给、服务质量、时空分布、游客群体等方面存在“不平衡不充分”问题。旅游作为美好生活需要尚未得到充分、有效满足和释放。主要表现在以下三个方面：一是旅游产品供给的不充分不平衡，产品结构不合理，缺乏高品质、体验性、个性化的休闲度假产品，难以适应不断升级的多样化旅游消费需求；二是旅游服务水平的不充分不平衡，旅游产品精细程度有待提高，以厕所为代表的旅游公共服务及交通等基础设施服务供给不足，一些地方旅游市场秩序混乱，不合理低价旅游、拥挤不堪、黑导游、高价宰客、强制消费等问题依然存在，与人民群众更加满意目标不相适应；三是旅游发展时空的不充分不平衡，东中西部之间、城乡之间旅游发展差距明显，不同群体出游规模、出游率和消费水平不平衡，国内、入境和出境旅游发展不平衡，休假制度安排和人民群众休闲度假旅游需求不相适应，淡旺季、黄金周与非黄金周旅游发展失衡问题依然存在。

旅游发展的不充分不平衡问题，与旅游业创造“美好生活”的目标还存在差距。新的时代下，如何解决人民对美好旅游生活需要与旅游发展不平衡不充分之间的矛盾，创造美好旅游生活，通过旅游发展让更广泛人民群众有获得感、公平感和幸福感，在人民创造美好生活的伟大征程中发挥引领示范作用，是我国旅游发展的核心目标和重要使命。

2. 建设社会主义现代化旅游强国

党的十九大作出“两步走”战略部署，从 2020 年到 2035 年基本实现社会主义现代化，从 2035 年到 21 世纪中叶建成富强民主文明和谐美丽的社会主义现代化强国。这为我国旅游业改革发展提供了方向指引。新的时代下，旅游业改革发展目标是实现从旅游大国向世界旅游强国的跨越，建设社会主义现代化的旅游强国，这是完成新时代中国特色社会主义“两步走”任务、全面建成社会主义现代化强国的具体行动。

建设社会主义现代化的旅游强国实施“三步走”战略。

第一步：到 2020 年，推动我国从粗放型旅游大国发展成为比较集约型旅游大国。在这个阶段，旅游经济稳步增长，城乡居民出游人数稳步增长，旅游综合效益显著提升，对国民经济的综合贡献度达到 12%；人民群众更加满意，“厕所革命”取得显著成效，旅游公共服务更加健全，带薪休假制度加快落实，市场秩序显著好转，文明旅游蔚然成风，旅游环境更加优美；国际影响力大幅提升，在全球旅游规则制定和国际旅游事务中的话语权和影响力明显提升。

第二步：到 2030 年，推动我国从粗放型旅游大国发展成为较高集约型旅游大国，基本实现社会主义旅游业的现代化。在这个阶段，实现旅游经济增长从单一总量扩张向质量效益综合提升转变，增长动力从依靠资源要素扩张、人财物投入向依靠科技进步和旅游服务人员素质转变，在旅游产业、公共服务、市场治理、文明水平、国际合作、国际影响力、人力支撑、环境可持续性等指标达到或接近世界同期旅游强国水平。

第三步：到 21 世纪中叶，建成高度集约型的世界旅游强国，建成富强民主文明和谐美丽的社会主义现代化的旅游强国，实现世界旅游强国目标。在该阶段，旅游经济增长方式转为以质量效益为代表的高度集约型增长，主要依靠技术创新、人力资本积累、资源融合、规模效益、学习效应等因素形成的动力所推动，旅游发展各项主要指标位于世界前列，达到旅游吸引力强、旅游创新能力强、旅游综合带动能力强、旅游持续发展能力强、世界旅游影响力强、全球旅游话语权强等发展目标，形成一批世界一流的旅游城市、世界一流的旅游目的地、世界一流的旅游企业、世界一流的旅游品牌、世界一流的旅游产品、世界一流的旅游人才队伍，旅游业在实现社会主义现代化强国方面发挥更加突出的作用。

之后，再用十年，到 2050 年继续全面提升我国优质旅游发展水平。

3. 开创优质旅游发展新时代

中国特色社会主义进入新时代，我国经济已由高速增长阶段转向高质量发展阶段。旅游业作为国民经济战略性支柱产业，也进入到从高速旅游增长阶段转向优质旅游发展阶段的关键节点。发展优质旅游，成为旅游业改革发展的关键目标。

经过近 40 年的发展，无论从供给规模、产业规模还是市场规模，我国旅游业都已进入世界旅游大国行列。站在历史发展新起点，发展优质旅游成为适应国家整体经济转型的必然要求，适应旅游市场需求和产业转型升级的需要，是遵循旅游业发展规律的必然要求，是化解新时代我国旅游发展主要矛盾，更好地满足人民旅游美好生活需要的必然要求，也是深化旅游国际合作、提高旅游国际竞争力的必然要求，更是建设世界旅游强国的必然要求。

发展优质旅游，推动从高速旅游增长向优质旅游发展转变，核心特征在于实现旅游要素的进步整合，建立更加完善的旅游产业结构、产品结构、产业链条和更加优化的旅游服务体系，构建更加安全、文明、便利、快乐的旅游新局面，形成能够很好满足人民日益增长的旅游美好生活需要的新旅游，形成能够充分体现“创新、协调、绿色、开放、共享”新发展理念的新旅游，形成能够推动旅游业发展方式转变、产品结构优化、增长动力转换的新旅游。

开创优质旅游新时代，需要贯彻习近平总书记关于旅游工作的重要思想，坚持新发展理念，按照高质量发展要求，注重旅游“质量”“品质”“服务”，坚持走中国特色内涵式旅游发展之路、坚持走高渗透融合发展之路、坚持走依法治旅之路、坚持走科技创新发展之路、坚持走全方位开放开拓之路，全面提高优质旅游发展水平，以开创我国优质旅游发展新时代。

（二）五大关系

旅游业改革发展要实现更好地满足人民对美好生活的需要，建设社会主义现代化旅游强国，迈入优质旅游发展新时代的发展目标，需要处理好如下五组关系。

1. 规模与品质、速度与内涵的关系

近 40 年的改革发展历程，我国旅游产业保持高速发展态势，无论从供给规模、产业规模还是市场规模，都已进入世界旅游大国行列，旅游业成为国民经济的战略性支柱产业和与人民群众息息相关的幸福产业，实现了从小众旅游向大众旅游的转变。进入新时代，面对人民日益增长的旅游美好生活需要，旅游发展品质问题更加突出，旅游改革发展需要平衡好规模与品质、速度与内涵的关系，要更加注重旅游发展的品质、内涵。

过去一个阶段，我国旅游业以高速增长、规模扩张为主，实现了从无到有历史飞跃，但一定程度上也忽视了旅游发展品质。旅游业实现了规模扩张，但旅游服务品质、旅游服务精细化程度、旅游公共服务水平难以满足人民美好生活旅游需要；旅游业实现了高速增长，但更多依赖要素投入、投资拉动、规模快长的速度增长模式，旅游发展方式较为粗放、旅游效率不高。

适应新时代和旅游发展新要求，旅游改革发展要从规模向品质转变、从速度向内涵转变，更加注重旅游发展的质量、品质、服务、效率，大力发展优质旅游，走内涵型发展道路，推进旅游产业结构优化和增长动能转换，实现从资源驱动和低水平要素驱动向创新驱动和高质量服务驱动转变、从粗放型发展向集约型发展转变，全面提升我国优质旅游发展水平。

2. 产业与事业的关系

新中国成立以来，我国旅游业经历了从事业到产业的转变。早期，我国旅游业以入境旅游为核心，核心功能是创造外汇，之后国内旅游蓬勃发展，旅游业被确立为扩大消费、拉动经济增长的重要产业，产业效益成为旅游发展的首要功能。全域旅游时代下，旅游不仅是一个经济产业，涉及社会发展方方面面，与众多社会发展命题交织在一起，旅游+民生、旅游+扶贫、旅游+乡村振兴、旅游+区域平衡、旅游+生态文明、旅游+外交等等成为旅游发展新领域，承载了更多的综合功能和社会属性。

新的时代下，旅游成为人们基本生活方式和全面建成小康社会的重要指标，旅游改革发展需要转变经济导向和增长主义导向，确立兼顾产业和事业双重属性的全面发展体系，坚持旅游发展经济导向和社会导向的统一，强调旅游业在满足美好生活需要、创造社会就业、促进社会和谐、改善民生福祉、保护生态环境、助力国家外交、促进人的全面发展等社会功能，强调政府在保障公民休假权利和旅游权利等方面的重要职责，以旅游的事业属性为发展出发点和落脚点，让人民群众在旅游发展过程中有更多获得感、幸福感，满足人民群众美好幸福生活的新期待。

3. 经济、社会与生态的关系

旅游业对经济带动作用显著，是促进经济增长、调整产业结构的重要力量。但经济效益不是旅游业的唯一特征，旅游还具有扶贫效益、文化效益、社会效益、生态效益、开放效益、民族团结效益、外交效益、人的全面发展效益等更丰富效益功能。旅游业是民生产业，有助于创造就业，带动贫困落后地区居民致富增收；旅游业是幸福产业，能满足人民群众美好幸福生活，促进人的全面发展；旅游业是“两型”产业，有助于促进生态环境保护，保护绿水青山，引领美丽中国和生态文明建设；旅游业是文化产业，有助于促进文化的保护与文明传承，培育和践行社会主义核心价值观；旅游业是开放产业，有助于促进国家外交；旅游业是社会融合的黏合剂，有助于促进民族团结与社会和谐。

新的时代下，旅游业改革发展应突破单一经济效益指标，以经济、社会、文化、生态的综合最优衡量旅游业，强调旅游业满足民生需求、促进文化发展、保护生态环境、实现脱贫致富、促进国家外交、促进社会和谐的非经济功能，全面释放旅游发展带来的综合效益，建立面向社会面向民生面向未来的中国旅游业，为全面建成小康社会和实现社会主义现代化作出新的贡献。

4. 发达和欠发达的关系

当前我国旅游发展不平衡不充分问题的一个重要方面在于区域发展的不均衡，旅游业改革发展需要处理城乡之间、区域之间、不同群体之间的旅游均衡发展关系，推动旅游整体协调发展，形成旅游发展新格局和空间。

旅游发展不平衡局面主要体现在东中西区域不平衡、城乡不平衡、发达地区与欠发达地区不平衡。不同地区之间因自然条件、资源禀赋、历史基础、经济社会发展水平的差异，在出游率、发展理念、基础设施、公共服务水平、产业发育程度、服务水平等方面依然存在一定差距，旅游客源格局和产业发展水平呈现从东向西、从南向北、从城市向乡村阶梯递减格局，农村居民与城镇居民、发达地区居民与欠发达地区居民之间出游规模、出游率不平衡，旅游发展失衡格局明显。2016 年全国城镇居民人均出游 4 次，农村居民人均出游 2.1 次，出境旅游群体主要集中在东部地区和城市地区居民，不同群体间旅游需求和满足程度有较大差距，这与全域旅游发展要求、与全面建成小康社会发展目标不相适应。

新的旅游时代，需要着力解决城乡之间、区域之间、不同群体之间旅游发展不均衡问题，把旅游业融入国家各层面区域和城乡协调发展战略中，统筹区域、协调城乡，推进跨区域资源要素整合，给予后发地区在规划、政策、资金、人才等更多的政策支持，加强城乡之间的要素交换和流动，提升旅游部门统筹协调能力应对跨区域、跨行业问题，促进城市和乡村、东部和中西部旅游的均衡发展，为旅游发展提供全新的空间布局、合理的利益格局，构建旅游业发展新格局。

5. 政府、市场和社会的关系

十八届三中全会提出“处理好政府和市场的关系，使市场在资源配置中起决定性作用和更好发挥政府作用”。十九大报告提出要“坚持社会主义市场经济改革方向，加快完善社会主义市场经济体制”。改革开放以来，政府主导是我国旅游发展的一大特征。随着社会主义市场经济体制逐步确立，市场在资源配置中的作用也从基础性转变为决定性。旅游业日渐成为市场化程度较高、市场竞争较充分、市场要素较活跃的领域，市场力量展现出更多的业态创新和产业模式，体现出新活力。

新的时代下，旅游业改革发展，需要处理好政府、市场和社会的关系，构建现代化的旅游经济体系和旅游产业治理体系。重点在于坚持政府引导、市场运作、社会参与的模式，理顺政府、市场、社会的边界关系，既用好“看不见的手”，发挥市场在配置资源中的决定性作用；也充分借助“看得见的手”，营造良好公共服务环境，健全市场规则，改革旅游管理方式，推动简政放权向纵深发展，提高政府服务水平，为各类市场主体公平竞争提供良好的环境；也要利用社会组织力量，弥补政府与市场的不足。

（三）七大理念

1. 基于品质的理念，构建优质旅游新体系

坚持质量第一、效益优先的发展理念，注重旅游“质量”“品质”和“服务”，大力发展优质旅游，构建优质旅游新体系。重点是按照高质量发展要求，坚持走中国特色内涵式旅游发展之路，坚持走高渗透融合发展之路，坚持走依法治旅之路，坚持走科技创新发展之路，坚持走全方位开放开拓之路，形成内涵式发展为根本，融合发展和全方位开放开拓为双轮，科技创新为动力，依法治旅为保障的优质旅游新体系，构建更加安全、文明、便利、更加快乐的优质旅游。

2. 基于改革的理念，构建全域旅游新局面

十八大以来，国家发展的环境、基调、方向、重点、思路都有所调整，强调“五位一体”、强调“四个全面”、强调“五大理念”、强调人民群众美好生活需要、强调生态文明、强调对外开放新格局、从强调增长速度转向强调增长质量。十九大提出要加快发展现代服务业，旅游业是现代服务业的重要组成部分，把旅游业融入经济社会发展全局，加快推进旅游供给侧结构性改革，决定了当下乃至更长时期，我国旅游业的发展思路、发展方向、发展着力点，正在发生一场全局性的变革。

全面深化改革的首要是全面，不是某个产业，不是某个领域，而是涉及全方位、多方面的改革。旅游业已经成为国民经济的战略性支柱产业，其本身的关联带动作用在调整产业结构、缓解生态环境压力、破解区域发展不平衡等问题作用愈发凸显。全域旅游的发展思路与旅游业自身特点、定位以及改革之间必须有着天然的契合。因此，新时代的旅游改革，是以全域旅游理念引导的深入灵魂的改革。旅游业作为改革的先

导产业和优势产业，是一个与社会经济各方面紧密联系的有机整体，通过对旅游业进行全方位、系统化的优化提升，实现区域资源有机整合、产业融合发展、社会共建共享，进而带动和促进经济社会协调发展。

3. 基于融合的理念，构建产业联动新格局

融合是现代产业发展的趋势之一，随着我国旅游产业的快速发展，旅游产业与其他产业的融合是大势所趋。旅游产业融合包括产业内部的融合。融合本身就是生产力，是产业升级转型的动力源泉，通过六要素“食、住、行、游、购、娱”的融合促进旅游产业结构的优化升级，形成核心竞争力。融合还包括旅游与其他产业的相互渗透、相互补充，例如农业、制造业、房地产业、文化产业都可以融合，形成农业旅游、工业旅游、旅游地产、文化旅游等。

立足现实国情，基于融合的产业联动是实现旅游供给侧改革和全域旅游的突破口。旅游业与其他产业的融合不仅可以创新旅游产品，降低交易费用，解决旅游供给中不平衡不充分的主要矛盾，而且可以使各种旅游资源在融合利用中获得最优化的开发利用。进而，在全域旅游的发展战略中充分发挥和调动各产业的资源及其优势，实现全域内全业互补。通过旅游产业的关联带动，统筹区域内经济社会资源、相关产业、生态环境、公共服务、体制和政策等要素，从而实现全域内多产业互促共进的联动发展模式。

4. 基于创新的理念，构建高效发展型旅游

国际经验表明当一国或者某产业进入到更加成熟的发展阶段，创新能力就成为制约产业发展和升级的关键因素。

过去 30 多年中国旅游的快速发展主要依赖于资源、土地、人力、资本等生产要素的大量投入和低成本的优势，时至今日，在人口红利已然无存、投资规模不可能无限扩大的背景下，旅游发展需要尽快实现从数量型、规模化扩张到质量型、内涵式发展的转变。中国经济进入新常态，立足于国家发展全局，创新发展是当下的必然选择。旅游业发展必须依靠产业政策优化、企业能力提升以及包括制度创新、组织创新、服务创新等在内的综合创新和集成创新提高全要素生产率，实现旅游增长从投入驱动向效率驱动的转变，构建高效发展型旅游，实现创新发展、协调发展、绿色发展、开放发展、共享发展。

5. 基于幸福的理念，构建生活引领型旅游

坚持幸福理念就是注重增强人民福祉，增强满足感，解决人民对美好生活的需要问题。然而，随着我国经济发展的“蛋糕”不断做大，分配不公问题、阶层收入差距问题、城乡发展不平衡问题凸显。从“人民群众美好生活需要”这一角度出发，我国旅游发展仍然存在一些发展不平衡不充分的地方，其中最为突出的有三个：一是旅游尚未成

为所有人普遍参与的社会活动，不断扩大的贫富差距以及由此造成的消费差距导致不同群体在享受旅游权利时存在很大差距；二是旅游尚未成为人们可自由安排的生活内容；三是由于带薪休假制度尚未全面落实，人们休假和出游的时间高度集中于法定节假日尤其是“十一”等长假期，不仅给景区、交通、住宿、生态环境等带来巨大压力，也影响人们的旅游体验。

近些年旅游改革的逐步落实，全域旅游发展思路的贯彻，不仅扩大了旅游的空间范围，也为群众出游提供了更加个性化的选择。发展全域旅游成为建设“幸福中国”的重要源泉，成为满足群众对美好生活需要的重要手段，全民旅游的热潮正在掀起，旅游产业成为领跑的幸福产业。根据国家旅游局数据中心的数据，2016 年我国人均出游 3.4 次，同比增长 14%，老百姓的出游意愿、出游频率大幅提升，国民旅游福利全面提高，百姓生活的幸福指数稳步提升。旅游成为每一个中国人的生活方式，从城市白领到新生代务工农民，从个性十足的学生到银发一族，旅游成为名副其实的大众消费。

6. 基于绿色的理念，构建两型发展型旅游

习近平总书记强调：“绿色发展既是理念又是举措，务必政策到位、落实到位。”旅游业是典型的两型、低碳、绿色产业，树立两型旅游发展理念，坚持绿色旅游发展道路，既是旅游业自身可持续发展的保障，也是发挥旅游带动功能，推进生态文明建设的重要一环。

世界经济论坛 2017 年发布的《旅游业竞争力报告》中显示，中国旅游业竞争力全球排名 15 位，但旅游环境可持续性方面排名却仅仅为 132 位，中国虽然已成为旅游产业大国，但与之密切相关的环境问题日益凸显，严重影响可持续发展。绿色发展既为旅游发展设定了红线，也带来了机遇。无论是生态环境承载力的不足，还是随着大众环保意识的增强，人们对美好生活更加向往，都要求将绿色发展摆在更加突出的位置，必须把尊重自然、保护自然、顺应自然理念融入旅游业，把对旅游资源的保护放在优先位置，严守资源消耗上限、环境质量底线和生态保护红线，在发展中保护，在保护中发展，充实旅游要素的绿色化内涵，提高旅游业的资源节约度和环境友好度。

生态美好是人民群众心目中“美好生活”的重要内容。在人们的认知里，生态是否美好、能否尽享绿色，与幸福感息息相关。坚持绿色发展，构建资源节约型和环境友好型旅游发展模式，不仅是经济领域的一场变革，也将深刻影响地方政治生态和社会治理，影响到人民群众的生活质量和幸福指数。

7. 基于开放的理念，构建大国外向型旅游

习近平主席在 2013 年博鳌亚洲论坛表示中国开放的大门不会关上，中国将在更大范围、更宽领域、更深层次上提高开放型经济水平。2015 年与奥巴马会晤中，习

近平进一步指出改革开放是中国的基本国策，也是今后推动中国发展的根本动力。因此，未来中国会坚定不移地贯彻开放的理念，同时，更重要的是提高对外开放的质量和发展的内外联动性，以多种方式深度融入世界经济，积极参与全球经济治理。

新的全球格局之下，为践行开放发展的理念，“一带一路”战略构想的提出，为人们勾画了一幅开放包容、和平发展、互利共赢的新蓝图，而在这幅蓝图之中，旅游注定成为浓墨重彩的一笔。旅游不仅是一个重要的经济合作领域，而且能够在促进跨区域、跨国界政策融合、设施互通、经济合作、人员往来、文化交融等方面发挥不可替代的重要作用。习近平主席指出，“旅游是传播文明、交流文化、增进友谊的桥梁”“旅游是增进人民亲近感的最好方式”。旅游业正以越来越成熟的姿态出现在国际合作的舞台上，成为中国与其他国家合作中共识最多、见效最快的领域。

（四）九大方略

新时代的旅游业改革发展，需要围绕党的十九大战略部署，以解决人民日益增长的旅游需要与不平衡不充分的旅游发展之间的矛盾为核心使命，按照高质量发展要求，以推动全域旅游发展为抓手，坚持中国特色社会主义旅游改革发展，发展优质旅游，推动从高速旅游增长向优质旅游发展转变，建设社会主义现代化旅游强国。

1. 坚持以人民旅游需要为中心

以人民旅游需要为中心，坚持旅游为民的宗旨意识，把解决人民日益增长的旅游需要与不平衡不充分的旅游发展之间的矛盾作为旅游发展核心任务，不断夯实旅游幸福产业基石，建设人民群众更加满意的现代服务业，创造美好生活需要。重点是坚持游客主体地位，面向日益升级的旅游需要，创新旅游业态和服务模式，增加旅游产品有效供给；加大旅游公共服务和基础设施建设力度，构建与大众旅游新时代相匹配的结构完善、高效普惠、集约共享、便利可及、全域覆盖、标准规范的旅游公共服务体系，营造良好的旅游环境，增进民生福祉；强化旅游满意度导向，重视旅游服务质量，提高旅游服务品质，提供更高品质、更加便利、更加舒适的旅游消费体验；突出民生导向，加大旅游扶贫力度，通过旅游带动更多群体过上美好幸福生活；坚持融合共享，推动旅游服务向老年人、残疾人等特殊游客群体倾斜，实现旅游成果全民共建共享的新格局。

2. 坚持中国特色内涵式旅游发展

按照高质量发展要求，大力发展优质旅游，坚持走中国特色内涵式旅游发展之路。内涵式发展是相对于规模速度发展的质量效率发展，是相对于粗放型扩张的集约式发展，是相对于同质同构增长的特色异构发展，是相对于教条模仿的创新发展。推进中国特色内涵式旅游发展，要更加强调质量效率、特色、创新的集约式发展，更加注重旅游发展的价值内涵，让社会主义核心价值观融入旅游发展各环节；更加注重制度内涵，创建和完善优质旅游发展制度环境，加快形成推动优质旅游发展的指标体系、政策体系、标准体系、统计体系、评价体系；更加注重产业内涵，不断加强旅游产品的创新力和丰富度，培育产业发展品牌资产和竞争优势；更加注重服务内涵，树起“中国优质旅游服务”的招牌，提升人性化、个性化、特色化服务内涵，开创优质旅游发展的新时代。

3. 坚持全面深化旅游改革

坚定全面深化改革的大方向，站在更高起点谋划和推进一大批力度更大、要求更高、举措更实的旅游改革项目，破除不合时宜的思想观念和体制机制弊端，改革旅游业的不平衡不充分结构，推进旅游治理体系和治理能力现代化。重点是创新旅游体制和治理体系，综合推进旅游管理体制、旅游市场监管制度、导游体制、旅行社体制等综合改革，纵深推进旅游统计、旅游投融资、假日制度、边境旅游、旅游发展绩效考核等专项改革，横向推进交通、土地、金融、规划等旅游相关的配套改革；围绕充分发挥市场在资源配置中决定性作用，创新旅游产业宏观调控方式，推进旅游政策和运行机制改革；进一步创新旅游发展市场机制和平台，促进旅游要素的自由流动，为旅游发展创造新空间。

4. 坚持深化旅游供给侧改革

适应大众旅游的新需要，从供给端入手，深化旅游供给侧结构性改革，以大力发展全域旅游为抓手，统筹解决传统景点旅游模式下旅游有效供给不足的结构性问题，提高旅游供给体系质量和效率，增强旅游发展持续增长动力，推动旅游业向高质量发展阶段迈进，实现旅游发展的质量变革、效率变革、动力变革和服务变革。重点是围绕旅游供给质量变革，面向现代旅游大众化、多元化、个性化、高端化等需求，推进“旅游 +”和“+ 旅游”，发展一批温泉、冰雪、滨海、山地、养生、自驾车旅居车、邮轮游艇、低空、研学、体育等旅游新业态，优化旅游产品结构，实现从观光旅游向观光休闲旅游转变，提高旅游供给质量；围绕旅游供给效率变革，打破体制机制障碍，创新融入资金、文创、科技、人才、组织等新动能，做大做强旅游企业主体，推动旅游发展从量到质、从速度到效益、从旧动力到新动力的更迭转换；围绕旅游供给动力变革，利用大数据、人工智能、物联网、虚拟现实等新技术现代科技，提高旅游业科技含量，推动旅游增长方式从传统要素驱动向创新驱动转变；围绕旅游供给服务供给变革，以厕所革命为突破口，补齐旅游公共服务及交通等基础设施的供给短板，将旅游服务供给做细做实做精，促进旅游产业转型升级。

5. 坚持全面依法治旅

贯彻全面依法治国战略，主动适应旅游业改革发展需要，按照《旅游法》及相关法律法规的要求，树立法治思维，全面依法兴旅、依法治旅，促进旅游业进入法治旅游新时代，为优质旅游创造更好的法治供给环境。重点是健全完善以《旅游法》为核心的旅游法规体系，针对相关配套制度薄弱领域以及旅游发展的新业态新情况，加快研究出台相关法律法规；创新推进导游等法规制度改革，保障旅游从业人员的合法权益；探索旅游执法体制，创新事中事后监管方法，鼓励设立“旅游法庭”“旅游警察”，建立跨部门的旅游综合执法体系，推进依法行政，提升旅游执法效益和治理效果；推进旅游领域内的行政审批制度改革，优化行政决策机制，在政府旅游管理部门探索建立法律顾问、第三方评价等制度，提升旅游部门依法履职水平。

6. 坚持乡村振兴战略

按照产业兴旺、生态宜居、乡风文明、治理有效、生活富裕的总要求，推动旅游与乡村融合，深入推进旅游扶贫、旅游富民工程，积极推动农村闲置农房开发乡村旅游，建设美丽乡村，释放其促进乡村发展、农业转型、农民增收、城乡一体化等效益，促进农民脱贫致富和乡村振兴。重点是制定完善乡村旅游区域规划；加强产业要素融合，促进农村一二三产业融合发展，挖掘乡村景观、乡村房屋、乡村产业、乡村文化等资源，创新乡村旅游产品和业态，多产业链构建，变生态和资源优势为经济优势，构建乡村产业基础；完善乡村旅游基础设施和公共服务，建设美丽乡村和生态乡村；建立健全城乡融合发展体制机制和政策体系，促进城乡资本、人才、技术、管理等各种要素流动，深化农村土地制度等改革，创新乡村旅游组织方式，为乡村振兴提供新要素、动力和治理机制；坚持生产生活生态融为一体，将乡村旅游文化传承和创新相统一，促进乡村文明复兴；以乡村旅游为核心推动旅游扶贫，助力扶贫富民，满足人民美好生活需要。

7. 坚持区域协调发展战略

实施区域协调发展战略，把旅游业融入国家各层面区域和城乡协调发展战略中，统筹区域、协调城乡，推进跨区域资源要素整合，解决城乡之间、区域之间旅游发展不均衡问题，构建旅游业发展新空间格局。重点是从旅游发展全局出发，统一规划、统筹推进、整合资源、协调行动、分类指导、分区推进，落实区域协同发展战略，推进京津冀旅游城市群、长三角旅游城市群、珠三角旅游城市群、成渝旅游城市群、长江中游旅游城市群等健康发展；鼓励东部地区率先引领发展，实现旅游发展的现代化和国际化；支持中西部地区突破发展，打造一批特色旅游目的地；以冰雪旅游为核心，发挥旅游业在新一轮东北振兴过程中的引领作用；加大对革命老区、民族地区、边疆地区、贫困地区在规划、政策、资金、人才等方面的支持力度，以旅游带动地区经济社会的脱贫致富；创新区域发展机制，加强区域、城乡之间的要素交换和流动，提升旅游部门统筹协调能力应对跨区域、跨行业问题，促进城市乡村、不同区域间旅游的均衡发展。

8. 坚持人与自然和谐共生

以生态文明建设为指导，坚持人与自然和谐共生，践行绿水青山就是金山银山的理念，推动旅游与生态的深度融合，增强旅游业可持续发展能力，把旅游业建设成为生态文明和美丽中国建设引领者。重点是实行最严格的生态环境保护制度，建立健全旅游生态环境承载力监测体系，在旅游项目规划、开发、管理过程中严格执行环境保护标准；建立旅游绿色生产和消费的法律制度和政策导向，创新旅游生态文明考核机制，培育绿色旅游消费方式；加强旅游与生态融合，发展生态旅游，推进国家公园建设，形成旅游发展、生态良好、生活富裕的人与自然和谐共生旅游发展新格局。

9. 坚持推动构建人类命运共同体

统筹国内、国际两个大局，树立全球意识，配合国家外交战略，进一步深化旅游对外开放，完善国际旅游合作交流机制，主动参与全球旅游分工体系，发挥旅游外交效益，为人类命运共同体构建提供旅游的样本和路径。重点是促进旅游深度开放，放宽旅游准入门槛，优化出入境旅游签证政策，以“一带一路”建设为重点，促进旅游业双向开放、市场互换和要素有序流动，为建立共同、综合、合作、可持续的新型国际关系增添新内容；配合国家发展战略，完善多层次旅游合作交流机制，开展国家旅游年等高层次旅游活动，将旅游发展与国家价值体系构建相结合，以旅游促进和而不同、兼收并蓄的文明交流，全方位、多层次、宽领域地塑造大国新形象和认同；主动参与全球旅游治理体系，成立国际旅游组织，举办国际旅游活动，凝聚旅游发展国际共识，引领全球旅游发展的公共政策、道德准则、商业模式、行业规范、服务标准等，提升中国在国际旅游业界的话语权和规则制定权，为世界旅游业的发展贡献中国机遇、中国主张、中国方案和中国经验，推动构建人类命运共同体。

（五）七大机制

新的时代下，推动旅游改革发展，需要建立一系列优质旅游发展的新机制。

1. 市场机制：创造市场在配置资源中发挥决定性作用的环境

适应旅游业发展新趋势，遵循旅游市场规律，培育市场主体，构建市场机制有效、微观主体有活力、宏观调控有度的新体制，形成统一开放、竞争有序的现代旅游市场体系，使市场在资源配置中起决定性作用。重点是改革政府和市场关系，转变政府职能，推进“放管服”改革创新，下放行政审批权，减少政府微观直接干预；完善市场监管体制，主动适应主体多元化、投资便利化、市场个性化、方式网络化、出行散客化的新趋势，调整旅游监管方式，实施有度有效监管；放宽旅游市场准入门槛，实施市场准入负面清单制度，清理废除妨碍统一市场和公平竞争的各种规定和做法，营造统一、公平、竞争的旅游市场体系，激发市场活力和创造力，培育一批具有全球竞争力的世界一流旅游企业。

2. 产业机制：形成“旅游+”的产业融合机制

坚持全域旅游理念，深化旅游供给侧改革，实施“旅游+”战略，构建“旅游+”和“+旅游”的产业融合机制，培育满足人民享受美好旅游生活的新需要与新业态，创造旅游产业新空间，构筑旅游发展的新动能。重点是立足发挥市场在配置资源中的决定性作用，放松产业管制，鼓励旅游创新，引导社会资本投资旅游，营造开放、包容的市场及政策环境，形成“旅游+”的新政策；吸引资本、文创、科技和人才新要素进入旅游业，重构旅游产业内部价值链和要素组合，创新旅游服务内容、方式和业态，形成“旅游+”的新机制；推动旅游产业从封闭自循环向开放的“旅游+”融合发展方式转变，促进旅游业与互联网、农业、林业、水利、工业、科技、商贸、金融、文化、教育、交通、体育、养老、医药、健康等产业的深度磨合、融合、组合，吸纳其他产业的生产和服务要素，优化要素配置，衍生新产品、新业态、新供给，形成以乡村旅游、在线旅游、工业旅游、低空旅游、邮轮游艇旅游、中医药健康旅游、养老旅游、研学旅游、医疗旅游、体育旅游、商务旅游、自驾车旅游、文化旅游、旅游金融等为核心“旅游+”的新产业框架体系。

3. 增长机制：建立创新机制，提升全要素生产率并重视科技应用

以供给侧结构性改革为主线，以提高旅游业发展质量和效益为中心，改革旅游业增长方式，推动旅游发展质量变革、效率变革、动力变革、技术变革，建立旅游集约型增长新机制，形成主要依靠技术创新、人力资本积累、资源融合、规模效益、学习效应等因素形成的旅游增长驱动模式。重点是全面深化旅游改革，调整旅游发展绩效评估、政府考核体系、产业政策着力点，改变主要靠资源、劳动力和资本等要素大量投入的发展模式，实现旅游增长方式从单一总量扩张向质量效益综合提升转变，增长动力从依靠资源要素扩张、人财物投入向依靠科技进步和旅游服务人员素质转变，旅游企业从依靠扩大资金投入向提高自主创新、增强品牌国际竞争力转变，全面提升旅游全要素生产率；全面创新体制机制，建立激发旅游创新创业活力的综合创新体系，借助新的政策、新的方式、新的逻辑、新的资本来打破传统产业格局，实现产品创新、业态创新、技术创新、主体创新、制度创新、服务创新的全面变革，提升旅游发展效率；抓住新一轮全球科技革命和产业革命，重视科技应用，提高旅游业科技含量，以新技术、新能源、新材料实现旅游发展的创新驱动，构建技术驱动的中国旅游业。

4. 治理机制：建立社会化、现代化的治理体系

适应全域旅游发展新要求，完善旅游治理机制，构建社会化、现代化旅游治理体系，实现多主体间的共建共治共享，提升旅游治理能力。重点是完善旅游管理体制，创新“1+3+N”的旅游管理改革，建立适应综合产业发展特征的综合管理体制机制，强化旅游部门综合协调职能，形成与公安、工商、交通等相关部门联动的联合治理机制，实现大产业协同发展、大市场联合执法、多部门联动管理、多主体共治共管的治理新格局；创新旅游市场治理方式，推进旅行社及导游体制改革，持续开展全国旅游市场秩序综合整治，加快旅游市场监管信息化建设，推动旅游市场秩序要素的信息互联互通和全流程监控，实现旅游监管的“社会化、扁平化、实时化、智能化、常态化”；完善旅游治理的社会支撑体系，健全旅游行业协会自律监督机制、消费者权益保护机制、社会信用体系等制度，建立行业协会、社会组织、企业、媒体、公众之间的有效治理结构，实现多主体间的共建共治共享，提升旅游治理能力。

5. 权益机制：加强人民群众旅游的权益保障

旅游是人民美好生活需要的重要内容，也日益成为人们的基本权利之一。旅游业改革发展需要回归旅游作为人的基本权利的轨道，建立全力保障人民群众旅游权益的新机制，更好地创造旅游美好生活。重点是政府和社会机构应为人们旅游权益的获得提供政策保障、创造物质条件和基础；坚持以游客为中心，全面完善旅游公共服务和基础设施，为旅游活动开展提供更安全、更便利、更舒心的旅游环境；完善以带薪休假为核心的假日制度，鼓励错峰休假，保障人民享有旅游所需要的闲暇时间和自主安排空间；加强对低收入群体、残疾人、老年人、青少年等弱势群体的旅游权利保障，提供公益资助、免费或优惠旅游服务，推进社会旅游，扩展旅游权利的受益面。

6. 生态机制：构建生态与旅游和谐发展机制

围绕生态文明和美丽中国发展要求，践行“绿水青山就是金山银山”发展理念，推动旅游与生态深度融合，将生态发展融入旅游规划、开发、管理、服务全过程，创新生态与旅游和谐发展机制，发挥旅游业在生态文明和美丽中国建设方面的引领作用。重点是坚持生态优先的基本底线，创新自然生态保护管理体制机制，完善旅游生态环境承载力监测体系，走绿色、循环、低碳发展之路，增强旅游发展可持续能力；大力发展生态旅游，打造一批国家生态旅游示范项目，促进生态资源优势向产业优势转化，实现“绿水青山”向“金山银山”转变；推进以国家公园为主体的自然保护地体系，完善自然资源资产管理和自然生态监管制度；建立旅游绿色生产和消费的法律制度和政策导向，创新旅游生态文明考核机制，提升旅游发展“资源节约型和环境友好型”水平。

7. 品牌机制：构建“中国优质旅游”新体系

按照优质旅游发展要求，实施品牌战略，大力提升“中国优质旅游”品牌魅力。重点以“硬件标准化、服务温馨化、产品多样化、安全稳健化”为导向，实施“中国优质旅游”品牌战略，大力培育符合市场需求、有影响力的旅游品牌，推出若干中国旅游品牌强省，擦亮5A、4A级旅游景区金字招牌，提升国家级旅游度假区品牌，塑造中国旅游休闲示范城市品牌，优化星级饭店、精品旅游饭店、文化主题旅游饭店、旅游民宿品牌等，建立有进有出的旅游品牌动态管理机制，树立我国旅游品牌优质形象，促进旅游业高质量发展。

三、2016—2017年中国旅游业的改革发展推进

2016年，是“十三五”开局之年，全面深化改革进入施工高峰期，围绕国有企业改革、创新驱动发展体制机制、政府职能转变、生态文明体制改革等十大领域，各项改革政策和举措陆续出台。2017年，全面深化改革向纵深推进，重要领域和关键环节改革进一步推进，十九大的召开则对旅游发展提出新的要求。在此背景下，国家旅游局以全域旅游为旅游改革发展主线，通过体制机制改革，构建新的旅游治理体系，通过各种创新试点，探索旅游改革经验，将加强旅游公共设施和服务建设作为旅游供给侧的新亮点，通过保障国民旅游权益推进旅游消费升级，发挥旅游在精准扶贫中的重要功能，探索旅游促进区域合作和城乡一体化发展的新路径，以生态文明为指引，促进可持续旅游发展，发挥旅游在构建对外开放新格局中的作用。

全域旅游、体制机制改革、创新试点、旅游公共服务、国民旅游权益、旅游精准扶贫、区域协调发展、“两山理论”的旅游实践、旅游促进对外开放新格局等成为2016—2017年我国旅游业改革发展的关键。

（一）全域旅游：旅游改革的新主线

1.全新发展理念，受到高度重视

2015年8月，国家旅游局局长李金早在全国旅游工作研讨会上首次明确提出全面推动全域旅游发展。随后，国家旅游局下发《关于开展“国家全域旅游示范区”创建工作的通知》。2016年2月，262家首批“国家全域旅游示范区”创建工作启动。2016年习近平总书记和李克强总理分别在视察宁夏以及世界旅游发展大会中提到“发展全域旅游”。2017年全域旅游首次写入政府工作报告。

全域旅游与“创新、协调、绿色、开放、共享”五大发展理念高度契合，与“四

化战略”、“美丽中国”、“健康中国”、生态文明建设、“中国工业2025”等重大国家战略互促共进。全域旅游是基于对30多年中国旅游业发展成功经验的深刻总结和对当前及未来中国旅游业形势任务的科学研判而提出的一种新的旅游发展理念，是中国旅游业发展进程中的一次深刻变革。

2. 全面系统部署，示范样板推进

为进一步推动全域旅游示范区创建工作，确保全域旅游发展稳步推进，国家旅游局进行了全面部署、系统推进。

其一，举行全域旅游创建工作现场会。国家旅游局先后于2016年6月、9月和2017年8月，先后在浙江桐庐、宁夏中卫和陕西西安举行全域旅游创建工作现场会，进一步明确全域旅游的目标任务，现场考察交流全域旅游创建工作情况。

其二，开展全域旅游示范区创建工作。短短两年多时间，全域旅游实现从创建、示范到推广普及阶段，目前已创建全域旅游示范区506家，覆盖全国31个省、区、市和新疆生产建设兵团，囊括旅游业发展重点区域。

其三，加大对全域旅游的宣传力度。国家旅游局借助主流媒体宣传推广全域旅游的做法、经验和成果，先后组织《中国旅游报》、中国旅游网开展“书记、市长（县长）谈全域旅游”宣传采访活动，并开辟全域旅游专栏。

3. 完善顶层设计，落实政策保障

为更好地指导各地准确把握全域旅游理念，科学扎实开展创建工作，国家旅游局在系统总结各地经验的基础上，发布了《全域旅游示范区创建工作导则》。该导则提出创建全域旅游示范区的工作方针、六项原则及八项任务，明确旅游应与13个领域实现融合发展。

国家旅游局加强与发改、国土、交通、农业、体育等部门合作，做好全域旅游顶层设计。先后发布《关于促进交通运输与旅游融合发展的若干意见》《关于大力发展体育旅游的指导意见》《关于实施旅游休闲重大工程的通知》等文件，将旅游发展作为重要内容纳入经济社会发展、城乡建设、土地利用、基础设施建设和生态环境保护等规划之中。

4. 各地积极响应，创新亮点纷呈

全域旅游发展战略实施以来，得到各地的积极响应，各地集思广益，不断创新，全国形成特色各异、百花齐放的全域旅游发展格局。

在全域旅游发展方式上，各地在如下10个方面积极探索。

其一，政府高位推动。各地政府高度重视全域旅游，将其作为本区域社会经济发展的重要内容。例如，安徽省将发展全域旅游的要求纳入《安徽省五大发展行动计划》、省政府工作报告以及《安徽省“十三五”旅游业发展规划》《中共安徽省委、安徽省

人民政府关于将旅游业培育成为重要支柱产业的意见》等之中。广西壮族自治区编制完成《广西全域旅游发展规划纲要》和《广西全域旅游三年行动计划》等。

其二，加强制度保障。全域旅游的发展离不开法制保障和制度规范。各地围绕地方立法、实施方案等为全域旅游提供有效支持。例如，《广东省旅游条例》首次将“全域旅游”作为地方旅游立法的指导思想。安徽省编制全省指导性规范《旅游全域化工作指南》。《云南省全域旅游创建实施方案》提出旅游产品全域构建、公共服务设施全域配套、智慧旅游全域提升、旅游环境全域优化、旅游产业全域融合、旅游扶贫全域带动、客源市场全域拓展、市场监管全域强化等主要任务。云南省还组织编制了全域旅游示范区管理办法、评价指标和认定标准等。

其三，细化发展理念。全域旅游作为一个战略理念，内涵极为丰富。各地围绕全域旅游总体战略提出了一些具体发展理念。例如，宁夏回族自治区和重庆渝中区均提出“全景、全业、全时、全民”四全发展理念，将旅游培育成区域内的优势产业和战略性产业。西藏自治区按照“全时间、全地域、全产业融合发展”的要求，围绕“全时”（全季全天皆有亮点）、“全空”（全区域统筹规划）、“全产”（横纵双向融合发展）、“全民”（全社会共建共享）的目标，切实推进旅游要素和服务全域覆盖。福建省按照“省域即景区、景区即省域”的理念，推动“九个全”，即统筹功能布局，实现旅游规划全域覆盖；统筹资源配置，实现旅游产品全域构建；统筹要素供给，实现旅游要素全域配套；统筹设施配套，实现旅游公共服务全面提升；统筹品牌建设，实现旅游营销全方位推进；统筹服务监管，实现旅游市场治理全省联动；统筹体制机制，实现旅游改革全面创新；统筹绿色发展，实现生态旅游资源全域保护；统筹全民参与，实现旅游发展成果全民共享。

其四，创新发展机制。各地在行政机构职能和产业推动发展层面不断创新全域旅游发展机制。例如，广西壮族自治区建立由33个单位组成的自治区旅游工作厅际联席会议机制，重点整合协调旅游项目用地、建设资金、科技创新、生态保护、信息化建设、口岸管理、品牌建设等旅游发展重大问题和重大事项，同时联合住建、文化、农业、林业等部门，重点指导开展特色旅游小镇、传统村落、现代农业庄园、休闲农业与乡村旅游示范县（点）、森林人家、“金绣球”农家乐等旅游与产业融合品牌创建工作。江西省健全产业发展推进机制，涉及重大问题协调机制、产业运行调度机制、产业大会申办机制、游客满意度评价机制等。

其五，完善重要政策。围绕全域旅游发展，各地出台了各种政策，尤其是备受关注的旅游用地和“多规合一”。例如，苏州市、桂林市等地建立旅游产业土地供给的综合协调机制保障旅游用地。浙江桐乡把旅游用地纳入省“新型业态用地改革试点”范畴，建立旅游项目用地计划单列制度，对涉及旅游项目的土地出让指标给予倾斜，每年安排新增建设用地指标不少于500亩，浙江遂昌提出每年旅游项目用地计划指标不少于全县年度用地计划指标的30%。海南作为全国首个在全省范围内开展“多规合一”探索的省份，通过实施《海南省总体规划》，统一高效配置土地、林地、岸线、海域、水等重点资源，并将《海南省旅游发展总体规划》《海南省旅游业发展“十三五”规划》《海南省旅游商品开发规划》等旅游发展规划和19个市县的《旅游发展总体规划》融入全省总规。山东青岛将旅游规划纳入全市空间规划“一张蓝图”，市旅发委作为“多规合一”办公室副主任单位在全市近30项规划、意见与行动计划中充分发声。

其六，创新旅游治理体制。围绕全域旅游发展，全国省、市、县大部分地区都在积极构建“1+3+N”全域旅游联合执法机制和旅游市场综合监管模式，推动旅游治理工作真正进入法制化、规范化轨道（详见下文）。

其七，创新旅游空间统筹。例如，海南省实施“点—线—面”全域旅游空间发展战略，不仅缓解核心区承载压力，而且使其他地区成为重要的分流和承载区。新疆生产建设兵团一师十团作为国家首批全域旅游示范区创建单位，把优先发展旅游业作为制定经济社会发展、土地利用、城乡建设、生态环境保护等规划的前提。

其八，创新旅游公共服务。全域旅游的空间更具开放性，因此公共服务体系需要相匹配。各地围绕旅游公共设施和公共服务进行了系统探索。例如，浙江省以建设特色小镇为载体推动旅游交通体系、旅游咨询体系、便民旅游服务设施的建设。

其九，创新旅游产品。以产业融合为理念，发挥“旅游+N”的优势，深化与相关产业和领域融合发展，形成产业联动的新格局。

其十，形成社会共识。例如，陕西省旅发委在省政府召开新闻发布会，以“五大工程”落实“五新”战略任务，配合办公厅召开政策吹风会，全面解读《全域旅游示范省创建实施方案》；在新华网就全省全域旅游的发展成效和重大举措进行视频专访；在重要报刊宣传全域旅游。

（二）体制机制改革：旅游治理的新体系

1.旅游行政管理机构改革

多部门综合管理是落实全域旅游战略的制度保障，有利于旅游业统一领导、统一规划、统一管理、统一协调。目前全国有25个省成立了旅游发展委员会。一些省市区还通过旅游产业协调（领导）小组、旅游工作联席会议制度等形式加强对旅游相关事务的综合协调力度。

2.旅游市场监管与综合执法体制机制改革

以贯彻落实《国务院办公厅关于加强旅游市场综合监管的通知》（国办发（2016）5号）

为标志，国家旅游局积极落实监管责任，推动旅游市场监管和综合执法体制机制的改革和完善。

其一，明确旅游市场监管的目标和要点。旅游市场监管围绕“四个统筹”展开，即统筹抓好“资质监管、行为监管与信用监管”三种监管方式；统筹抓好“行政监管与社会监督、行业自律、游客自觉”四种力量；统筹抓好“实体市场与网络市场”两种经营主体的有效监管；统筹抓好“境内游与出境游”两大文明形象与市场秩序的规范建设。其要点包括：（1）按照“属地管理、部门联动、行业自律、各司其职、齐抓共管”的原则，明确各相关部门的监管责任，落实旅游企业的主体责任，发挥社会公众和行业协会的监督作用；（2）从中央到地方、从产品和服务的提供者到消费者形成旅游市场综合监管共识；（3）旅游监管视角从行业管理过渡到综合管理；（4）旅游监管对象从旅游企业转变为旅游服务提供者和旅游消费者；（5）改变单抓自管的格局，逐步形成国家—省—市—县四级旅游综合监管体系框架。与此同时，国家旅游局还制定旅游市场综合监管责任清单，向社会公开旅游部门及公安、工商、文化、税务、交通相关部门职能、执法权限等事项。

其二，以推进“1+3+N”[①]模式为标志，形成完善的旅游治理体系。旅游部门与工商、交通、公安等部门共同维护旅游市场秩序和旅游综合环境，强化联合执法协调监管的相关工作机制。例如，三亚市率先探索建立“旅游巡回法庭、旅游纠纷人民调解委员会、工商旅游分局、交通运管处”等执法主体，使旅游纠纷处理从单一的行政执法向“调解＋仲裁＋行政执法＋司法诉讼”综合处理机制转变。据不完全统计，截至 2017 年 12 月，全国共有 25 个省（区、市）、155 个地（市）成立了旅游发展（和）改革委员会，已设立旅游警察机构 131 家、旅游工商分局机构 77 家、旅游巡回法庭机构 221 家。一些地方还成立了旅游物价巡查大队、旅游食品安全巡查大队、文明旅游工作办公室、旅游执法履职监督办公室、涉旅司法调解中心、全域旅游服务中心等专业机构。

其三，各地积极尝试旅游市场监管和综合执法体制机制改革的新做法。例如，安徽省黄山市组建具有独立行政执法主体资格的旅游管理综合执法局，集中行使 8 个主要职能部门的 88 项行政处罚权，旅游市场监管、执法、查处实现“三统一”；贵州省安顺市在设立“1+3”基础上，成立全域旅游法律服务中心；山东省济南市启动“旅游啄木鸟”工作构建了“行政监管＋社会监督＋媒体监督”三位一体行业治理新模式；福建省围绕“放心游福建”旅游服务承诺，整合工商、旅游、公安等 24 个部门和省、市、县三级行政资源，创新六大机制：“一口受理”机制、“快速办结”机制、“先行赔付”机制、部门协同机制、应急处理机制、超时限办理的问责机制。上海市旅游局在总结

① “1+3+N”模式中，“1”是指旅游发展委员会，“3”分别是指旅游警察、旅游巡回法庭和工商旅游分局，N 是指其他创新性的市场监管措施。

“旅游纠纷巡回法庭”“旅游纠纷诉调对接机制”和“旅游律师志愿团”的经验基础上，成立上海市旅游纠纷人民调解委员会。广西阳朔骥马村建设“党员综合服务中心”，通过村党政综合中心发挥旅游咨询、旅游调节等功能。

3. 旅行社管理体制改革

近年来，旅游部门积极推动旅行社管理向法治化、市场化、信息化转变。

一是严格落实行政审批制度改革。取消原由国家旅游局联合外交部、公安部、海关总署开展的边境旅游项目审批；下放边境游旅行社审批和外资社设立许可；将外国人乘自备交通工具在华旅游项目审批改为备案制。

二是深入推进商事制度改革。全面落实旅行社业“先照后证”有关规定，破除对旅行社跨省设分社、设门市的政策限制。

三是建设“全国旅游监管服务平台”。借此实现消费主体（游客）、市场主体（旅行社、导游）、监管主体（各级旅游主管部门）信息互联互通和全流程监控。

四是逐步建立旅行社退出机制。通过实现动态、常态调整，使少数不具备旅行社经营条件、仍以低价恶性竞争方式严重扰乱市场秩序的旅行社有序退出市场。

五是改善对旅行社的监管方式。例如，上海市充分运用“互联网+”、大数据等信息化手段，建立完善以“一社一档”为主要内容的旅行社监管信息平台，包括旅行社基本信息、导游信息、领队信息、投诉信息、检查信息、行政处罚信息、安全信息、经营信息，涵盖旅行社从注册到注销的全过程的核心监管数据内容。同时，在全面采集全市旅行社统一社会信用代码的基础上，启动旅行社监管信息平台与市文化执法总队、市法人库、市公共信用信息服务平台等平台的数据对接，通过大数据汇总和分析，探索实施分类监管措施。

4. 导游管理制度改革

为解决导游体制与大众旅游不适应的问题（如导游与游客不能建立高度市场化的供求关系，散客对导游服务的市场需求无法转化为导游的就业机会等），国家旅游局探索开展导游自由执业改革，发挥市场对导游资源的支配作用。具体包括：（1）立足于“放管有序、破立结合”，推进导游自由执业与自由流通，积极清除各地违法设置的导游异地执业障碍，打破导游异地执业的地区壁垒；（2）建立“全国导游公共服务监管平台”、重构“导游星级评价”体系，逐步构建科学化、智慧化、规范化、法治化、常态化的事中事后监管机制和体系；（3）联合交通运输部规范设置“导游专座”，保障导游切身权利；（4）取消导游年审制度、导游计分制、导游资格证三年有效等规定，促进导游队伍高效从业。

导游管理体制得到了各地旅游管理部门、试点企业、导游协会的积极响应。

其一，加强调查研究。上海市成立专门课题组对全市274家旅行社以及3568名导游人员开展问卷调查，从一线实际情况摸索改革路径。三亚市研究对自由执业导游给予景区免票或优惠事宜。

其二，推动导游和游客双向自主选择。江浙沪、广东、四川成都、吉林长白山、湖南长沙和张家界、广西桂林、海南三亚等省市将导游自由执业由旅行社单一委派变为旅行社、互联网平台和其他旅行服务机构等多元渠道，建立了导游和游客双向自主的供求关系。

其三，出台配套方案。例如，《云南省导游归属管理及导游公司体制改革方案》颁布后一个月内，昆明市已有64家旅行社与1970名导游签订了劳动合同并在智慧旅游管理平台上完成备案。广东省推动导游注册制度改革，稳步推进导游自由执业改革试点，逐步推动导游管理从行政化、非流动、封闭式向法治化、市场化转变，构建“进出、监管、保障、奖惩”四位一体的管理体系。

其四，涉旅企业积极开展导游体制改革相关试点工作。例如，上海携程开展“互联网＋导游领队”试点，北京途牛开展导游薪酬激励试点，厦门欣欣开展导游带团服务质量监控平台试点，同程开展导游网络评价系统试点，中青旅开展文明旅游工作试点，广州美丽行旅行社开展“互联网＋导游微品牌”导游服务平台试点，导游管理人工化向智能化转变，导游监管从“样本式抽查”向“全过程监管”转变。

5. 景区管理体制改革

近两年来，景区管理体制改革从破冰探索向多方实践转变。单体景区管理体制改革和多个景区资源整合均有较大推进。

其一，单体景区管理体制改革。山西省政府办公厅印发《2017年全省旅游景区（景点）体制机制改革创新工作推进方案》，以建立现代企业制度为核心在全省落实推进景区体制改革。陕西牛背梁景区通过建立健全旅游市场化管理机制，打破区域界线设立旅游园区，以运营管理体制改革促进景区发展。四川乐山市、山西主要景区明确景区管委会、属地政府、经营实体事权分开，为市场化运营打下基础。

其二，多景区一体化改革。甘肃省推动18个大景区管理体制改革，将涉及省直部门管理的林业资源分别整合下放到相关的5个大景区管委会管理。青海省推进大景区资源整合移交工作，过去省直部门管理的林业资源、文物资源以及市州管辖的资源明确由大景区管委会统筹管理。江西省编制大庐山旅游规划，推动山上山下一体发展，解决资源分割、管理分散、空间分化、发展分力等问题；成立武功山经营管理体制改革工作领导小组，实施统一规划、统一品牌、统一门票、统一线路、统一标准、统一营销，组建大武功山旅游公司，并成立萍乡、宜春、吉安三个子公司，形成了“一母三子”的经营主体构架。贵州安顺成立黄果树旅游区管委会，启动“黄果树—龙宫—屯堡”一体化发展的改革工作。江西省构建“环庐山、大庐山、泛庐山”旅游经济圈。

6. 国有企业管理体制改革

自 2015 年《关于深化国有企业改革的指导意见》发布后，2016 年 7 个专项文件陆续出台，国资委联合相关职能部委又出台了 36 个配套文件，共同形成了国企改革设计图和施工图。经过两年多的努力，2017 年国企改革初见成效。目前已有 25 个省（区市）出台了国企改革方案，下属地级市国资委也确定了更为细化和具体的改革任务目标。

在旅游业快速发展和国企改革积极推进的背景下，旅游国有企业改革进度相应加快。例如，中国国旅集团有限公司整体并入中国港中旅集团公司。长白山、北部湾旅游、九华旅游公开上市，山西的乔家大院登陆新三板，通过建立现代化的公司治理结构和企业制度，鼓励市场化运作，规范运作。浙旅集团与景域集团是地方国企、民企双方深度协同、全面合作的重要突破。江西省旅游集团完成混合所有制改革，分别与阳光保险集团、建银国际（控股）、上海积厚资本私募基金三家战略投资者正式签约。云南省推进华侨城集团与云南世博旅游控股集团、云南文化产业投资集团实现战略重组。

（三）创新试点：旅游改革的新探索

通过试验区、示范区、试点地区等方式探索改革路径是一种重要方式。近年来，我国旅游系统围绕改革创新先行区、全域旅游示范区、边境旅游实验区和跨境旅游合作区等工作不断探索新的改革路径。

1. 设立“改革创新先行区”和全域旅游示范区

国家旅游局按照《国务院关于加快发展旅游业的意见》中“支持各地开展旅游综合改革和专项改革试点”的要求开展改革试点工作。

在旅游改革创新先行区建设方面，在第一批 20 个国家级旅游业改革创新先行区的基础上，2017 年国家旅游局又批准了浙江省丽水市等 21 个第二批国家级旅游业改革创新先行区。作为旅游改革的先行区，以人民满意和幸福为标准衡量改革成果，将改革任务分为规定任务、商定任务和自选任务，各地可以据此因地制宜地推出旅游改革新举措。

在全域旅游示范区方面，国家旅游局分两批确定全国 500 个全域旅游示范区创建单位，包括海南、宁夏两省（区），91 个市（州），407 个县（市），覆盖全国 31 个省（区、市）和新疆生产建设兵团。目前 98% 的全域旅游示范区创建单位出台了《创建实施方案》《全域旅游发展奖励办法》等政策性文件，山东、浙江、云南、海南、陕西等省及 90% 的示范区创建单位出台了旅游土地、规划、资金、人才等专项保障措施等。例如，武汉市政府印发《武汉市建设国家级旅游业改革创新先行区实施方案》《武汉市建设国家级旅游业改革创新先行区工作任务责任分解表》，明确改革旅游行政管理体制、探索旅游功能区管理体制、推进旅游景区管理改革、提升旅游标准化水平、建立旅游资源交易平台、创新探索旅游产业用地政策、健全旅游金融服务体系、提升旅游智能化水平、提升旅游国际化水平、优化旅游法治环境等10大类改革创新工作任务。

2. 加快边境旅游实验区和跨境旅游合作区“两区”建设

我国陆地边境线长达2万多公里，沿边9个省份与周边14个国家接壤，分布有79个口岸、14个边境开放城市、4个边境重点开发开放试验区、16个边境经济合作区。为进一步提升边境旅游对外开放水平、促进旅游国际合作，由国家旅游局牵头、各相关部门参与的“两区”建设成为旅游改革开放的又一块“试验田”。

2016年9月和10月，国家旅游局先后在吉林省延边朝鲜族自治州和云南省西双版纳傣族自治州举行了跨境旅游合作区和边境旅游试验区北部片区和南部片区座谈会，相关省份和边境城市对“两区建设”推动工作进行了充分交流。一些地区在这方面取得了初步进展。例如，内蒙古自治区借力中俄蒙旅游发展联盟，积极推进与俄蒙两国地区旅游务实合作，目前呼伦贝尔、满洲里、二连浩特等8个边境旅游试验区方案，已由自治区政府上报国家旅游局待国务院审批。内蒙古满洲里、二连浩特、阿尔山和满都拉跨境旅游合作区方案已经完成。图们江三角洲国际旅游合作区建设，促进吉林乃至中国与东北亚各国的旅游与边贸逐步升级，扩大交流合作领域。广西壮族自治区积极与越南高平、谅山、广宁等省加速建设跨境旅游合作项目，形成中越跨境旅游合作区、边境旅游实验区、边关风情旅游带“两区一带”互相促进的发展格局。中国东兴—越南芒街跨境旅游合作区建设稳步推进，双方协调跨境联合执法、旅游市场整治、合作营销等工作。云南省对《云南省德宏瑞丽边境旅游试验区建设实施方案》《云南省西双版纳州边境绿玉试验区建设实施方案》《云南省红河河口边境旅游试验区建设实施方案》《云南省临沧耿马边境旅游试验区建设实施方案》进行修改完善，编制完成《云南省中老跨境旅游合作区建设方案》《云南省中缅跨境旅游合作区建设方案》《云南省中越跨境旅游合作区建设方案》。

（四）“旅游+”：旅游发展的新空间

1.“旅游+”加速产业融合

旅游业关联产业多，产业链涉及的上下游行业丰富。在全域旅游发展战略中，“旅游+”就是以旅游业为主导，以满足群众对美好生活的需求为宗旨，通过旅游业与相关产业融合产生新的旅游业态和相应的旅游产品，从供给侧实现变革。2017年《全域旅游示范区创建工作导则》全面地提出旅游与13个领域、部门的融合发展，为“旅游+”关联产业指明了发展路径，有助于更好地指导各地推进旅游与多业融合。

	旅游＋	国家旅游局具体工作
1	互联网	召开“旅游＋互联网”大会，发布《“旅游＋互联网”行动计划》。运用PPP模式，建设12301国家智慧旅游公共服务平台。推出了一批智慧旅游城市和智慧旅游景区。完成了国家旅游产业运行监测与应急指挥平台建设，实现了重点景区、旅游团队、旅游大巴、导游领队等即时监管
2	农业	与农业部共同推进乡村旅游和休闲农业，共同组织开展国家现代农业庄园创建工作，计划到2020年推出100个。发布中国十大湿地旅游示范基地
3	工业	召开全国工业旅游创新大会，推出首批22家国家工业旅游创新单位，到2025年，将创建1000个国家工业旅游示范点、100个工业旅游基地、10个工业旅游城市。与中国科学院共同发布十大科技旅游示范基地
4	交通	与交通部联合出台《关于促进交通运输业与旅游产业融合发展的若干意见》，共同制定国家旅游风景道标准。由交通运输部、国家旅游局、国家铁路局、中国民航局、中国铁路总公司、国家开发银行六部门联合印发的《关于促进交通运输与旅游融合发展的若干意见》，提出加快旅游与交通的融合发展，构建“快进慢游”的旅游交通网络。建成天津滨海、上海虹桥等6个中国邮轮旅游实验区。与发改委、民航局合作，推出首批16个通航旅游试点项目
5	中医药	与中医药局共同开展国家中医药健康旅游示范创建工作，用3年时间建成10个国家中医药健康旅游示范区、100个示范基地、1000个示范项目
6	教育	与教育部共同印发《关于推进中小学生研学旅行的意见》，推出10家中国研学旅游目的地和20家全国研学旅游示范基地。出台首个《港澳青少年内地游学接待与服务规范》全国行业标准
7	体育	与体育总局共同制定《关于大力发展体育旅游的指导意见》，共同召开全国体育旅游产业发展大会，推出一批体育旅游示范基地和精品旅游赛事。到2020年，建成100个具有重要影响力的体育旅游目的地，建成100家国家级体育旅游示范基地，体育旅游总消费规模突破1万亿元
8	装备制造业	与工信部、发改委等部门共同推动邮轮游艇、房车、低空飞机等旅游装备制造业发展
9	卫生	与卫计委共同开展医疗旅游健康旅游示范区建设

2.“旅游＋”整合不同层面资源要素

全域旅游是实现区域资源有机整合、产业融合发展、社会共建共享，以旅游业带动和促进经济社会协调发展的一种新的区域协调发展理念和模式。“旅游＋”正是在全域旅游战略的进一步落实，将区域内各种优质的、分散的旅游资源整合盘活，形成整体格局。首先是在景区、景点的基础上完善以配套的基础设施，实现空间的整体性和使用的舒适性。其次，在资本方面整合农业、水利、交通、城投各种资金资源，多地在PPP项目基础上建设政府投融资平台，并导入政府引导基金、PE基金等社会资本。比如浙江台州采用政府和社会资本合作（PPP）模式推进全域旅游建设。再次，利用移动互联网和大数据技术整合旅游相关数据，从监控、管理到服务实现智能化提升，四川旅游运行监管及安全应急管理联动指挥平台实现了对全省各市县的监测，为提升旅游服务质量提供了保障。最后，游客和居民的共同参与，是旅游发展成果成为全民共享的重要标志，只有彼此受益才能形成持续发展的健康模式。

3.“旅游+”丰富旅游产品供给

近年各地旅游产品开发已经成为全域旅游、产业融合发展的新亮点。“旅游+城镇化”形成旅游小镇、宜游名城、美丽乡村等宜居宜游的目的地，例如浙江省首批60个特色产业小镇中，有15个旅游小镇全部按照5A级旅游景区标准创建；“旅游+农林牧渔”形成家庭农场、森林公园、田园综合体等旅游产品，山东的精品培育工程，计划打造50个国家级精品乡村旅游园区；“旅游+科教文卫”形成科技旅游、研学旅游、文化旅游、健康旅游等业态，例如北京的多条中医养生文化旅游线路，黑龙江大庆探索“体育+旅游+健康”的产业融合发展模式，江苏茅山发挥其生态资源优势，打造了国家中医药健康旅游示范区和健康养生特色小镇。“旅游+交通”发掘公路旅游、邮轮旅游、低空旅游等，浙江金华以“旅游+美丽公路”串联青山绿水，新疆以“铁路+旅游”模式便利游客畅游“丝路”。

“旅游+”以其自身强大的活力与其他产业融合、重组，不断衍生新产品、新业态、新供给。既为旅游业自身的转型升级挖掘了潜力，也为整个经济结构调整注入了活力。

4.“旅游+”拓展旅游发展空间

“旅游+”意味着旅游正在从过去封闭自循环向开放的融合发展方式转变，这既为旅游业自身发展拓展了广阔空间，也为带动其他产业发展提供了巨大动能。地理空间角度，以“全域覆盖、区域协同”的原则，以旅游公路、轨道交通、水上交通、休闲绿道等旅游交通搭建旅游网络，形成开放式旅游空间。产业链延伸角度，旅游业产业链长，涉及“吃、住、行、游、购、娱”，在各个环节的深度挖掘都足以使一地一城旅游发展焕然一新。如丽江发展花卉旅游，食用玫瑰产业链条已从农业领域延伸到食品、日化、文娱等领域。北京大兴的万亩葡萄经过深度挖掘，形成了旅游观光采摘园、葡萄研究所、葡萄博物馆等项目。

（五）公共服务：旅游供给侧的新亮点

推动供给侧结构性改革是近年来我国社会经济发展的主要任务之一。就旅游业而言，旅游供给侧结构性改革包含很多内容，而旅游公共服务是其中最为重要的组成部分。2016年和2017年政府工作报告分别就“加强旅游交通、景区景点、自驾车营地等设施建设，规范旅游市场秩序，迎接正在兴起的大众旅游时代”及“完善旅游设施和服务”提出要求。2016年和2017年，汪洋副总理在国务院旅游工作部际联席会议第三次和第四次全体会议上分别强调推进旅游供给侧改革，完善公共服务体系。2016年和2017年的全国旅游工作会议提出应大力推进旅游供给侧结构性改革。在此背景下，以厕所革命、旅游数据中心和统计体系改革、旅游基础设施建设等为代表，我国旅游公共服务体系得以不断完善。

1.厕所革命全面推进

旅游厕所是旅游公共服务水平高低的直接体现。2015 年，国家旅游局提出旅游厕所革命三年行动计划，根据规划，三年内全国共新建厕所 3.3 万座，改扩建 2.4 万座，实现旅游景区、旅游线路沿线、交通集散点、旅游餐馆、旅游娱乐场所、休闲步行区等厕所全部达标。2017 年 11 月 26 日，国家旅游局发布《全国旅游厕所建设管理新三年行动计划（2018—2020）》，计划从 2018 年至 2020 年，全国计划新建、改扩建旅游厕所 6.4 万座，其中新建 4.7 万座以上，改扩建 1.7 万座以上。2017 年 11 月 27 日，习近平总书记对旅游系统推进厕所革命工作所取得的成效做出重要指示，提出要把这项工作作为乡村振兴战略的一项具体工作加以推进，努力补齐这块影响群众生活品质的短板。2017 年 11 月 29 日国家旅游局在北京主办“世界厕所日暨中国厕所革命宣传日”活动，进一步深入推进厕所革命。

截至 2017 年年底，全国共完成建设旅游厕所 7 万座，超额完成 3 年 5.7 万座的计划任务。2016 年和 2017 年，国家旅游局先后公布中国厕所革命十大典型景区，厕所革命从景区扩展到全域、从城市扩展到农村、从数量增加到质量提升，受到广大群众和游客的普遍欢迎。

在国家旅游局的推动下，各地积极推进厕所革命，在如下方面积累了经验。

其一，制定厕所管理规划和行动计划。各地旅游主管部门先后出台了旅游厕所规划、行动计划等，从制度上规范旅游厕所工作。例如，甘肃省将旅游厕所建设全部纳入景区和城市基础设施建设规划体系。2017 年 9 月发布的《福建省旅游厕所建设管理新三年行动计划（2018—2020）》提出，要在未来三年，全省计划建设旅游厕所合计 1865 座。2017 年 12 月发布的《浙江省旅游厕所建设管理三年行动计划（2018—2020 年）》提出，未来三年内新建旅游厕所 3246 座，改扩建 1799 座。

其二，创新厕所管理机制。很多地方在厕所管理体制机制方面不断创新。例如，济南成立“城市厕所开放联盟”并向社会免费开放联盟厕所。河北野三坡景区采取“乡村旅游厕所开放联盟 + 企业认养”的方式，成立野三坡“乡村旅游厕所开放联盟”，入会单位共同制定管理章程、服务公约、统一标识，并进行统一装修、装饰。

其三，探索厕所管建办法。例如，甘肃省按照“谁所有、谁建设、谁管理”原则，探索旅游厕所社会化、市场化管理新模式，提升市场化运作和经营管理水平，并积极开拓旅游厕所衍生功能，探索“厕所 + 商铺”“厕所 + 售票点”“厕所 + 停车点”等模式，推广“以商建厕、以商养厕”机制，推动旅游厕所长效化、常态化管理。甘肃省通过 PPP 模式吸引企业和社会团体以承包经营、企业冠名赞助、商业广告特许经营、公私合营等方式参与厕所建设、管理和使用维护。

其四，厕所建设体现地域特色。例如，甘肃全省高原高寒地区旅游厕所广泛使用可生物降解泡沫冲洗和真空气冲技术。天津古文化街购物区厕所外观融入传统文化符号，色彩、造型与景观环境相协调。广东省梅州市在旅游厕所规划设计中融入客家文化。黄果树瀑布景区采用当地特有的石材和木材，充分利用现代科技、人工湿地等方式处理污水。

2. 旅游数据中心建设框架已成

为解决我国旅游统计体系长期缺失、严重滞后于国家旅游发展战略、我国旅游统计数据无法与国际接轨等问题，2015 年 12 月 3 日，国家旅游局成立旅游数据中心，并建立旅游与公安、交通、航空、统计等部门数据共享机制。中心运行两年来，完成了《旅游统计工作手册》《旅游经济核算手册》《旅游统计指标体系》等标准，发布了《中国旅游统计公报》《中国旅游统计便览》《中国旅游统计年鉴》《旅游抽样调查资料》和《中国旅游大数据》等成果。目前国家旅游局数据中心已建立旅游统计核算体系，逐步建设区域分中心、专项基地、专题实验室和观测站（点），建设旅游经济数据采集与监测、国家旅游文献情报中心两大基础性项目，构建六大核心数据库，与中国电信、携程旅行网等成立大数据联合实验室，在全国旅游数据统计及发布、旅游数据分析、涉旅决策支持、相关产业引导和国际交流合作方面发挥重要作用。其中国家旅游产业运行监测与应急指挥平台对接了国家旅游局假日旅游统计系统、旅游厕所管理系统、导游管理系统、旅行社管理系统、饭店统计管理系统 5 个系统，实现与四川、天津、宁夏、福建、重庆、广东、安徽等省（区市）旅游产业数据、重点景区视频监控等内容对接。全国数据中心建设搭建起较为完整的框架体系。

各地旅游主管部门也加大了旅游数据中心建设的步伐。目前已有河南、山东、四川、浙江、重庆、陕西、广西和黑龙江等省份正式成立省级地方数据中心，济南、淄博、威海、日照、长春等成立了地市级旅游数据中心。例如，陕西省成立了旅游产业运行监测与应急指挥中心、陕西省旅游数据中心。广西壮族自治区建立旅游大数据平台（后更名为广西旅游产业运行检测与应急指挥平台），包括旅游数据中心、数据交换中心和大数据处理平台，实现跨领域、跨行业数据融合与协同创新，利用大数据提升旅游管理水平和旅游公共服务能力，实现重点旅游景区游客流量的实时监控、分流预警和应急指挥。福建省建设完成全省智慧旅游云集群平台，包括清新福建多语种旅游门户网站、旅游质量评价系统、福建旅游运行监测系统、电子票务预约系统、旅游数据采集、福建旅游移动 APP、虚拟旅游平台等等。湖南省按照《国家旅游统计调查制度》要求，结合湖南旅游统计工作实际，设计制定了《湖南旅游统计调查制度》，并在重点旅游城市张家界创设国内首家旅游统计研究院。浙江省成立旅游统计数据中心，出台《关于开展全省全域旅游统计工作的通知》，并以旅游产业测算为核心，规范全域旅游背景下的旅游产业统计范围与旅游产业测算方案。广东省旅游产业运行监测与应急管理指挥平台可实现全省12个5A级景区及25个4A级景区视频对接。新疆维吾尔自治区的“一带一路”云大数据中心采用线上线下相结合的方式，集成地图导航、丝路畅游、线上平台、旅游视频综合平台、旅游大数据分析系统、旅游可视化一张图等各类旅游应用。“上海旅游信息管理与发布平台”已对接市局的行业基础信息和业务应用数据，融合运营商、银联、气象、航空等外部数据，初步具备假日运行监测、旅游监管服务、景区运行监测、旅游舆情、涉旅基础信息展示五大功能，在此基础上，未来还将探索建设具有旅游科创平台性质的“上海旅游大数据中心”。四川省旅游部门先后与成都理工大学、电子科技大学签订战略合作协议，启动旅游实验室建设工作，建立一批省级科技旅游基地和旅游重点实验室。甘肃省4个5A级、47个4A级景区的视频监控系统以及部分景区的游客统计系统已接入国家和省级平台，其中5A级景区接入率达100%，4A级景区接入率达63.5%。海南省尝试编制具有海南特色的旅游卫星账户，同时.开展旅游税收核算研究，并实施包括“一日游”、非标准住宿等在内的一系列统计专项调查统计。

3. 旅游公共服务规划系统部署

围绕加快推进我国旅游公共服务建设，国家旅游局颁布的《“十三五”全国旅游公共服务规划》提出了“十三五”期间我国旅游公共服务体系建设的发展理念、发展目标、主要工作任务以及重点建设工程。

各地先后出台了旅游公共服务的相关规划。例如，2017年7月12日，河北省旅游委印发了《河北省旅游公共服务体系规划》，提出重点实施的五大行动计划和积极推进的15项重点工程。《江苏省“十三五”旅游业发展规划》（2017）将完善旅游公共服务体系作为重点任务之一。《浙江省旅游业发展“十三五”规划》（2017）则在重点任务中强调了在配套完善中提升公共服务。《陕西省旅游业“十三五”发展规划》（2016）将旅游公共服务作为重要工作内容进行了具体而系统的部署。《湖南省旅游业“十三五”发展规划纲要》（2016）将加快旅游基础设施和公共服务体系建设作为“十三五”期间的四项重点工作之一。《福建省“十三五”智慧旅游建设规划》（2016）从智慧旅游、旅游交通等方面提出了完善旅游公共服务的具体要求并确定了持续推进的重要工程。上海市编制的《黄浦江两岸旅游公共服务发展规划》（2016），聚焦旅游部门参与黄浦江两岸建设管理的机制和路径问题，以“景区—服务区—城区”三级模式落实全域旅游建设要求，覆盖重要旅游景点、游船码头、休闲空间等需要较高标准、较高密度的旅游公共服务的区域。

4. 旅游基础设施日臻完善

为更好地促进本地旅游发展，各地积极推进旅游基础设施建设。例如，浙江省结合综合交通体系建设、智慧旅游服务与监管平台、旅游厕所革命、旅游集散中心、咨询服务中心、绿道体系建设等，加大旅游公共服务体系建设力度，既满足了游客的需求，又为当地居民提供了共享性、智慧化的公共服务。重庆市推进“城景通、景景通”工程建设，把全市近 300 条“城景通、景景通”、公路建设纳入全市交通规划建设三年行动方案，打通景区“断头路”和连接景区的“最后一公里”，形成旅游连线和环线交通网络体系。吉林省通过推进全省“运游结合”和“便民交通”工程，落实 3A 级及以上景区公路按相应行政等级予以补贴政策，加强国省干线公路与高速公路、景区公路、农村公路建设，逐步实现高等级公路连接，大幅提升旅游交通标志覆盖率和标准化，鼓励支持旅游景区开通“车票 + 门票”一票直达、全程服务的景区直通车，努力实现省内 3A 级以上旅游景区道路客运（包括班线、旅游、公交、定制）的全覆盖。甘肃省把旅游道路建设作为全省交通突破行动的重点，按照“5A 级旅游景区以高速公路连通、4A 级旅游景区以一级公路规划布线”的原则，加快城市及国道、省道至景区的连接道路建设，实施景区对外道路提等升级，统筹规划实施汽车露营地、旅游厕所，以及服务区、停车场、观景台和旅游交通引导标志标牌等交通安全与综合服务设施。

（六）国民旅游：旅游消费的新保障

1. 保障国民旅游权利

根据 2016 年 11 月 7 日主席令第 57 号《全国人大常委会关于修改〈中华人民共和国对外贸易法〉等十二部法律的决定》，修订后的《中华人民共和国旅游法》颁布实施。一些地方推出旅游消费券、旅游卡、旅游年票等便民旅游措施，并对老年人、残疾人等特殊群体实施景区门票优惠政策。更多的博物馆、纪念馆等公共旅游资源免费开放。江苏扬州市的瘦西湖、何园等景区推出门票减免、淡旺季票价等惠民活动，南京、无锡、宿迁等逐步取消部分景区的门票，优惠发行景区“一卡通”。部分地区围绕带薪休假制度的落实出台了相关规定。例如，西藏自治区根据各地市的自然条件等的不同，在公务员中实施分层分级的带薪休假制度，企、事业单位也参照实施带薪休假制度。江苏省把带薪年休假落实情况纳入各级政府劳动监察职工权益保障工作考核，鼓励职工带薪休假，错峰出行。江苏省南京市专门制定政策，在保证休假补助不变的前提下，提倡带薪休假，并对未休假的人员停发奖励。

2. 促进旅游消费

围绕旅游消费，各地积极努力，采取不同方式促进游客在本地的消费，并提升其满意度。例如，西藏自治区通过发展全域全时全产业旅游，延长游客游览、娱乐时间，促进游客夜间消费和购物消费。新疆维吾尔自治区通过增加冬春旅游产品供给，促进冰雪游和赏花游活动。云南省以旅游项目建设为抓手，重点培育房车自驾、体育旅游、养生养老和医疗健康等。海南省扶持自驾车旅游、房车露营，整合“海南礼物”旅游商品，大力发展老年旅游，挖掘候鸟人群消费潜力，引进中国老年大学协会，拉动老年旅游发展。

3.促进研学旅游

国家旅游局在全国组织开展“中国研学旅游目的地”和“全国研学旅游示范基地”品牌认定活动，并于2016年1月授予10个城市“中国研学旅游目的地”称号，授予20家单位“全国研学旅游示范基地”称号。2016年11月，教育部等11部门印发《关于推进中小学生研学旅行的意见》，提出“开发一批育人效果突出的研学旅行活动课程，建设一批具有良好示范带动作用的研学旅行基地，打造一批具有影响力的研学旅行精品线路，建立一套规范管理、责任清晰、多元筹资、保障安全的研学旅行工作机制，探索形成中小学生广泛参与、活动品质持续提升、组织管理规范有序、基础条件保障有力、安全责任落实到位、文化氛围健康向上的研学旅行发展体系”。国家旅游局港澳台司实施“港澳台青少年内地游学工程”，推动成立内地游学联盟，发布《港澳青少年内地游学接待服务规范》行业标准和十大游学精品线路。广东省在国家旅游局的指导下，做好港澳台青少年赴广东游学活动，加强内地与港澳青少年的沟通交流。陕西省依托丝绸之路起点风情体验旅游走廊、秦岭人文生态旅游度假圈、黄河旅游带、红色旅游等“四大旅游高地”，针对港澳游学市场提出“游学——从陕西开始”的口号。江苏省明确在放假时间总量不变的情况下，中小学可按有关规定安排春、秋假，促进研学旅游发展。广西壮族自治区建立小学阶段以乡土乡情研学为主、初中阶段以县情市情研学为主、高中阶段以区情国情为主的研学旅行体系，同时建立健全研学旅游管理制度、服务标准和安全保障机制，打造红色旅游研学体系。

（七）旅游扶贫：旅游功能的新拓展

旅游扶贫是我国扶贫攻坚的最有效途径之一，是旅游功能在新领域的拓展与延伸。2016年以来我国旅游扶贫工作取得了显著成效，其经验大致体现在如下几个方面。

1.政府高度重视并科学规划

国务院副总理、国家扶贫开发领导小组组长汪洋2017年多次召开扶贫小组全体会议，对乡村旅游及旅游扶贫工作提出具体要求。汪洋副总理在河北调研时强调，发展乡村旅游是推进贫困地区脱贫致富的重要途径，要创新乡村旅游扶贫机制，推进旅游产业和脱贫攻坚有机结合。2016年以来，国家旅游局先后承办了70多件与旅游扶贫相关的政协提案和人大代表建议。

近年来，针对旅游扶贫的资金投入不断加大。2016 年国家旅游局从旅游发展基金中安排 3.57 亿元支持贫困县旅游项目和旅游厕所等基础设施建设。2016 年和 2017 年上半年，各省共投入旅游扶贫资金 40 多亿元，用以支持乡村旅游扶贫重点村基础设施、规划和项目建设。为解决贫困地区旅游项目的融资难、融资贵等问题，国家旅游局与中国农业发展银行、中信银行签署合作协议，共同支持乡村旅游扶贫工程。协调中国农业发展银行出台《关于做好旅游扶贫贷款业务的指导意见》，加大对旅游扶贫项目的政策性优惠贷款力度。

在旅游扶贫战略规划方面，2016 年国务院印发的《"十三五"旅游业发展规划》中部署了"大力发展乡村旅游"和"实施乡村旅游扶贫工程"任务。2016 年国家旅游局会同国家发改委、农业部、国务院扶贫办等 12 家单位共同制定并印发《乡村旅游扶贫工程行动方案》，确定五大主要任务和八项专项行动，并明确了任务分工、组织协调和督查考核。同年，国家旅游局会同国家发改委、国土部、农业部等 11 个部门联合发布《全国乡村旅游扶贫工程行动方案》，实施乡村旅游扶贫八大专项行动。2017 年国家旅游局会同发改等部门印发《促进乡村旅游发展提质升级行动方案》，从激发乡村旅游投资、完善政策和机制、乡村旅游区域差异化发展三个方面提出具体举措。

各地立足自身实际，通过出台规章等方式促进旅游扶贫的规范化和科学化。几乎所有省份均出台了相关文件。例如，云南省出台《云南省"旅游千企千村帮扶专项行动"实施方案》《省旅游发展委部门联系推进旅游扶贫重点工作任务责任分工表》《关于开展旅游扶贫统计调查工作的通知》《云南省旅游扶贫专项规划（2016—2020 年）》《关于加快乡村旅游扶贫开发的意见》《云南省旅游扶贫工作方案》等。

2. 重视旅游扶贫监管和督察

旅游扶贫的识别、帮扶以及资金管理是旅游扶贫工作取得成效的关键。2016 年 1 月，国家旅游局在湖州设立国家乡村旅游扶贫工程观测中心，同时选择全国 111 个村建立首批观测点，涉及 25 个省、市、区，建立乡村旅游和旅游扶贫观测点信息填报员队伍。2016 年国家旅游局下发《关于开展乡村旅游扶贫工程基础情况调查摸底工作的通知》，对 2015 年国务院扶贫办确定的全国 12.8 万个建档立卡贫困村进行摸底筛选。为提高审核效率，委托专业机构开发了"乡村旅游扶贫工程基础情况在线填报系统"，由县、市、省和国家四级旅游部门分别在线审核。

2017 年国家旅游局多次开展旅游扶贫督查工作，在各省区开展自查的基础上，通过明察、暗访和互查互学等方式，强化旅游扶贫的惠民带动效果。在全国旅游援藏工作会议上，国家旅游局又对推进深度贫困地区的旅游发展工作进行部署，加强对贫困户的精准识别和科学管理。

3. 创新旅游扶贫工作机制

各地积极探索，结合当地实际情况建立旅游扶贫工作机制。例如，安徽省印发《乡村旅游扶贫重点村建设指导目录》，大力实施乡村旅游扶贫“八个一”工程（即重点村游客服务中心、旅游停车场、旅游公厕、旅游点、农家乐〈乡村客栈〉、标识标牌、导游词、导游〈讲解〉员）。广西壮族自治区建立责任、权力、资金、任务“四到县”工作机制，帮扶135个将旅游作为特色产业的贫困村脱贫摘帽，探索出“公司+农户、合作社+农户、景区+农家、企业带动+村寨联盟、能人+农户、互联网+农户”等不同经营主体合作模式。陕西省持续推动“六个一批”，即旅游示范县建设带动脱贫一批、旅游景区建设带动脱贫一批、文化旅游名镇建设带动脱贫一批、旅游扶贫试点村建设带动脱贫一批、汉唐帝陵旅游带发展带动脱贫一批、旅游土特产生产销售带动脱贫一批，同时落实“八大行动”（包括精准扶贫研判行动、旅游规划覆盖行动、基础设施建设行动、旅游项目建设行动、市场营销推广行动、旅游人才培训行动、扶贫工程示范行动、强化规范管理行动等）。重庆市大力实施乡村旅游“百千万”和“巴渝人家”品牌体系建设工程，打造一批特色景观旅游名镇名村，推进55个乡村旅游扶贫片区建设。

4. 加强扶贫帮扶和典型示范

示范引领是旅游扶贫持续发展的重要动力。国家旅游局组织动员旅游景区、旅行社等企业，采取结对帮扶等方式，帮助乡村旅游扶贫重点村发展旅游。目前，全国共组织近2000家企业对口帮扶乡村旅游扶贫重点村。为强化产业项目对贫困村和贫困人口的带动作用。国家旅游局推出乡村旅游“千千万万”品牌，并于2016年推出280个全国旅游扶贫示范项目，带动近万家建档立卡贫困户脱贫。为充分发挥创业创客项目的带动作用，国家旅游局开展“百村万人乡村旅游创客行动”，截至目前，共推出100家中国乡村旅游创客示范基地。

全国各地纷纷凝练本地旅游扶贫经验，因地制宜地加强旅游扶贫帮扶和示范工作。例如，安徽省组织省内119家旅游企业结对帮扶109个乡村旅游扶贫重点村，开展“百企百村”帮扶专项行动，在编制规划、开办农家乐、提供就业、销售农副产品或手工艺品和开发利用旅游资源等方面提供支持或服务，全省有40个重点村、200多名“创客”投身乡村旅游创客示范基地创建行动。海南省在实施《海南省旅游企业帮扶脱贫工程专项实施方案》基础上，印发《关于充实旅游企业参与全省乡村旅游扶贫工程的通知》，发动省旅游协会等多家旅游行业协会，通过帮助宣传推介、客源组织、招商引资、送教上门、劳务用工、农副土特产品供应等多种方式，帮助贫困人口脱贫致富。同时，积极组织动员全省大型旅游企业、星级酒店、景区景点等单位采取“多企帮一村”“一企帮一村”“一企帮多村”等方式开展结对帮扶工作。截至目前，海南省共有157家旅游企业与151个乡村旅游扶贫重点村建立了结对帮扶。黑龙江省制定《黑龙江省旅游企业帮扶贫困村专项行动方案》，采取安置就业、项目开发、输送客源、定点采购、经营指导、从业培训等多种方式，帮助乡村旅游扶贫重点村发展旅游，实现脱贫。山东省结合扶贫实践，逐步探索形成“一清五帮十到户”扶贫模式①。

5. 创新旅游扶贫和脱贫多元途径

国家旅游局在深入调研的基础上总结出“景区带村、能人带户、企业+农户、合作社+农户”四种旅游精准扶贫模式。各地根据当地实际，探索出五种旅游脱贫途径。一是直接从事旅游经营。贫困地区居民依托山清水秀的特色旅游资源，直接开办农家乐和经营乡村旅馆，通过增加非农劳动收入脱贫致富。二是在乡村旅游经营户中参与接待服务，取得农业收入之外的其他劳务收入。三是出售自家农副土特产品获得收入。四是通过参加乡村旅游合作社和土地流转获得租金。五是通过资金、人力、土地参与乡村旅游经营获取入股分红。如贵州省六盘水市积极探索“资源变资产、资金变股金、农民变股东”三变模式，采取“党委+支部+合作社+农户”“园区+基地+农户”等模式。

（八）区域发展：旅游改革的新领域

促进区域平衡发展是旅游业的特殊功能，也是我国旅游改革发展的重点之一。2016年以来，各地加快区域性旅游机构/联盟成立，旅游区域合作日益增强，乡村旅游助推城乡一体化。

1. 区域性旅游合作机构发挥重要作用

通过成立区域性旅游合作机构推进区域之间的旅游交流与合作是一种重要方式。例如，云南省积极推动澜沧江—湄公河旅游城市合作联盟建设，并起草《澜沧江—湄公河旅游城市合作联盟章程》和《澜沧江—湄公河旅游城市合作联盟概念方案》，组织召开澜沧江—湄公河旅游城市合作联盟工作会。陕甘宁内蒙古四省区旅游行政主管部门签署《陕甘宁蒙旅游战略合作框架协议》，建设“陕甘宁内蒙古旅游合作区”。西藏自治区联合周边省市，重点打造三大旅游廊道：茶马古道旅游文化廊道、唐竺古道旅游文化廊道和西昆仑旅游廊道。辽吉黑内蒙古四省区旅游行政主管部门签署《辽吉黑内蒙古旅游战略合作协议》，建立“振兴东北旅游合作联盟”，发布《落实振兴东北国家战略·共建东北旅游合作区——辽吉黑内蒙古旅游联盟倡议书》，共同推出五大旅游主题，推动辽吉黑内蒙古旅游协同发展。青藏铁路沿线旅游推广联盟成立以

① “一清”，即先瞄准再击发。“五帮”，就是在规划、项目、资金、培训、营销上一帮到底。“十到户”，就是产业扶持到户、就业岗位到户、用工名额到户、资产性收益到户、持股分红到户、送智送教到户、结对帮扶到户、金融扶持到户、农产品采购到户、电商联通到户。

来，沿线17个省区市围绕青藏铁路沿线丰富而独特的旅游资源，共同构建沿线整体旅游品牌形象，积极整合开发以“美丽中国·天路之旅”为纽带、适合境内外游客的系列旅游产品，共同打造“北京至拉萨·宗教文化之旅”“上海至拉萨·江河思源之旅”“广州至拉萨·绿色生态之旅”“重庆或成都至拉萨·西部风情之旅”“西宁或兰州至拉萨·神奇天路之旅”5条国际旅游新线路。

2. 三大区域旅游合作全面加强

京津冀协同发展作为国家战略，其目的建成“以首都为核心的世界级城市群、区域整体协同发展改革引领区、全国创新驱动经济增长新引擎、生态修复环境改善示范区”。2017年有关部门编制实施了全国首个跨省级行政区的《“十三五”时期京津冀国民经济和社会发展规划》，出台并实施京津冀产业、交通、科技、生态环保等12个专项规划。交通、生态和产业三大领域取得重要突破：京津冀高速公路取消通行费；三地彻底消除高速公路“断头路”；京津两地高铁实行月票制；京津冀公共交通一卡通在公交、地铁、出租车、轮渡、城际铁路、停车场等使用；先后开通“河北旅游”号高铁列车、“衡水湖号”等旅游专列以及班线化旅游直通车40多条，覆盖环京津所有重点景区；三地互设交通指示牌；京津冀名胜文化休闲旅游年卡所含景区数量增加到150家；围绕冬奥会，体育旅游成为京津冀合作的新热点；三地旅游合作在服务一体化、业态更新一致化、宣传营销一体化、市场推介一体化等方面迈出新的步伐。三地旅游部门发布《京津冀旅游协同发展行动计划（2016—2018年）》，从发展壮大旅游产业、加快建设旅游市场、着力建设旅游服务新网络、逐步完善旅游行业管理体系四个方面，明确提出三年内京津冀三地旅游协同发展的13项具体行动和21项具体任务。

作为我国经济一体化和旅游一体化程度较高的长三角地区，目前已进入“高铁+旅游”时代。区域内高铁网络发达、交通便利，高铁与景区正实现无缝对接。随着高铁换乘枢纽、高铁立体交通网络、高铁综合体等建设步伐加快，“高铁+自驾游”“高铁+公共交通”和“高铁+电动汽车分时租赁”等正在形成。中国（长三角）高铁旅游联盟等广泛联合高铁沿线城市、旅游企业、旅游服务商和媒体，整合高铁站点、客运专列及相应数据资源，搭建高铁旅游服务平台。长三角三省一市旅游部门按照《研发和推广长三角城市群“主题+体验”系列旅游产品三年行动计划》要求，不断推出新的专项产品。

2017年国务院政府工作报告提出，要推动内地与港澳深化合作，研究制定粤港澳大湾区城市群发展规划。粤港澳大湾区地处中国南大门，拥有丰富的旅游资源。随着相关规划的酝酿和出台，将进一步提高区域交通发展和旅游交往密度。该区域正在探索通过发展“一程多站”旅游、实施“一地两检”、提高区域航空的准点率、进一步放宽港澳及广东居民跨境自驾的限制等方式强化旅游联系，推动粤港澳大湾区成为世界级旅游目的地，也促进城市群的升级和大湾区的建设。

3. 旅游助推城乡一体化发展

旅游在破解城乡二元化结构，实现城乡一体化方面发挥了重要作用。各地在这方面出台了不少政策。例如，广西壮族自治区编制全域旅游发展规划和行动计划，通过建设特色小镇和特色名镇以及古村镇，推动旅游与新型城镇化有机结合，促进城乡一体化。海南省以全域旅游建设、乡村旅游建设促进城乡一体化发展。一方面，加大产业小镇及美丽乡村的道路、水电、通信以及环卫等基础设施的建设力度，推动城乡公共资源进一步均衡配置，有力促进城乡一体化发展；另一方面，以全面推进全域旅游示范创建为重要契机，让广大农民共享城乡一体化发展成果。浙江省通过特色小镇创新乡村旅游发展，优化旅游供给侧改革，并促进城乡一体化发展。

（九）生态文明：可持续旅游发展的新指引

旅游是促进生态文明建设和可持续发展的有效途径。在各级旅游部门的积极努力下，旅游在生态保护、生态旅游发展、生态文明建设等方面发挥重要作用。

1. “两山理论”在旅游发展中得到充分应用

建设生态文明是关系人民福祉、关乎民族未来的大计，是实现中华民族伟大复兴的中国梦的重要内容。习近平总书记指出，“我们既要绿水青山，也要金山银山。宁要绿水青山，不要金山银山，而且绿水青山就是金山银山。”作为环境友好型产业，旅游业是实践“两山理论”的最佳领域之一。近年来，各地积极探索实现生态保护与旅游发展和谐共生的具体方式。例如，江苏省在旅游项目规划、审批、施工、验收等重要环节和后期的管理运营，始终坚持生态环境保护优先原则，严守生态保护红线管控要求。同时大力支持创建绿色饭店，研究制定绿色饭店创建的奖励措施，引导有条件的星级饭店实施设备设施改造改进，通过科技手段节能，保护自然生态环境。2017年全省40%的星级饭店达到绿色饭店标准。辽宁枫林谷森林公园在实践“两山理论”时结合自身实际，通过集中开发、分别入股的方式逐步探索出“由砍树到看树”的一条“不砍树，也能富”的转型经营成功之路，变“砍树”为“看树”。河北塞罕坝林场坚持“绿水青山就是金山银山”的发展理念，确定长期的生态建设思路，在发展生态旅游同时力求科学规范地开展生态环境建设，坚持“种好树、管好树、用好树”，经过55年的几代人的奋斗将退化环境再次变成绿洲，2017年8月评审通过的《河北省塞罕坝机械林场总体规划（2017—2030年）》提出了森林生态体系、林业产业体系、森林生态文化体系、林业支撑体系和配套基础设施等建设内容，有效指导了塞罕坝的生态文明建设，2017年12月5日在第三届联合国环境大会上，联合国环境规划署宣布，中国塞罕坝林场建设者荣获2017年联合国环保最高荣誉——“地球卫士奖”。

2. 国家公园试点工作有序推进

根据十八届三中全会的精神，国家发改委联合财政部、旅游局、国土部等13个部门联合印发《建立国家公园体制试点方案》。经国务院批复，设立三江源、神农架、武夷山等9个“国家公园体制试点”，涉及12个省份。2017年6月，中央全面深化改革领导小组第三十六次会议审议通过《祁连山国家公园体制试点方案》；7月，中央全面深化改革领导小组第三十七次会议审议通过《建立国家公园体制总体方案》；9月，中共中央办公厅、国务院办公厅印发《建立国家公园体制总体方案》，提出要以加强自然生态系统原真性、完整性保护为基础，以实现国家所有、全民共享、世代传承为目标，理顺管理体制，创新运营机制，健全法制保障，强化监督管理，构建统一规范高效的中国特色国家公园体制，建立分类科学、保护有力的自然保护地体系；10月18日，十九大报告两次提及国家公园，并强调要“建立以国家公园为主体的自然保护地体系”。

目前国家公园试点已取得阶段性进展，多头管理、职能重叠、权属不清等问题得到了部分解决。例如，青海三江源国家公园整合了国土、环保、水利、农牧等部门编制，建立覆盖省、州、县、乡4级统筹式生态保护机构。湖南南山国家公园整合了4个保护地和18个行政村落连成一片。浙江省钱江源试点以高于补偿标准的价格租赁部分林地。湖南南山开展得役权协议。

3. 强化生态文明制度约束

各地积极完善生态文明建设的各项政策，推动生态建设的规范化和科学化发展。例如，青海省编制《青海省生态旅游发展规划（2017—2025）》《青海省国家级生态旅游示范省创建方案》《创建导则》《三江源国家公园访客管理办法》等，下发《关于加强旅游生态环境保护工作的通知》，探索建立和完善旅游绿色发展机制，率先推进旅游绿色技术开发应用，率先实施旅游生态管制，推进节能减排示范点建设和推行旅游业能源管理。新疆维吾尔自治区制定《旅游生态环境保护年度评估考核制度》，从完善制度建设、建立健全组织机构、科学编制规划、加强旅游日常环保工作、鼓励开展生态旅游创建、严肃日常执法检查六个方面建立旅游生态环境保护长效机制。西藏自治区将生态环境保护落实到旅游发展的方方面面，在《西藏自治区“十二五”时期旅游业发展规划》《西藏自治区“十三五”时期旅游业发展规划》《西藏自治区“十二五”时期旅游扶贫规划》等重要规划的制定过程中，明确提出将生态环境保护作为重要保障和基本前提，依据《西藏自治区主体功能区规划》，结合西藏生态现状，各圈层严格按照相关规定，监督和规范旅游开发和旅游者行为。西藏自治区还出台《高原湿地景区评定规范》《西藏自治区精品旅游景区评定规范》及《第三极野生动物研学旅游示范区评定规范》等地方标准，将生态环境保护和发展作为发展生态研学旅游等新业态的前置条件。2017 年 7 月 21 日，中办、国办就甘肃祁连山国家级自然保护区生态环境问题进行了严肃通报，并要求各地区各部门要切实引以为鉴、举一反三，坚决把生态文明建设摆在全局工作的突出地位抓紧抓实抓好。

（十）对外开放：旅游强国的新途径

旅游是对外开放的重要领域。近些年，各级旅游部门积极落实国家相关战略，通过推动“一带一路”倡议的实施、组织世界性重大活动、成立国际性重要组织、共同主办旅游年等一系列举措推动新一轮的对外开放。

1. 积极推动“一带一路”倡议的实施

2016 年以来，“一带一路”战略加快实施，相关规划、政策和实施方案相继出台，体制机制不断得到完善，重点领域发展取得积极进展和明显成效。在“一带一路”大发展的背景下，旅游业承担为国家战略服务的重要使命。国家旅游局将 2015—2017 年连续三年定为“丝绸之路旅游年”，确定“漫漫丝绸路，悠悠中国行”“游丝绸之路，品美丽中国” “神奇丝绸路，美丽中国梦”等中文宣传口号和 “Explore Beautiful China Along the Silk Road”等英文宣传口号，对应推出新产品，丰富旅游市场供给；探索新方式，开拓旅游推广工作新空间；采用新手段，提升旅游营销工作效果等。

2017 年 5 月 14 日至 15 日，“一带一路”国际合作高峰论坛在北京举办。旅游合作成为“一带一路”国际合作高峰论坛重要成果之一。论坛期间，在习近平主席的见证下，国家旅游局局长李金早分别与乌兹别克斯坦国家旅游发展委员会主席，智利经济、发展和旅游部部长签署合作发展纲要和合作备忘录，在李克强总理见证下，李金早与波兰外交部副部长、柬埔寨王国旅游部大臣分别签署合作协议和谅解备忘录实施方案。2017 年 9 月 13 日，“一带一路”旅游部长会议在成都举办，大会发布《“一带一路”旅游合作成都倡议》，中国、俄罗斯、哈萨克斯坦、保加利亚、柬埔寨等“一带一路”沿线国家旅游部长围绕深化合作等议题展开深入研讨。

围绕“一带一路”倡议，各地举办系列相关活动。例如，新疆维吾尔自治区克拉玛依市依托“一带一路”，打造跨境金融示范区、召开以“全域自驾，联通丝路”为主题的丝绸之路自驾车旅游发展峰会等。新疆维吾尔自治区在“一带一路”战略框架下，扎实推进中哈跨境旅游合作，开展“中哈旅游年”跨境自驾游发车仪式、2017 年阿斯塔纳世博会“新疆活动周”等活动。西藏自治区联合周边省市，重点打造茶马古道旅游文化廊道、唐竺古道旅游文化廊道和西昆仑旅游廊道三大旅游廊道。首届丝绸之路国际文化博览会、第七届敦煌行·丝绸之路国际旅游节等分别在甘肃省举办。湖北省依托新加坡、马来西亚和泰国推广联合体，增强湖北旅游在海上丝绸之路沿线国家的知名度。河南省举办“中华源”沿黄九省（区）国际精品旅游线路采购大会暨“一带一路”沿线国家主流媒体“河南丝路探源”活动。甘肃省持续提升敦煌行·丝绸之路国际旅游节实效性和影响力，与广西壮族自治区共同打造陆上丝绸之路和海上丝绸之路旅游线路产品。云南省制定《加快推进云南旅游融入“一带一路”重点工作方案》，充分发挥云南沿边区位和旅游产业优势，以中国—中南半岛、孟中印缅等国际经济走廊为依托，发挥湄公河次区域（GMS）经济合作机制和中国—南亚博览会等功能，全面推进云南与南亚东南亚国家的旅游合作。

2. 举办国际性重要会议

近年来，一系列的重大活动促进了我国在国际舞台发挥作用、推动了对外开放的进程。中国—东盟旅游部门会议、中国—中东欧国家旅游合作高级别会议、中俄蒙旅游部长会议、中国—南亚旅游部长会议等重大旅游外交活动先后举办。尤其值得一提的是，2016 年 5 月 19 日，由中国政府和联合国世界旅游组织共同主办、国家旅游局和北京市政府共同承办的首届世界旅游发展大会在北京隆重开幕。国务院总理李克强出席开幕式并致辞。此次会议邀请了 143 个国家的旅游部长、部分国家政要、联合国等国际和地区性组织负责人，以及国外旅游界专家学者共计 600 名外国代表出席大会，国内有关部委、各省区市负责人，旅游研究机构及院校、大型旅游企业负责人近千人参加。大会围绕“旅游促进发展与和平”主题，深入交流了全球旅游产业发展的新经验，系统研究推进国际旅游合作，推动旅游区域合作一体化发展，促进全球旅游业包容、可持续发展，让更多民众从旅游发展中受惠等话题。大会通过了《北京宣言——推动可持续旅游，促进发展与和平》。

2017 年 9 月 11 日至 16 日，联合国世界旅游组织（UNWTO）第 22 届全体大会在成都举行，来自 100 多个国家的部长级贵宾及 800 多位正式代表出席。开幕式上，国家主席习近平和联合国秘书长古铁雷斯分别发来贺信，高度评价旅游业在促进经济、政治、和平、发展中的重要作用，对世界旅游未来发展提出了殷切期望。国务院副总理汪洋亲临大会开幕式并在致辞中强调，中方愿以此次会议为契机，与国际社会一道，扩大相互市场开放，推进互联互通，加强能力建设合作，提高安全保障水平，深化人文交流，推动全球旅游业可持续发展，为促进世界和平与共同发展贡献力量。本次大会聚焦全球可持续发展、“一带一路”旅游合作交流和世界旅游联盟成立，为世界旅游业交流发展经验、应对共同挑战、分享发展机遇，共同规划了全球旅游发展的美好前景。

3. 成立世界旅游联盟

2017 年 9 月 11 日，世界旅游联盟（World Tourism Alliance ，WTA）第一届会员全体大会在四川省成都市召开，标志着由中国旅游协会发起的世界旅游联盟正式成立。根据世界旅游联盟的介绍，该机构是全球旅游领域的第一个全球性、综合性、非政府、非营利性国际组织。会员包括各国全国性旅游协会、有影响力的旅游企业、智库和研究机构等，以及国际组织负责人、一些国家部分前政要、卸任旅游官员、旅游企业负责人和著名学者等。世界旅游联盟以“旅游让世界更美好”为核心理念，以旅游促进发展、旅游促进减贫、旅游促进和平为目标，加强全球旅游业界的国际交流，为全球旅游业界搭建一个共商、共建、共享的平台，推动全球旅游业可持续、包容性发展。截至目前，世界旅游联盟共有来自中国、美国、法国等 29 个国家和地区的 89 个创始会员单位，其中包括中国香港和澳门企业成员单位在内的境外会员单位占比超过 60%。

当前，国际旅游业发展机遇与挑战并存，国际非政府组织已成为全球旅游治理体系的重要力量。由中国旅游协会发起成立的世界旅游联盟，搭起了中国旅游组织与世界旅游组织交流与合作的平台，也引发各国旅游部门、旅游企业以及联合国世界旅游组织、世界旅行与旅游理事会等旅游国际组织、全球旅游媒体的普遍关注。随着中国旅游力量的不断崛起，在世界旅游业中的地位不断提升，中国旅游影响力正与日俱增。世界旅游联盟以及此前由中国发起成立的世界旅游城市联合会、国际山地旅游联盟等国际旅游组织成为中国参与全球旅游发展的重要平台。

4. 举办多个旅游年

与相关国家举办旅游年，强化了中国与世界的紧密联系。中外旅游年为增进各国人民互相了解、加深理解、巩固友谊提供了良好的平台。近年来，先后举办了中俄、中韩、中印、中美、中国—中东欧、中澳、中丹、中瑞、中哈、中国—东盟等旅游年，覆盖国家 34 个。

2016 年是“中美旅游年”，两国举办了百余项精彩纷呈的旅游交流活动。2017 年是“中瑞旅游年”和“中澳旅游年”。随着“中瑞旅游年”的启动和北京—苏黎世航线的开通，赴瑞士旅游的中国游客人数显著增加，逐渐由过去的跟团游为主转变为以家庭为单位的自由行为主。在“中澳旅游年”活动框架下，两国务实深化旅游交流合作，举办了“熊猫跑澳洲”、澳大利亚来华举办宣传推介会、中澳旅游业界交流会等活动，推出了一系列旅游便利化措施。

四、中国旅游业改革发展的推进方向

（一）中国旅游改革面临新挑战

1. 新时代新目标对旅游业改革发展提出了新要求

李金早局长在国家旅游局学习十九大精神全体党员干部大会上的讲话中提出，“十九大报告为旅游业发展提供了新机遇、新方向、新使命和新要求”。当前，我国已经进入大众旅游时代，旅游已从少数人的奢侈品发展成为人民群众大众化的日常消费，成为人民群众美好生活的重要内容。旅游业在增进人民福祉的道路上责无旁贷，必须自觉担负起满足“人民日益增长的美好生活需要”的历史使命。习近平总书记报告中提出的“从2020年到21世纪中叶的两个阶段”也是推进我国由旅游大国向世界旅游强国迈进的关键时期。国家旅游局提出的旅游“三步走”战略是完成“两个阶段”任务目标、全面建成社会主义现代化强国在旅游行业的具体落实。未来一段时期的旅游业改革发展，必须紧紧围绕党的十九大战略部署，争取在生态文明建设、供给侧结构性改革、精准扶贫和乡村振兴战略、区域协调发展战略、现代化经济体系建设、创新型国家建设、完善社会主义市场经济体制、全面开放新格局等方面有大作为。

2. 旅游业改革发展进入了攻坚克难时期

旅游业是改革开放的排头兵。通过改革开放近四十年的发展，旅游体制机制逐步理顺，旅游政策环境不断优化，旅游产业体系基本成型，旅游生产力得到初步释放，取得了巨大成就。与此同时，我国旅游业改革发展也进入了攻坚克难时期，接下来的改革将面临更加错综复杂的利益格局。很多改革都是牵一发而动全身，是根本性和全局性的改革。这样的改革往往不是旅游部门所能操控的，而和国家层面的顶层设计紧密相关。典型的如国家公园体制的建立，这不是某个具体部门的事情，而是事关整个自然资源管理体制的调整。再如旅游土地制度的综合设计，和农村集体建设用地的改革、多规合一的推进等多个领域密切相关。仅就旅游市场秩序的规范和优化，也需要众多部门的通力配合。在旅游业发展的早期，由于体量较小、涉及面较窄，其他部门并不是太关注，也乐于展示扶持的善意，这给了旅游发展较大的改革空间。时至今日，旅游业已经发展成为综合性的大产业和国民经济的战略性支柱产业，旅游发展的一举一动都可能影响到其他部门的利益，旅游改革面临的压力也就更大。

3. 新事物新现象的不断涌现增加了旅游业改革发展的复杂性

旅游业是非常具有活力的行业，是创业创新的重要领域。在科技运用和商业模式创新方面，旅游业走在了很多行业的前面。这种情况也增加了旅游业改革发展的复杂性，决定了旅游改革永远在路上。旅游改革不仅要考虑既有的利益格局，而且要对新事物新现象引发的新的利益关系做出科学分析和准确判断。是先规范后发展，还是先发展后规范，不能一概而论。违背国家和人民根本利益的“伪改革”“伪创新”要及时扼制，同时应创造条件，大力鼓励符合国家和人民利益取向的改革创新。这些年来诸如在线旅游、旅游演艺、主题酒店、共享住宿、民宿等新事物的出现，极大地便利和丰富了人民的旅游生活，应在发展中加以引导。而一些地方打着旅游的名义大肆发展房地产的现象应着力规范。

（二）未来一段时期我国旅游改革发展的五个关键

1. 进一步完善旅游治理体系

在实践工作中有一句话流传甚广，叫作“老大难，老大难，老大重视了就不难”，说的其实是很多复杂工作需要“一把手”挂帅才好开展。由于旅游业是综合性产业，旅游发展涉及面非常广，旅游工作就常面临这样的“老大难”问题。这几年各地进行旅游管理体制改革，很多地方设立了由党政主要领导牵头的旅游工作领导小组，对于协调调动旅游工作推进起到了很好的促进作用。但是旅游发展需要形成一个常态化的工作机制，解决旅游管理体制与综合产业综合协调和综合执法要求不相适应的问题。尤其是当前旅游发展更加重视综合功能的发挥，旅游业是国民经济的战略性支柱产业和幸福产业之首，建立相应的现代化旅游治理体系尤为必要。

未来，需要从制度上明确促进旅游发展是党政领导和各部门应有的工作职责（比如有些地方将旅游发展的相关指标纳入党政领导和各部门的考核当中），要从制度层面上研究如何充分发挥“1+3+N”相关机构的职能，并从理论层面上系统研究旅游治理能力和治理体系现代化的具体含义和实现路径。旅游治理体系和治理能力现代化意味着治理主体的多元化和治理手段的综合化。如何发挥政府机构、社会组织、行业协会、社会大众、旅游者等的作用，综合运用法律、行政、经济、社会等各种手段，建立立体、高效的旅游治理体系，如何构建旅游业现代治理的组织体系、制度体系、运行体系、评价体系和保障体系……这些都是值得研究的问题。

2. 完善旅游公共服务体系

这些年国家一直强调基本公共服务均等化，包括基本文化公共服务的均等化；与此同时，以"厕所革命"和旅游信息服务中心为代表的旅游公共服务建设也有了很大进展。不过在理论和实践层面，仍有一些问题值得研究。例如，如何界定和定位旅游公共服务，如何实现旅游公共服务与其他公共服务的对接，各地如何统筹考虑旅游公共服务设施适用的人口规模、根据自身的情况建设完善高效的旅游公共服务体系，如何创新旅游公共产品和服务的供给模式，形成一套较为完善的建设、运营和维护机制，等等。

3. 改革旅游统计和考核体系

要加快旅游统计体系和考核体系的改革，在旅游统计体系和考核体系中引入可持续发展的理念和指标。在旅游统计体系中，不仅要有经济性指标（如旅游收入、旅游消费、旅游税收、旅游企业利润等）和数量型指标（如旅游接待人数、旅游行业规模、旅游就业人数等），而且要有非经济性指标和质量型指标；不仅要列出经济成本，也要计算社会成本和生态成本；测算旅游影响时，不仅要测算经济影响，更要评估综合影响。在考核政府政绩时，要制定并推行更加全面的评价和考核指标，综合考虑旅游的社会效益、经济效益和生态效益，将旅游发展综合指标体系纳入政府年度目标考核。

4. 构建旅游产业创新体系

习总书记曾经有个非常形象的比喻，创新是发动机，改革是点火器。旅游改革创新的推进中，要正确处理好以政府推动为主的改革工作与创造社会参与、激发社会创新之间的关系。要把改革和创新放在同等重要的位置上来看待。从工作层面上看，目前创新还未系统性地进入旅游部门的工作日程。未来，要高度重视旅游创新，并将其与改革同步推进；要通过政府所推动的各项制度改革来激发全社会参与旅游和不断创新的热情，为社会参与、大众创业、万众创新创造更加宽松、便利、友好的环境；要梳理、清点目前有哪些环节、要素制约了全社会对旅游发展、创新的参与，下大力气围绕这些问题，进行政府层面的改革；要研究制定中国旅游创新发展战略；要建立国家级旅游创新平台和高层次创新决策咨询机制；要建立激发旅游创新创业活力的综合创新体系，借助新的政策、新的方式、新的逻辑、新的资本来打破传统产业格局，实现产品创新、业态创新、技术创新、主体创新、制度创新、服务创新的全面变革，提升旅游发展效率。

5. 深化旅游供给侧结构性改革

要通过旅游供给侧结构性改革，着力解决旅游发展不平衡不充分的问题。一是加快旅游市场主体培育，鼓励旅游创业创新，促进旅游产品开发，着力解决旅游产品有效供给不足与日趋多元的旅游消费需求不相适应的问题；二是支持资本、技术和人才跨区域流动，引导旅游流向农村地区和欠发达地区，全力做好旅游扶贫和对口支援工作，着力解决城乡和东中西部旅游发展不平衡与全域旅游发展要求不相适应的问题；三是加大政府投入，多方筹集资金，创新投资运营模式，着力解决以厕所为代表的旅游公共服务及交通等基础设施供给与旅游爆发式、井喷式市场需求不相适应的问题；四是加快带薪假期制度落实，支持灵活弹性度假，探索休假时间调整和延长，着力解决休假制度安排和人民群众休闲度假旅游需求不相适应的问题；五是加强统筹执法和联合执法，推进旅游诚信体系建设，建立良好旅游风尚，着力解决一些地方旅游市场秩序混乱、文明旅游落后与人民群众“更加满意”目标不相适应的问题；六是践行绿水青山就是金山银山的理念，深化实施《国家公园建设总体方案》，推动旅游景区在资源利用、管理体制等方面的系统变革，着力解决旅游资源分散管理、多头管理和旅游市场大众性、流动性不相适应的问题。

6. 研究景区管理体制分类改革

目前我国约有 2 万家景区，其中 A 级旅游景区 5000 余家，从核心资源属性、景区管理体制和景区资源级别三个维度来看，各有不同。对于以自然和历史文化资源为依托且资源级别较高的景区而言，如何清晰界定政府与市场的边界和责权，如何合理划分中央政府与地方政府的事权，一直是个难题。从 20 世纪 90 年代初各地推崇的“两权分离”“三权分离”“特许经营”到后来的“政府回购”热潮，再到近几年各地推进的大景区管理体制改革，都说明了这个问题的复杂性和曲折性。国家公园制度作为我国自然资源管理体制改革的主体，是生态文明体制改革的重要内容，将在那些“既具有极其重要的自然生态系统，又拥有独特的自然景观和丰富的科学内涵”的地方推进。国家公园“属于全国主体功能区规划中的禁止开发区域，纳入全国生态保护红线区域管控范围，实行最严格的保护”。随着《建立国家公园体制总体方案》的实施，将改变分头设置自然保护区、风景名胜区、文化自然遗产、地质公园、森林公园等体制从而构建以国家公园为代表的自然保护地体系，同时带来自然资源管理方式、监管机制、资金投入和使用机制、差别化保护方式、考核问责制度、生态补偿制度、社区共管制度等一系列制度改革。尽管适合做国家公园的景区毕竟数量不多，但随着国家公园体制的深入，将引发旅游景区在资源利用、管理体制等方面的系统性变化。在此背景下，研究制定不同属性、级别旅游资源的管理制度，推动分级分类的景区管理体制改革，很有必要。

（三）下一步旅游改革发展需要关注的四个问题

1. 做好旅游改革的基础性和前瞻性理论研究

旅游改革要有理论支撑。可通过专项委托、立项评奖等手段，整合产学研各方力量，加强旅游学科的基础研究，深化对旅游发展基础性问题和重大问题的认识。要根据旅游发展功能定位的调整，加快旅游统计体系和考核体系的改革。在旅游统计体系中，不仅要有经济性指标（如旅游收入、旅游消费、旅游税收、旅游企业利润等）和数量型指标（如旅游接待人数、旅游行业规模、旅游就业人数等），也要有非经济性指标和质量型指标；测算旅游影响时，不仅要测算经济影响，更要评估综合影响。在考核政府政绩时，要制定并推行更加全面的评价和考核指标。要加强对旅游发展新形势和新业态、新商业模式的研究，提高旅游改革的前瞻性和针对性。旅游曾经是改革开放的排头兵，今天同样应该承担起全面深化改革的先行者，不仅要通过改革促进旅游自身的发展，而且要通过旅游改革促进相关领域的改革，促进整个经济社会的进步。

2. 推动旅游改革一揽子政策设计

由于旅游发展牵涉面广，在旅游改革进入纵深阶段之后，很多时间单靠某个部门特别是旅游部门出台的政策已经难以解决问题，这个时候就需要一揽子政策设计。这几年已经出台了不少由多个部门联合发布的政策，如 2016 年出台的《乡村旅游扶贫工程行动方案》，就由国家旅游局会同国家发展改革委等共 12 个部门联合发布。目前面临的很多问题都需要多部门的共同参与，进行综合性的政策设计。除前面提到的国家公园体制以外，如入境旅游的问题，离不开公安、边境、财政、税收、旅游、民航乃至宣传、教育等相关部门的协调，旅游房车自驾车的问题，也需要旅游、交通、国土、住建等不同部门的参与。

3. 加强旅游改革实施

改革政策出台后，要有相应的实施细则，明确时间表和主体，建立完善的改革组织领导机制和工作机制，将改革工作明确到单位到个人。改革政策不能出台就了，要加强实施过程中的进展评估。可以聘请第三方机构，对改革措施的实施进展、实施中存在的问题、利益主体的反馈等，进行动态跟踪和系统调查评估，适时提出改进优化方案。此外，要充分调动地方旅游改革的积极性。不仅要给戴帽子、发牌子，也要给予相应的政策、资金和人才支持，同时要赋予地方相应的责任。

4. 正确处理好改革创新先行区的创建工作和旅游改革发展工作的关系

围绕国家级旅游业改革创新先行区的创建这一任务，目前各地已经做了很多工作。

需要提请注意的是，创建工作是阶段性的、有期限的，是可以有完成时的；但是旅游改革发展工作是永远在路上、没有期限的，是只有进行时的。要避免在创建完成后产生懈怠心理，充分发挥创建工作所产生的带动作用，坚持不懈地以改革的思维、改革的精神、改革的作风推动当地的旅游发展工作，找准制约旅游发展的核心问题、重要环节、关键要素，积极尝试、锐意改革，一方面推动当地旅游和社会经济的大发展，另一方面持久地发挥国家级旅游业改革创新先行区的示范和带动作用。

附录一 国家旅游局局内旅游改革督察报告

关于国家旅游局 2016 年旅游改革重点任务完成情况的督察报告

为全面有效完成 2016 年各项旅游业改革任务，依据《国家旅游局旅游业改革措施督察办法》《国家旅游局旅游业改革任务督办办法》及我局巡视整改工作方案的有关要求，局旅游业改革工作领导小组办公室于 11 月印发了《关于开展 2016 年旅游业改革任务完成情况督察的通知》（旅办发〔2016〕288 号），在全局开展了有关今年改革任务的专项督察。

本次督察主要针对我局年初印发的《关于印发 2016 年旅游改革重点任务的通知》（旅办发〔2016〕31 号）中提出的 23 项改革任务开展督察，主要采取书面督察和总结反馈相结合的方式。各单位高度重视、认真对待，对本单位任务完成情况进行了自查自评，形成了书面自查报告，同时就本单位好的经验做法进行了总结，提出了明年改革工作设想和建议。局旅游业改革工作领导小组办公室汇总、评估了各单位的任务完成情况，形成了督察总体报告。现将有关督察情况通报如下。

一、旅游改革重点任务完成情况

（一）*旅游行政管理体制改革取得重要突破*。一是推动全国 20 个省区市设立了旅游发展委员会，其中当年新增 13 个（以中央编办批复为准）。全国已有 155 个地市州设立了旅游发展委员会。二是推动全国 13 个设区市、34 个县成立了旅游警察，8 个设区市和 17 个县成立了工商旅游分局，6 个设区市和 64 个县成立了旅游巡回法庭。三是首批 20 个国家级旅游业改革创新先行区先行先试、率先突破，在旅游“1+3”管理体制、旅游综合监管、旅游用地、旅游统计等方面大胆探索，取得了一批旅游改革成果，引领形成了全国十大改革做法和十大亮点。四是中国旅游协会改革基本完成，中国旅行社协会、中国旅游景区协会改革列入民政部第二批商会脱钩试点，中国饭店协会、中国旅游车船协会列入第三批商会脱钩试点。五是加快了旅游数据中心建设。建设了旅游经济数据采集与监测、国家旅游文献情报中心两大基础性项目，构建起六大核心数据库。创刊发行了《中国旅游大数据》。六是充分发挥了中国旅游智库和改革发展咨询委员会的智力作用，在全域旅游、“十三五”旅游规划等旅游战略问题方面提供了全局性、前瞻性的重要研究成果。

（二）*旅游市场监管改革取得重要突破*。一是推动旅游综合监管改革。推动国办出台《关于加强旅游市场综合监管的通知》，制定旅游市场综合监管责任清单，创新了旅游市场综合监管机制，明确了政府的领导责任、各部门的监管责任和旅游企业的主体责任。二是推动导游体制改革。召开全国导游体制改革试点工作会议，印发深化导游体制改革意见，明确导游体制改革 19 项重点任务。在江浙沪、广东、湖南长沙和张家界、广西桂林、海南三亚、四川成都、吉林长白山等省市正式启动导游自由执业改革试点。联合交通部就设立导游专座开展工作。三是推动简政放权改革。取消“领队证核发”“临时导游证核发”2 项中央指定地方实施的许可项目和 1 项“导游人员从业健康证明”行政审批中介服务事项。四是推动旅游投诉机制改革。开通“我要投诉举报”平台，开发“全国旅游投诉举报和案件办理管理系统”，完善中国旅游诚信网平台，对网络投诉、媒体曝光、明察暗访、社会监督等 8 种方式进行后台整合，实现投诉举报全覆盖。实现 12301 投诉电话对 31 个省区市移动、联通、电信三网全覆盖。建立全国旅游市场秩序井然综合水平指数（TOI）。五是推动不文明行为记录“长牙齿”改革。建立健全旅游失信“黑名单”定期发布制度，已发布旅游不文明行为记录档案 24 个，25 人被记入旅游不文明行为记录；已公示 76 件旅游经营服务不良信息记录。与民航局及国航等主要航空公司合作，加大对不文明记录的惩戒力度；与国务院社会信用体系建设部际联席会议成员单位合作，将旅游失信黑名单纳入全国信息共享平台。发布假日旅游“红黑榜”，组织全国 6000 多家旅行社自愿签订诚信经营承诺书。

（三）*旅游产业促进改革取得重要突破*。大众旅游时代要求从景点旅游发展模式向全域旅游发展模式转变。今年两次召开全域旅游创建工作现场会，形成瞄准“九大转变”、致力于“十大突破”、避免“八个误区”的整套科学发展体系，推动全国形成上下协同、全面推进的全域旅游工作格局，新增 500 家全域旅游示范区创建单位。与相关部门联合出台了推动旅游扶贫、自驾车、研学旅行、中医药健康旅游、通用航空旅游发展等 10 多个重要文件。财政、税收、国土、住建、体育、金融、公安、交通、外交、宣传等部门对旅游工作的政策支持前所未有。旅游 + 农业、工业、交通、体育、卫生、健康、科技、航空等15个领域形成系列新兴旅游业态，初步建立起以“旅游+”为核心的新产业框架体系。

（四）旅游公共服务改革取得重要突破。一是完成国家旅游产业运行监测和应急指挥平台建设，目前已经与17个省区市实现对接，共接入271个景区的1035个视频监控点，做到了对全国旅游产业的实时掌控、实时干预、实时管理处置。二是连续两年在春节后上班第一天召开全国厕所工作现场会，出台《厕所建设管理三年行动计划》《旅游厕所建设管理指南》等。全国已完成新改建旅游厕所43663座，累计完成厕所革命三年行动计划的76.6%。三是依托人民网、新华网和旅游卫视等主流媒体力量，启动旅游新媒体宣传推广平台、中国旅游新闻网络平台、中国旅游视频资讯传播平台建设，创新旅游政务宣传新平台。四是升级中国旅游志愿者平台系统并与中志联“志愿云”系统对接，启动志愿者服务站开发建设工作。全国已有13.5万旅游从业人员注册成为中国旅游志愿者，累计服务2万多小时。五是实施《景区最大承载量核定导则》，集中公布5A级景区最大承载量。彻底打破5A级景区终身制，全国已有3家5A级景区被摘牌，19家存在突出问题的5A级景区被警告，有367家4A级及以下景区受到不同程度处理，其中包括55家4A级景区在内的107家A级景区被摘牌。

（五）旅游对外开放改革取得重要突破。一是认真贯彻党中央、国务院关于在边境地区旅游实行特殊方式和政策的要求，赴沿边7省区实地调研，召开南北片区座谈会，会同11个部委共同推动跨境旅游合作区和边境旅游试验区建设，打造“一带一路”旅游业发展增长极。二是制定《中国国际旅游交易会改革方案》，推动中国国际旅游交易会向市场化方向全面转型。三是对国务院已批复的4个自贸区旅游改革情况进行总结，对7个新申请的自贸区旅游改革情况进行研究，形成了一批可复制可推广的经验。四是研究提出了在重点国家和地区使馆设立旅游参赞处的方案，并积极与中编办、外交部等进行了沟通。五是支持广东省政府制定了《中国（广东）自由贸易试验区粤港澳游艇“自由行”实施方案》，并协调交通运输部给予支持，推动澳门—中山“点对点”自由行试航；推动上海实施了外国旅游团（2人及以上）乘坐邮轮入境15天免签政策。

在看到上述成绩的同时，我们也认识到，当前旅游业发展既是黄金发展期也是矛盾凸显期，很多旅游业发展中存在的矛盾和问题一定程度上都是改革不到位造成的。下一步旅游业发展的形势，要求我们敢于继续向旅游业中的“病灶”开刀，要求我们对旅游管理、市场监管、公共服务、对外开放等方面的体制机制改革继续要有新的作为，从而更好地适应大众旅游新时代的到来。

二、各单位推进旅游改革的主要做法

今年以来，各司室、直属单位按照局旅游业改革工作领导小组的有关部署，全面推进旅游业改革各项重点任务，主要做法包括：

（一）高度重视、统筹推进。各单位充分认识到改革是推动旅游业发展的原动力，各单位主要领导都认真组织研究改革任务，把改革任务和业务工作进行有效结合，既提出改革思路，又设计具体的工作抓手；既以改革引领工作方向，又以一件又一件的具体工作推动改革向前发展。

（二）大胆探索、注重试点。当前的旅游改革应该说都是难啃的硬骨头，旅游业发展的综合性更增加了旅游改革的难度。各单位都以攻坚克难的决心，深入研究新时期旅游业规律特点，积极主动与相关部委协调，在诸多方面取得了突破。各单位在推动改革时讲究策略方法，通过试点方式进行试验，在试点过程中总结经验、发现问题，成熟后再复制推广。如全域旅游创建示范、导游自由执业试点、旅游业改革创新先行区等，都成了旅游改革的重要试验田。

（三）着眼为民、从小抓起。广大游客的获得感是旅游改革的“试金石”。各单位在推动旅游改革过程中，时时刻刻对照广大游客诉求。旅游厕所、导游专座等看似小事情，却是得民心的大工程。各单位还全面贯彻“放管服”改革部署，中国旅游协会改革、实施旅行社先照后证、取消导游年审等，极大提升了旅游市场主体的活力和创新力。

三、有关督察建议

2017年是实施“十三五”规划的重要一年，也是“515战略”的收官之年和推进旅游供给侧结构性改革的攻坚之年，做好旅游业改革工作意义重大。为此，建议各单位将有关改革任务和国家全面深化改革、深入推进供给侧结构性改革有机结合起来。对照国务院31号文、62号文和“十三五”旅游业发展规划等，全面梳理和推进尚未开展或尚未完成的改革任务。加大宣传推广力度，加强政策的解读和宣贯，不断总结可复制可推广的经验。以问题为导向，以更大的勇气和决心推动旅游业体制机制改革，全力完成旅游“515战略”，以优异成绩迎接党的十九大胜利召开！

国家旅游局旅游业改革工作
领导小组办公室

关于国家旅游局 2017 年旅游改革重点任务完成情况的督察报告

为认真贯彻落实党的十九大关于全面深化改革的系列部署，推动我局各项旅游改革任务有序推进、落地生效，依据《国家旅游局旅游业改革措施督察办法》《国家旅游局旅游业改革任务督办办法》，经局领导同意，2017 年 12 月，局旅游业改革工作领导小组办公室（政法司）组织开展了对全局 2017 年旅游改革任务完成情况的督察工作。本次督察严格对照 2017 年年初印发的全局旅游改革重点任务清单中的 34 项任务，重点督察了 9 个责任司室和直属单位。各单位高度重视，认真开展了自查自评。在各单位自查自评基础上，局旅游业改革工作领导小组办公室形成了督察报告，并报经局旅游业改革工作领导小组同意，现通报如下。

一、2017 年全局旅游改革任务完成情况

2017 年，全局上下真抓实干、善作善成，以习近平新时代中国特色社会主义思想为指导，以新发展理念为指引，明确改革方向，勇于攻坚克难，狠抓改革落地，改革推进力度之大前所未有，形成一大批旅游改革实践成果，较好地完成了年初的各项改革任务。

（一）三大领域突破成为年度旅游改革标志事件。一是“厕所革命”获总书记点赞。“厕所革命”在理念上秉持公共服务“补短板”，在供给方式上采取政府投入、市场投入、社会赞助的多元方法，在科技支撑上吸收了信息技术、能源技术、材料技术、生态技术，三年行动任务提前超额完成，新三年行动计划全面启动，成为旅游部门牵头解决旅游公共服务有效供给不足的成功范例，得到习近平总书记的批示肯定。二是世界旅游联盟（WTA）发起成立。打破常规、大胆尝试，在较短时间内发起成立世界

第一个全球性、综合性、非政府、非营利性的世界旅游组织。世界旅游联盟的成立标志着我国旅游业从被动跟从国际规则向积极主动旅游外交转变，我国国际旅游话语权和规则制定权大幅提升，也标志着我国旅游业对外开放站上了新起点、打开了新格局。三是全域旅游上升为国家战略。全域旅游被写入2017年政府工作报告，在更广范围、更深层次获得认可。在顶层设计到位和地方主动创新的“双重驱动”下，全域旅游成为十九大的新热词之一，全域旅游在全国形成省市县共同推动，并形成各级党政主导、部门协同、整体联动、齐抓共管的综合性格局。

（二）旅游综合管理体制改革在全国如火如荼铺开。旅游现代治理体系初步建立，全国有25个省区市设立旅游发展委员会，旅游部门在旅游资源整合、规划促进、综合监管、公共服务等方面的综合统筹职能不断加强。全国共成立旅游警察205家、旅游巡回法庭280家、工商旅游分局132家，“1+3+N”旅游综合体制改革成果突出。“事中事后监管”成为旅游市场治理的突破口，A级景区摘牌、“春季行动”“暑期整顿”“秋冬会战”等一系列综合市场秩序治理方法启动实施，旅游市场综合监管机制从小到大、从点到面不断完善，旅游市场秩序向好转变，旅游服务质量不断提升，旅游日益成为人民幸福生活新指标。

（三）“放管服”改革着力打通“最后一公里”。全局将“放管服”作为转变服务职能的“当头炮”，排查并解决各项旅游政策落实的“最后一公里”问题。全局深入推进简政放权，推进“多证合一、一照一码”登记制度改革、“证照分离”改革，修订《市场准入负面清单》，取消“导游人员从业健康证明”，降低旅游业进入门槛。优化产业发展环境，推动营改增等税收制度改革，清查涉企收费情况，着力减轻企业负担，旅游新生力量不断壮大。强化事中事后监管服务，指导各级旅游部门做好职能下放承接工作，优化服务流程，不断强化智慧监管、协同监管、综合监管、信用监管，提升行政服务效率，达到“减证便民”的效果。

（四）旅游改革试点和若干专项改革取得实效。一是先行区改革示范作用日趋明显。全年新增21个国家级旅游业改革创新先行区。各先行区在全域旅游、综合改革、综合执法、旅游用地、旅游投融资、景区体制、旅游扶贫等重点领域先行先试、大胆探索，形成一批经验做法和制度成果。二是边境旅游改革实现突破。坚持政策集成和制度创新，积极探索边境旅游发展更为有效的管理模式和保障体系，指导部分边境地区制定边境旅游试验区建设实施方案，国务院明确边境旅游试验区工作方向和工作方案。三是导游执业改革取得新进展。修改《旅游法》，取消领队资格审批。构建“进出、监管、保障、奖惩”四位一体的导游管理体系。打破导游异地执业的地区壁垒，导游流动更加开放化、导游资源配置更加市场化。搭建全国统一的“全国导游公共服务监管平台”，电子导游证全面铺开，导游执业监管实现了智慧化、全过程、动态化的事中事后监管。

四是自贸试验区涉旅改革取得新的突破。始终围绕制度创新这一核心，扩大旅行社业对外开放，在 11 个自贸试验区和北京、苏州工业园区实行允许中外合资旅行社经营出境旅游业务政策；在上海自贸试验区开展外商独资旅行社经营出境旅游业务试点。

二、推进旅游改革的主要做法

（一）高度重视、强化统筹。在局旅游业改革工作领导小组的坚强领导下，各单位深入学习贯彻习近平总书记重要论述，坚决落实中央深改组和局旅游业改革工作领导小组决策部署，加强统筹谋划、把牢方向导向、聚焦四梁八柱，不断提升旅游改革工作的科学化制度化水平，推动旅游重要领域和关键环节改革取得突破性进展，形成系列工作亮点。

（二）紧盯难点、敢为人先。各单位紧盯难点问题，强化政治担当，保持改革定力，加强工作力量统筹，充分发扬严和实的作风，以上率下、苦干实干，用钉钉子精神抓落实，以不懈怠的精神状态和奋斗姿态扎实推动各项旅游改革任务落地生效。

（三）严格督察、确保实效。为全面推动全局旅游改革决策部署落地，局旅游业改革工作领导小组办公室和各单位充分发挥督察在打通关节、疏通堵点、提高质量、追效问责中的作用，积极构建上下贯通、横向联动的改革督察格局并贯穿改革实施全过程，为促进各项旅游改革任务落准落细落地提供动力支持和服务保障。

在看到上述成绩的同时，我们也认识到改革只有进行时，没有完成时，全局一些旅游改革部署和重大政策措施还需要进一步落地，深化旅游改革的任务依然艰巨繁重。特别在旅游业从高速增长迈向优质旅游新时代的大背景下，与人民群众对旅游美好生活的需求相比，旅游业还存在不少不相适应的问题亟待加以解决。解决这些问题，需要进一步提升旅游改革的主动性、针对性，不断找准改革的着力点，不断推进旅游业迈上新台阶。

三、对 2018 年旅游改革工作的建议

2018 年，要深入学习贯彻党的十九大精神和全国旅游工作会议要求，以习近平新时代中国特色社会主义思想为指导，全面做好旅游业改革发展各项工作。一是在改革创新理念上，要以习近平新时代中国特色社会主义思想武装头脑，指导改革实践，推动改革工作，深刻把握改革的认识论和方法论，坚定不移将改革推向深入。二是在改革创新方向上，要对标优质旅游，狠抓精准落实，准确把握高速旅游增长转向优质旅游发展的根本性要求，积极探索推动因地制宜、各具特色的优质旅游发展路径。三

是在改革创新成果上，要持续抓好改革试点，构筑更为完善的旅游改革创新平台体系，抓好制度体系建设，深入研究推动各类旅游政策制修订工作。四是在改革创新宣传上，要抓住改革开放40周年契机，丰富宣传推广方式，既展示旅游业40年的改革成果，又谋划新时代下旅游业改革的历史新方位和未来改革的大思路大举措，推动社会各层面对旅游改革形成更多共识。五是坚持和加强党对改革工作的集中统一领导，牢牢把握改革的正确方向，牢固树立政治意识、大局意识、核心意识、看齐意识，坚定地在思想上、政治上、行动上同以习近平总书记为核心的党中央保持高度一致，自觉维护党中央权威和集中统一领导。

国家旅游局旅游业改革工作
领导小组办公室

附录二 各省市区 2017 年旅游改革创新总体情况

北京市

2017 年以来，北京市旅游委认真贯彻落实 2017 年全国旅游工作会议精神和国家旅游局关于推进旅游业改革创新的部署要求，以推进旅游供给侧结构性改革为主线，以扩大旅游消费品供给为重点，坚持目标导向和问题导向，狠抓改革创新，努力推动北京旅游业发展由外延式增长向内涵式提升转变，由数量规模增长向质量效益提升转型。前三季度，接待旅游总人数 2.24 亿人次，同比增长 4.83%，实现旅游总收入 4075.81 亿元，同比增长 9.53%。主要工作和成效体现在以下七个方面：

一、全域旅游示范区创建工作扎实推进

北京市委、市政府对昌平区、平谷区、延庆区、门头沟区、怀柔区五个区的国家全域旅游示范区创建工作高度重视，写入北京市政府工作报告并列为重点工作督查内容。北京市旅游委认真贯彻国家全域旅游示范区创建推进会精神和北京市委市政府的部署安排，按照国家旅游局印发的《全域旅游示范区创建工作导则》，确立了理念为先、规划当先、政策优先、资金率先、工作争先的“五先”思路，统筹部署，协调行动，有力推进。

一是突出创建特色。五个区针对自身实际，制定了各具特色的全域旅游示范区创建工作方案，积极探索差异化推进的全域旅游发展新方式。昌平区用足农业资源禀赋，探索旅游与特色农业深度融合的全域旅游发展模式；平谷区抓住筹办世界休闲大会的契机，探索休闲旅游带动的全域旅游发展模式；延庆区立足生态优势和举办世园会、

冬奥会的契机，探索“区景合一”的全域旅游发展模式；门头沟区以景区组团规划为引领、以国家步道系统为脉络，探索京郊山地型全域旅游发展模式；怀柔区以打造雁栖湖国际都会为抓手，探索旅游项目带动全域旅游发展模式。

二是创新推进机制。五个创建区均成立了由区委书记、区长任组长的全域旅游示范区创建工作领导小组，建立了旅游、财政、国土、公安、住建、交通、文化等政府部门参与的工作统筹推进、旅游联席会议、旅游联络、旅游综合管理等机制。昌平区成立了旅游安全保卫中队，依托昌平职业教育集团和昌平职业学校建立了昌平区全域旅游人才培养基地。平谷区探索建立全域旅游工作协同机制和旅游资源联营机制。延庆区建立了全域旅游领导联系项目机制，成立了旅游巡回法庭、旅游警察、旅游工商分所。怀柔区推行“1+3+N”旅游综合监管模式。门头沟区按照现代企业制度，成立了北京市门头沟区京西山水旅游文化投资有限公司。

三是加大支持力度。北京市旅游委会同北京市财政局出台支持全域旅游示范区创建的政策文件，联合印发了《北京市全域旅游发展资金管理试点办法》。2017 年通过一般性转移支付向昌平区、平谷区、延庆区三个首批全域旅游示范区创建单位下拨专项支持资金 8500 万元。2018 年将在巩固 3 个首批创建单位的基础上，通过一般性转移支付向门头沟区、怀柔区两个全域旅游示范区创建单位下拨专项支持资金 5000 万元。同时，深入昌平区、平谷区、延庆区对已下拨资金的使用情况、支出进度、绩效管理等进行检查，指导并督促各区及时整改发现的问题。

二、旅游改革创新先行区进展有力

北京市门头沟区坚持把改革创新先行区创建与全域旅游示范区创建抓一起、一起抓，按照《北京市门头沟区创建国家级旅游业改革创新先行区实施方案》和任务清单积极探索、创新实践，取得了较大成效。

一是创新了旅游投融资机制。按照现代企业制度和市场化运行机制，成立了北京市门头沟区京西山水旅游文化投资有限公司。设立了 100 亿元的京西文化旅游产业投资基金，首期基金 30 亿元已到位。坚持“一镇一企”模式，积极引入了中投银泰、万科、华侨城、龙湖集团等大型战略合作企业。

二是创新了旅游用地供给机制。门头沟区率先在北京市进行了“多规合一”试点工作，门头沟区旅游、国土、发改等部门共同编制完成了《门头沟区旅游产业用地空间布规划局暨八大景区规划》。改革创新旅游用地供给机制，重点保障旅游项目用地，推进规划实施跟踪、评估与动态调整机制，减少城区地产项目建设用地指标，增加山区旅游产业用地指标。

*三是创新了旅游人才培养机制。*探索建立了“筑巢引凤”制度，完成对接门头沟创业三十条细则，对旅游高端人才的引进享受中关村高科技人才待遇，补助支持优秀旅游类人才、中小旅游创新创业企业等。

三、旅游产业促进取得积极成效

*一是旅游产品结构持续优化。*以故宫、长城、颐和园为代表的传统景区游览品质不断提升。中医养生、体育赛事、文化演出、精品文博、游学会奖等定制旅游产品种类不断增加，北京市旅游委推出了30条中医体验旅游线路、22条精品文博旅游线路和31个中医国际医疗旅游服务包。大力发展以会议、会展、国际商贸及文化交流活动为主的高端商务游，国际会议数量保持全国第一、亚洲第四。

*二是京郊旅游品质不断提升。*持续推动京郊旅游“五十百千万亿”休闲体系建设。在完成24个传统村落“五个一”工程建设的基础上，加大宣传推介力度。完成了33个北京旅游特色村镇的创建和命名。新评了260家星级民俗村户和特色业态。建设完成了180公里浅山区步道。完成45处地灾隐患治理工作。

四、旅游对外开放合作不断深化

*一是海外旅游市场推介更加精准。*与国际电台合作，对主要客源国地域近8000万受众进行北京旅游精准营销。创新开展系列宣传推广活动，举办了具有全球影响力的大型线上线下创意营销推广活动，深化友城交往举办了多场“北京旅游日”推介活动。以国家旅游年为契机，与“一带一路”沿线国家加强旅游合作与交流。

*二是世界旅游城市联合会作用发挥更加有效。*积极发挥世界旅游城市联合会在推动北京乃至中国和世界各旅游城市加深了解、扩大合作的平台作用，成功举办了2017年洛杉矶香山旅游峰会，向全球发布了《世界旅游城市发展报告（2017）》和《UNWTO-WTCF旅游城市绩效研究》两项报告；成功举办了世界旅游城市联合会亚太旅游论坛，发布了《“一带一路”旅游走廊节点城市建设倡议》。目前，世界旅游城市联合会会员总数已达193个。

*三是促进入境旅游发展政策更加向好。*在进一步用好72小时过境免签政策和境外旅客购物离境退税政策的基础上，经过积极争取国务院已批复同意北京市关于优化北京口岸过境免签政策的意见，将过境免签停留时间由72小时延长至144小时，在政策上又取得了新的突破。

*四是旅游服务保障更加有力。*按照党中央和北京市委、市政府的统一部署，圆满完成了全国“两会”、第七届北京国际电影节、亚信非政府论坛第二次会议等重大活

动服务保障任务。尤其是牵头接待22个成员单位、历时7个多月，高标准完成了“一带一路”国际合作高峰论坛服务保障，锤炼提升了北京市全行业的能力素质，进一步健全完善了服务保障机制。

五、旅游消费潜力得到进一步挖掘

*一是制定了促进旅游消费政策文件。*按照稳增长、促消费要求，充分发挥旅游业作为五大幸福产业之首和六大重点消费领域之一的独特优势，研究出台《北京市关于加快供给侧结构性改革扩大旅游消费的行动计划（2017—2020年）》，近期经北京市政府常务会和市委常委会审议通过后将印发。

*二是促进了旅游与其他产业融合发展。*推出了文化演出、精品文博、体育赛事、中医养生、游学会奖等更多符合市场需求的旅游产品。扩大了休闲农庄、采摘篱园、乡村酒店、汽车营地等10种旅游新业态规模。积极培育和发展了线上旅游、红色旅游、老年旅游，发布实施了《北京市老年旅游奖励资金管理办法》和《老年旅游接待基地服务规范》，成立了老年旅游服务平台。

*三是加强了“北京礼物”品牌旅游商品体系建设。*修订了《北京旅游商品扶持资金管理办法》。依托首都文化、科技、设计等优势资源创新产品系列，新推出了“北京礼物”老字号60多款系列产品。举办了第14届“北京礼物”旅游商品大赛。

六、旅游公共服务环境持续改善

*一是旅游公共服务设施进一步优化。*顺利完成“厕所革命”工作，共改造旅游厕所202座，5A级景区全部完成第三卫生间改造。北京城区20余家主要景区完成了智能服务功能嵌入。完成了对旅游厕所、旅游标识等465个项目的复核工作。开设3条旅游公交线路，截至10月底，累计发车13507车次，日均发车43.39车次，接待游客555517人次。

*二是旅游市场综合监管进一步加强。*研究出台《北京市关于推进旅游市场秩序整治的实施意见（2017—2020年）》《北京市关于建立涉旅领域执法协作的工作机制》《北京市旅游行政处罚程序规定实施细则（试行）》。与天津、河北等地旅游行政主管部门工作共同制定旅游执法区域协作“六项机制”。创新“双随机”跨部门检查机制，与北京市工商局、公安局环食药旅总队建设跨部门的“双随机”检查机制。集中开展了“春季行动”“暑期行动”“清网行动”“两检查一整治”四个专项行动，截至2017年10月8日，共开展联合执法144次，出动执法人员21020人次、执法车

辆 1480 台次，关停 7 家涉嫌经营非法“一日游”购物店，作出行政处罚 43 起，治安拘留 716 人，刑事拘留 24 人，游客有效投诉比 2016 年同期下降 27%，非法“一日游”投诉比 2016 年同期下降 40.8%。

*三是依法治旅游水平进一步提升。*完成了《北京市旅游条例》的修订并于 2017 年 8 月 1 日正式施行。规范旅行社审批和导游管理，受理旅行社设立许可 393 件，办结 360 件，换发电子导游证 30408 张，审核中国公民出国旅游等团队名单表 26513 份。加强信用监督和事中事后监管，建设完成了北京旅游行业信用监管平台，加强对景区、宾馆和旅行社的动态管理。完成了北京市 244 家景区标识牌编码，对 210 饭店开展绿色旅游饭店重新评定，对 22 家旅行社进行等级评定。

*四是旅游行业安全监管进一步加大。*持续开展行业安全生产大检查，截至目前，北京市区两级共出动检查组 977 个、检查人员 5907 人次，检查旅游企业 4506 家次，检查发现隐患 1841 处，整改隐患 1298 处，其他隐患正在抓紧整改中。北京市旅游委会同北京市公安局、质监局、安监局等单位对全市 116 家景区 4532 个（处）高风险游乐设备设施和大型特种游乐设备设施进行联合检查。扎实认真做好旅游防汛各项工作，汛期发送警示提示短信 4.1 万条，临时关闭景区 560 家（次），疏散游客 25.3 万人，劝返游客 2.3 万人次，1500 家旅行社改变或取消行程，确保了游客生命财产安全。

七、旅游区域协调发展成效明显

*一是京津冀旅游协同发展务实深入。*推动实施了《京津冀旅游协同发展行动计划（2016—2018 年）》，三地旅游互联互通、蓬勃发展。共建京东休闲旅游示范区、京北生态（冰雪）旅游圈、京西南生态旅游带。在 2017 中国廊坊国际经济贸易洽谈会期间，三地旅游部门共同推出了 130 个旅游招商项目，推出了皇家文化之旅、奥运冰火之旅、红色经典之旅、144 玩转京津冀国际之旅等六大主题 16 条精品线路。

*二是旅游对口支援工作不断创新。*搭建了“北京对口地区旅游合作促进平台”，运用市场机制组织开行赴对口地区旅游专列 13 列、专线 15 趟。为来自对口支援的 8 个省（区）15 个地区约 500 人提供培训。

天津市

2017 年以来，天津市旅游行业紧抓京津冀协同发展和“一带一路”建设，以第十三届全运会筹备举办为契机，把握稳中求进总基调，适应经济发展新常态，坚持改革创新主旋律，加快推进旅游业发展，现将各项任务完成情况汇报如下：

一、强化旅游业改革发展的顶层设计

（一）明确工作目标

贯彻落实市第十一次党代会提出的建设“五个现代化”天津的目标。进一步明确旅游改革发展的方向和重点，提出“推进旅游产业做优做强”的抓手、平台和载体，形成时间表、路线图、责任人，撰写并修订完善《关于进一步加快天津市旅游业发展的实施意见（2017—2020 年）》。

（二）健全旅游委综合协调机制

召开了全市旅游委工作会议，拟定了《天津市旅游发展委员会工作机制汇编》，就“城市旅游形象宣传推广机制”“旅游安全应急处置机制”“旅游市场综合监管机制”“旅游委联络员综合协调服务机制”征求了旅游委成员单位意见。

（三）完善行业协会组织

完成了市旅游行业协会脱钩换届工作。成立了全国首家以旅游行业自律、诚信经营为宗旨的旅行社行业协会、市旅游协会导游分会，积极指导“天津自驾游与房车露营协会”成立工作。

（四）积极借力外脑外力

继续推行法律顾问工作制度。筹备建立天津旅游智库。引入第三方开展重大项目绩效评价、游客满意度调查，提升机关服务管理水平和品质。与旅游科研院校合作开展旅游增加值对经济增长的贡献度、旅游大数据综合应用、全域旅游示范区创建对策研究等课题项目；组织代表委员“看旅游、评旅游、议旅游”活动。

二、不断加强区域旅游合作

（一）加强与“一带一路”沿线国家旅游合作

积极赴“一带一路”国家和地区开展高层互访、宣传促销工作，加强友城的旅游合作与交往，已组织了 12 个境外参展促销团组。组团参加了 9 个国内沿线城市的旅游展会活动。

（二）逐步深化京津冀旅游协同发展

联合编制《京津冀运河旅游观光带规划》初稿。共同推进京津冀旅游示范区建设。推进京津冀入境旅游直通车运营工作。组织了“重走革命路，共铸中国梦”为主题的房车巡游活动。发挥“通武廊”地区“小京津冀”的独特作用，重点落实支持雄安新区旅游工作。

（三）加大对口帮扶力度

2017 年 8 月初，局主要领导陪同市领导赴青海、甘肃调研，进一步推进对口支援和东西部扶贫协作工作；2017 年 6 月初，带领旅游工作代表团前往甘南州实地调研踩线。为落实京津冀协同发展重大国家战略和东西部扶贫协作会精神，2017 年 5 月 9 日，局领导率队旅游对口帮扶代表团赴承德市进行调研对接。

三、大力推动旅游载体项目建设

（一）创建全域旅游示范区

按照《创建工作导则》指导蓟州、和平区生态城全域旅游示范区完善创建方案，安排 900 万元项目资金用于支持 3 个示范区创建工作。支持杨柳青古镇等一批历史文化悠久的特色小镇建设。

（二）创建旅游业改革创新先行区

组织开展“第二批国家级旅游业改革创新先行区”创建申报、评选工作。蓟州区被评为第二批国家级旅游业改革创新先行区。

（三）支持旅游重点项目建设

重点旅游项目均按计划推进，航母舰队、遗鸥公园、妈祖民俗文化园、国家海洋博物馆、紫云水岸香草园、齐心庄园等项目已基本建成，部分已投入运营。制定了《2017 年度天津市旅游业重点支持项目申报指南》，编制了《“十三五”重点旅游项目手册》，专项申请了补贴资金 2192 万元用于旅游业转型升级项目建设，加大旅游项目储备。

四、促进旅游新业态健康发展

（一）大力开展红色旅游

市委、市政府办公厅联合印发了《天津市红色旅游发展实施方案（2016—2020）》，组织了“京津冀红色旅游房车巡游”活动，编制了京津冀红色旅游地图、宣传册；加强对红色旅游景区的分类指导，启动编制红色旅游景区质量等级评定规范。

（二）积极扶持邮轮游艇产业

加大对母港服务设施环境提升的资金支持力度，挂牌成立了游客咨询中心。完成了《天津构建国际著名邮轮旅游目的地的途径与措施研究》课题研究，初步提出我市预防和处置旅客滞留邮轮群体性事件应急工作机制的意见。截至 9 月下旬，邮轮母港出入境（港）邮轮 141 艘次，接待游客约 77.7 万人次。

（三）持续推动乡村旅游发展

推动《天津都市特色乡村旅游品牌化路径选择研究》课题研究；完成了乡村旅游服务标准的初稿；指导支持齐心现代农业示范园区申报获批第三批“中国乡村旅游创客示范基地”。同时，积极做好困难村旅游帮扶工作。

（四）深度开发工业旅游

积极为全市工业旅游示范点搭建市场营销和合作交流平台，组织了工业旅游企业间的互学互访、工业旅游示范点与旅行社的对接洽谈，进一步激活工业旅游市场活力。启动了全国工业遗产旅游基地申报评选工作，指导贝利泰陶瓷、胜达壹零壹汽车文创两家企业申报天津市工业旅游示范点。

（五）加快体旅互动融合

持续推进重点房车营地建设，与市体育局联合推荐蓟州国际滑雪场纳入第一批全国体育旅游示范基地创建单位名录，在“5·19 中国旅游日”举办了“体旅融合助力全运”单车定向活动为主题的骑行活动。在旅博会上专门设置体育旅游板块，举办体旅融合发展论坛。

五、持续深化旅游宣传推介

（一）有效开拓了国际客源市场

接待了来自中国澳门、中国香港、中国台湾、德国等地的旅行商和媒体踩线团，推出了“泰国万人游天津”项目，有效拉动了入境旅游市场。启动海外旅游推广站建设项目，分别在日本、澳门设立了旅游推广站，策划销售天津旅游产品，更加直接地招徕入境客源。

（二）全方位投放旅游宣传广告

持续在央视、天视投放“天天乐道，津津有味”城市形象宣传片。与日报、晚报继续合作开辟“天津旅游”专版；在国航《中国之翼》连续刊登天津旅游软文；在北京城市交通枢纽的公交站牌投放天津旅游宣传灯箱广告；与天津航空合作，投放以天津景区为背景的“安全须知”视频；持续加强多语种网站、微信微博等新媒体营销。

（三）精心组织旅游节庆活动

精心策划了200多项旅游节庆活动，推出了2017年旅游活动年历。成功举办了2017中国旅游产业博览会，参观者接近27万人次，交易和意向交易金额约达200亿元。

（四）研发制作旅游商品和宣传品

举办了2017天津旅游商品大赛。制作了新版天津旅游地图、新版天津旅游折页和天津旅游一册通，编印了自助游路书，网络版的天津旅游宣传片正在拍摄制作中。

六、全面提升旅游服务质量

（一）开展迎全运旅游服务质量提升行动

以举办旅游饭店服务技能大赛为抓手，做好酒店服务接待工作。开展了迎全运旅游景区综合整治行动。

（二）强化旅游服务质量等级管理

开展了旅游企业质量等级评定复核、创建服务、质量检查等。撤销了七里海湿地旅游区等3家景区旅游质量等级。

（三）扎实做好“双万双服”工作

利用“政企互通服务信息化平台”，跟踪处理、协调解决企业提交的问题，深入企业实地开展调研帮扶。

（四）全面提升旅游公共服务

推进旅游厕所革命工作，除个别项目外，大部分新建改建厕所项目均已开工，完成建设的已过半。推动“天津市旅游咨询中心”设置运行。加强旅游景区标识牌设置工作。

（五）加强文明旅游和诚信旅游宣传

与市文明办联合开展“文明旅游进社区”活动，开展“2017—2018年度青年文明号”创建工作。积极开展公益宣传咨询活动。

七、依法整治旅游市场秩序

（一）加强旅游市场监督检查

坚持日常监管、专项整治、综合监管“三管齐下”，继续打出“约谈警示、专项检查、行政处罚、媒体曝光”等一系列“组合拳”。

（二）妥善应对突发事件和处理投诉纠纷

妥善解决了金龙国际旅行社群访、地中海抒情号邮轮游客滞留事件；紧急处置了歌诗达幸运号国际邮轮旅游纠纷、老年学会违规组织近千名老年人港澳游，避免衍生成为群体事件。

（三）完善旅游市场监管体系建设

建成并正在推广使用天津市旅游监管服务平台。建立健全旅游行业失信惩戒制度和旅游信用信息公示制度。

（四）强化旅游安全应急工作

开展了安全隐患大排查大整治、旅游安全四大专项行动、安全生产月活动、食品药品安全大检查、夏季消防安全检查及防汛工作；牵头组织相关单位开展假日安全生产联合大检查。

河北省

按照习近平总书记指出的“旅游业是综合性产业，是拉动经济发展的重要动力”“发展全域旅游，路子是对的，要坚持走下去”的指示要求，河北省高度重视旅游业发展，赵克志书记、许勤省长多次对旅游业改革发展作出重要批示、提出明确要求。近年来，省委、省政府加强和完善了省旅游工作领导小组，省市两级组建成立了旅游发展委员会，以省委、省政府名义制定出台了一系列支持旅游业改革发展的政策措施，推动建立了省市两级旅发大会平台机制，全省上下重视旅游、发展旅游的氛围日益浓厚，河北省旅游业呈现出全面跃升的良好态势。2017 年前三季度，全省接待海内外游客 4.48 亿人次，实现旅游总收入 4466.99 亿元，同比分别增长 21.43% 和 31.07%；预计全年接待海内外游客达到 5.6 亿人次，实现旅游总收入 5900 亿元，同比分别增长 20% 和 26% 以上，旅游业已经成为河北省实现新旧动能转换的重要产业和经济转型发展的新增长点。

一、全方位全要素构筑全域旅游示范省

把发展全域旅游作为深入贯彻落实五大发展理念的战略载体，进一步凝聚共识、强化措施，按照“全景、全业、全时、全民”的全域旅游发展模式，大力实施旅游产业化战略，实现旅游产业全域布局、旅游发展全域联动、旅游服务全域配套、旅游环境全域提升、旅游市场全面拓展、旅游成果全民共享。

（一）高度重视，加快创建全国全域旅游示范省

全力推动全域旅游示范区创建工作，省政府出台了《关于加快创建全国全域旅游示范省的意见》和《河北省全域旅游示范区创建工作指南（试行）》，研究制定了全域旅游示范区创建督导考核办法，重点推动全省 17 个市县创建国家级全域旅游示范区、

23个市县创建省级全域旅游示范区，目前各市县全域旅游规划及创建方案已全部编制完成。9月份，省委、省政府在秦皇岛召开了高规格的“创建全国全域旅游示范省动员大会”，省委书记赵克志、省长许勤出席并讲话，对当前和今后一个时期创建工作进行动员和全面安排部署，全省上下关注全域旅游、支持全域旅游的氛围日益浓厚。

（二）强化措施，着力优化旅游产品供给结构

以旅游供给侧结构性改革为主线，大力推进全域旅游和产业融合发展，着力发展新业态、拓展新领域。一是产业融合步伐加快。加快推进旅游与农业、工业、文化、体育、康养、研学等深度融合发展，打造推出了国家级工业旅游遗址、体育旅游基地和赛事、中医药康养旅游示范基地、研学旅游基地等一大批旅游新业态产品。二是持续抓好精品景区和重点旅游片区建设。河北省新增广府古城、白石山两家5A级旅游景区，截至目前河北省5A级景区数量达8家，树立和发展一批河北旅游新标杆。三是大力实施乡村旅游和旅游扶贫工程，培育建设了一批支撑贫困群众脱贫致富的产业项目，探索出景区带动、项目带动、资产收益带动等旅游扶贫新模式，形成了民宿餐饮、就地打工、旅游产品加工、资产入股等多种旅游富民新途径。2017年，省级旅游发展专项资金列支4000万元，重点支持550个以上建档立卡贫困村发展乡村旅游。

（三）狠抓落地，大项目引领功能凸显

一是旅游项目建设投资规模实现大幅增长。2017年研究制定了《河北省旅游重点项目管理办法（试行）》和《河北省旅游重点项目分包责任制实施方案》，建立了河北省重点旅游项目管理制度，筛选确定100个重点旅游项目，总投资5654.3亿元，其中28个项目入选全国旅游优选旅游项目，数量位居全国第一。截至7月底，全省旅游项目管理库入库项目1504个，投资规模达17581亿元，实际完成投资额623亿元。其中，全省10亿元以上规模项目334个，投资额15452亿元。100亿元以上规模项目34个，投资额7438亿元。单项旅游项目向规模化、集成化、资本化方向转变。秦皇岛山海大道、衡水园博园、高碑店世界特产小镇、新奥“梦廊坊”文化产业园、秦皇岛葡萄小镇、响堂山石窟文化旅游度假区等项目实际完成投资额均在6亿元以上。二是旅游产业投资结构逐步优化。集旅游、文化、餐饮、住宿、娱乐等诸多产业形态于一体的旅游综合体项目较为火热，据统计旅游综合体项目入库数量130个，占各业态项目投资总额的20%。文化旅游、乡村旅游、生态旅游等传统优势旅游依然强劲发展，三类项目入库数量1054个，实际完成投资额300.43亿元；邮轮游艇、医疗健康旅游、滑雪旅游等新兴业态发展迅速，且单体平均投资规模较大，其中邮轮游艇、医疗健康旅游、滑雪旅游、购物旅游、航空旅游是旅游产业融合发展最具价值空间的领域。

（四）金融支撑，旅游投融资体制改革持续提速

一是研究提出了做大做强河北省旅游产业基金的基本思路和实施方案，正在抓紧

推动设立河北旅游产业母基金和河北省旅游产业基础设施投资基金、河北省旅游产业投资基金、河北旅游文化产业基金、河北省全域旅游产业PPP投资基金等子基金。围绕100个旅游重点项目，省旅游发展委组织银企对接专场会，首期针对蔚县十八堂项目的银企对接会已顺利举办。二是成功举办河北省首届旅游投融资大会，发布了《河北省旅游投融资白皮书》，推出了400多个旅游招商项目，总投资规模超过1万亿元，大会现场集中签约项目38个，投资总额2333亿元，被誉为河北旅游界的一次“思想的盛宴、视觉的盛宴、项目的盛宴”。三是金融支持旅游的力度日益增大。发起成立了河北旅游金融联盟，据不完全统计，2015年至2017年7月，国开行、建设银行、中信银行、民生银行、光大银行、河北银行等6家银行支持河北省旅游业项目贷款219.37亿元。四是项目招商落地率日趋提高。通过旅游投融资大会、旅发大会、银企对接会等招商引资平台的搭建，营商环境不断优化，截至目前，列入《河北省重点旅游投资项目招商册》中的400余个项目，已有32个项目推动落地，进入规划设计和施工建设阶段。涉及旅游基础设施与公共服务设施建设项目、旅游区域综合开发项目、“旅游+”综合开发项目、特色小镇项目等，招商落地金额共计1575.15亿元。

二、着力构建旅发大会平台新机制

把筹办旅发大会作为落实全域旅游发展的理念和推进重点片区重点突破、率先发展的重要平台，取得了明显成效。

（一）高位推动，省市两级旅发大会成效显著

一是成功举办首届省旅发大会，用少量财政资金撬动社会资本投入近300亿元，建设新业态旅游项目87个，成功打造了拥有206公里风景大道、总面积6600多平方公里的“河北京西百渡休闲度假区”，走出了一条全域旅游、业态引领、市场运作、群众参与、机制创新的旅游发展新路子。特别是首届旅发大会在旅游扶贫上取得显著成效，汪洋副总理亲自到涞水县就乡村旅游及旅游扶贫进行调研并给予充分肯定。二是第二届省旅发大会超越提升。在成功举办首届省旅发大会的基础上，2017年9月份省委、省政府在秦皇岛召开了第二届全省旅游产业发展大会。赵克志书记、许勤省长全程观摩重点项目并作重要讲话。大会以不到30亿元的政府投入撬动社会资本近300亿元，引进了华侨城、荣盛、新奥等战略投资者，打造了山海康养旅游度假区，建成了渔岛温泉度假等23个旅游龙头项目、78公里的山海旅游景观走廊旅游路线，为河北省全域旅游发展提供了生动样板。赵克志书记高度评价本次大会，指出“总体水平高于去年”；许勤省长总结评价为“六个好”。三是指导各市以全域旅游和“旅游+”融合发展理念为统领，打造特色鲜明的旅发大会品牌，重点推出了正定古城、

太行红河谷、大衡水湖片区、燕山百里画廊、京东长城山水旅游区等一批重点旅游片区，推动地方旅游业实现转型升级、跨越发展。截至目前，邯郸、衡水、邢台、唐山、沧州、张家口、石家庄7个设区市均已成功举办市级旅发大会。

（二）优化环境，助推经济社会可持续发展

河北的旅发大会围绕供给侧改革，突出抓好了由单一产品和传统资源向新兴业态转变，由物质产品向精神享受转变，通过旅游业的转型升级，促进了经济结构的调整优化，增强了城市发展可持续性。一是凝聚共识，汇聚力量，抓旅游促发展的认识深入人心。两届全省旅发大会，给全省上下广大干部群众带来了巨大的视觉和思想冲击，进一步提升了认识、拓宽了思路，凝聚形成了抓旅游就是抓发展、抓旅游就是抓转型的一致共识，汇聚了上下同心、全位覆盖、全程联动、全社会参与的强大力量。特别是河北荣盛、新奥、华夏幸福、宝晟、中建设计院、华侨城等众多企业积极参与、投资河北旅游产业、参与美丽乡村建设，为旅发大会项目打造注入了资本与活力，体现了企业的社会责任。二是产业融合，创新发展，开启全省全域全季全业态旅游新篇章。从供给侧发力，借力“旅游＋”，突出业态创新、机制创新、模式创新，打造了一大批四季型、融合类、新业态旅游项目，使承办大会的每一天，都成为新项目建设、新业态成长、新竞争力跃升的新节点。新建项目涵盖高端养疗、田园生活、山地康体、养生度假、历史文化体验等多种类别，均是填补区域空白的高端新业态、前沿新模式，极大提升了区域旅游品质和市场竞争力。三是改善面貌，优化环境，旅游为民的发展理念更加牢固。明确举办旅发大会的出发点、落脚点就是为了老百姓的宗旨，通过一系列便民、惠民、利民重大举措的推进实施，促进当地面貌改变、加快脱贫致富步伐、提高贫困群众生活品质、推动全面小康建设，全部实实在在地落到为老百姓带来福祉的项目上。

三、着力推进旅游体制机制改革创新

为适应全域旅游发展要求，进一步明确任务、协调督促，推动旅游体制机制改革取得重要进展。

（一）政府统筹，优化旅游发展顶层设计

把强化党政统筹作为促进旅游业改革发展的重要举措，从组织架构、政策措施、规划引导等方面建立起河北旅游发展的推进机制。一是加强和完善省旅游工作领导小组，推动落实了旅发大会、项目建设、旅游交通、环境整治、旅游扶贫、用地政策以及宣传推介等一系列旅游业改革发展重大事项。二是构建“1+2+8”政策文件体系，印发实施了《河北旅游业“十三五”发展规划》以及《关于全省旅游业发展体制机制

改革的若干意见》《关于实施旅游产业化战略、建设旅游强省的若干意见》两个政策文件，同时配套制定了旅游新业态新产品建设、乡村旅游提升与旅游精准扶贫、旅游基础设施全面提升、旅游品牌建设、旅游云数据平台建设、全域旅游示范区创建、旅游服务质量全面提升、旅游人才队伍建设 8 个专项行动计划，形成了指导和推动旅游强省建设的政策体系。三是省委全面深化改革领导小组高度关注旅游体制机制改革工作，专题研究审议并通过了《关于全省旅游业发展体制机制改革的若干意见》《关于创新乡村旅游扶贫机制的实施意见》等系列旅游改革创新促进政策。四是省人大常委会修订完成了《河北省旅游条例》，并组织开展了《中华人民共和国旅游法》和《河北省旅游条例》专项执法检查，开展全域旅游发展专项调研，听取和审议了省政府贯彻实施旅游“一法一条例”情况的汇报。

（二）加快改革，创新旅游管理体制

一是在完成省市两级旅游发展委员会组建基础上，重点强化旅游发展委员会对旅游业改革发展的统筹促进、资源整合、发展协调和服务监管等综合协调职能。二是理顺景区管理机制。推动在全省 4A 级以上景区实施股份制、混合所有制改造，建立健全现代企业管理制度，形成景村共建、与脱贫攻坚相结合的管理运营机制。野三坡、清西陵、广府古城、金山岭长城等一批重点景区改革已取得明显成效。其中，野三坡景区带村、能人带户的扶贫做法得到国家部委的肯定；清西陵旅游园区项目与精准脱贫相结合，小苹果万亩科技示范园带动 2000 贫困人口脱贫致富；白石山按照旅游专业村的标准，对白石山省级美丽乡村建设示范片区 13 个村进行高水平规划打造，开辟了新的旅游经济增长点。三是加快创新旅游市场监管新体制。建立多部门协调联动机制，联合省高院制定了《关于进一步发挥审判职能作用服务保障全省旅游产业化发展战略实施的意见》，推动秦皇岛、承德、邯郸及北戴河区、安新、涞水、平山、涉县等重点旅游市县建立包括旅游警察、工商旅游分局、旅游巡回法庭等在内的“1+3+N”旅游市场综合监管机制，有效提高了旅游市场综合治理效能。其中，山海关景区搭建了“七位一体”旅游投诉受理平台，建立“无理由退货中心”，实行旅游“红黄黑榜”发布制度，景区旅游投诉实现“一站式”受理。四是创新扩大旅游消费新举措。探索制定《河北省旅游购物商店等级划分与评定》和《河北省旅游休闲购物街区质量评定》标准，启动首批河北省旅游购物商店和河北省旅游休闲购物街区的评定工作。会同省商务厅和省工商局、省国税局选择初步确定在石家庄市正定国际机场、秦皇岛市北戴河国际机场、承德机场设置专用离境退税场所，同时探索在全省范围内设立一批离境退税商店（超市）。

四、 着力补齐旅游发展短板

针对河北省旅游基础配套设施建设落后、功能不足等突出问题，把2017年确定为旅游基础设施和公共服务全面提升年，通过实施系列旅游休闲重大工程和旅游环境综合整治行动，加快形成质高量足、功能完备的旅游公共服务体系。

（一）政府主导，健全旅游公共服务体系

一是编制实施了《河北省旅游公共服务体系规划》，制定印发《2017年全省旅游基础设施与公共服务提升年工作推进方案》和《全省旅游环境综合整治行动方案》，确定了政府主导、部门配合、重点突破、示范带动、统筹推进的原则，形成了省市县政府、部门和企业定期研究、齐抓共管、协调推进旅游基础设施与公共服务建设的工作机制。二是结合国家实施旅游休闲重大工程，筛选确定210个旅游基础设施和公共服务重大项目进行重点招商和开发建设，2017年安排省级专项资金449万元用于支持游客服务中心建设、364万元支持旅游交通标识牌建设。三是编制完成《河北旅游云建设总体方案》，加快建设省级旅游云大数据平台，建设完成“全省旅游产业运行监测与应急指挥中心”，阿里旅行河北旅游旗舰馆、同程河北旅游旗舰馆实现上线运营。

（二）突出重点，大力开展旅游厕所革命

2016年确定新建、改扩建的981座旅游厕所任务全部完成。2017年省政府组织召开了旅游厕所革命暨旅游基础设施公共服务提升推进大会，印发实施了《2017年全省旅游厕所建设管理暨农家乐厕所革命工作方案》，制定了《全省乡村农家乐厕所建设管理标准规范》，将厕所革命从景区内扩展到景区外、由城市扩展到乡村。2017年下拨省级专项资金5000万元、争取国家旅游局补助资金2080万元支持河北省厕所建设。强化厕所革命管理考核，将旅游厕所建设任务纳入省委督查室、省政府督查室、省旅游工作领导小组办公室对各市旅游重点任务联合督导检查的内容。1月份，河北省保定、秦皇岛、唐山、承德四市厕所建设工作受到国家旅游局通报表彰，5月份，河北省避暑山庄及周围寺庙景区管委会、保定野三坡乡村旅游厕所开放联盟、白鹿温泉旅游度假股份有限公司分别被国家旅游局授予科技创新奖、管理创新奖和文明宣传奖。

五、着力塑造旅游品牌形象

围绕“京畿福地·乐享河北”旅游形象品牌，广泛深入开展旅游宣传推介，持续扩大河北旅游影响力。

（一）区域联合，加大旅游宣传推广力度

一是围绕河北特色旅游资源，推出锦绣长城、壮美太行、历史文化、浪漫海滨、

京西百渡、坝上草原、冬奥冰雪、红色经典、美丽乡村、户外运动等十大品牌旅游线路。加大在央视等核心媒体宣传推广力度，央视《朝闻天下》和《海峡两岸》栏目捆绑投放 55 秒和 15 秒河北旅游形象广告，实现了全省 11 个设区市全参与、全覆盖。二是持续扩大京津冀区域合作推广力度。联合北京市旅游委、天津市旅游局共同主办了京津冀旅游合作项目发布暨旅游产品推介会，共同推出了 130 个招商项目和六大主题 16 条线路，共同发起成立了“京津冀旅游合作推广联盟”，受到媒体广泛关注。

（二）营造热点，系列宣传营销活动精彩纷呈

一是开展河北旅游“不得不”系列评选活动，评选出“不得不游的十大风景名胜、不得不享的十大休闲体验、不得不购的十大旅游商品、不得不品的十大特色美食、不得不赏的十大美丽乡村”，树立河北旅游产品品牌标杆。二是先后举办了中美旅游年“千名美国游客游长城”活动、中国（河北）国际康养旅游大会、中国“互联网 + 旅游”目的地营销大会等系列宣传推介活动。三是与河北航空合作打造“乐享河北”旅游飞机，建立“河北省旅游空中推广中心”；与央视合作拍摄包括河北省30个红色旅游景区的《红色故乡》旅游宣传片，于 7 月 1 日起在央视七套播出；与北京铁路局联手打造“河北旅游”号高铁列车，在京广、京沪等高铁线路开展“乘高铁、游河北”宣传推广活动，依托高铁服务指南设计制作 6 万本宣传册，搭建河北旅游品牌宣传新平台。

（三）借力营销，境外宣传风生水起

在境外设立河北旅游推广中心。实现了境外重要客源地宣传推广的常态化、制度化，有力提升了宣传推广效果。2017 年委托香港中国旅行社在香港设立河北旅游（港澳）推广中心，进一步扩大了境外河北旅游推广中心的规模数量。借助 144 小时过境免签政策在河北落地政策，遴选一批 144 小时过境旅游精品线路，为外国游客提供更加丰富优质的旅游消费选择，进一步优化过境服务的流程，完善配套的措施，改善消费的环境，深化国际旅游的合作，努力让好的政策落到实处，惠及游客，助推发展。

六、着力提升旅游服务质量

结合深化“放管服”改革，把完善旅游市场监管机制、强化旅游综合执法，作为规范旅游市场秩序的重点，不断提升旅游监管和服务质量。

（一）依法治旅，旅游法制化进程加快

一是全面推行行政执法三项制度改革。研究制定了《关于开展行政执法三项制度改革工作的实施方案》，出台了包括三个办法、四类文本、五个清单在内的 130 余项行政执法三项制度改革具体制度文件，并在省旅游发展委门户网站全面公开。二是积极推进“双随机、一公开”监管机制。建立包括全省 349 家 A 级景区、455 家星级饭

店、1469家旅行社、32902名导游从业人员在内的市场主体名录库，确定“双随机、一公开”随机抽查事项清单，建立了检查结果公开机制。

（二）加强管理，开展全省景区游客满意度调查

为全面掌握游客对河北省景区的满意度情况，准确把握旅游需求和市场趋势，提升河北省旅游服务质量，组织开展了全省景区游客满意度调查工作，覆盖全省3A级以上景区233家，采用线下与线上相结合的调查方式，回收调查问卷120余万份，撰写的《全省景区游客满意度调查分析报告》为省政府决策提供了依据。

（三）专项整治，旅游市场秩序进一步规范

一是建立旅游市场综合监管体系。制定出台《省政府办公厅关于加强旅游市场综合监管的实施意见》，建立了省旅游市场综合监管联席会议制度，健全了旅游市场综合监管清单。紧盯“不合理低价游”“景区园中园、票中票”等突出问题，以游客投诉为线索，以查办案件为目标，深入开展“春季行动”“暑期整顿”等市场秩序综合整治专项行动，累计出动旅游质监执法人员883人次，检查旅游企业及分支机构1138家，对违法违规企业立案17起，其中处罚10起，旅游市场环境得到有效改善。二是开展全省4A级以上景区和市场秩序专项整治行动。2017年以来，通过复核暗访检查，确定21家未达标景区给予处理，其中4家景区取消资质、3家景区降级、5家景区严重警告、9家景区警告；联合公安、工商、交通、物价、质监等部门开展旅游执法检查45次，处罚违法违规旅行社10家。三是强化旅游安全监管。在重点领域、关键环节、重要时段特别是汛期多次开展旅游安全专项及综合督导检查，督促指导旅游企业做好隐患排查和整改。

（四）深化改革，加强导游队伍建设

建立导游公共服务监管平台，动态归集导游执业轨迹、游客评价、奖惩投诉等信息。建立导游服务水平评价机制，构建导游星级评价体系，将导游星级与导游服务质量挂钩。同时，清理并取消导游行业组织或导服机构利用注册、年审等强制向导游收取的年审费、注册费、挂靠费、管理服务费，切实减轻导游执业负担。联合省委宣传部、团省委、省妇联、省金融和服务业工会共同举办了第六届河北省“寻找最美”导游大赛，赛训结合，对全省各地选拔的73名选手进行了集中培训，进一步加强了导游人员的服务意识，提高了导游人员的服务技能和综合素质，推动了河北省导游服务质量总体水平的提升。

山西省

2017 年，山西省旅发委在国家旅游局的指导和支持下，在省委、省政府的正确领导下，将旅游业改革列为全年重点工作，积极贯彻落实全国旅游业改革工作部署，努力创造山西旅游业改革新模式，将旅游业改革与山西省转型综改试验区工作紧密结合，围绕中心，服务大局，开展了以景区体制机制改革创新为主，激发市场主体活力，扩大招商引资，加强旅游市场秩序管理等一系列改革。

一、找准突破口，力促旅游业提档升级

2017 年，山西省坚持问题导向，找准旅游业大发展的突破口，针对长期以来景区景点体制不顺、机制不活、活力不足、门票经济为主的问题，在全省范围内启动了大面积旅游景区体制机制改革创新工作，这一举措为全省旅游业自身的转型升级提供了动力，也为整个经济结构调整注入了活力。自 2017 年年初起到 6 月 30 日，全省 149 家景区景点基本完成“两权分离”或创新经营机制。

山西的景区许多都是文物景区，景区旅游业开放度差，以及体制不顺、机制不活、管理交叉等因素造成的资源闲置、要素错配。深层次的原因，是思想观念放不开，使得旅游业的发展难以适应不断变化的市场需求。山西省景区多为政府部门直接参与经营管理，集所有权、经营权于一身。景区管理条块分割，政出多门，各种弊端显现。在参加改革的 149 家景区中，几乎涵盖了所有山西省的优势旅游资源，其中事业单位 79 家、国有企业 16 家、民营企业 37 家、集体企业 17 家。也就是说，一半以上由行政、事业单位掌控着核心资源。景区行政色彩浓厚，非市场化管理偏重，缺少竞争，经济价值不能充分体现，景区经营效益难有起色，影响着山西旅游业的转型升级。

本次景区改革，山西省以减少行政干预、把资源配置主动权还给市场为主旨，以

培育一批符合现代企业制度的市场主体为目标，从旅游供给侧结构性改革破题，不断为企业发展创造良好环境，让市场主体强身健体。立足旅游业“治本”，找准掣肘协调发展的弊端、全面发展的短板，纠正认识偏差，旗帜鲜明地倡导产业发展新理念。山西省委、省政府出台了《关于推进旅游景区（景点）体制机制改革创新的意见》，省委、省政府主要领导亲自过问，分管省长亲自抓。山西省政府专门配套出台改革方案，根据景区景点的具体情况因地制宜、分类施策，确定了6种改革模式，149家景区景点成为首批改革试点。11个市签订了改革创新目标责任书。山西省旅发委多次协调解决管理权限界定、各类资产划分等关键性问题，组建63人专家组提升专业指导。按照啃下“硬骨头”、拿下“大块头”的目标，选定了20家改革重点景区加以推进。

各市县及景区改进方式、创新手段，激发基层内生动力，变“要我改”为“我要改”，不仅盘活了资源，还采取控股、参股、持股等股权多元化手段搭建融资平台。目前，山西省政府与海航集团，山西省旅发委与浙旅集团、银泰集团和中国进出口银行山西省分行、交通银行等8家银行签订战略合作协议；吸引了华侨城、乌镇集团、中景信集团等旅游知名公司与景区景点开展合作。

通过景区体制机制改革，山西省旅游业进一步优化了要素配置，为实现从门票经济走向产业经济打下坚实基础，也更加契合了旅游消费升级的需求。2017年7月，省旅发委联合省金融办、省财政厅等单位在山西股权交易中心开设了全国第三家“文化旅游板”，首批13家文化旅游企业成功挂牌。乔家大院景区不断优化股本、规范法人治理结构，股东由4人变7人，注册资本从4000万元增至1亿元，在新三板挂牌。大同市将古城、方特公园等资产整合，重新成立大同市文化旅游集团，注册资本20亿元。运营机构由集团公司和子公司两个层面构成。其中，大同旅游股份公司作为上市公司培育，云冈、恒山、古城三家文化旅游公司成为开发运营市场主体。运城市关帝庙景区与台湾著名漫画家蔡志忠的杭州朱古力影视传媒公司成功签约，投资1200万元制作动漫电影《武圣关公》。大禹渡景区由恒圣通集团接手，投入9000万元，基础设施建设快马加鞭。过去，依赖门票经济，一旦经济下行，靠政府投入的景区建设难以为继。如今，产权关系明晰、责任主体到位、市场对接充分，虽然经济低位运行，投资者依旧纷至沓来。华侨城、银泰集团、浙旅集团、乌镇集团等企业纷纷看好山西。2017年以来，山西省政府已与8家银行签订战略合作协议。一些传统意义上的旅游发展规模“小市”，本次改革也有了大动作。吕梁市碛口景区开发起步较早，但发展缓慢，改革中成功拍卖了部分经营权，激发了景区活力；朔州市的金沙滩景区由于资金等问题，长期处于半停滞状态，改革中与上海壬甲文化传媒有限公司合作，建立怀仁金沙滩影视体验基地，景区生机初现。

二、努力开创全域旅游新路径

作为国家转型综改试验区，面对煤炭等传统优势产业大幅下滑，山西把文化旅游作为产业结构调整的重要突破口，省、市、县三级规划协调、资源互动、工作联动，扎实打造全域旅游，推动旅游业跨越式发展，从而发挥其对全省经济社会持续健康发展的引领和带动作用。

山西省积极推进全域旅游发展，先后有20个市、县被确定为国家全域旅游示范区创建单位。《山西省“十三五”旅游业发展规划》提出，要以“创新、协调、绿色、开放、共享”五大发展理念为主线，以转型升级、提质增效为主题，以供给侧结构性改革为引擎，推动旅游业由观光为主向观光、休闲、度假并重转变，推动“景点旅游”向“全域旅游”转变。2017年是山西全域旅游示范区建设的关键时期。山西省以20个国家全域旅游示范区创建为引领，做强做大试点。

大同市积极推进全域旅游发展。2017年4月，大同投资8亿元启动大同古长城旅游公路建设，主线支线总长250公里，贯通大同市5个县（区），将散落在塞外古长城周边的遗迹连起来。大同市市长马彦平说，“这不仅是一个项目，更是打通全域旅游的一个突破口。”阳城县则提出了“全域整合、全景打造、全业融合、全民参与和乡村旅游、全域旅游、四季旅游、全民旅游”的“四全四游”发展战略，以太行山水、沁河古堡、炎帝文化等旅游板块为引领，培育塑造了一批文化旅游特色产品和精品旅游示范工程，吸引了20家企业投资2.5亿余元参与到全域旅游建设之中。

为适应旅游业从单一业态向综合产业、从行业管理向综合协调管理体制转变，山西省积极推进旅游管理体制改革，以“1+3”为代表旅游综合管理体制改革已经成为全域旅游发展的重要支撑。2017年3月，山西省和11市全面完成省市两级旅游管理部门体制改革，32个县“撤局设委”，由政府直属机构调整为政府组成部门。这充分体现了山西省委、省政府以文化旅游业为突破口转型升级的信心和决心，体现了省委、省政府把旅游业培育成战略性支柱产业的坚定决心和深远布局。旅游市场综合监管机制也在积极探索中，平遥、五台山、壶关三地率先设立旅游警察、旅游工商分局和旅游法庭，正式开启职业化、专业化、规范化的旅游执法模式。旅游部门联合工商、税务、交通等部门开展旅游市场综合整治行动。

“旅游+”理念下的全业融合发展也是山西全域旅游发展的亮点之一，尤其是旅游与文化产业融合发展。各大重点景区积极践行“旅游+文化”理念，推出了一批大型演艺节目，取得了良好的经济社会效益。《又见五台山》《又见平遥》《太行山》等演出成为游客不得不看的节目。这些高品质的文化演艺节目，让游客放慢了脚步，延长了在景区的时间。其中，《又见平遥》仅2016年就演出795场，上座率达到

89%，接待游客56.7万人次，收入8200余万元。目前，《又见平遥》二期项目建设正在推进中。此外，山西还积极推进旅游与农业、工业、体育等产业融合发展，推出了一批特色鲜明的文化活动和体育赛事，如农业嘉年华、土豆花节、灯光秀、冰雪节、国际徒步大会、汽车场地越野锦标赛等，顺应了市场需求，点燃了游客兴奋点。山西省旅发委还将与省农业厅、扶贫办合作，用3年时间，在全省建成具备观光+采摘+体验功能的农业产业园50个；将与工业主管部门携手，利用煤炭、钢铁等行业淘汰产能退出的工矿厂房、工矿用地和丰富的工业遗存，打造一批工业旅游示范基地。

三、部门联动，专项治理，确保旅游市场秩序

2017年，山西省政府办公厅制定下发了《2017年山西省旅游市场秩序综合治理工作行动方案的通知》（晋政办发〔2017〕41号），进一步明确了各级、各部门任务，划分了"旅游市场秩序综合治理九大行动"的责任单位、进度安排和工作要求，并列入了省政府重点督办事项。3月20日山西省旅游改革发展领导小组制定了《全省旅游市场秩序综合监管专项督查考评方案》，以旅游市场秩序问题为导向重点，在全省范围内掀起了最大规模的旅游市场秩序综合整治风暴。

2017年以来，山西省旅游改革发展领导小组办公室组织协调省发改委、省公安厅、省交通厅、省工商局、省文物局、省宗教局等相关单位先后多次开展了旅游市场秩序"春季行动"和"暑期行动""秋冬行动"等专项整治联合执法检查，对全省旅游市场秩序进行交叉式、拉网式专项大检查，针对全省旅游市场秩序专项行动暗访检查发现的问题，向各市人民政府进行了通报，并下达了问题清单、建立了督办台账，下达督办案件上百件，实行了"整改落实销账制度"，整改一件销一件，整改不到位不予销账。

大同市人民政府针对专项行动通报问题清单制定了"督导工作方案"，朔州市人民政府，忻州市人民政府，晋中市人民政府，阳泉市人民政府，长治市人民政府，晋城市人民政府，临汾市人民政府，运城市人民政府，太原市、吕梁市旅游发展委员会上报了"关于旅游市场秩序综合整治春季行动暗访检查问题清单整改报告"，各市对照通报的问题清单进行了分类梳理，深入县、区、旅游企业检查督导，责令属地政府对能够及时处理的立行立改，由于各种原因不能立即整改的制订了具体落实方案。晋中市政府开展了全市环境整治工作，为创建"全域旅游市"和全省旅游发展大会奠定了基础、营造了氛围。介休市公安局专门下发了《关于严厉打击扰乱旅游景区及周边环境治安秩序行为的通告》。

山西省发改委开展了2017年全省景区门票价格专项检查，省工商局、省国税局、省地税局制定了"2017年全省旅游市场秩序整治行动工作方案"，山西省旅游发展

委员会、省交通厅、省公安厅、省安监局联合"开展了旅游包车客运安全专项整治行动"，通过采取一系列措施，山西省旅游市场秩序综合整治工作，整体运行有序，景区周边环境明显改善，为旅游业快速发展营造了良好的市场秩序环境。

四、创新旅游发展大会申办电视竞演模式，全方位加强山西旅游宣传推广

2017 年山西省旅游发展大会申办《人说山西好风光》第二季电视竞演，本着突出主题性、延续性、娱乐性、审美性、竞争性的要求，加强改革创新，加强宣传推广，达到了展示形象、扩大宣传、促进产业发展的目的。

重点围绕"城市形象展示、产业转型创新、旅游脱贫致富"三个主题，对竞演方式和内容进行创新。一是竞演由室内演播厅走向了旅游景区景点。先后走进云丘山、鹳雀楼、娘子关、皇城相府、太行山大峡谷、贾家庄、平遥古城、应县木塔、雁门关等旅游景区景点，完成了一场直播和十场竞演录制，在促进旅游景区提质升级的同时，极大地提升了旅游景区的知名度。二是增加了县长、乡长、企业家竞演元素与旅游问政等环节。"追梦的新晋商""乡长的小目标""县长推销员""超级问答"等竞演主题和元素，都很好地展示了全省旅游转型发展和改革创新的新形象。三是创新竞演方式，引入了主客场PK制。十个城市两两分组以主客场的形式进行PK，通过高清视频、形象代言、演讲推介、创意设计等形式，充分展示了各市的历史人文、特色旅游资源和发展环境。四是增加了媒体观察团。由媒体、旅游达人、专家和旅行社等组成了 30 人观察团，在为竞演节目打分投票的同时，深入景区景点对旅游资源、产业发展进行实地考察体验， 促进服务质量改善，推动产业升级。五是增加了丰富多彩的线上线下配合活动。配合开展了"千万游客游山西，千万红包买点子"户外直播晚会和"《人说山西好风光——老记忆、新地标》寻宝之旅"等线上线下活动，广泛为竞演宣传造势。

大同直播晚会和 11 场竞演录制，亮点不断，持续引发各界关注，普遍感到电视竞演不仅很好地展示了山西的美好形象，同时还有效宣传了山西的旅游资源和旅游产品，促进了旅游产业的发展。如阳泉娘子关景区竞演前大力宣传，五一小长假三天游客接待量和旅游收入就超过了 2016 年全年。四川游客就是在看了节目后激发了到山西旅游的热情，已于 6 月下旬组织了 800 多人的旅游专列到山西旅游。

市长、局长现场回答网友提问，产业转型和旅游脱贫致富的领军人物登台展演，成为竞演的一大亮点和宣传点，引发媒体和公众的关注和好评。

省市县乡村五级领导上台讲山西故事，说山西风光是竞演的又一大亮点和热门话题。省委常委、大同市委书记张吉福、吕梁市委书记李正印、忻州市委书记李俊明、

大同市长马彦平、朔州市长陈振亮、运城市长朱鹏等市领导和县乡村领导亲临现场，有的登台推介，有的现场问答互动，持续受到媒体的关注。

首次引入观察团是竞演的第三个亮点。30人观察团全程深入景区景点进行深度体验，在投票打分的同时，积极为各市旅游产业发展建言献策，受到各方好评。

通过全媒体加强对竞演宣传推广，持续引发新闻媒体关注。坚持主流媒体、网络媒体、自媒体、直播媒体联合驱动，实现全媒体、全方位、立体式的宣传推广，竞演节目和山西旅游知名度显著提升。牢牢抓住大报大刊等主流媒体加强对竞演的宣传报道。《人民日报》、新华网、中新网、《山西日报》《广电时评》《中国旅游报》、新浪网、凤凰网等媒体都多次刊发稿件为竞演活动助力。如《人民日报》刊登《不收门票的旅游怎么搞》、新华网刊发《2017山西省旅发大会申办活动增加“城市问政”等环节》等文章，着重介绍了《人说山西好风光》第二季全面创新的思路和举措。大力加强微博、微信、视频直播等新媒体宣传推广。官方微信公众号总阅读量超2400万次，总阅读人数近1700万人。新浪微博“人说山西好风光”话题阅读量超1.1亿次。在腾讯、搜狐、优酷、土豆、凤凰、今日头条等大视频网站上传视频近600条，总播放量超4000万次。网络投票再掀高潮，全省10个城市总计有910余万人参与投票，取得预期效果。

内蒙古自治区

十八大以来，内蒙古自治区旅发委认真按照国家和自治区部署的改革任务，进一步加强领导，强化措施，全面部署和安排落实，在推进改革工作的同时，结合自治区旅游发展实际，围绕“五大发展理念”同步对业务工作进行改革试点，取得一定的成效，现将具体情况汇报如下：

一、全域旅游方面

（一）大力推进全域旅游

一是统筹指导全域旅游创建工作，制定《自治区全域旅游创建实施方案》，确定工作重点，已上报自治区人民政府待印发。二是启动《全域旅游发展总体规划（2018—2030）》编制工作，从规划层面指导自治区全域旅游发展。三是争取国家旅游局额外将兴安盟纳入国家全域旅游示范创建区，使总量达到15个，并同步加强创建指导工作。四是推进自治区级全域旅游示范区创建工作。按照国家《全域旅游示范区创建工作导则》，对照标准加大指导力度，力争早日通过国家验收。

（二）推动自治区旅游系统体制机制创新

一是自治区旅游管理体制取得突破。自治区、盟市两级旅游发展委员会分别于2017年2月27日和2017年3月8日得到中编办和自治区编办批复。二是旅游综合执法体系建设取得成效，目前已有达茂旗等7个地区成立旅游警察、磴口县成立旅游巡回法庭，通辽市全面构建旅游警察、旅游工商分局和旅游巡回法庭综合执法体系；察右中旗旅游综合执法局高效运行。三是自治区党委、政府进一步加强了对旅游工作的统筹指导，建立了节会活动持续推动旅游业加快发展的机制。2017年2月初由自治区党委、政府召开全区首届旅游发展大会，印发了《关于进一步加快旅游业发展的意见》和《内蒙古自治区旅游业发展“十三五”规划》，对今后一个时期全区旅游业发展做出了总体部署。9月，自治区党委组织对全区各地、各部门贯彻全区旅游发展大会精神，推进旅游业发展情况进行了专项督查，各地形成主要领导抓旅游、重视旅游的长效机制和良好氛围。

二、改革试点方面

（一）推动试点单位旅游业改革创新

鄂尔多斯市认真贯彻落实《国家级旅游业改革创新先行区建设管理办法》，按照创建方案扎实推进工作。一是基本完成了规定任务。市委、市政府印发了创建国家级旅游业改革先行区、国家全域旅游示范区的实施方案与意见，建立了全域旅游综合管理体制与机制，成立了创建改革创新先行区、全域旅游工作领导小组，组建了鄂尔多斯市旅游集团有限公司，强化了统筹发展旅游机制。建立了旅游市场综合监管与执法机制，初步形成了“1+3+N”的旅游综合管理体制机制格局。二是商定任务进展顺利。编制了公共服务体系建设规划，推动旅游与土地利用、城市建设、交通道路、环境保护、城乡公共服务体系等规划有效衔接。改革创新旅游统计制度，委托中国移动内蒙古分公司、内蒙古自治区自立科技公司等第三方开展旅游统计抽样调查和大数据分析，进一步提高旅游统计的科学性。改革创新旅游考核机制，将旅游业改革创新的目标任务落实到各旗区、各有关部门，纳入全市年度实绩考核内容。改革创新旅游投融资体制机制，印发了金融加快旅游业发展的实施意见，制订出台金融支持旅游业发展的具体方案。内蒙古东联旅游集团在“新三板”挂牌上市，响沙湾旅游区、九城宫旅游区和鄂尔多斯文旅集团已具备上市条件。创新旅游用地供给机制，市国土资源局在调整完善全市土地利用总体规划中，将全域旅游重点项目安排列入新增规划用地指标。实施“人才兴旅”战略，将旅游人才队伍建设列入“人才鄂尔多斯”战略。与北京联合大学、大连民族大学、内蒙古大学、内蒙古师范大学等建立了合作机制，强化旅游管理人才培训，全市旅游人才引育工程入选内蒙古自治区人才项目引领支持计划。改革创新旅游扶贫机制，加强政策支持力度，市本级财政每年安排资金5000万元，通过以奖代投的方式用于美丽乡村示范村建设。三是自选任务有序推进。搭建旅游投融资平台，组建了鄂尔多斯市旅游集团有限公司，注册资金1亿元，并予以财政补贴，着力构筑旅游产业转型发展、旅游资源战略整合、国有资本旅游投资三大平台。强化智慧旅游平台建设，市财政预算安排1000万元专项资金，用于智慧旅游公共服务平台建设。借助鄂尔多斯设立综合保税区有利条件，设立旅游商品交易保税区。

（二）坚持规划先行

积极与有关部门联系，将自治区旅游发展委员会纳入全区城乡建设规划委员会，同时在新修订的《内蒙古自治区旅游条例》中，明确编制城市总体规划、土地利用总体规划、城乡规划、环境保护规划过程中，必须充分考虑旅游发展布局和功能需求。将全区重要旅游资源开发、重点旅游景区和度假区、重大旅游项目建设等全部纳入全区统一规划管理。编制完成了《内蒙古自治区"十三五"旅游业发展规划》，各盟市均编制本地区"十三五"旅游发展规划。

三、产业促进方面

（一）实施"旅游+"战略，推进旅游业与相关产业融合发展

一是与宣传部联合起草《关于促进文化与旅游融合发展的实施意见》，由自治区人民政府印发。二是与发改、国土等 11 个部门联合印发《内蒙古乡村（牧区）旅游扶贫工程行动方案》，推动乡村旅游扶贫工作纵深发展。三是与金融、中国人民银行等 5 个部门联合印发《关于金融支持旅游业加快发展的意见》，对旅游投融资平台、旅游基金设立提出了指导性意见。四是与住建厅联合印发《关于推进城镇旅游全域化发展的实施意见》，促进城镇旅游体系建设和发展。五是深入推进旅游与交通融合发展，实施《旅游交通公路"十三五"规划》，开展重点旅游目的地旅游交通提升工程，与交通厅共同完成《内蒙古大兴安岭国有林区林场道路发展政策研究报告》《内蒙古自治区大兴安岭国有林区"十三五"道路建设规划》《海—满—阿环线综合交通发展规划》。六是与体育局共同研究起草《关于加快发展健身休闲产业的实施意见》。

（二）加快重点项目建设

起草了《内蒙古自治区旅游业发展重点项目三年工作方案》，对今后三年自治区旅游业投资方向、领域、类型和数量提出了具体目标。将各盟市重点旅游景区、重点旅游线路和重点旅游节庆活动纳入方案，确定了 30 多个重点旅游项目，10 多条旅游品牌线路和多项重大旅游节庆活动，以重点项目建设带动全区旅游业发展。

（三）搭建旅游发展投融资平台，建立旅游产业基金

一是推进内蒙古旅游投资集团公司组建工作，已经与自治区国资委联合成立公司组建工作协调领导小组，并召开第一次会议，确定了公司筹建安排和调研计划，目前已经完成全面调研工作，正在起草调研报告和公司组建方案。二是与自治区财政厅共同推进旅游产业基金的设立工作。

（四）进一步强化旅游投融资引导

为进一步扩大财政资金使用效果，吸引社会资本参与旅游业投资，内蒙古旅发委

逐渐转变资金支持方式，主要通过贷款贴息的方式补助旅游项目，并取得了良好的效果，2017 年共补助旅游资金 6000 万元，带动企业投资超过 5 亿元，有效地放大了旅游发展资金的使用效能。

（五）加大财政投入

自治区政府加大了对旅游业发展的投入力度，2017 年在原有 3 亿元旅游发展专项资金的基础上，新增 5 亿元财政资金用于旅游专项。呼和浩特市、包头市、鄂尔多斯市等地政府出台旅游奖励政策，对成功创建国家 3A 级以上景区的项目单位给予 100 万～500 万元的奖励资金。

（六）大力发展四季旅游

针对内蒙古季节性突出的问题，在不断提升夏季旅游产品开发的同时，着力强化冬季旅游产品开发和宣传促销力度，指导各盟市开发了一批冬季旅游项目，举办了冬季旅游专题推广和节庆营销，全力塑造内蒙古四美风光、四季适游的旅游形象。与此同时，积极引导各地开发富有内蒙古特色的多种旅游新业态，延长旅游时间，拓展旅游领域。

四、对外开放方面

（一）支持开展边境旅游异地办证业务，简化过境签证手续

内蒙古自治区边境旅游异地办证业务已经全面完成，开展边境旅游的口岸城市均可异地办证。目前正积极与公安部门协调，推动简化过境签证手续，并向国家旅游局争取支持，进一步落实俄蒙旅游免签或落地签，简化入境签证、验证通关手续等事宜。

（二）以“万里茶道”为主题深化中蒙俄旅游合作

2016 年，在国家旅游局的大力支持下，内蒙古自治区成功举办了首届中俄蒙三国旅游部长会议，成立了“万里茶道”国际旅游联盟。2017 年，内蒙古自治区参加了第二届中俄蒙三国旅游部长会议和第四届中俄蒙三国五地旅游联席会议，陪同国家旅游局领导访问了蒙古国和俄罗斯，就双边旅游合作和开发中俄蒙跨境旅游线路等进行调研。深化“万里茶道”旅游联盟宣传推广，开行“万里茶道号”中俄蒙跨境旅游专列，举办中俄蒙青少年夏令营互访等系列活动。

（三）促进边境旅游实验区和跨境旅游合作区建设

一是推动跨境旅游合作区创建。按照国家旅游局政策法规司的要求，内蒙古自治区旅发委对 5 个盟市政府函报的跨境旅游合作区实施方案进行整理，自治区人民政府于 5 月 17 日上报《关于内蒙古自治区满洲里、二连浩特跨境旅游合作区实施方案的请示》，积极推动跨境旅游合作区建设。二是做好边境旅游实验区创建工作。按照国

家旅游局的要求，2017 年 3 月自治区人民政府将满洲里、阿尔山边境旅游试验区实施方案上报国家旅游局，国家旅游局 8 月经过实地调研后，对创建方案提出了进一步的修改完善建议，目前地方政府正在进行修改完善。

（四）配合国家旅游局开展旅游外交

在国家旅游局统筹组织下，以拓展入境市场为目标，组团参加了新加坡国际旅游展、德国柏林国际旅游交易会、“万里茶道”欧洲推广活动、“冰雪之旅”新马阿联酋联合推广、第31届香港国际旅游展和阿斯塔纳世博会内蒙古活动周等旅游外交活动。

五、公共服务方面

（一）大力加强旅游基础设施建设

一是提升旅游交通支撑。与交通厅联合编制的《内蒙古自治区“十三五”旅游公路规划》，打通高等级公路、省道至 3A 级旅游景区“断头路”，完善交通线路上的旅游标识标牌。重点规划建设旅游专线、旅游风景道、旅游绿道等公共道路，为自驾游、体育健身游等不同游客群体提供便捷。呼和浩特市创新推出市内旅游公交专线——“铛铛车”，多个盟市也开通了市中心到重点旅游景区的公交专线，形成了畅快便捷旅游的交通网络。二是继续抓好厕所革命。全年新建、改建旅游厕所 2000 座以上，厕所建设投资额达 4.3 亿元以上。结合自治区 70 年大庆，多个盟市将厕所建设与市容改建相结合，呼和浩特市扩大旅游厕所功能，在城市重要节点修建集厕所、休憩、购物于一体的城市驿站，获得了市民和游客的一致好评。

（二）推进旅游业制度化、法制化和标准化建设

一是完成《内蒙古自治区旅游条例》修订工作。新修订的《内蒙古自治区旅游条例》增加旅游资源保护和边境旅游的具体内容，于 2017 年 12 月 1 日正式实施；二是修订完善《内蒙古旅游安全管理办法》，将重大旅游安全责任事故与旅游景区、旅行社和星级饭店等级挂钩，对出现安全责任事故的企业实行一票否决，给予降级、摘牌等处罚；三是制定出台《旅行社经营品牌旅游线路扶持办法》《关于推动旅行社与农牧家乐旅游点结对扶贫的指导意见》等文件，引导旅行社围绕我区推出的三级品牌旅游线路，设计和经营线路产品，鼓励旅行社通过多种方式，与农牧家乐旅游点合作，发展乡村旅游，实现旅游扶贫；四是规范自治区旅游行业发展，制定《内蒙古自治区骑马（乘驼）旅游活动经营项目备案管理办法》《内蒙古自治区旅游规划编制管理办法》《旅游规划设计单位资质认定管理实施细则》《A 级景区评定管理办法》和《星级家庭接待户评定办法》等行业标准。

（三）着力强化旅游行业监管

自治区政府印发了《关于加强旅游市场综合监管的意见》（内政办发〔2016〕104号），全面部署加强全区旅游市场监管工作。一是重点开展了旅游市场秩序和安全检查，全区各级旅游部门共组织开展旅游安全、市场秩序和文明旅游检查100余次。重点解决了希拉穆仁草原旅游区骑马旅游活动管理混乱、收费较高的问题，察右中旗辉腾锡勒草原旅游区拉客宰客和烤全羊欺客，以及部分旅行社不合理低价揽客、违规经营等问题，并对卓资县辉腾锡勒草原旅游区蒙古风情园马倌与游客打架等5项重点事件进行了调查，列入重点督办，推进相关盟市旅发委依法依规处理。二是推进旅游市场监管制度建设，制定了《推进旅游市场秩序监管随机抽查实施方案》和《旅游执法随机抽查工作细则》，正在制定旅游执法随机抽查事项清单和建立旅游执法检查对象名录库和执法检查人员名录库，规范开展“双随机、一公开”旅游市场监管工作。三是创新旅游行业监管手段，推进旅游行业监管平台建设，启用了旅游团队管理系统和旅行社统计管理系统；与全国12301旅游投诉管理系统进行了对接，旅游投诉案件处理率100%。四是加强对导游人员的管理，部署和安装调试导游管理系统，近期将启用电子导游证。

六、区域发展方面

根据内蒙古地跨三北、毗邻八省区的区位特点，积极与周边省区开展旅游合作，建立了省际旅游合作机制，不断深化国内旅游合作。在阿尔山举办内蒙古黑吉辽区域旅游合作宣传推广活动，辽吉黑内蒙古四省区旅游行政主管部门签署《辽吉黑内蒙古旅游战略合作协议》，建立“振兴东北旅游合作联盟”，发布《落实振兴东北国家战略·共建东北旅游合作区——辽吉黑内蒙古旅游联盟倡议书》，共同推出五大旅游主题，推动辽吉黑内蒙古旅游协同发展。在乌海市举办了内蒙古陕甘宁“丝绸之路”区域旅游合作宣传推广活动，陕甘宁内蒙古四省区旅游行政主管部门签署《陕甘宁内蒙古旅游战略合作框架协议》，建设“陕甘宁内蒙古旅游合作区”。在自治区政府的统筹安排下，大力推进呼包鄂旅游协同发展，研究制定了《呼包鄂旅游协同发展实施意见》和2017年行动计划，确定任务清单和年度工作目标，推动呼包鄂旅游一体化发展。

七、精准扶贫方面

内蒙古自治区旅发委坚持通过发展旅游促进欠发达地方的生态和文化优势转化为发展优势，引导当地群众在旅游发展中共建共享，全区乡村（牧区）旅游发展较快，扶贫成效显著。目前全区共有休闲农牧业与乡村（牧区）旅游点591家，乡村（牧区）旅游接待户4313家，2016年全区接待乡村（牧区）旅游游客超过3000万人次，同比增长20%，实现乡村（牧区）旅游收入609亿元，同比增长21.8%。全区乡村（牧区）旅游农牧民直接从业15万人，带动间接从业60多万人，全区57个国贫、区贫旗县的294个村（嘎查），近3.5万贫困人口通过旅游脱贫，占全区脱贫人口总数的14.5%。2017年，全区开工建设乡村旅游扶贫项目达130个，乡村旅游总收入预计达到160亿元，旅游扶贫造血功能进一步凸显。

（一）加强顶层设计，强化部门联动，形成旅游扶贫合力

为更好地发挥乡村旅游在精准扶贫、精准脱贫中的作用，我们从全区实际出发，以扶贫“对象精准、措施得力、项目具体、全面落实”为总体要求，加强政策引导和旅游规划指导。2017年与发改委、扶贫办等11个部门共同出台《内蒙古自治区乡村（牧区）旅游扶贫工程行动方案》，力争在“十三五”期间通过实施乡村（牧区）旅游扶贫工程，带动全区565个建档立卡贫困村（嘎查）、36720贫困户实现脱贫。坚持规划先行，指导、帮助盟市、乡村旅游资源富集地区编制《鄂尔多斯市两河流域乡村旅游提升规划》《呼伦贝尔特色旅游小镇和乡村旅游规划》《阿尔山旅游产业扶贫规划》等乡村旅游和旅游扶贫规划。

（二）持续加大乡村旅游扶贫资金投入，完善贫困地区旅游基础设施

每年安排不少于1000万元乡村旅游发展专项资金支持乡村牧区旅游和扶贫项目，完善乡村牧区旅游景区（点）旅游交通指示牌、旅游厕所、游览步道、游客服务中心、游览标识系统，旅游商品专柜等基础设施建设。加强与交通厅沟通协作，逐步完善全区主干道路上乡村牧区旅游景区（点）道路指示牌。鼓励引导盟市加大乡村牧区旅游投入，集中发改、扶贫及农牧林水等部门项目资金，吸引社会资本进入，扶持乡村牧区旅游发展。加大金融支持我区乡村（牧区）旅游投入力度，协调中国农业银行内蒙古自治区分行发放2000万元无息贷款，专项用于支持我区乡村（牧区）旅游项目建设。加强乡村（牧区）旅游环境整治，目前内蒙古自治区已实现农村、嘎查公路、水电、停车场、垃圾集中收集站等基础设施建设全覆盖，同时积极推进医疗保障、农村清洁能源、公共卫生设施、公共安全、生态环境治理等社会公共服务向乡村牧区旅游区延伸，打造干净卫生、舒适整洁的乡村（牧区）旅游环境。

（三）整合旅游资源，创新乡村旅游产业发展模式

积极探索大旅游景区带动模式，在成熟景区边缘，以景区为核心，依托景区客源和乡村特有的旅游资源发展乡村旅游。如巴彦淖尔市黄河河套文化旅游区依托景区巨大的核心吸引力，带动了周边乡村旅游发展，形成了黄河渔村、酒庄老镇两家五星级接待户。创新投资机制，鼓励采取市场运营模式开发乡村旅游，带动乡村旅游向专业化、集约化、规模化发展。如呼和浩特市政府引进内蒙古新维控股集团，投资2.35亿元对老牛湾黄河大峡谷旅游区进行带资托管，以创建1个5A级景区，5个特色小镇，6条精品美丽乡村线路为目标，对周边乡村旅游资源进行整合和改造提升。创新参与机制，吸引农牧民加入到乡村牧区旅游发展之中。呼伦贝尔市通过“智慧放牧＋农畜产品加工＋牧业旅游”方式，选择12户牧场实施“智慧牧场”项目，以“智慧放牧”“牧业旅游”“蒙古特色乳肉制品加工”为三个主打方向，完善区域养殖、旅游及旅游特色产品加工体系；鄂伦春原生态民族文化保护区通过吸收猎民直接参与或集体入股的方式，调动原住民参与、服务旅游的积极性，带动猎民致富。创新帮扶方式，出台《关于推动旅行社与农牧家乐旅游点结对扶贫的指导意见》，引导旅行社与乡村旅游企业结对子，面向游客设计推出乡村旅游线路。

（四）推进乡村旅游标准化建设，发挥乡村旅游典型示范作用

制定《文明乡村（牧区）旅游示范村（嘎查）》《乡村（牧区）旅游集聚区》《星级乡村（牧区）旅游接待户》等评定标准，规范乡村旅游服务管理，推进乡村牧区旅游标准化建设。以农牧业旅游星级接待户、文明乡村旅游示范村（嘎查）、乡村旅游聚集区、休闲农业与乡村旅游示范县、示范点、现代农业庄园、美丽乡村等评定和创建为抓手，引导、推动我区乡村牧区旅游业健康发展。

八、生态文明建设方面

内蒙古自治区旅发委围绕旅游业转型升级、提质增效的发展目标，在各个环节突出生态环境保护理念，树立生态兴旅的发展思维，旅游生态文明建设工作取得一定成效。

（一）持续推进旅游景区环境保护

一是通过科学规划，确立生态保护优先在旅游发展中的地位。2017年，内蒙古自治区旅发委重点开展《呼和浩特市红色旅游线路规划》《匈奴阴山文化（巴彦淖尔—阿拉善）旅游片区提升规划》《乌兰布和徒步旅游项目运营规划》等自然生态和文化类旅游规划的编制工作，为创建生态环保型国家品牌景区奠定基础。二是严格执行国家标准，努力提升生态型旅游景区品质。按照《旅游景区质量等级的划分与评定》国家标准要求，委托第三方机构专家对全区3A级和4A级旅游景区进行暗访，暗访重点放在生态停车场建设、环保型内部交通工具使用、废弃物处理设施建设等，对环境质量和卫生质量不达标的生态旅游景区，提出限期整改景区33家。三是严格审核旅游发展基金支持的旅游项目。内蒙古旅发委在旅游发展基金安排中，要求项目进行环评，并提供环保部门出具的环境影响评价材料，确保项目符合环境保护要求。2017年，

拨付旅游专项资金 8075 万元，主要用于创建品牌景区贷款贴息，涉及景区环保厕所、生态停车场、景区生态道路、景区整体环境改造等环境保护类项目。

（二）持续开展旅游景区环境整治行动

针对我区 A 级旅游景区暴露出的景区环境卫生问题，持续开展全区 A 级旅游景区专项整治行动。重点针对旅游景区在规划建设、环境卫生和服务质量等方面存在的问题，开展暗访和重点明察的专项整治行动，基本根除旅游景区存在的脏乱差、服务水平低的“顽疾”，使全区旅游景区在生态环境质量、服务水平等方面有新的提升。一是严格进行旅游景区等级评定和复核。上半年成立了内蒙古自治区旅游资源规划开发质量评定委员会，严格按照国家标准组织专家进行 A 级旅游景区的评定和复核。建立动态化景区管理工作机制，对复核中存在问题多的旅游景区，下达整改意见书，限期整改；对整改期限结束后仍不达标的景区，给予降低和取消等级的处理。二是建立了 A 级旅游景区退出机制。2017 年上半年，对存在重大安全、服务质量事故，游客投诉较多、社会反映差的景区，以及在复核中存在问题较多，提出书面警告、限期整改仍不达标的 A 级旅游景区，严格按照国家标准和 A 级旅游景区评定和管理的有关规定，坚决取消等级。

（三）积极指导生态旅游景区创建国家品牌

在生态旅游开发建设中，始终把生态环境的保护放在第一位，以保护为前提进行生态旅游区的开发建设，积极指导生态旅游景区创建国家级生态旅游示范区、国家湿地旅游示范区等国家品牌，引领自治区生态旅游的发展。

（四）扎实推进了文明旅游工作

将生态环境保护与推进文明旅游工作相结合，从环保意识、文明旅游等方面加强对游客的教育和对旅游从业人员的培训。印发《内蒙古自治区文明旅游三年行动计划》，组织举办了“为中国加分，为内蒙古添彩”、文明旅游进社区、文明旅游先进单位典型事迹征集系列文明旅游公益活动。执行《旅游经营服务不良信息管理办法（试行）》和《游客不文明行为记录管理暂行办法》，启用了游客不文明行为记录报送系统，加强了对游客不文明行为管理。

（五）从立法层面推动旅游生态保护

《内蒙古自治区旅游条例（修订草案）》于 2017 年 12 月 1 日正式实施。在新修订的条例中，单设“旅游资源开发与保护”一章，增加了旅游资源普查、自然和人文旅游资源保护、推进节能环保、游客流量控制、旅游资源产权转让等内容，为解决旅游资源开发与生态保护之间的关系问题提供法律依据。

辽宁省

2016年以来，辽宁省旅游系统全面落实国家旅游局提出的“515发展战略”，向改革创新要动力，以改革创新增活力，靠改革创新赢红利，加快促进旅游产业发展方式的根本性转变，持续推动旅游产业提质增效，全面提升旅游产业的内生发展动力和综合竞争力。下面就辽宁省旅游产业改革创新的主要工作汇报如下：

一、按照“三位一体”的总布局，扎实稳妥地推进旅游体制机制改革创新

推进旅游体制机制改革创新是增强旅游产业发展内生动力的根本要求，也是旅游管理部门推动产业发展的重要工作和举措。辽宁省按照创新旅游管理体制、推动国有旅游资源市场化改革、鼓励旅游行业协会和中介组织发展的“三位一体”总布局，全面推进旅游体制机制改革创新。

（一）以强化旅游管理部门职能转换和涉旅部门协同合作为重点，全面推进旅游行政管理体制改革

围绕省政府提出旅游“三个转变”的要求和实施“大旅游”“大产业”的发展理念，以强化旅游管理职能转换为重点，全面推动旅游行政管理体制改革。促进传统行业局管理向产业委管理的职能转换，突出产业促进、资源整合、统筹发展、公共服务和市场监督等综合协调的职能定位。经中编办批复同意，辽宁省旅游局正式升格为辽宁省旅游发展委员会，成为省政府组成部门。截至目前，辽宁省共计14个地级市已经全部完成“局”改“委”工作，其中10个市旅游委成为市政府工作组成部门。

通过多种方式和渠道，强化部门之间、省市之间的沟通和协作，开拓构建“综合产业综合抓”的工作新格局。在充分发挥省旅游产业发展领导小组的高效统筹和综合

协调的职能基础之上，连续两年召开全省旅游产业发展大会，每年至少召开两次省政协旅游专题月度协商座谈会，举办半年度全省重点旅游项目推进会，定期召开全省重点旅游企业分片区座谈会。2017 年 11 月举办“辽宁省旅游供给侧结构性改革产业项目招商大会”，共签约项目 42 个，其中合同 12 个、协议 30 个，签约总金额达到了 534.19 亿元。通过一系列高规格会议的方式，进一步凝聚全省加快旅游产业发展的共识和力量，通过部门、省市之间的零距离碰头，实打实地解决旅游行业和企业发展遇到的难题，将旅游产业改革创新的各项举措，通过省委、省政府领导的亲自部署以及部门之间的直接商榷，由书面文件转换到实际行动上，扎扎实实地落到实处。

（二）以国有旅游景区改革为重要抓手，不断深化国有旅游资源市场化改革

辽宁省委办公厅、省政府办公厅联合印发了《关于推进国有旅游景区改革的实施意见》（厅秘发〔2016〕42 号）、《关于进一步加快推进全省国有景区改革工作的通知》（辽政办明电〔2017〕48 号）进一步明确责任主体、强化监督检查，推动了全省国有旅游景区市场化改革，着力破除制约国有旅游景区发展的体制性障碍和机制性约束，建立与社会主义市场经济相适应的国有旅游资源管理体制和运行机制。推进国有旅游景区资源全面向市场开放，发挥市场配置旅游资源的决定作用，激活存量，吸引增量，引入战略投资者，培育壮大旅游市场主体。截至目前，全省非文博类国有旅游景区共计 120 家，已经完成转企改制 85 家，完成率超过 70%。

为做好成功经验和好的做法的推广，辽宁省旅游产业发展领导小组办公室专门下发《关于加速推进国有旅游景区改革工作的意见》（辽旅产办〔2017〕42 号）。该意见针对非文博类景区改革提出三种转型方式：景区直接转企改制、景区直接委托社会企业经营管理和与社会资本股份合作。在这三种方式中各市均涌现了一批改制成功的案例。本溪水洞事业单位转企改制成立本溪水洞旅游集团，丹东依托鸭绿江风景名胜区所属的优质资产注册成立丹东虎山景区旅游发展有限公司；沈阳整合沈阳市植物园、国家森林公园等资产组建沈阳旅游集团有限公司；朝阳选择 7 个不同类型重点景区，实施旅游景区管委会制度，实行绩效工资管理制度。

依托优质的国有旅游资源，各市中沈阳旅游集团有限公司、葫芦岛文化旅游集团、辽宁千山旅游集团有限公司等 13 家已经组建运营，铁岭旅游产业集团也正在筹建中。辽宁旅游产业集团组建方案已报省政府审议原则通过，省旅游委会同省发展改革委正在推进集团组建。组建省市两级旅游产业集团，不仅要盘活国有旅游资源，更是要搭建起旅游发展融资平台，吸引社会资本投资，并依托旅游产业集团，通过企业上市、股权交易、发行企业债券、资产抵押等多种方式，拓宽融资渠道，实现旅游资产证券化。

（三）以深化简政放权和行业协会社会化改革为契机，激发行业协会服务旅游产业发展的内在活力

立足旅游产业改革发展新要求，进一步深化旅游行业简政放权，积极推进行业协会管理社会化改革，充分发挥社会中介组织的桥梁和纽带作用，加快构建“市场主导、政府引导、社会参与”的旅游产业治理新模式。目前，辽宁旅游发展委员会已经成为全省第一批取消全部行政许可审批事项的部门，辽宁省的旅游饭店业协会、省冰雪温泉旅游协会、自驾游协会、旅游摄影协会等均已经实现与行政机关的“脱钩”，在承接政府职能、联系会员单位、促进行业发展等方面发挥着越来越重要的作用。同时，鼓励支持成立各类涉旅行业协会，并进行跨行业联盟，致力于推进旅游一体化发展，提升产业综合竞争力。辽宁省避暑纳凉联盟、沈阳经济区旅游企业联盟、辽宁省冰雪联盟等均已成立。

（四）以补短板、强特色、促融合为原则，深入推进旅游业供给侧结构性改革

制定印发了《全面推进辽宁省旅游业供给侧结构性改革的实施方案》，并就具体改革内容提出了20类近200个具体项目，明确了各市县重点改革工作任务。通过供给侧结构性改革，大力开发休闲度假产品。实施19个省级旅游度假区对标提升发展，推进高品质休闲度假旅游目的地建设。培育新型休闲度假产品，加快培育邮轮游艇、自驾车房车营地、养生养老、体育休闲、森林狩猎、研学旅行等新兴业态。持续推进旅游业与相关产业融合发展，以现代农业庄园、乡村旅游商品、旅游特色小镇、中医药健康旅游、乡村旅游扶贫等开发建设为抓手，做实做深“旅游＋”。加强旅游安全生产监管力度，全面开展“旅游包车安全整治行动”等四大专项整治行动，圆满完成旅游市场秩序综合整治春季行动。

二、围绕促进旅游产业投融资提质升级，着力开创旅游工作实践新格局

通过改革创新和主动服务，持续扩大旅游产业的有效投融资，是将旅游打造成为支撑辽宁新一轮全面振兴发展的战略性支柱产业，全面推进旅游经济强省建设的根本途径。2015年，辽宁制定出台《关于进一步促进旅游投资和消费的实施意见》（辽政办发〔2015〕126号），部署深化旅游业投融资体制改革，加快推动旅游投资的扩大与升级。

（一）加快推进省市两级旅游产业集团组建，搭建旅游资本运作新平台

依托优质的国有旅游资源，沈阳旅游集团有限公司、葫芦岛文化旅游集团、辽宁

千山旅游集团有限公司已经组建运营，大连、抚顺、丹东、阜新、锦州等市级旅游产业集团正在筹建中。辽宁旅游产业集团组建方案已报省政府审议原则通过，省旅游委会同省发展改革委正在推进集团组建。组建省市两级旅游产业集团，不仅要盘活国有旅游资源，更是要搭建起旅游发展融资平台，吸引社会资本投资，并依托旅游产业集团，通过企业上市、股权交易、发行企业债券、资产抵押等多方方式，拓宽融资渠道，实现旅游资产证券化。

（二）推进政银企有效对接，狠抓重点旅游项目的融资服务

开展“2017 旅游项目建设年”活动，制订实施旅游项目投资促进行动方案，加强旅游项目招商综合服务。策划包装重点涉旅项目，建立项目跟踪服务机制，提升综合协调服务能力。重点推动辽宁农业开发银行、辽宁农村信用社等金融机构对接支持重点旅游项目建设；对接知名金融机构筹建辽宁省旅游产业投资基金。对接辽宁省产业（创业）投资引导资金，争取其向旅游产业和重点旅游项目倾斜支持。全省推进旅游产业供给侧结构性改革大会提出，构建辽宁旅游业“政银担”合作新机制，进一步破解旅游企业的融资瓶颈。

（三）支持知名企业跨界投资，优化投资结构提升投资效益

引导和支持省内外知名企业跨界投资，不断优化旅游投资结构，提升旅游投资项目品质。万达、恒大、海昌、红云等大型企业集团加快在辽旅游项目的布局和建设。辽宁科大聚龙集团参与投资建设 50 亿元的锦州龙海馨港海上湿地乐园项目。万达集团投资 500 亿元的鞍山石灰石矿旅游改造项目、恒大集团投资 1000 亿元的金石滩旅游文化产业集团项目等正在商洽中。

推进营口试点旅游项目 PPP 模式。红运集团与营口鲅鱼圈区政府签订投资总额为 35 亿元的海滨旅游带 PPP 合作开发项目。营口经济技术开发区与中冶建集团签署望儿山文化创业产业园旅游配套基础设施建设类 PPP 项目；仙人岛管委会与中国葛洲坝集团公司洽谈白沙湾旅游景区 PPP 开发模式；北海新区确定以 PPP 模式推进团山国家级海洋公园项目开发建设。

三、务实推进旅游厕所等公共基础设施建设，夯实旅游业快速发展的基础支撑

（一）大力推进厕所革命

2015 年省级财政安排旅游厕所以奖代补资金 3000 万元，全年完成新建改扩建旅游厕所 938 座，位居全国第七位。2016 年继续实施“厕所革命”，完成改扩建旅游厕所 1000 余座。2017 年，计划完成旅游厕所 954 座，目前按计划稳步推进，年底前

确保完成计划任务。

（二）抓实旅游交通建设

制定实施《全省旅游交通专项规划》，重点推进城市及国道、省道至A级景区的连接道路建设。省交通厅、省旅游委联合制定《关于推进交通运输和旅游业融合发展的实施方案》，本着务实切实方针，明确推进重点交通运输和服务建设项目。

（三）统筹各类专项资金支持旅游基础设施建设

主动对接申请国家专项建设资金、“十三五”旅游基础设施和公共服务设施建设专项扶持资金、全国优选项目支持资金、国家旅游发展基金地方补助资金，以及省服务业发展专项资金、美丽乡村建设资金，统筹利用，重点支持旅游基础设施建设。

四、推进国家和省级旅游改革创新试验区建设，先行先试助推旅游跨越发展

（一）稳步实效推进全域旅游示范区建设

盘锦、本溪桓仁、朝阳喀左、葫芦岛绥中等11个市县成为首批国家全域旅游示范区创建单位。按照全域旅游示范区建设要求，充分结合地方发展实际，稳步推进全域旅游示范区建设见成效。其中，朝阳喀左围绕全域旅游发展，在综合管理、景区改革、全域旅游规划、基础设施建设等方面形成系统性推进模式，成立了县旅游警察大队、县市场监督管理局旅游监管分局和县人民法院旅游巡回法庭。沈阳市在推进沈北新区国家全域旅游示范区建设的基础上，将试点范围扩大到浑南、沈河、苏家屯、铁西4个区县。

（二）全力争创国家旅游业改革创新先行区

支持沈阳创建国家级旅游业改革创新先行区，制定《沈阳市国家级旅游业改革创新先行区实施方案》。在旅游业改革创新上，沈阳市注重制度体系建设，重点突破旅游用地、景区改革、投融资、市场规范管理等瓶颈，制定出台《沈阳市政府关于落实差别化用地政策的实施意见》《沈阳市旅游用地管理工作实施意见》《旅游用地分类体系》《旅游项目用地业态认定和监管程序》等。全省高度重视边境旅游试验区和跨境旅游合作区申建工作，由主管副省长亲自挂帅，推动两区创建工作。《丹东边境旅游试验区建设实施方案》和《丹东跨境旅游合作区建设实施方案》经丹东市政府常务会议审议通过后，报省政府常务会议审议。

（三）试点推进省级旅游业改革创新

确定抚顺市为全省发展旅游产业试点市、丹东宽甸县为辽宁生态旅游实验区、抚顺新宾县为全省文化旅游实验区。抚顺市编制《抚顺市发展旅游产业试点实施规划》，

成立书记、市长挂帅的发展旅游产业试点工作领导小组；丹东宽甸制定《关于加快推进辽宁生态旅游实验区建设工作的实施方案》。葫芦岛市获省政府批准建设对接京津冀协同发展旅游先行区，丹东边境旅游试验区列入第一批向国务院报批建设的边境旅游试验区名单。

五、构建旅游市场综合治理体系，多举措推进文明旅游，持续优化旅游环境

（一）全面推进依法治旅

深入贯彻落实《旅游法》，制定出台《辽宁省旅游条例》，并于 2015 年 8 月 1 日起正式施行。加大文明旅游宣传力度，大力营造文明旅游的良好环境，明确要求全省各级宣传部门和文明办做好文明旅游的宣传倡导工作，营造让游客“放心来、舒心游、满意过、赞誉高”的辽宁文明旅游消费新环境。

（二）加快推进旅游标准化建设

建立完善 A 级旅游景区、旅游度假区、生态旅游示范区、旅游特色小镇等旅游品牌创建标准，全面实施标准化引领战略，提升旅游服务标准化水平，规范旅游市场秩序，提高旅游产品和服务质量。同时联合省质监局发布了 11 项地方旅游标准，另有 9 项标准正在制修订中。

（三）完善旅游市场综合监管制度化建设

省政府印发《关于加强全省旅游市场综合监管的通知》，按照属地管理、部门联动、行业自律、各司其职、齐抓共管的原则，建立旅游市场综合监管的长效机制。《葫芦岛市旅游管理办法》《大连市旅游市场综合监管工作制度》《朝阳市旅游行业文明诚信体系建设工作实施方案》《沈阳市旅行社服务网点设立与管理指引》《辽阳市旅游发展委员会行政自由裁量权标准》等一系列地方性政策规章制度细则相继出台。其中，葫芦岛市围绕一日游、旅游购物、游艇安全、旅游餐饮、违规经营等制定出台一系列规章管理办法，全面强化制度建设。

（四）创新旅游市场监管执法机制

葫芦岛绥中东戴河旅游警察已经上岗执法，丹东旅游警察组建事宜已纳入政府议事日程。辽阳、朝阳开展旅游市场秩序和安全异地交叉执法检查。大连在对区市县旅游工作考核体系中增加“赋予区市县旅游管理部门执法权限、建立旅游综合监管体系，实施常态化联合执法”的指标内容。联合公安、交通、工商、食药监等部分持续开展节庆假日期间旅游市场专项检查。2017 年，在全省范围内开展旅游市场秩序综合整治春季行动、暑期整顿，重点打击了强迫消费、欺客宰客、违反合同约定、不合理低

价游、非法经营旅行社业务等违法违规行为。

六、扎实做好旅游精准扶贫工作，大力发展乡村特色旅游经济

（一）攻坚发力旅游扶贫村建设

组织规划设计单位实地走访全省11个旅游扶贫村，摸排情况，做实旅游发展规划，定位指导旅游扶贫村依靠周边著名景区发展特色旅游，因地制宜，量力可行，如葫芦岛绥中县李家乡新堡子村对接绥中九门口长城景区，明确市场定位，突出长城主题，发展景区配套型旅游服务。给予景区评级优先支持，推进旅游景区与扶贫村结对帮扶，引导支持丹东青山沟景区、丹东天桥沟景区、葫芦岛绥中九门口长城景区、大连香洲田园城等与近邻的浑江村、绿江村、新堡子村等旅游扶贫村结对子，景区为对口村统一改建旅游厕所、制作垃圾箱指示牌，互相设置旅游宣传墙板。

（二）加快推进乡村旅游提档升级

制定实施《2016年辽宁省乡村旅游提升与扶贫行动计划》，全面提升乡村旅游接待能力，推进农家乐集群化标准化发展，加快乡村旅游精品化发展，启动省级旅游特色小镇建设，重点推进盘锦、朝阳等地精品民宿业发展。强化乡村旅游规范化发展，沈阳出台《乡村旅游建设实施方案（2016—2018）》；朝阳建立乡村旅游优质农副土特产品名录，设立乡村旅游集中购物市场；本溪取消农家乐营业执照办理前置审批，简化农家乐住宿登记、消防安全等审批程序。为大力开展乡村旅游，带动农民增收致富，辽宁省旅发委启动了“后备箱工程”，为农产品开拓销售渠道。目前，已形成开展“后备箱工程”方案，近期将下发通知全面启动。同时，辽宁省旅发委与省农垦联合下发了创建现代农业庄园的文件，与省扶贫办联合下发了创建全省乡村旅游扶贫示范村文件，深入开展推进乡村旅游发展工作。辽宁省旅发委积极参与了《辽宁省“十三五”脱贫攻坚规划》的编制工作，并与省扶贫办商定了双方建立工作合作机制，拟定了联合推进旅游扶贫的工作框架，共同开展乡村旅游扶贫示范村创建工作。与省扶贫办联合拟定并下发了《辽宁省乡村旅游扶贫示范村工作方案》，明确了示范村的标准和创建程序，提出用3年时间，通过各类资源集中扶持，培育发展乡村旅游扶贫示范村100个的工作目标。目前，已评定出36个乡村旅游扶贫示范村。

吉林省

一、总体情况

2017年以来，在国家旅游局的指导帮助下，在吉林省委、省政府的正确领导下，吉林省旅游行业以推进供给侧结构性改革为主线，重点培育冰雪旅游和夏季避暑休闲旅游两块拼图，在改革创新、政策引领、项目带动、市场推广、品牌培育等方面打出了一套“组合拳”，旅游业呈现出良好的发展态势。前三季度，全省接待旅游总人数15558.38万人次，同比增长16.14%；实现旅游总收入达到2722.44亿元，同比增长21.28%。特别是“十一黄金周”期间，全省实现旅游收入首次突破百亿元，达到103.61亿元，接待游客人数和旅游收入同比分别增长31.94%和37.36%。从发展势头上看，预计年末可以完成全年指标，争取实现更好成绩。

二、改革创新工作情况

（一）全域旅游创建方面

1.提升产业地位。一是省委、省政府高位谋划、高层推动。省第十一次党代会做出“装备制造、医药健康、旅游成为新的支柱产业”的重要部署；巴音朝鲁书记多次对旅游工作做出重要指示并给予高度评价；刘国中省长主持召开省政府专题会议，听取和研究全省旅游产业发展及工作推进情况，亲自出席“2017消夏避暑全民休闲季”等重大活动；林武常务副省长、李晋修副省长推动解决综合改革、厕所革命、项目建设、航线开发等重大问题。二是各地发展旅游业热情空前高涨。全省多个地区和县（市、区）把旅游业定位为支柱产业，吉林、公主岭、敦化相继召开产业推进大会，长春、吉林、松原陆续出台产业扶持政策，明确产业发展思路，形成了由部门推动向党委、政府统筹转变的大旅游格局。全省旅游产业地位快速提升，首次以宽视野、高站位、大手笔谋划旅游工作，重视程度和思维格局发生明显变化，看产业发展大势、谋吉林振兴大局，清晰地勾勒出总体构想，产业自信、行业自信和事业自信不断增强，开创了旅游产业发展的新天地。三是积极推动机构改革。吉林省旅游发展委员会机构改革于上半年全部完成。吉林市、白山市、通化市、延边州 4 个市州已成立旅发委，九台、敦化、集安、伊通、抚松、临江等 6 个县市已成立旅发局。加快推进综合配套改革，抚松、敦化在全省率先设立旅游巡回法庭、旅游警察和旅游市场监管分局；长白山设立旅游警察和景区工商分局、旅游人民调解中心；延边州旅发委、旅游警察和旅游工商分局同时揭牌，“1+3+N”的旅游管理体制创新取得重要成果；吉林旅游发展史上首创经济运行分析工作机制，长春、吉林、延边旅游数据统计工作取得突破，推动旅游数据清晰化、决策科学化、工作精准化。推动延边和长春分别入选第一和第二批国家级旅游业改革创新先行区创建名单，打造全省改革先行先试样板。四是全域旅游活力初现。举办全域旅游高峰论坛，众多专家学者和旅游企业代表为吉林旅游发展建言献策，业界知名专家魏小安评价“这届论坛是国内‘规模最大、规格最高、成效最好’的”成立“吉林省全域旅游示范区创建联盟”；全省创建单位达 19 个，是全国较多的省份之一，集安、敦化的全域旅游创建工作走在全国前列。

2. 提高决策机制。设立由省政府主要领导及相关部门主要负责同志为成员的吉林省冰雪产业发展领导小组，主要负责研究全省冰雪产业重大战略决策部署、重要政策出台、重点项目实施等重大问题，为全省冰雪产业特别是冰雪旅游产业发展提供了坚强的组织保障，拟于 2017—2018 雪季前召开领导小组第一次全体会议。

3. 提升综合协调。推进建立全省统一旅游投诉快速受理处理机制。根据吉林省政务服务平台（现省长公开电话受理室）建设进程，采取分步实施办法，建立旅游投诉快速受理处理长效机制，在整合过渡期间，依托 12301 全国旅游监管系统受理处理旅游投诉，建立过渡阶段全省旅游投诉统一快速受理处理平台，形成“打破壁垒、部门联动、快速分办、及时反馈、有效监督”的工作机制，目前已形成工作方案，待省政府审定后印发。各部门积极配合、通力合作。省编办、发改、财政、商务、文化、体育、广电、公安、交通、食药监等省直各部门，在旅游综合改革、强化职能、资金支持、产业融合、旅游宣传、大型活动保障等方面鼎力协助，形成部门联动、综合施策、统筹发展的浓厚氛围。

（二）改革试点方面

1. 大力推进改革创新先行区建设。吉林省长春市（第二批）、延边州（第一批）是国家级旅游改革创新先行区试点单位，在完成创建规定动作的基础上，结合自身优势，在自选动作上勇于实践，取得丰硕成果。延边州加快推进改革创新先行区建设。州委、州政府批准实施《延边州旅游业综合改革实施意见》《深化“1+3”旅游管理体制建设推动全域旅游工作的建议》等综合改革系列文件，结合扎实推进“1+3”旅游综合监管改革，实现旅发委、旅游巡回法庭、旅游警察和旅游工商分局同时揭牌，形成完整的旅游现代治理体系；通过加快吉林延龙图文化旅游区（省级开发区）和图们江三角洲国际旅游合作区等旅游业创新改革先行先试发展载体项目建设，加快旅游业改革创新先行区与沿边地区开发开放相结合，全面建设全国著名的边境旅游目的地和国际优质生态健康休闲旅游区的发展目标进展顺利，全州 50% 以上的县域全力推进旅游改革创新，成效显著。长春市加快改革创新先行区制度建设。制定了《长春市旅游业改革创新先行区建设实施方案》和 2017 年度先行区建设任务清单，明确部门的工作任务和目标责任，正在推进规定任务和商定任务。

2. 持续优化旅游业发展总体布局。按照国家旅游业发展“十三五”规划和经济社会发展第十三个五年规划的总体要求，全面实施《吉林省旅游业发展“十三五”规划》，确立以“大力推进全域旅游，建设中国生态旅游大省、冰雪旅游强省”为目标，不断优化全省旅游业总体布局，实现由原来的以大长白山区域为中心的“一圈五区”向长吉两市和长白山“双核驱动”的“两核三区四带”转变；新的旅游经济中心已经形成，东、中、西三大旅游发展区互为支撑；长吉图休闲度假旅游精品带规模已成，超过全省市场份额的 80%，鸭绿江边境旅游精品带风情乍现，南部文化康养旅游精品带初具魅力，草原湿地生态旅游精品带凸现亮点，“两核驱动三区，四带贯穿全域”的总体空间布局已基本形成。

3. 推动落实冰雪旅游产业发展政策。一是继 2016 年吉林省首先推出《关于做大做强冰雪产业的实施意见》基础上，全面细化落实有关投融资机制、土地利用、税费减免等方面政策内容；实施冰雪“十大工程”，切实将“文件上的字儿”转化为“实际干的事儿”，推动全省冰雪产业快速发展。二是启用千万资金设立“冰雪英雄榜”，对冰雪旅游做出突出贡献的旅行社给予资金支持；凡旅游企业开通吉林旅游目的地包机，给予每班万元奖励；建立游客投诉快速受理处理机制，一般旅游投诉 24 小时内受理，7 个工作日内处理完毕。三是联合省国土厅、住建厅重点落实国土资源部、住建部、国家旅游局联合下发的国土资规〔2015〕10 号文件关于旅游用地相关政策。做好旅游项目用地跟踪服务，积极协调项目建设和办理有关手续。

（三）产业促进方面

1. 加强旅游公共服务体系建设。通过推进全省“运游结合”和“便民交通”工程，落实 3A 级及以上景区公路按相应行政等级予以补贴政策，加强国省干线公路与高速公路、景区公路、农村公路建设，逐步实现高等级公路连接，大幅提升旅游交通标志覆盖率和标准化，鼓励支持旅游景区开通“车票＋门票”一票直达、全程服务的景区直通车，努力实现省内3A级以上旅游景区道路客运（包括班线、旅游、公交、定制）的全覆盖。

2. 培育新兴业态。以“旅游＋”为手段，不断培育新业态，全方位促进产业融合发展。“旅游＋体育”互融共进。在中国北方首次举办中国（吉林）汽车房车穿越集结赛，总体规模在全国同级别赛事中位居前列；国际马拉松等丰富多彩的群众体育运动遍地开花；举办16场国际、国内大型冰雪赛事；启动“百万学生逐雪嬉冰”等青少年冰雪运动工程，冰雪体育课程和冰雪运动知识走进校园。“旅游＋文化”内涵叠加。推动文化演艺结合旅游发展，上半年利用旅游文化节庆期间开展各类文化演出1500余场，省直文艺院团剧场精品剧演出150余场。“旅游＋交通”联动发展。推进“运游一体化”机制试点，全省新增旅游运输线路10条，3A级以上景区开通运输线路137条，覆盖率达61.2%，4A级景区开通运输线路94条，覆盖率达48.4%，5A级景区运输线路覆盖率达100%。“旅游＋中医药”优势互补。推动通化市、长春中医药大学等10家机构、御龙温泉度假村等7个项目分别入选创建国家级中医药健康旅游示范区、示范基地和示范项目。“旅游＋商贸”共同繁荣。精选6大类300个地方名特优商品，打造吉林冰雪旅游必购礼品；成功开展“吉林名品重庆行（云南行、湖南行）”。“旅游＋农（林）业”特色鲜明。鼓励全省各地以市州为单位举办各种形式的乡村旅游活动；实施林业特色资源产业“九个百”工程，林海雪原木帮文化与雪文化成为全国森林体验和养生基地试点建设重要内容；实施休闲渔业发展规划，冬捕成为促进渔业转型升级、壮大农业新业态的重要举措。前三季度，全省乡村旅游接待游客和总收入分别增长29%和30%。

3. 加快项目建设。旅游投资更加注重规模效益，大项目越来越多。万达、万科、鲁能、中弘、万峰、广泽等大企业跨行业进入，大项目带动成为吉林省旅游项目建设的鲜明特点。重大项目建设进展顺利。

4. 增加资金投入。旅游产业发展离不开资金投入。为全面加强旅游基础设施建设，提升旅游市场营销水平，促进航线开发工作，吉林省旅游产业发展专项资金规模进一步提升，目前增加至1.7亿元，较2016年增加2000万元，同比增长13.3%。随着产业发展专项资金投入的持续增加，将全面提升旅游产业公共服务水平。

5. 逐步推广PPP模式。联合省财政厅组织各市州财政旅游部门挖掘旅游项目，探索采用新型投资模式，增加资金募集、建设和使用的效率和效益。目前，《吉林上营森林生态旅游开发项目》《查干湖湖滨带生态围塘固化工程》两个项目进入识别阶段。

6. 大力推动旅游景区体制改革。积极推动旅游经济区结合旅游景区开发建设成效显著。吉林省敦化六鼎山文化旅游区成立于2012年1月，通过旅游体制改革，创新发展思路，加大基础设施建设，不断深化改革服务监管体制。成立了景区旅游投诉中心、旅游公安分局、景区执法分局、旅游市场监管分局和旅游巡回法庭，全面提升管理水平，取得了显著效果，2015 年 10 月晋升为国家 5A 级旅游景区。

（四）对外开放方面

近年来，吉林省结合东北亚旅游发展实际，积极开拓国际旅游市场，推动国际旅游合作成果丰硕。一是吉林旅游境外形象推广力度显著加强。持续在中国香港、中国台湾利用脸书、雅虎等互联网媒体平台开展旅游营销，利用在首尔、海参崴、我国港台地区设立的旅游体验展示和宣传推广中心，实现吉林旅游在主要客源地营销常态化。面向新加坡、泰国、马来西亚的吉林旅游脸书专页也将于 6 月开通。二是入境旅游重点营销活动有序推进。组织重点地区参加 8 个境外主要客源市场展会及促销活动，做到了传统市场有巩固、新兴市场有拓展；赴香港开展“江山之恋——冬季到吉林来玩雪”吉林—香港冰雪旅游交流推广活动筹备工作，确定活动时间、地点、框架方案等相关事宜。三是对外交流合作渠道有效拓展。与美国驻沈阳领馆、中国香港旅游发展局、俄罗斯滨海边疆区国际合作旅游厅以及境外旅游企业、新闻媒体多次开展对接交流活动；配合省外办、省贸促会做好“外交部吉林省全球推介活动”，高标准做好吉林旅游宣传片剪辑编排、吉林旅游图片选取等工作，外交部部长向世界推介吉林，向滑雪爱好者们推荐到吉林体验“世界水平的滑雪场”，进一步提升了吉林旅游国际影响力。

（五）促进消费方面

1. 开展多元营销。提升旅游产品包装水平，印制高质量宣传图册，通过国内外重要推介活动，重点展示民族、民俗、休闲、红色、边境等旅游产品和餐饮、特色产品等旅游商品，持续提升吉林旅游影响；通过线下线上互动形式，特别是要依托吉林旅游官方旗舰店，广泛开展旅游产品营销活动，全面趋旺全省旅游市场消费。

2. 推动诚信体系建设。一是发布诚信宣言，2017 年 6 月 21 日，在吉林消夏避暑全民休闲季品牌发布会上进行了 12 个城市诚信宣言；9 月 6 日在吉林—浙江交流活动中，发布冰雪令和千万游客互换计划、吉林省各城市与浙江各城市进行了城市 1+1 交流活动。二是长白山与杭州结为友好城市，从 2017 年 11 月 1 日至 2018 年 4 月 30 日，杭州市（上城区、下城区、江干区、拱野区、西湖区、滨江区、萧山区、余杭区、富阳区、临安区、建德市、桐庐市、淳安县）市民持居民身份证免长白山景区门票政策。活动开展后促进了、加快了吉浙两省的游客交流，为 2017 年冬季的吉林旅游增加客源。

3. 丰富产品供给。一是冰雪旅游实现大发展。办好第二届雪博会，创新筹办模式，提升展会的国际化水平，进一步提升雪博会的品牌形象、国际化水平和市场影响力，将其打造成为中国最著名的冰雪品牌；开展高端品牌推广活动，在 3 月赴瑞士、瑞典、奥地利开展大型冰雪交流推广活动，成功实现吉林旅游国际形象的首次亮相基础上，

9月赴浙江相继启动开展了“精彩吉林·温暖相约——冬季到吉林来玩雪”主题推介会、“城市1+1”旅游推广、“吉秀浙里”媒体宣传等大型系列活动，全面推进吉浙两省旅游对口合作，营造了浓厚的互动发展气氛；10月拟以香港回归20周年为契机，组织省内冰雪资源富集地区赴香港开展“冬季到吉林来玩雪”大型主题推广活动，持续扩大吉林冰雪的市场影响力。加快编制《吉林省冰雪旅游业发展规划》，发挥规划的规范引领作用，实现从起步就按照科学发展的思路和方式推进；谋划推出60个重大冰雪项目，建立推广平台，在重要推广活动中发布，强化项目落地。建立冰雪发展安全机制，强化冰雪运动、冰雪旅游设施保障，构建冰雪安全体系。二是避暑休闲旅游实现新突破。培育高端载体，6月21日，“精彩吉林·凉爽夏日”旅游品牌发布会暨2017消夏避暑全民休闲季已隆重启动，“22℃的清爽之旅”中国（吉林）汽车房车穿越集结赛、“腾讯消夏体验营”、中国（吉林）休闲产业博览会等系列活动已相继开展，吉林旅游夏季市场全面趋旺。承办产业峰会，经过积极争取，中国旅游研究院、中国气象局公共气象服务中心已复函，同意吉林省承办2018年（第四届）中国避暑旅游产业峰会，这将对吉林省培育“精彩吉林·凉爽夏日”品牌、壮大避暑休闲产业起到极大的推动作用。三是红色旅游实现新提升。中央将抗战时间由八年改为十四年，这为吉林发展红色旅游提供了重大机遇。高标准编制《吉林省红色旅游发展总体规划》，深入挖掘以东北抗联、抗美援朝、林海雪原为主题的红色旅游元素，向国家推荐一批全国红色旅游（备选）经典景区。与省高校工委联合开展吉林省“红色旅游行·大学生筑梦之旅”活动，全省63所高校参加，9月17日举行启动仪式，按照专题教育、实践体验、交流分享、总结提升“四位一体”模式，全面实施“七个一工程”，以红色研学游为突破口首次将红色旅游推向市场。

（六）公共服务方面

1. 结合旅游数据中心建设，推进旅游统计改革。一是结合国家旅游局统计制度标准，制定符合吉林省实际的旅游统计模板，形成健全统一的旅游统计指标体系和统计标准。省旅发委在加强旅游统计上采取了一系列重要举措，特别是在旅游统计和经济运行分析上下功夫，通过社会购买服务方式，提升统计调查和分析专业化水平；开展点调、抽样、摸底等调研活动，提高数据精准度；强化对全省旅游经济整体运行情况的分析研判，建立《旅游经济运行分析会议制度（试行）》；二是报经省编办批准，省旅游信息中心增加全省旅游数据的收集整理和统计分析职责。全省各地积极推进旅游统计体制机制创新改革，长春市旅游数据中心已经挂牌；延边州构建以旅游运行监管、旅游大数据分析等模块为基础的智慧旅游大数据平台体系，州旅发委与延边大学旅游管理学院合作开展统计采样和抽样调查；长白山着力开展长白山大数据中心、指挥中心、长白山旅游诚信中心、全域旅游服务平台、应急指挥展示平台等智慧旅游项目建设，已确定合作方。

2. 加强市场监管，建立完善旅游诚信制度。一是依托吉林省智慧旅游行业综合管理平台，研发吉林省“双随机、一公开”旅游综合监管平台。全面实施随机抽查对象和检查人员、随机抽查事项公开、程序公开、结果公开，杜绝过度执法、选择性执法，加强事中事后监管的科学性、简约性；保障市场主体权利平等、机会平等、规则平等；做到统一标准、同一平台、统一时限，确保全程留痕、责任可追溯，提升执法公信力。实现了全省旅游“双随机”检查全覆盖和随机检查信息、行政处罚信息及时公开，进一步落实了旅游市场属地监管责任。二是实施“一悬挂、两提示”制度。在全省旅行社实行了营业场所必须依法悬挂许可证件，设置旅游投诉电话、出境保证金银行托管提示的“一悬挂、两提示”制度，对旅游者做出明确的保证金收取方式提示。做实做细旅行社经营管理，维护旅游者合法权益。有效地规范了旅行社经营线路中，自费项目混乱、变相低价经营、恶意竞争，使省内旅游线路经营价格平稳，服务质量大幅提升。取得全年长白山旅游零投诉的明显效果。三是制定出台旅行社经营省内旅游行程内景区（点）不能作为自费项目，旅游购物项目必须签订购物补充协议限制性措施，对旅游者做出了明确的旅行社经营范围、旅游投诉渠道、出境保证金交纳等风险提示，建立了“出境旅游保证金”银行托管台账，并开展日常监督检查，尝试从旅游团队操作环节入手治理“不合理低价”，有效防止低价扰乱市场现象发生。

3. 加快重大项目及公共服务设施建设。建立旅游系统项目推进机制，采取现场办公、开辟绿色通道，统筹解决旅游重大项目建设中存在的难点问题；设立覆盖全省范围的旅游项目库，入库50亿元以上重大项目15个，总投资达1813亿元（新增投资330亿元），同比分别增长36.3%和22.3%；吉林省9个旅游项目入选国家旅游局与国家开发银行等12家银行共同确定的《2017全国优选旅游项目名录》。目前，全省在建旅游项目279个，万科松花湖度假区、吉林漫江、长白山文化创意产业园区等一批重点项目建设进展顺利。争取到中央预算内资金5616万元支持景区和公共服务设施建设。加快推进长春至长白山高铁和自驾车营地、大型景区停车场和旅客服务中心建设；研究制定厕所革命“新三年行动计划2018—2020”，推动全省旅游景区和旅游公共服务基础设施硬件条件不断改善。全力推进旅游厕所革命。2017年计划完成350座旅游厕所建设任务。截至9月底，全省正在建设旅游厕所157座，完工160座，其他正在前期准备中。2月4日，在“全国旅游厕所革命工作现场会”上，吉林省作为全国6个厕所建设管理工作典型的省份之一，以视频播放形式做了经验交流。2月7日，向省政府正式报送《吉林省旅游局关于参加2017年全国厕所革命工作现场会情况的报告》，详细报告有关情况。为加快推进全国厕所革命进程，进一步推动社会各界关注、支持和参与厕所革命，在人民网舆情监测室开展的“厕所革命先进奖”评选活动，吉林省长春市旅游局获“厕所革命·综合推进奖”、吉林省路克奔环保设备制造股份有限公司获“厕所革命·技术创新奖”、长白山景区获“厕所革命·管理创新奖”、吉林人民广播电台旅游广播获“厕所革命·文明宣传奖”。7月24日至31日，组织各市（州）旅游部门分管领导分成4个检查组，分赴各地对旅游厕所建设情况进行互相检查，学习好的经验做法，发现存在问题与不足，有效推动吉林省旅游厕所建设工作。

（七）区域发展方面

乡村旅游快速发展。起草《吉林省乡村旅游发展指引》（征求意见稿），将会同省发改委完善后上报国家旅游局；会同省农委开展吉林美丽休闲乡村推介活动，培育乡村旅游新的增长点；会同省妇联开展“我为吉林乡村旅游做代言人”和“全国巾帼示范农家乐”创建活动，聘任首批“吉林乡村旅游代言人”，助推乡村旅游蓬勃发展。前三季度，全省乡村旅游接待游客数量达到2720.99万人次，同比增长28.93%，占总量的17.61%；实现收入123.85亿元，同比增长30.12%。以乡村旅游为抓手推动扶贫工作，联合12部门印发《吉林省乡村旅游扶贫工程实施方案》；投入扶贫资金410万元，用于扶贫村基础设施建设及包保村灾后重建等；年内可培训扶贫创业致富带头人150余人次；成功创建国家级景区带村旅游扶贫示范项目3个、能人带户旅游扶贫示范项目2个、合作社+农户旅游扶贫示范项目2个、公司+农户旅游扶贫示范项目3个；连续三年创建全国乡村旅游创客示范基地3个；与民盟吉林省委共同开展义诊活动；组织机关干部对台风受灾村进行捐款救助，受到群众好评。

（八）精准扶贫方面

2016年8月，国家旅游局、国家发展改革委等12个部门联合下发了《关于印发乡村旅游扶贫工程行动方案的通知》（旅发〔2016〕121号），按照文件要求，吉林省确定359个建档立卡贫困村，分布在9个市（州）、48个县，扶贫任务重、难度大。在省委、省政府的正确领导下，在各部门大力支持下，通过发展乡村旅游，增加基础设施投入，改善乡村居住环境等多措并举，产业扶贫，发挥旅游业综合带动作用，旅游精准扶贫成效显著。

1. 全面落实扶贫包保任务。省旅发委针对扶贫包保工作实际，研究起草了《关于全面推进旅游精准脱贫的实施方案》，谋划好各项旅游扶贫工作，从实际出发，帮助包保村制定旅游发展规划，带动全村走出以旅游发展脱贫致富的路子，先后投入扶贫基金173万元，省旅发委负责包保的延边州龙井市白金乡勇新村贫困户实现了100%脱贫的目标，圆满完成了年度精准扶贫工作。

2. 加强旅游扶贫规划引领。省旅发委帮助和龙市光东村、靖宇县龙水镇龙东村、龙井市白金乡勇新村等重点扶持对象编制完成了旅游规划。编制了《白山市靖宇县花园口镇仁义村旅游扶贫发展规划（2016—2018）》，在省委召开的扶贫攻坚调度汇报会上，该规划得到了时任省委副书记马俊清同志的充分肯定。

3. 政策支撑，完善产业扶贫政策体系。2010年，省农委、省旅游局联合下发了《关于加快发展休闲旅游农业的意见》，2014年出台了《关于加快建设旅游支柱产业的意见》，有效地推动了乡村旅游发展。2010年起，为打造吉林省乡村旅游品牌，省旅游局与省住建厅共同开展全国特色景观旅游名镇（村）创建工作，截至目前，共创建全国特色景观旅游名镇（村）9个，省级特色景观旅游名镇23个。

4. 加强教育培训，培养旅游扶贫致富带头人。2014年以来，省旅发委组织旅游扶贫重点村干部和乡村旅游致富带头人参加国家旅游局举办的村干部培训，并组织赴省外培训；各市（州）旅游部门还相继举办了乡村旅游致富带头人培训10余期。2014年，组织全省乡村旅游带头人24人赴浙江培训，其中乡村旅游扶贫重点村4人。2015年，组织乡村旅游带头人24人赴四川培训，其中扶贫重点村4人；同时，组织乡村旅游带头人30人赴安徽培训，其中扶贫重点村6人。2016年，配合省扶贫办组织全省扶贫创业致富带头人培训工作，全年培训300人次。2017年，结合吉浙两省对口合作活动期间，与浙江省旅游系统开展了民宿及乡村游专题培训活动。吉林省旅游部门相关人员、重点旅游企业代表、重点扶贫村致富带头人近80人参加，重点学习了浙江在旅游理念创新、发展全域旅游、提升乡村旅游、推动旅游扶贫、开发旅游商品等方面的先进经验，为提升旅游扶贫攻坚奠定了坚实的人才基础。

5. 示范带动，发挥扶贫典型引领作用。按照国家旅游局要求，省旅发委组织开展了吉林省旅游扶贫示范成果、示范项目推介创建活动。经国家旅游局批准，吉林省成功创建景区带村旅游扶贫示范项目3个（长春关东文化园、吉林市雾凇岛、延边州和龙市西城镇金达莱民俗村）、能人带户旅游扶贫示范项目2个（长春关东文化园董事长张为民、吉林市乌拉街镇韩屯村党支部书记胡彦）、合作社+农户示旅游扶贫范项目2个（丰满区现代农业科技示范园、德惠市洪瑞德休闲农业游专业合作社）、公司+农户旅游扶贫示范项目3个（吉林长发兴业休闲农业旅游有限公司、蛟河市农夫花海旅游有限公司、延边光东村朝鲜族民俗旅游服务有限公司）；连续三年创建全国乡村旅游创客示范基地3个（鸑鹭湖生态旅游度假区、吉林市龙潭区韩屯满族民俗村、延边州乡村旅游创客示范基地）。

6. 丰富产品，推进乡村旅游扶贫。一是开展等级评定工作。依据《乡村旅游经营单位服务质量等级划分与评定》地方标准，开展乡村旅游经营单位质量等级评定工作。目前，全省共有A级以上乡村旅游经营单位242家，其中：5A级10家，4A级34家，3A级62家，2A级位91家，1A级45家。通过抓典型，树形象，推动全省乡村旅游健康有序发展，进一步发挥了乡村旅游在旅游扶贫中的重要作用。二是加快培育特色休闲产品。发挥冰雪资源优势，打造以临江松岭雪村、延边老里克湖为代表的冰雪产品；突出少数民族特色，打造以安图红旗村、金达莱村、吉林乌拉街为代表的民俗产品；开发吉林特色温泉养生集群，打造以白山仙人桥和润龙温泉、吉林市圣德泉和神农庄园、长白山温泉部落等为典型的温泉养生产品，形成了吉林特色休闲产品体系，更好地推动了美丽乡村建设，为脱贫攻坚工作提供坚实保障。

（九）生态文明建设方面

1. 旅游生态文明建设工作取得实效。一是按照统一要求及时反馈有关守信激励和失信惩戒方面的规章制度建设的征求意见，参加相关座谈会、集体讨论研究等活动，积极配合省金融办公室建立守信激励方面的规章制度。二是结合自身工作职能，主动探索旅游诚信体系建设。与省财政厅联合下发了《关于印发〈吉林省入境旅游扶持资金管理暂行规定〉的通知》，扶持和鼓励吉林省旅行社积极开拓国际、国内旅游市场，2016 年和 2017 年每年安排 300 万元扶持旅行社诚信经营。三是按照《国家旅游局关于旅游不文明行为记录管理暂行办法》要求，对于中国游客因违反境内外法律法规、公序良俗，造成严重社会不良影响的行为，纳入“旅游不文明行为记录”，建立失信惩戒方面的规章制度。对于从事旅游管理与服务的工作人员在从事旅游经营管理和服务过程中因违反法律法规、工作规范、公序良俗、职业道德，造成严重社会不良影响的行为，纳入“旅游不文明行为记录”，并向社会公布，以惩戒不文明行为。

2. 积极参与生态保护红线划定工作。一是高度重视生态红线划定工作，安排专人负责联系配合省环保厅工作，及时反馈征求意见，参加征求意见座谈会等工作，积极配合生态保护红线划定工作。二是结合旅游工作实际加强旅游发展规划与生态红线区域保护规划、环境保护规划的衔接，科学合理利用旅游资源，防止环境污染和生态破坏。三是协助有关部门做好各类旅游景区景点、旅游宾馆的环境保护和污染防治工作，加强旅游者、旅游经营者生态环境保护意识，引导开展文明旅游。四是会同环境保护部门指导生态旅游示范区的建设，并组织实施生态旅游示范区的评定，把生态环境建设作为旅游产业生存发展的根本，高度重视，推进落实，协同发展。

（十）其他改革创新方面

1. 创新宣传模式，打造鲜明形象。以“暖暖的”冰雪旅游形象，以“深度玩冰、厚度玩雪、暖度温泉、热度民俗”的冰雪旅游产品架构，开展跟着省长游吉林、千团万客游吉林、大 V 带你来玩雪、吉林冰雪热透黄浦江等事件营销，打造“冬季到吉林来玩雪”的整体形象品牌，形成“玩雪到吉林”的市场号召力。用“暖”元素推介“冷”资源，使吉林冰雪有了不一样的个性、不一样的色彩、不一样的味道，展示了吉林冰雪旅游的鲜活形象。

2. 搭建统一平台，拓展营销渠道。按照“明确重点、畅通渠道、整合力量，扩大影响”

的原则，全省统一策划宣传主题，围绕“精彩吉林·凉爽夏日”和“冬季到吉林来玩雪”双品牌建设，陆续在央视CCTV-1和CCTV-13《朝闻天下》、CCTV-1晚间《新闻联播》前、吉林卫视《新闻联播》前黄金时段、在首都机场T3航站楼、北京西站和国家旅游局门前投放广告，持续在人民网、新华网、新浪网等权威网络展开宣传攻势；打造和升级旅游新媒体矩阵平台，开发旅游全媒体舆情监测平台，成立全省旅游新媒体联盟，全方位、立体化统筹做好全省旅游形象宣传。

3. 释放政策效应，推动航空发展。实施运力增长计划和增量激励计划，支持南航吉林分公司扩大运力规模和大机型更换，进一步发挥主运营基地作用；加快过夜运力和第二基地引进速度；完善《航线补贴资金管理细则》，调动各地航线开发积极性，加大国际国内航线开发力度，提高国际、国内旅游航空网络覆盖能力。目前，全省累计运营航线170条，通航城市72个。截至9月30日，全省总航班量达到78752班，同比增长13.37%，旅客吞吐量1027.54万人次，同比增长18.58%。其中，长春龙嘉国际机场航班量63033班，同比增长17.09%，旅客吞吐量达到857.63万人次，同比增长22.14%。按照目前增长情况，预计11月中下旬长春机场旅客吞吐量将历史性突破千万人次。

黑龙江省

2017年以来，全省旅游系统认真贯彻落实中央和新一届省委的各项决策部署，深入学习习近平总书记新时代中国特色社会主义思想，特别是习近平总书记对黑龙江省两次重要讲话精神和“绿水青山就是金山银山，冰天雪地也是金山银山”的理念，积极推进旅游改革创新，拓宽旅游发展路径，拉伸旅游产业链条，撸起袖子加油干，旅游业呈现出良好的发展态势。2017年前三季度，全省接待国内外游客1.15亿人次，同比增长12.5%，实现旅游收入1476.73亿元，同比增长22.7%。

一、强化顶层设计，谋划产业加快发展

习近平总书记两次指出，“黑龙江自然资源丰富、生态环境优良，绿水青山是金山银山，冰天雪地也是金山银山”。省委、省政府旗帜鲜明地把总书记重要指示确立为发展旅游业的理念、主题、灵魂、品牌和目标，先后出台的《关于推进供给侧结构性改革的意见》（黑发〔2016〕12号）、《关于加快发展生活性服务业的实施意见》（黑政办发〔2016〕54号）、《关于深入学习贯彻落实总书记重要讲话精神奋力走出黑龙江全面振兴新路子的决定》等一系列文件，都将旅游业发展作为重要内容之一。先后召开省委专题会、省政府常务会、冰雪季专题会，高规格、大视角、系统性地研究部署发展以冰雪旅游为龙头的冰雪产业、建设冰雪经济强省工作，起草并以省委、省政府名义印发了《关于加快冰雪旅游产业发展的实施意见》，以省政府办公厅名义印发了《全省旅游产品转型升级的指导意见》。省人大批准从2016年起，将每年的12月20日设立为“黑龙江省全民冰雪活动日”。自2013年起，省委连续将旅游工作列入对市（地）主要工作目标考核范围，2017年被考核地市增加到9个，旅游工作内容考核占地市工作盘子的权重不断加大。2017年，将省旅游市场综合监管工作联席

会议、省旅游统计工作联席会议、省假日旅游工作领导小组职能并入由省长任总召集人、主管副省长任召集人的全省旅游工作联席会议，加强省级部门之间的联动性，搭建省级部门旅游信息平台，集全省之力共商旅游发展大计。按照张庆伟书记指示，秉承“举办一届旅发大会，提升一个大会承办地”的总体思路，省旅游委在实地观摩、学习借鉴河北、山西、贵州等地成功经验并征求相关市地旅游部门意见及建议的基础上，反复研究修改，拟定了《2018 年全省旅游产业发展大会（××市）总体方案》。经庆伟书记和陆昊省长批示同意，现正在组织市地申办。2018 年将新增 1 亿元旅游发展金，支持旅发大会申办城市发展全域旅游。通过召开旅发大会，凝聚旅游发展合力，促进承办地旅游基础设施建设、整体环境建设以及经济社会发展提速，更好地示范引领，牵动全省各地旅游业竞相发展、追赶跨越。

二、坚持全域发展，推动发展方式革新

黑龙江省共有 13 家入列全域旅游示范区创建单位，分别是第一批的伊春市、阿城区、宾县、杜蒙县、五大连池市和漠河县以及第二批的黑河市、大兴安岭地区、绥芬河市、齐齐哈尔碾子山区、虎林市、抚远市、东宁市。2017 年以来，省旅游委充分借鉴先进经验，从体制机制、规划布局、旅游设施建设、旅游服务提升、产业融合、整体营销、旅游监管、共建共享等八方面，指导国家全域旅游示范区创建单位全面推进全域旅游建设。近期召开专题培训班推进全域旅游发展及创建工作。在前期调研基础上，着手起草《全省全域旅游发展指导意见》。截至目前，伊春、黑河、大兴安岭、五大连池、虎林、绥芬河、碾子山区等 7 家创建单位旅游部门更名为旅游发展委员会，伊春金山屯、黑河爱辉区、五大连池、漠河县、碾子山区、虎林市等陆续设立了旅游警察、旅游法庭、旅游工商分局。伊春市拿出 1 亿元成立了旅游发展基金。五大连池市设立旅游发展金，每年拿出不少于 200 万元用于旅游基础设施建设，并逐年增加旅游发展专项资金额度。13 家创建单位 2017 年累计新建、改建旅游厕所 300 余座，基本达到数量充足、便捷美观与周边环境相协调。伊春市依托现有的“智慧城市云平台”，畅通了与各部门间的信息数据交换渠道。建三江湿地机场、五大连池德都机场 2017 年相继通航，全省支线机场增至 11 家。新建建黑高速（G1012）正式通车。新建漠河火车站投入使用。

三、实施“旅游 +”战略，加快产业融合进程

深度实施“旅游 +”战略，与中省直部门加强合作，找准切入点，选准突破口，

密切配合、协同作战，培育和发展旅游新产品新业态，推动旅游产业转型升级，产业融合进程不断加快。

一是推进文体旅融合。深入挖掘文化旅游资源，积极开发建设民俗旅游、金源文化旅游、少数民族旅游、知青文化旅游、冰雪文化旅游等文化旅游产品。积极为文化演艺进景区搭建平台，鼓励景区开展文化演艺活动，目前，省内已有多家景区开展了驻场演出活动。依托“黑马”系列赛、穿越大小兴安岭健康亲子行国际徒步大赛、“环黑”公路自行车公开赛等融合发展项目，借助全民参与体育赛事的良好势头，带动体育旅游强劲发展。在持续提升冰雪大世界、太阳岛雪博会、亚布力滑雪旅游度假区、伏尔加庄园、中国雪乡、北极圣诞村、伊春林海雪原、镜泊湖等传统冰雪景区基础上，主动把冰雪体育赛事、专业与非专业相结合的户外冰雪趣味活动、冰雪文艺演出等充分吸纳进来，组合打包推向旅游市场。冬季冰雪文化活动、冰雪体育活动已与全省旅行社平台对接，全省重点冰雪旅游市县和省直相关部门，整合打造推出了5大项、114小项冰雪文化旅游体育活动。

二是发展养老旅游。借助优越的自然生态条件、丰富的特色旅游资源、充足的健康食品保障以及明显的医疗保健优势等发展候鸟式养老产业。与省民政厅等有关单位密切配合，发起成立了“黑龙江天鹅颐养联盟”，成员单位已近百家，组织开发了7条精品养老旅游线路。参加了省政府组织的3轮10个城市的候鸟式养老旅游推介，先后到南宁、广州、深圳、长沙、武汉、南京、苏州、北京、天津、济南等城市开展养老旅游宣传推介活动。组织部分地市参加了北京第五届中国国际养老服务业博览会。截至10月末，入省候鸟养老人数已经超过200万人次。与省民政厅、省中医药管理局、省文化厅等部门共同开展了“南病北治，北药南用”健康旅居养老示范基地和文化休闲旅居养老示范基地创建活动，目前，创建“南病北治，北药南用”健康旅居养老示范基地25家、文化休闲旅居养老示范基地25家。伊春、牡丹江、五大连池等地依托当地旅游资源，出台《候鸟式养老服务规范》地方标准，发展避暑养老养生服务产业。五大连池风景区被国家旅游局评定为国家旅游康养旅游示范基地。

四、坚持产品创新，深化旅游供给侧改革

紧紧抓住供给侧结构性改革契机，着力通过产品转型升级与创新，进一步精化旅游产品，化解旅游供给不平衡不充分问题，最大限度满足人们对美好旅游的需要。

一是推动产品转型升级。在改造升级“老字号”，引导现有旅游产业向纵深发展的同时，保存量、扩增量，全力推进旅游产业“新字号”项目建设。哈尔滨冰雪大世界、太阳岛雪博会、冰灯艺术游园会、中国雪乡、亚布力五大核心冰雪“老字号”

景区不断提档升级，推出更多参与性、体验性、娱乐性新项目；万达文化旅游城、滨江湿地冰河世纪主题乐园、英杰温泉、波塞冬海洋王国、美丽岛文化旅游综合体等“新字号”景区陆续面市。其中万达文化旅游城总投资 400 亿元，已经完成投资 200 亿元，2017 年 6 月已建成开放，建有全球最大室内滑雪场，将全省冰雪旅游由一季变成全年；波塞冬海洋王国总投资 100 亿元，已经完成投资 13.7 亿元，其沙滩水世界项目 2017 年 5 月已开业运营，2018 年二期室外项目将投入使用；美丽岛文化旅游综合体总投资 5.5 亿元，已完成投资 4.2 亿元，2017 年 6 月建成开业。齐齐哈尔碾子山大黑山综合文化旅游开发等 22 个项目被确定为国家优选旅游项目。全省建成、在建、框架协议类旅游大项目共计 92 个，总投资额 1645 亿元。其中 10 亿元以上项目 21 项，占 22.8%。

二是引导项目创新发展。目前省级旅游发展金每年共计 1.5 亿元，主要用于旅游形象推广和旅游项目建设。项目资金重点对创新类、需推动类及 3S 级以上滑雪场改扩建、自驾车营地、旅游咨询中心、国家级旅游度假区、新评景区和乡村旅游点厕浴厨房等项目进行奖励，引导促进旅游产品创新与多样化。其中创新类项目包括形式类创新、内容类创新、主题类创新、融合类创新以及融资类创新等五类，每个项目奖励标准为 200 万元。2016 年，省旅游委与省财政厅项目奖励、补助资金等 5350 万元。其中哈尔滨冰雪大世界室内主题乐园、亚布力森林动物园项目熊猫馆等 8 个创新类项目兑现奖励资金 1600 万元。

五、 坚持营销创新，扩大旅游对外开放

打破惯性思维，不断创新市场营销方式。一是创新模式。由过去的行政化、供给型、主观性营销向市场化、需求型、换位性营销转变，在品牌营销与产品营销相结合、“线上”营销与“线下”营销相结合、新媒体营销与传统媒体营销相结合、专业营销与行业营销相结合、“请进来”营销与“走出去”营销相结合、国内市场营销与国际市场营销相结合等“六结合”的基础上，把传统旅游推介会升级为“不同主题推介会 + 企业交流会 + 广播推广 + 互联网营销 + 产品进店”全新模式的系列推介活动。二是创新手段。充分利用信息化技术和互联网平台，提出旅游资讯信息上旅游微信、上旅游微博、上手机客户端、上旅游网站等“四上”；充分利用吃、住、行等旅游配套产业刚需优势，提出旅游宣传单进旅行社、进星级宾馆、进景区、进滑雪场等“四进”，力争做到入省游客旅游宣传全覆盖、旅游资讯全满足。依托省旅游委官方微信、微博、今日头条、政务号、官网同步上线优选旅游产品，同时在秒拍、梨视频等互联网视频平台开设官方账号，强化自媒体传播矩阵。三是创新载体。发起创建中国冰雪旅游推

广联盟并任理事长单位，牵头“中国十大国际旅游品牌”之一“北国冰雪”的营销。扩容“畅爽龙江”主品牌，推出“冰雪之冠”“避暑胜地”“五花山色”“北国之春”四大季节性子品牌。通过构建冬季“十大主题”、夏季“四大类、十大主题、一城五线”，发挥冬带春、夏带秋作用，促使四季旅游均衡发展。四是创新角度。发布公开信《致菲律宾的维罗妮卡》，向杜特尔特总统的女儿发出“冰雪之约”，取得轰动性的借势营销效应。不断营造黑龙江冬季旅游资源“冰天雪地”、活动“铺天盖地”、面貌“翻天覆地”、游人“欢天喜地”的浓厚氛围和喜人局面，把黑龙江打造为全国冰雪旅游首选目的地、冰雪人才培养高地、冰雪装备研发制造和冰雪赛事承办基地。

六、坚持制度创新，强化旅游市场监管

多措并举，持续以零容忍的高压态势进行市场整治。一是建立完善机制。完善以“政府主导、属地管理、分级负责、部门联动、行业自律、各司其职、齐抓共管”的旅游市场综合监管机制，各地旅游投诉热线并入 12345 市长热线，统一受理、跟踪督办。特别是打破条块分割，实现森工景区投诉受理并入属地政府市长热线，畅通投诉渠道，建立跨区域执法协作机制。创新监管机制，哈尔滨松北区、黑河五大连池市、伊春金山屯区、漠河县、鸡西虎林市设立了旅游工商分局、旅游警察、旅游巡回法庭，“1+3+N”综合监管模式落地见效。制定出台了《“两随机、一公开”工作实施意见》和实施细则，探索“公安、工商、物价、交通”等综合治理模式。二是加强市场整治。深入开展旅游市场秩序整治，发起了“春季行动”“暑期整顿”“秋冬会战”以及“哈亚雪线”集中专项整治，联合吉辽内蒙古三省区进行旅游市场检查，针对“不合理低价游”、强迫购物、超范围经营等问题，查办案件 45 件，查处旅行社 22 家，处罚从业人员 23 人次，处罚金 10 万元以上的案件 2 起，累计罚款金额 76.28 万元，有力地维护了全省旅游市场秩序，全省未发生重大旅游安全事故。从速从严查处了国家旅游局督办的 16 起案件，被国家旅游局通报表扬。按照《黑龙江省旅游发展委员会“两随机一公开”抽查实施工作细则》要求，随机抽取旅游执法人员 30 人次，对抽取的全省75家旅行社进行了实地检查,对涉嫌违法违规经营的旅行社予以处罚并公开曝光。做到有案必查、有查必处、有处必严、有处必曝。三是加强诚信旅游建设。研究制定了《黑龙江省诚信旅游建设“红黑名单”管理办法（试行）》，正在征求相关部门意见。推行诚信经营承诺制度，鼓励旅行社自愿签订诚信经营承诺书，倡导诚信为本，质量至上。加强销售宣传的信息监管，推行“阳光价格”“阳光行程”。推进旅游企业诚信信息共享，定期将行政处罚结果上传至黑龙江信用共享平台，及时共享失信信息，让失信企业“一处失信、处处受限”。

七、抓住改革机遇，加快推动景区体制改革

抓住全省农垦、森工系统改革机遇，积极谋划并推进景区体制机制改革。在调研梳理借鉴旅游业发达省份的成功做法和成熟经验基础上，按照“解放资源、理顺景区管理体制机制”的工作思路，会同相关部门对如何破解条块分割、多头管理等旅游业发展体制障碍问题进行了深入研究。明确了创新重点景区管理体制机制，加快推进所有权、管理权、经营权分离，优化整合旅游资源，建立公开透明的旅游市场准入标准和运行规则；积极引进大的战略投资者，推动旅游大项目建设，拓展投融资渠道，对接资本市场，充分利用民间资本，进一步提高旅游产业市场化、专业化和标准化水平的改革方向。

根据国家林业局和省委、省政府对森工改革发展提出的要求，按照重点国有林区改革总体方案“四分开”的原则，剥离企业经营管理职能，省森工总局重组龙江森工（集团）（国有独资公司），新建若干绝对控股子公司、专业公司（混合所有制）。组建由省森工总局发起并控股的大型国有控股集团公司，建立产权明晰、现代企业制度和法人治理结构，实施“358”长远发展战略，打造具有国际竞争力的大型企业集团。同时，森工林区将以旅游集团为引领，做大做强旅游产业。目前全森工已对旅游资产进行了清产核资工作，集团组建工作正在有序进行。省农垦总局按照加快推进公共资源类旅游景区经营权、管理权与所有权分离、创新景区经营模式、推进景区体制机制改革试点建设、积极招商引资，加快培育市场主体等思路谋划推进景区体制改革。抚远市借助外力、运用外脑，实行景区运营管理新机制，引入国内知名旅游企业中国康辉集团进驻抚远运营景区，黑瞎子岛管委会、康辉集团、太合投资三方控股，共同合作开发黑瞎子岛旅游。

八、持续推进厕所革命，提升公共服务水平

按照《国家旅游局办公室关于印发全国旅游厕所建设管理三年行动计划》和《全国旅游厕所质量等级的划分与评定标准》，创新思路、上下联动、强力推进，全省旅游厕所建设管理取得了阶段性成果，旅游景区（点）公共服务设施显著提升，游客满意度大幅提高。2015 年以来，全省累计建设旅游厕所 1302 个、厕位超过 9108 个。其中 2017 年全省计划建设旅游厕所 611 个，现已完成 550 个，完成率达到 90%，预计年底前将超额完成任务。

一是将旅游厕所建设纳入重要日程。召开了全省旅游厕所工作会议，明确旅游厕所建设已纳入政府民生领域重要考核指标，要上升至政府层面来推进工作落实。按

照“数量充足、干净无味、实用免费、管理有效”的目标，积极推动旅游厕所建设。厕所建成验收后，根据其决算按一定比例给予补贴。资金安排突出“三优先”，即优先安排黑龙江省精品旅游线路上旅游厕所建设；优先安排重要旅游交通干线上加油站、服务区的旅游厕所建设；优先安排乡村旅游点的旅游厕所建设。

*二是积极推进旅游厕所全面建设。*旅游厕所革命启动以来，各市（地）精心谋划旅游厕所建设，以旅游厕所建设为突破口，全面提升旅游基础设施和公共服务水平，不断优化旅游景区品质。近三年，哈尔滨市新建改建旅游厕所 323 座，厕位 3717 个，旅游景区基础设施建设水平显著提升，哈尔滨被国家旅游局评为全国“厕所革命”先进城市。齐齐哈尔市碾子山区以建设全域旅游示范区为契机，2017 年投入 365 万元新建了 5 座高标准特色化旅游厕所，其中有 4 处还专门增设了“第三卫生间”，提高了景区接待能力和旅游服务水平。鸡西市 75% 的 4A 级以上景区建设了“第三卫生间”，密山市政府给予每座旅游厕所 10 万元资金奖励，乡村旅游点厕所全面提升。

*三是积极做好厕所建设管理工作。*近两年来，黑龙江省在有限的省旅游发展金中拿出 1100 万元，用于奖励乡村旅游示范点厕浴厨房改造。连续三年，省旅游委对年初上报的旅游厕所建设情况进行实地核查，通过现场签字和拍照等形式，确保厕所建设保质保量，全省旅游厕所、“第三卫生间”、乡村旅游点等厕所建设进展顺利。通过专项资金“四两拨千斤”的撬动作用，吸引社会资本加大对旅游业的投入，引导全省各级财政加大对旅游业发展的支持力度。解决了全省旅游公共服务设施不足和基础设施滞后的问题。同时在管理中大力推进“以商管厕、以商养厕”，齐齐哈尔哈拉新村、泰湖湿地公园等景区，尝试通过承包经营权、授予广告营业权、企业冠名、个人认养等形式对厕所进行维护和管理。

九、大力发展乡村旅游，扎实推进精准扶贫

坚持以“北国乡村 · 生态家园”为主题形象，秉持个性化、特色化、市场化、品牌化的发展理念，以农业观光、民俗体验、休闲度假、康体养生、现代农庄为主要发展方向，科学开发自然生态、农业生产、乡村生活、民俗风情等乡村旅游资源，创新发展各具特色乡村旅游产品，多措并举，推动黑龙江省乡村旅游快速健康发展。截至目前，全省建设乡村旅游点 1500 余家，乡村旅游经营户 2 万余户，乡村旅游从业人员 14 万余人；8 个县被国家农业部、国家旅游局评为休闲农业与乡村旅游示范县，18 个乡村旅游点被国家农业部、国家旅游局评为国家级乡村旅游示范点；在国家旅游局组织开展的“百千万品牌”推介活动中，全省有 35 个村被评为中国乡村旅游模范村、33 户被评为中国乡村旅游模范户、256 家农家乐饭店被评为中国乡村旅游金牌农家乐、

160人被评为中国乡村旅游致富带头人；103个乡村旅游点被评为黑龙江省乡村旅游示范点。根据《中共中央国务院关于打赢脱贫攻坚战的决定》（中发〔2015〕34号）和国家旅游局联合有关部委印发的《乡村旅游扶贫工程行动方案》，省旅游委结合全省扶贫工作实际，联合相关部门采取积极有效措施，扎实推进乡村旅游扶贫工作，取得良好成效。截至目前全省旅游扶贫资金总投入近3亿元，乡村旅游带动48个贫困、2500户贫困户、12360贫困人口脱贫致富。

一是精准乡村旅游扶贫对象。对国务院扶贫办确定的黑龙江省1778个建档立卡贫困村，开展旅游资源普查和扶贫基础工作摸底。按照旅游资源基础条件好、交通区位条件好、开展乡村旅游扶贫积极性高的标准，全省确定361个建档立卡贫困村为乡村旅游精准扶贫对象。将同江市街津口赫哲族乡卫华村等5个村，确定为全国乡村旅游扶贫工程观测点，实时观测乡村旅游扶贫工程进展情况。

二是开展乡村旅游扶贫试点。按照旅游资源富集、交通便利、大景区周边、旅游线路节点上的原则，全省确定14个乡村旅游精准扶贫对象为整村推进试点村。协调落实旅游扶贫资金4200万元，每个试点村300万元用于乡村基础设施建设。组织动员有资质的旅游规划单位，为14个旅游扶贫试点村进行旅游扶贫公益规划，其中2家单位入选国家旅游局全国旅游规划扶贫示范成果名单。

三是实施贫困村旅游基础设施“六小工程”和贫困户乡村旅游“三改一整”。省旅游委对贫困村乡村旅游改厨、改厕、改浴室实施奖补政策，累计投入资金1100万元，全省实施“六小工程”贫困村112个，实施“三改一整”贫困户1680户，完成厕所改造204个，总蹲位1510个。

四是组织开展了旅游行业“百企百村”结对帮扶工程。制定了《黑龙江省旅游企业帮扶贫困村专项行动方案》，采取安置就业、项目开发、输送客源、定点采购、经营指导、从业培训等多种方式，帮助乡村旅游扶贫重点村发展旅游产业，实现脱贫。目前，黑龙江省已有80家旅游企业与贫困村结成对子，在国家旅游局公布的全国旅游扶贫示范项目名单中，“景区带村”旅游扶贫示范项目有黑龙江省4家单位、“能人带户”旅游扶贫示范项目有黑龙江省4名个人、“合作社＋农户”旅游扶贫示范项目有黑龙江省3家合作社、“公司＋农户”旅游扶贫示范项目有黑龙江省3家公司。通过结对帮扶示范项目建设，有效推动帮扶对象脱贫致富。

五是开展乡村旅游后备箱行动。以绿色、有机、健康为卖点，坚持无害化生产，品牌化经营。对农副土特产品进行精细加工，精美包装，最大限度丰富产品品种和包装种类，激发游客购买欲，推动农副土特产品通过旅游渠道销售。推动旅游电商建设，全省70%的乡村旅游村已经建立了电商平台，扩宽农产品销售渠道，据统计，通过乡村旅游后备箱工程销售农产品，每年贫困户户均增加收入500元以上。

六是加大乡村旅游扶贫资金投入。协调省扶贫办等部门落实14个试点村共计4200万元扶贫资金；协调省发改委落实20个重点村的旅游基础设施建设资金到位；协调相关金融机构为参与扶贫旅游项目建设的贫困户给予扶贫小额信用贷款，为参与旅游扶贫产业开发的企业提供中长期、利率优惠的项目贷款，支持贫困村旅游基础设施建设；省旅游委向社会募集扶贫资金50万元，支持帮扶对象杜蒙县南岗村奶牛项目；每年安排一定数额旅游发展金用于乡村旅游厕浴、厨房改造补贴，累计1100万元。

七是强化人员培训，提供智力支持。积极支持各地、各部门和组织开展对乡村旅游企业和乡村旅游经营户开展有针对性的培训，提升经营管理人员和服务人员的综合素质。近三年来，全省各地共开展乡村旅游方面的培训50余班次，累计培训5000余人次。

八是加强乡村宣传推广工作。各级旅游部门加强对乡村旅游的宣传，鼓励旅游企业免费为贫困村开展乡村旅游公益宣传，协调新闻媒体开辟专栏，开展“美丽乡村游”等系列品牌创建活动。结合全省旅游宣传推介活动，通过线上线下营销平台，加强全省乡村旅游产品宣传营销工作。

上海市

2017年，上海市旅游局紧紧围绕国家旅游局和市委、市政府改革发展大局，把准改革方向，坚持问题导向，聚焦游客期盼，精心组织，精准发力，各领域改革扎实有序推进，现将有关情况总结报告如下。

一、深化简政放权，管理机制创新有了新举措

（一）推进“多证合一”改革，强化旅游市场综合监管

根据《国务院办公厅关于加快推进“多证合一”改革的指导意见》以及上海市关于“多证合一”改革工作的统一部署，上海市旅游局结合工作实际，积极参与“多证合一”改革工作。在对旅游管理部门涉及的非行政审批涉企证照事项进行梳理的基础上，将旅行社服务网点备案登记证明事项纳入上海市第一批“多证合一”改革事项。自2017年10月1日起，旅行社设立服务网点的，应当向服务网点所在地工商（市场监管）部门办理分支机构设立登记，取得营业执照视同完成旅行社服务网点备案登记，旅行社服务网点备案登记证明不再发放。

推行“多证合一”，使旅行社服务网点在办理营业执照后即能完成服务网点备案手续，通过相关信息采集、共享，避免了旅游企业重复登记、重复提交材料，大幅度缩短了旅行社服务网点从筹备开办到进入市场的时间。同时，通过“多证合一”改革，进一步加强了旅游管理部门与工商部门的信息共享和业务协同。实施“多证合一”后，旅游管理部门继续负责对旅行社服务网点的日常监管。旅游管理部门在以往对接市法人库的基础上，启动了与工商部门的数据交换，实现部门间登记、许可、备案信息互联互通，打破部门和行业信息壁垒，增强业务协同。此外，旅游管理部门、工商部门以“多证合一”改革为契机，进一步深化协作与配合，强化旅游市场综合监管，探索

实施信用分类监管，完善联合惩戒机制，逐步建立以信用为核心的新型监管机制。

（二）打通信用信息孤岛，提升事中事后监管效能

上海市旅游局充分运用“互联网＋”、大数据等信息化手段，建立完善以“一社一档”为主要内容的旅行社监管信息平台，包括旅行社基本信息、导游信息、领队信息、投诉信息、检查信息、行政处罚信息、安全信息、经营信息，基本涵盖了一家旅行社从注册到注销的全过程的核心监管数据内容，着力提高旅行社行业监管水平。2017年，上海市旅游局在全面采集全市旅行社统一社会信用代码的基础上，启动旅行社监管信息平台与市文化执法总队、市法人库、市公共信用信息服务平台等平台的数据对接，通过平台间的对接，完成与文化执法、工商、物价、税务等职能部门的相关数据交换，加强旅游企业信息共享，打通信息孤岛，打破部门和行业信息壁垒，通过大数据汇总和分析，探索实施分类监管措施，不断提升事中事后监管效能。目前，市旅游管理部门已实现与文化执法部门在旅行社行政处罚、行政审批、日常管理、监督检查等相关数据信息共享。近期，市旅游局正在开发星级饭店、A级景区为主要内容的监管信息平台，进一步完善旅行社信息，积极推进有关数据接口开发工作，在更大范围、更深层次实现部门间旅游企业各类信用信息共享，实现各部门间依法履职信息的互联互通、联动响应，形成分工明确、沟通顺畅、齐抓共管的监管格局。

（三）成立上海市旅游纠纷人民调解委员会，推动旅游纠纷依法妥善多元化解

近年来，上海市旅游纠纷逐年增加，2016年旅游纠纷书面投诉总量较2013年增加了186.9%，2017年上半年涉旅行业的咨询投诉意见建议达1万余件，旅游行业已成为矛盾纠纷较为多发的领域。

为更好地解决纠纷矛盾，提高旅游纠纷的处置效率，上海市旅游局在充分总结4年来“旅游纠纷巡回法庭”“旅游纠纷诉调对接机制”和“旅游律师志愿团”的成功经验基础上，与上海市司法局、徐汇区司法局积极沟通联系，9月底正式成立了上海市旅游纠纷人民调解委员会。11名资深旅游专业律师、退休法官及旅游行业老专家等出任首批旅游纠纷调解员，这标志着上海在探索柔性调解旅游纠纷、谋求当事双方和社会效益最大化方面走出了新路。上海市旅游纠纷人民调解委员会由上海市旅游局主管，日常管理由市旅游质监所承担，相关司法部门给予业务指导。

上海市旅游纠纷人民调解委员会主要受理法律适用要求较高的各类旅游投诉、各类非传统类型的旅游投诉及重大、疑难、复杂、群体性投诉、需要司法确认的案件。

旅游纠纷人民调解委员会的成立，是进一步推进和完善旅游纠纷多元化解决机制的又一次重要探索和创新。通过旅游行业调解与人民调解、司法调解的充分衔接，对于妥善处理旅游者和旅游经营者之间的旅游纠纷，依法保护旅游者和旅游经营者的合

法权益，营造和谐的旅游消费环境，创新和完善旅游行业监管体制均具有重要意义。

（四）以“信用长三角”建设合作为基础，构筑跨区域的旅游信用监管格局

上海市旅游局以参与长三角地区创建国家社会信用体系建设区域合作示范区工作为契机，以“信用长三角”建设合作为基础，以规范旅游市场发展为目标，打破传统思维定式，转变市场监管理念，创新市场监管方式，以现有的旅游质量监督管理体系为基础，突出旅游信用监管职能，强化旅游诚信理念，培育旅游诚信文化，积极构建旅游领域守信联合激励和失信联合惩戒机制，逐步形成跨区域、跨部门全方位的旅游信用监管格局。一是进一步完善旅行社、导游等主体登记类、资质类、监管类信用信息，完成旅游领域信用信息“数据清单”制定，为实现信用数据共享奠定基础。二是根据旅游法律法规，结合日常监管情况，完成对旅行社“极严重”“一般”失信行为以及增信行为的认定，制定旅游领域信用信息“行为清单”，科学推进长三角旅游领域“红、黑名单”标准统一、结果互认。三是尝试旅行社信用信息查询应用的具体举措，制定旅游领域信用信息“应用清单”，依托清单实施全过程信用管理和联动奖惩。四是鼓励“长三角旅游信用联盟”建设，支持社会力量在市场监管中发挥作用，尝试建立旅行社、旅游景区和宾馆饭店信用等级第三方评估制度，通过调动社会资源，改变“人盯人”的监管方式，加强失信约束、守信激励，提升长三角区域旅游行业的诚信形象，增强区域软实力和整体竞争力。

二、扩大消费，入境游市场开发有了新进展

（一）深化境外人士离境退税工作

完成了离境退税口岸扩围至吴淞国际邮轮港码头、上海港国际客运中心码头。市旅游局加强调研，积极反映两个邮轮码头开通离境退税业务的要求，同时，按照离境退税业务办理的要求，根据两个邮轮码头运营的实际，加强国际惯例的比较研究，提出对策设想，协调解决政策落实的最后一里路（虹口邮轮码头的隔离问题、两个码头设置退税点成本太高的问题、多点挂靠邮轮如何退税问题，等等）。自2017年4月19日起，在原有航空口岸办理退税业务的基础上，上海市水运、陆路口岸，即吴淞国际邮轮港码头、上海港国际客运中心码头和铁路上海站开通离境退税业务。至此，上海市航空、港口和铁路离境口岸全部纳入境外旅客购物离境退税范围。

完成了离境退税宣传方式由政府主导向市场主导的转变。按照市离境退税工作方案，市旅游局的责任分工是负责离境退税政策的宣传推广。自2015年7月实施该政策以来，上海市旅游局以政府为主导，印制了宣传资料、召开了培训会议，在市旅游

局政务网、面向境外的英、日、韩等宣传网站、全市580多家宣传触摸屏开设“境外旅客购物离境退税”政策专栏等，在政策实施初期取得了积极成果。为借鉴国际惯例，充分发挥退税代理机构、定点商店宣传离境退税政策的积极性，形成以退税代理机构、定点商店为主的市场化的政策宣传机制，上海市旅游局积极调研，协调市外办、中国银行、携程、环球蓝联集团等部门，积极牵线搭桥，促成了上述几个部门不同形式的合作，形成了以环球蓝联集团为主的市场化的离境退税宣传方式。在上海市旅游局的指导下，由该公司为主导负责离境退税的培训、宣传推广等工作。上海市离境退税市场发展迅速，2017年上半年，累计开具《离境退税申请单》8043笔，退税商品销售额超过人民币1.17亿万元，平均退税交易额达到14622元人民币，退税业务数量比2016年同期增长1倍，占全国退税业务市场70%，业务推广取得更加明显的成效。退税商品主要是箱包手表饰品、服装鞋帽等物品。境外旅客已覆盖全球五大洲共计172个国家或地区。

推动国客中心和吴淞邮轮港完成口岸进境免税店的申报工作。根据市财政局、市税务局、市商务委、市旅游局、上海海关联合发布《关于印发〈口岸进境免税店管理暂行办法〉的通知》，本局会同相关部门研究该政策办法，排摸分析政策落实的难点和关键点，邀请相关部门现场考察国客中心和吴淞邮轮港，组织申报口岸进境免税店的材料，目前申请报告已经通过市财政局上报国家财政部。

（二）大力开展旅游形象推广

积极参与“一带一路”建设。2017年，上海市旅游局在“5·19中国旅游日”当天联合外办邀请了近30家驻沪领馆的领事官员约60人参加上海分会场活动并进行专场推介，其中“一带一路”沿线国家领馆15家。5月联合捷克旅游局、捷克驻上海总领馆共同举办了旅游及投资研讨会，邀请了沪上10余家知名旅游企业的代表出席，并接待了捷克旅游代表团一行。2017年旅游节开幕大巡游上有25辆花车参加，23个境外表演团队中，丝路沿线国家有15个，其中，埃及、以色列、克罗地亚等国家是首次参加。

积极参与国家旅游外交。2017年4月上海旅游代表团赴澳大利亚悉尼成功举办了“中澳旅游年”上海旅游促销推广活动。在穿梭于悉尼市中心的公交巴士以及布里斯班机场路上投放上海城市形象广告。2017年也是中国和丹麦间的“中丹旅游年”，6月底，作为2017年中丹旅游年重要承载区的上海安徒生童话乐园正式开幕，成为上海旅游的新地标和新亮点，也为中丹民心相通搭建了新平台。2017年正值中日邦交正常化45周年。4月市旅游局代表团赴日本中部地区开展“2017中日邦交正常化45周年——上海·湖北·长江旅游联盟文化旅游推广活动”，充分运用双方形象大使的互动，特别是日方大使中野良子的影响力，来展示上海的友好和独特魅力。同时与名古屋铁路株式会社合作，名古屋铁路上投放“上海号”广告列车，运用喷绘设计，展示上海的四季风光，持续性地向名古屋的民众进行旅游宣传推广，进而提升日本民众对中国的好感，为两国关系的良性发展奠定坚实的基础。

三、转型升级，旅游公共服务建设有了新成果

（一）建成“上海旅游信息管理与发布平台”

2017 年“上海旅游信息管理与发布平台”开通运行。平台包括信息发布与综合查询和行业监管突发事件管理等 2 个系统、1 个数据中心、互联网等 6 个发布渠道，并对市局现有 16 个系统进行整体迁移、数据集中。平台基本功能于 9 月 27 日开通试运行。在国庆黄金周期间，为上海假日管理工作提供参考。平台目前已经对接市局的行业基础信息和业务应用数据，融合运营商、银联、气象、航空等外部数据，初步具备假日运行监测、旅游监管服务、景区运行监测、旅游舆情、涉旅基础信息展示 5 大功能。

在上海旅游信管平台的基础上，探索建设具有旅游科创平台性质的“上海旅游大数据中心”。将以政府牵头、社会参与的方式，建立若干个大数据实验室、理论研究和人才培养基地。挖掘利用上海旅游数据积累和旅游信息化技术的优势，面向全国发布数据产品，提供技术服务，助力旅游行业发展。

（二）规划建设黄浦江旅游公共服务区

围绕市政府重点工作黄浦江两岸贯通，编制完成《黄浦江两岸旅游公共服务发展规划》。聚焦旅游部门参与黄浦江两岸建设管理的机制和路径问题，提出“旅游公共服务区”概念，以“景区—服务区—城区”三级模式落实全域旅游建设要求。旅游公共服务区是覆盖重要旅游景点、游船码头、休闲空间，提供较高标准、较高密度的旅游公共服务的大型区域。其空间位置、服务内容介于旅游景点等和城市其他区域之间。目的是便于政府旅游管理等部门明确责任、统筹资源、整合力量、加强管理、促进城市公共服务旅游化，提供全域统一、兼具特色的高品质旅游公共服务。年内计划在浦东小陆家嘴地区设置全市首个旅游公共服务区。

四、各具特色，全域旅游示范区创建有了新亮点

崇明区筹建新型综合监管体系。建立旅游法庭，区级层面出台《崇明人民法院旅游纠纷审判专项合议庭和巡回审判点工作制度》，筹备设立旅游纠纷审判专项合议庭，重点景区试点设立旅游法庭巡回审判点；依托区公安局在各景区（点）附近的派出所，

设立旅游警察，在旅游重点区域巡回检查；依托区市场管理局部署的消费维权点，在主要景区（点）设立旅游消费维权点，维护游客权益。

黄浦区建立“区域商旅文联动机制”。在政府层面，形成旅游局、商务委、文化局常态化工作联动；在企业层面，建立了商旅文企业联盟，并开通了商旅文联盟微信平台，实现了“旅游 + 商业 + 文化”合作，由旅行社整合商旅文企业，一口气推出了36 个旅游产品。

松江区大力推进“旅游 +”战略。深化松江区旅游产业与商、文、体、农、工等产业融合，形成一二三产联动的发展模式。围绕松江生态、休闲、科创、人文、影视五大亮点，与一产结合，培育重在浦南乡村旅游产品的“泖田谷”；与二产结合，培育重在一廊九区工业旅游产品的“科创谷”；与文化结合，培育重在三大风貌区和影视板块的文化旅游产品“人文谷”；与会议节庆赛事结合，培育重在各宾馆酒店及休闲场所的“会务谷”；与休闲度假相结合，培育重在主题乐园、公园的“欢乐谷”，并构建“谷水奔流、五谷丰登”的全域旅游特色产品体系。

青浦区公共服务的人性化。结合自身实际，在全域旅游创建中重点补给旅游厕所建设短板，沿旅游道路增加旅游厕所的数量，延长旅游厕所的关闭时间；逐步提高青浦非中心地带景区及景区外围旅游厕所的覆盖度，并设置清晰的标识，提高厕所的环境卫生条件；在旅游厕所中设第三性别卫生间独立空间，为家长照顾小朋友或家人照顾生活无法自理者提供方便。

江苏省

2017年是党的十九大召开之年，也是推进“十三五”旅游规划实施的关键一年，全省旅游系统紧紧围绕省委、省政府工作部署和国家旅游局工作要求，贯彻落实全域旅游和“旅游+”发展战略，实施旅游发展“五大”关键举措，锐意改革，注重创新，全省旅游业呈现强劲发展势头。

一、 坚持稳中求进，旅游收入跃上新台阶

遵循习近平总书记视察江苏时提出的“强富美高”发展新要求，按照省委、省政府统一部署，在国家旅游局具体指导下，全力推进江苏省旅游业实现新目标、迈上新台阶。继2016年全省旅游总收入跨入万亿元大关后，2017年前10个月全省实现旅游业总收入0.96万亿元，预计2017年将达到1.16万亿元，增长13.5%左右，实现旅游业增加值5150亿元，增长13.5%左右，占GDP比重达到6.2%左右，全省游客人均停留时间达到2.7天以上，人均花费1550元。旅游发展要素不断优化，游客满意度持续提升，各项工作在全国继续名列前茅。

二、注重融合发展，全域旅游取得新成效

江苏省提出全域旅游关键看政府、看主体、看游客的“三看”理念，在“全”上着眼、在“域”上发力，积极推动旅游产品全域布局、旅游要素全域配置、旅游设施全域优化、旅游产业全域覆盖，形成了从党政统筹到政策推进，从创建指导到过程监督，从创新实践到成效考评，从示范推广到全域拓展的一整套体系清晰、方法明确的全域旅游江苏实践。

（一）上下联动，统筹推进全域旅游创建

一是切实高度重视。省委、省政府认真落实党中央、国务院关于全域旅游的决策部署，按照“五位一体”总体布局、“四个全面”战略布局和“五大发展理念”要求，把发展全域旅游作为推进“两聚一高”新实践。省主要领导多次专题研究旅游工作并批示，明确提出“要把江苏打造成国内领先的旅游强省、国际著名的旅游目的地”总目标。省旅游局两次召开国家全域旅游示范区培训暨推进会，总结各地创建国家全域旅游示范区工作情况，进一步对标找差，凝聚共识，对创建工作进行再动员、再培训、再部署，为全省28家全域旅游示范区创建单位指明了方向。二是注重建章立制。率先制定了《江苏省全域旅游示范区创建工作指南》，提出了以县（市、区）域为重点，分区域推进全域旅游发展模式，明确了12项重点工作任务、6大必备条件和1200分的评分细则。为指导和促进全省全域旅游创建，按照“强化指导、过程监督、注重成效”原则，制定公布了《江苏省“国家全域旅游示范区”创建评价指数》，对全域旅游创建工作从党政统筹、规划引领、综合管理、公共服务体系建设等十个方面进行过程性监测评价，为各地全域旅游示范区创建工作提供指引。三是创新工作方法。组织业内专家和各创建单位政府分管领导和旅游部门主要负责人，采取明察暗访、交叉检查的方式，经过听取汇报、查看现场、审查台账、问卷调查、交流反馈等环节，在全国率先完成首批全域旅游示范区创建调研考评工作，以调研促深化、以考评促提升，形成了比学赶超的良好氛围和具有创新意义的工作方法、推进模式。

（二）立足省情，稳步推进全域旅游强省

一是加强全域旅游规划引领。按照“苏南提升、苏中崛起、苏北振兴、全域推进”的规划思路，以及“两圈四带、一网覆盖”的空间布局，认真编制了《江苏省“十三五”旅游业发展规划》，制定《江苏省旅游业发展三年行动计划》，将全域旅游战略作为六大发展战略之首，打造环太湖、环洪泽湖和江南丘陵等全域旅游目的地示范区域，构建“黄金水道”沿江旅游带、“世遗画廊”运河旅游带、“一带一路”陇海旅游带、“黄海绿滩”沿海旅游带四大全域旅游带和覆盖全域的高速旅游网，形成“重点突出、城乡一体、全域联通、内外互动”的全域旅游立体格局。二是开展“四大专项行动”。2017年，全省各创建单位以提升旅游厕所、停车场、标识标牌、游客中心四项公共服务水平行动为抓手，推动城市旅游形象的整体提升。苏州市厕所革命成效显著，先后获评国家厕所革命创新城市、国家厕所革命先进市；创新开通“苏州好行”旅游巴士，构建了市县联动的旅游集散体系。南京市江宁区建立了统筹数字公安、城管、交通等各类数字平台的全域旅游服务中心，牛首捌厕成为全国厕所革命亮点范例；秦淮区将旅游厕所建设，作为全域旅游示范区创建的重要考核指标，两年来累计投资3000万元，新建改建旅游厕所65座，增设第三卫生间（家庭卫生间）17座。三是转变政府机构

职能。按照大旅游发展要求，打破地域观念，突破部门界限，建立与全域旅游发展相匹配的工作机制，形成发展全域旅游合力。大力支持有条件的地区设立旅游委，提高对旅游工作统筹协调、资源整合、综合管理的能力。加快了苏州等 8 家全域旅游创建单位试点步伐，形成了一批可复制、推广的经验。

（三）探索实践，创新全域旅游发展模式

全省上下紧紧围绕“突破空间域、打通管理域、优化时间域、拓展产业域、聚力市场域”的发展要求，进行了系列探索尝试，各地区也根据自身旅游业发展情况，形成了具有地方特色的全域旅游创建模式和发展路径。苏州市以“苏式生活”为理念，在创建中始终坚持“八个注重”。南京市江宁区率先制发了《全域旅游示范街道（园区、社区、企业、院所）创建工作暂行办法》和考评细则，并先后开展了两批次基层单位示范创建考评工作；秦淮区从区域发展战略全局出发，确立了“保护更新老城、开发建设新城”的总体格局，提出了“城区即景区、旅游即生活”的创建理念，初步形成了具有秦淮特色的“城景一体、主客共享”的城市辐射型全域旅游发展模式。徐州市贾汪区坚持生态优先、绿色发展，通过发展旅游业实现了资源枯竭性城市向旅游目的地城市的华丽转变，让一城煤灰半城土变成了一城青山半城湖，走出了一条具有贾汪特色的“两山”发展道路，省主要领导表扬“挖煤贾汪、旅游真旺”，在全省乃至全国都有很强的示范意义。盐城市大丰区依托全国旅游标准化示范城市的创建优势，将标准化工作与全域旅游示范区创建两大因素进行叠加，特别是“围绕鲜花做文章，打造赏花经济”的成功做法，已经成为大丰区全域旅游的典型经验。

三、转变发展理念，改革试点实现新突破

淮安、连云港两市作为国家首批旅游业改革创新先行区，重点围绕受领的改革创新目标任务，在旅游体制机制、市场综合监管、投融资模式的改革创新上探索了路子。

（一）改革创新旅游管理体制机制

淮安、连云港市的景区管理权由多部门向市旅局（委）集中，逐步实现重点景区统一管理，解决政出多门、合力不强问题。淮安市加快周恩来故里景区资源整合，推进里运河旅游区、白马湖度假区、古淮河·西游记文化旅游区建设，三大景区均为市直正处级事业单位建制。成立市旅游资源规划开发评定委员会，组织行业专家，开展资源保护、规划、开发等评定工作，提高了资源利用效率。简政放权，充分发挥行业协会引导、自律职能，逐步实现等级景区等旅游品牌评审向协会过渡。创立旅游投融资平台，成立西游集团、里运河淮洲公司、白马湖旅游公司，以项目、资源、经营权融集发展资金。连云港市加紧旅游管理体制、领导机制和经营机制的改革，印发了《连云港市国家级旅游

业改革创新先行区实施方案》，确定了42个责任主体的24项具体改革任务。同时不断加强统筹协调力度，充分发挥涉旅职能部门的优势，强化部门联合联动、资源共享，加快旅游景区管理服务创新，4A级以上景区全部实现最大承载量控制和门票预约。省内其他全域旅游示范区创建单位，根据地区实际情况，在“1+3+N”综合管理体制机制创新上做了系列探索创新。

（二）改革创新旅游市场监管办法

连云港市政府建立旅游市场综合监管体系，坚持以问题为导向，充分发挥涉旅职能部门的监管作用，实行行业内部动态监管，强化多级多部门联合监管，突出重点区域、重要时段、重点领域的集中监管，由市政府牵头，各县区、景区和市级职能部门共同参与的旅游市场监管机制。成立联合执法办公室，形成淡季约查、旺季联合办公、重要景区驻点执法的工作机制。淮安市成立了旅游市场综合整治活动指挥部，查处了一批违法违规企业、经营户和从业人员。南京市江宁区整合公安、市监、法院等力量建立了全域旅游综合管理办公室，盐城大丰区设立由旅游警察、旅游法庭、法律咨询、市场监管等职能组成的“全域旅游诉调中心”，泰州兴化市率先建立起旅游商品无理由退换制度。

（三）改革创新旅游投融资模式

淮安市鼓励多元投入，支持国资、民资、外资等投资符合产业规划的重点项目，支持非政府性资金投资旅游功能性配套项目，支持西游记、里运河、白马湖三大龙头景区成功申报全国优选旅游项目，争取更大平台投融资支持。连云港市强化部门联合联动、资源共享，吸引社会资本参与旅游公共服务体系建设。

四、围绕旅游+战略，产业促进迈出新步伐

（一）抓旅游资源资本调动

江苏省目前有“三驾马车”推进旅游项目的开发建设：一是旅游业发展专项资金；二是旅游产业发展基金；三是旅游融资担保平台。专项资金是无偿使用，重点支持旅游公共服务体系建设、引导旅游企业做大做强、扶持旅游新业态、旅游风情小镇、重点旅游商品的研发和销售等。产业基金实行有偿使用，社会化运作，重点支持有潜力的旅游项目和旅游企业小额资金的需求，企业综合成本不超过银行同期基准利率。自2013年成立以来，2017年基金总规模已达5亿元。融资担保平台通过“政、银、担”合作机制，化解旅游企业融资难、融资贵难题，以辅助发行企业债等多种方式，推进旅游项目开发建设。1～9月融资担保平台36.7亿元支持了27个旅游项目（企业）的融资需求。

（二）抓旅游产业融合创新

江苏省持续推进旅游与相关产业的融合发展，加强部门协调联动，与省体育局、体育产业集团签订战略合作协议，合力共推体育旅游；与省住建厅联合创建特色景观旅游名镇（村），突出旅游资源保护，更好统筹城乡建设，促进旅游发展。推出南京市高淳椏溪四季花田、宿迁市三台山森林公园“衲田”花海等十大“江苏四季赏花地”，南京市傅家边农业科技园等30个“江苏最美百果园”，促进农旅融合。与省教育厅联合推出53家省级研学旅游示范基地。

（三）抓旅游行业财政投入和PPP建设

2017年，省局18654万元专项资金共计支持220个项目的开发建设及“厕所革命”工程。其中70个景区、度假区、公共服务体系及“厕所革命”工程项目12384万元（其中21个贷款贴息项目5000万元，“厕所革命”工程5500万元），150个乡村旅游、旅游新业态、旅游商品及道路交通标识项目6270万元。2017年，江苏省PPP入库项目共计220个，计划总投资4142.39亿元，其中旅游类项目40个，计划总投资762.28亿元，分别占总量的18.2%和18.4%。50个省级重大项目截至三季度末共计完成投资303.63亿元，占年度计划投资的77.2%。

（四）抓旅游产业集团组建

围绕旅游强省建设目标，省政府正着手筹建省级旅游企业集团，将有效整合国有旅游资产、提供投融资平台，促进江苏省旅游业发展。无锡、镇江、宿迁、淮安、泰州等设区市和江宁、赣榆、金湖等区（县、市）已组建旅游产业集团，推动了地区旅游经济发展。特别是常州溧阳市积极推进以旅游景区发展为主导的旅游企业在证券交易所上市，江苏天目湖旅游发展股份有限公司于2017年10月在沪市主板正式挂牌上市，成为江苏省首家景区类主板上市公司。

五、拓展发展空间，对外开放构建新格局

（一）加大入境游市场开发力度

一是统一思想认识。为贯彻落实省委主要领导在全省旅游发展大会上“开发合作，大力发展入境旅游”要求，省政府下发了《关于大力发展入境旅游的意见》，从目标要求、重点任务、保障措施三个方面就大力发展入境旅游提出了明确要求，牢固树立抓入境旅游就是发展旅游外贸的发展理念。二是出台优惠政策。加快对接长三角区域144小时入境免签，出台有较强吸引力的入境游客购物退税等政策。适度放宽旅游从业人员境外宣传促销政策，旅游从业人员赴境外宣传促销比照境外招商活动，在出境人数、频次给予了倾斜。三是加大入境旅游奖励。为提高境内外旅行社组团的积极性，加大

对组织入境旅游者奖励力度，提高了江苏省入境游客增长率。四是继续设立境外旅游宣传推广中心。筹备北美、欧洲旅游推广中心，进一步完善境外推广中心的布局，通过开发外文网站，邀请更多境外知名旅游商和媒体到江苏考察踩线等，加大江苏省主要客源地的推广力度。五是增加国际航线航班。开辟新的国际航线，增加国际航班密度，目前江苏省每周境外航班增至 135 个。

（二）加快“一带一路”旅游发展步伐

江苏省处在“一带一路”的交会点，高度重视“一带一路”建设发展。根据《江苏省 2017 年参与‘一带一路’建设工作要点》部署要求，全省旅游业及时有效对接“一带一路”战略。一是加强“一带一路”沿线国家的市场推广。进一步发挥新加坡江苏旅游推广中心的作用，重点做好公众宣传，借助当地著名旅游杂志公开发布江苏省自由行攻略。截至 2017 年 8 月份，新加坡来江苏过夜游客同比增长 6.7%，达 44060 人次。组团赴印度首都新德里开展了“水韵江苏”旅游推介会，加速开拓印度等新兴市场。组织省内相关市旅游部门和旅游企业赴哈萨克斯坦和俄罗斯开展了旅游促销活动，举办“水韵江苏”旅游推介会，进一步扩大了江苏省旅游对处于“丝绸之路”重要节点的中亚国家地区的影响力。据不完全统计，2017 年 1 ～ 8 月，全省接待“一带一路”沿线 64 国过夜旅游者共 362521 人次，比 2016 年同期增长 17.1%，占全部入境过夜外国旅游者的 24.2%。二是鼓励省内旅游企业拓展包机旅游业务。截至目前，无锡、常州、南通等市口岸已常年开通到越南芽庄、河内、岘港和泰国曼谷、印度尼西亚巴厘岛、泰国普吉岛、新加坡包机航班，并呈增长的态势。无锡、南京分别与柬埔寨天空吴哥航空合作，推出了每周三班的无锡、南京至暹粒旅游航线，并途径西哈努克经济特区。泰国、越南、新加坡、印度尼西亚、马来西亚、菲律宾、俄罗斯、印度等国家是江苏省居民最主要旅游目的地，尤其是印度尼西亚、俄罗斯和越南，2017 年一至二季度，分别 84461 人次、20897 人次、78340 人次，分别同比增长 78.9%、73.2、49.1%。三是积极开展旅游互联互通工作。8 月份，以“架设丝路合作桥梁，共促和平发展繁荣”为主题的第五届中国—中亚合作论坛在连云港开幕之际，连云港友好国际旅行社和哈萨克斯坦 ABDI 旅行社签订了旅游合作框架协议，双方本着“信息互通、资源共享、互助推广、客源互送”的原则，就两地旅游合作达成了多项共识。

（三）促进跨境旅游文化交流

设立江苏旅游（港澳）推广中心。委托中国国旅（香港）旅行社有限公司配备了 5 人负责中心日常工作，开通推广中心咨询热线及专用邮箱，建立江苏旅游 Facebook 专页，在国旅（香港）官方网站开设江苏旅游专用链接，公布江苏旅游官方网址、微信官方账号等，并定期开展社区推广活动，召开同业座谈会。成功举办第七届“苏台灯会”。“江苏·台湾灯会”已成功举办了 7 届，成为江苏省与台湾跨境旅游合作交流的新亮点。

两地互设灯展、互派人员，通过传统元宵灯会扎灯技艺等非物质文化遗产的交流，发挥了两地文化同根同源优势，传承弘扬中华传统文化，成为苏台旅游创新交流的有力抓手和重要平台，有力促进了苏台民间交流活动蓬勃开展。

六、突出多管齐下，促进消费增加新举措

（一）积极落实带薪休假

为切实落实带薪休假制度，强化责任，积极推动把落实情况纳入各级政府劳动监察职工权益保障工作考核，鼓励职工带薪休假，错峰出行旅游。明确在放假时间总量不变的情况下，中小学可按有关规定安排春、秋假，促进研学旅游发展。南京市专门制定政策，在保证休假补助不变的前提下，提倡带薪休假，并对未休假的人员停发奖励，有效促进了带薪休假制度的落实。

（二）积极推进产品创新

苏州市开展《十大旅游创新产品（业态）》评选活动，相继评出 20 个创新产品。扬州市瘦西湖景区创立“瘦西湖游礼”，设立品牌店，已成为扬州最具影响力的文创品牌之一。徐州市贾汪区制定出台“旅游 +”扶持政策，涌现出紫海蓝山等一批高品质乡村旅游产品，特别是建成“四滑一漂”等体育旅游示范点 8 个。南京市秦淮区重点打造以“夜宿秦淮”为品牌的特色文化主题酒店群，成功推出了桃叶渡君亭、门东花迹等一批特色文化主题酒店；江宁区的十朵金花、浦口区的十颗明珠和盐城市大丰区的荷兰花海、知青博物馆等都成了游客心之向往的旅游目的地。镇江市句容市的葡萄节、淮安市盱眙县的龙虾节、泰州市兴化市的菜花节、淮安市金湖县的荷花节等节庆活动都是农旅融合的具体体现。苏州市常熟隆力奇集团、南京市江宁海龙红木博物馆、泰州市泰兴的济川药业等工业旅游企业也备受游客喜爱。镇江设市句容茅山的康缘中华健康园项目成为中医药健康旅游好去处。环太湖公路自行车赛、镇江航空旅游季等一批品牌活动成为体育旅游、航空旅游的重要项目。

（三）大力开展精准营销

一是拓宽推介渠道。推行“区域联动、部门联合、企业联手”的大旅游营销模式，把旅游推广作为江苏省对外文化交流、经济合作的重要内容，利用外宣、外事、商务、侨务、对台等渠道，积极配合开展旅游推广活动。二是创新营销手段。重视利用大数据系统，科学分析境内外旅游市场，制定旅游精准营销方案，通过新技术、新渠道、新媒体，开展直达潜在游客的精准营销。三是加大促销力度。在境外，贯彻旅游外交工作要求，派员参加中丹、中瑞、中哈、中澳旅游年活动，开展针对性强、实效性高的旅游营销活动，提高旅游营销成效。在国内，组织省内旅游管理部门和旅游经营单

位参加中国国际旅游交易会，与途牛、同程等电商合作在国内主要中心城市（京津、广深）开展公众推广和江苏省旅游产品特卖活动。在省内，开展“江苏人游江苏”活动，南京、常州、宿迁等城市开展资源共享、互送游客合作，与中国农业银行江苏分行合作制作“水韵江苏金穗卡”，现已发行120万张。

七、改善基础建设，公共服务得到新提升

（一）推进旅游统计改革

深化旅游统计改革创新，建设江苏旅游数据中心，加强与大型互联网企业的合作，扩大数据采集渠道，实现数据资源共享共用，为政府决策、行业管理、游客出行提供参考。

（二）规范旅游市场秩序

一方面，加大暗访检查力度。共派出暗访组11个，重点就一日游市场、旅行社经营、导游服务、星级饭店服务等情况进行了暗访，将暗访结果通报所在地的旅游主管部门，让旅游企业对号入座，有针对性地进行整改，帮助企业提前查找和解决问题，将质量管理工作前移，使行业监管部门及时掌握旅游市场状况，督促旅游企业诚实守信、依法经营，不断提升旅游行业服务质量。另一方面，引导游客理性消费。在重要时段，通过报纸、网站等刊登“做理性消费的文明游客”专栏，从“游前”慎选产品“不含糊”；“游中”履行合同“不走样”；“游后”依法维权“不受损”三个方面引导游客理性消费合理维权。在不同时段，多渠道公示热门线路成本价格，让游客对产品成本有客观认识，引导广大消费者合理选择产品，文明理性出游。

（三）优惠景区门票

随着大众旅游时代的到来，游客普遍希望享有优惠的门票价格。苏州物价部门与旅游部门加强协商，致力于多途径解决景区门票价格问题，出台了《关于进一步加强全域旅游价格监管的通知》，要求保持景区门票价格合理稳定，规范景区门票及相关服务明码标价，强化旅游市场价格诚信监管。扬州市的瘦西湖、何园等4家景区推出了门票减免、淡旺季票价等惠民活动，不仅使游客错峰旅游而大大提升了游览的舒适度和满意度，还明显拉动了非周末景区的游客量。南京、无锡、宿迁等市均逐步取消部分景区的门票，优惠发行景区“一卡通”。

（四）改革导游资格考试制度

深入推进导游资格考试改革，进一步优化报考、审核程序，提高效率。2017年继续实行全国统考，江苏省通过流程改进和网络技术提升，全部实行网上报名、网上审核报名资料和网上缴费，使考生报考、参加考试更加简化、便捷。2017年，全省

导游考试实际报考人数1.2万人，继续在全国各省市居于前列。

（五）改善旅游基础设施

把旅游基础设施纳入城乡公共服务设施范畴，统筹规划，统一标准，新建和改善一大批旅游公共服务设施。深入开展“旅游厕所革命”，改扩建一批功能完善、结构合理、生态环保的旅游厕所。加快旅游道路连接线和旅游慢行系统建设，扩建一批旅游停车场，完善一批旅游标识标牌，扩大免费无线网络的覆盖范围，为游客提供人性化旅游环境。加大资源整合力度，与省交通厅共同研究制定《江苏省道路旅游标牌标识设计规范》，完善旅游交通保障；促进了旅游与交通、气象、环境、安全等各类数据平台的对接，为形成网络化全覆盖的旅游公共服务体系奠定基础。推动城市间旅游集散中心互通互联，健全省、市、县三级游客集散中心体系，不断完善了省、市、县、景区四级旅游咨询服务体系。

八、加快协调推进，区域发展孕育新动力

（一）融入长三角旅游发展大局

为进一步深化长三角区域旅游合作，紧抓国家“一带一路”和“长江经济带”战略机遇，满足日益增长的休闲度假旅游市场需求，本着“资源互补、市场共享、合作共赢、协同发展”的原则，江苏主动融入苏浙沪皖长三角旅游发展合作大局。一是共谋长三角区域旅游一体化。扩大旅游区域合作的广度和深度，建立区域联席会议机制，力争打造全国旅游区域合作的典范和旗帜。二是共建长三角旅游目的地。以建设具有世界竞争力和影响力的旅游目的地为目标，加快长三角旅游供给侧结构性改革，共同打造以“城市 + 乡村”旅游产品为特色的长三角旅游目的地。三是共拓长三角旅游市场。联合开发具有丝绸之路特色的国际精品旅游线路和旅游产品，共同策划重大旅游节庆活动，打响“畅游沪苏浙皖，乐享品质旅游”的整体品牌形象。坚持沪苏浙皖“互为客源地、互为目的地”的理念，构建了区域旅游营销网络，相互支持各方举办的重大旅游促销活动和大型旅游节事活动。四是共享长三角旅游公共服务。推动区域旅游咨询中心的资源共享，实现旅游信息互通。在三省一市高铁沿线重要节点城市，设置多功能的旅游服务中心，共同宣传长三角旅游产品线路的资讯和服务项目。

（二）实施省内区域联动发展

针对江苏省区域发展不平衡、不充分的现象，根据苏南、苏中、苏北具体情况，深入实施“1+3”功能区战略，开展扬子江城市群、沿江经济带、沿海经济带和淮海经济区旅游规划和发展合作。积极支持苏北地区生态优先、绿色发展，推进苏北地区旅游业提质增效，加快崛起，将苏北地区打造成为国内一流的生态旅游目的地的目标，

省旅游局组织召开苏北旅游工作座谈会，出台了《关于支持和促进苏北旅游业发展的若干意见》，从优化发展格局、打造优质载体等10个方面给予苏北支持。同时促进区域间人才交流合作，国家级、省级旅游度假区、重点旅游景区和旅行社企业开展人才交流挂职、发展帮扶、市场合作。

（三）重抓旅游风情小镇建设

印发了《江苏省旅游风情小镇考评办法（试行）》等系列规章制度，认定无锡拈花湾等13个创建单位正式获批为首批旅游风情小镇创建单位，29家单位被列为创建培育单位。以旅游风情小镇建设为抓手，统筹推动新型城镇化建设。

九、重视乡村旅游，精准扶贫呈现新亮点

江苏省旅游局通过组织全省乡村旅游升级工程，从加强顶层设计规划、创新旅游扶贫方式、探索市场化运作模式、加大资金支持力度等方面重点推进乡村旅游扶贫工作。推动省级五星级乡村旅游区建设，认定首批省五星级乡村旅游区17家，通过发展旅游业极大地带动了农村发展、农村就业和农民致富。

（一）加强顶层设计规划

江苏省旅游局领导高度重视旅游扶贫工作，成立了旅游扶贫工作协调小组，局主要领导挂帅，指导部署江苏省旅游扶贫富民工作。江苏省旅游局制定下发《旅游扶贫富民专项行动方案（2017—2020年）的通知》，以发展乡村旅游为主要途径，加大政策支持力度。为6个贫困村义务编制了乡村旅游发展规划，并设立6个省级乡村旅游扶贫工程观测点，对扶贫工作进行跟踪监测和成效评估，及时掌握动态，跟进指导服务。

（二）创新乡村旅游扶贫方式

全面系统梳理江苏省六大重点扶贫片区的旅游资源，综合考虑资源品质、区域交通情况、邻近地区贫困人口规模，规划建设一批知名度高的精品景区。开展“景区一帮二”“乡村旅游镇（村）一促三”等固定帮扶行动，通过多种方式吸引农民参与旅游业发展，更好发挥辐射作用，带动重点村农民脱贫致富，实现经济效益、社会效益双提升，呈现旅游结对帮扶的一抹亮色。

（三）探索市场化运作模式

在苏北贫困地区积极推广吴中太湖集团、张家港永联村“公司化”运作模式和宜兴篱笆园“公司＋基地＋农户＋市场”的合作模式，以及苏州旺山村“公司＋农户”模式、无锡阳山田园东方大企业引入模式，建立以农民为主体、农民参与和受益的公平合理的运行机制，带动当地增收致富。

（四）加大资金支持力度

持续开展乡村旅游产业引导资金支持，2017 年支持全省贫困地区乡村旅游项目 21 个，资金 995 万元。经过该基金扶持，多家乡村旅游项目转型升级成功，在致富周边农户及带动农民就业方面取得了显著的成效。

十、践行“两山”理论，生态文明展现新面貌

（一）坚持旅游发展以生态文明建设为指导

在“绿水青山就是金山银山”理论指引下，江苏省在旅游项目规划、审批、施工、验收等重要环节和后期的管理运营，始终坚持生态环境保护优先原则，严守生态保护红线管控要求。大力支持创建绿色饭店，宣传绿色饭店的理念，研究制定绿色饭店创建的奖励措施，引导有条件的星级饭店实施设备设施改造改进，通过科技手段节能，保护自然生态环境。2017 年全省 40% 的星级饭店达到绿色饭店标准。

（二）坚持生产生活生态融为一体

江苏省大力推进建设立足乡土社会、富有地域特色、承载田园乡愁、体现现代文明的特色田园乡村建设中，始终将做好环境保护与推进乡村旅游完美结合，保持生态原样，体现诗情画意的田园风光。宜兴市湖汊镇实施旅游、文化、生态、城乡一体化发展战略，先后关停转 200 多家不符合旅游产业发展的企业，实现了生态保护与旅游发展的双赢。金湖县围绕建设全长 300 公里的全域绿道，布局旅游风情小镇、特色田园乡村、美丽乡村、高效农业、田园景观等，探索出一条产业沿着绿道布、项目沿着绿道建、空间沿着绿道调、功能沿着绿道优、民生沿着绿道兴的旅游创新之路。

（三）注重传统历史文化的保护

江苏省历史遗存多、古镇古街多，在古村镇旅游开发中坚持在保护中开发，在开发中传承和弘扬，保护好文化遗产，留得下历史记忆，存得住乡愁乡情，达到精神和内涵的统一。

浙江省

一、旅游改革试点的部署与推进

旅游业是现代服务业的重要组成部分，影响面广，带动作用大，在国民经济和社会发展中具有十分重要的地位。加快旅游业发展，是浙江省深入实施“八八战略”、高水平全面建成小康社会和加快“两富”“两美”建设的重要抓手和有效途径，对于调结构、扩就业、增收入、优环境、惠民生具有重要作用。为解决制约旅游业发展的深层次矛盾，推动新形势下旅游产业跨越式发展，根据《国务院关于加快发展旅游业的意见》和《浙江省人民政府关于进一步加快旅游业发展的实施意见》，国家旅游局和浙江省政府做出了推动旅游改革试点的一系列重要部署，2010—2013 年，先后批准了舟山、桐乡为全国旅游综合改革试点，淳安、洞头、安吉、武义、仙居、遂昌为省级旅游综合改革试点，湖州、桐庐县富春江（芦茨）、桐乡乌镇、桐庐、江山、龙游为省级旅游专项改革试点；2015 年，批准了湖州为首批国家级旅游业改革创新先行区试点，丽水、天台为省级旅游综合改革试点。根据《省委全面深化改革领导小组关于加强和规范改革试点工作的实施意见》（浙委办发〔2016〕49 号）精神，2013 年以前开展的各类改革试点已经完成或提前完成试点任务，转化为常态化工作。

试点工作开展以来，各试点市县党委政府和有关部门高度重视旅游改革试点工作，认真贯彻国家旅游局和省政府关于旅游改革工作的总体部署，以创新统筹职能、创新政策措施、创新产业引导为指引，以市县政府为改革主体，以旅游业体制机制为改革内容，以实现旅游目的地整体发展为主要目标，结合自身实际大胆探索、先行先试，旅游改革试点取得了一批具有突破性的成果，也形成了一批具有可复制可推广的经验，充分发挥了试点示范的突破带动作用，为整体推进浙江省旅游改革趟出了路子、夯实了基础、指明了方向。

二、旅游改革试点的主要成效

（一）旅游管理体制进一步理顺

旅游业日益融合化、全域化发展的特征，迫切需要建立健全与大旅游、大市场、大产业相适应的旅游行政管理体制。在旅游改革试点中，各地结合实践探索构建综合性旅游管理体制。为强化旅游管理部门的综合协调职能，各试点市县基本实现了从旅游局到旅游委的转变，桐乡、遂昌、武义分别由市委书记、县委宣传部部长、分管副县长兼任旅委党工委书记，安吉旅委专设旅游总规划师，武义旅委设置了由农办、国土、建设部门分管领导兼任的副主任；舟山、淳安、安吉、桐乡等实行了风景与旅游一体的管理体制，将原属城建部门的风景名胜区管理职能划归旅游委；桐乡、洞头、武义、桐庐等建立了由党政主要领导牵头的旅游工作联席会议制度或旅游工作领导小组，协调解决旅游发展中的重大问题，“一把手”抓旅游成为常态；桐乡、洞头、安吉、武义、江山等在乡镇（街道）成立了旅游委或旅游办，配备专职旅游管理员，进一步理顺了乡镇（街道）旅游发展体制；湖州、安吉、武义等建立了旅委代表政府对涉旅部门和乡镇（街道）年度综合目标考核机制，旅委作为经济考核主体的职能进一步强化；湖州市在全省率先成立了乡村旅游事业发展中心，设立了乡村旅游处，三县两区均设立了独立的乡村旅游管理办公室，构建四级行政管理体系、部门联动体系和行业协会自律体系三位一体的创新性管理体制。旅游改革试点市县的旅游管理体制改革起到了良好的示范带动效应。目前，全省共有 32 个市、县（区）设立了旅委并相应增强了综合协调职能，对推进旅游管理一体化、旅游产业融合化、旅游景区全域化、旅游市场规范化具有重要意义。

（二）旅游用地政策进一步突破

受制于用地类型的划分，旅游用地一直是制约浙江省旅游潜力释放的重要掣肘。旅游改革试点工作推开后，桐乡加强用地方面的改革，把旅游用地纳入省“新型业态用地改革试点”范畴，建立旅游项目用地计划单列制度，对涉及旅游项目的土地出让指标给予倾斜，每年安排新增建设用地指标不少于 500 亩；安吉明确优先保障“浙商回归”和省级重点项目、优先保障纯旅游用地、优先保障项目先建区块旅游用地“三个优先”原则，确保有限资源发挥最大效益；遂昌提出每年旅游项目用地计划指标不少于全县年度用地计划指标的 30%，且优先安排，对于重大旅游项目，实行“一事一议”政策；湖州在土地流转方面，通过落实当地农民的安置、补助政策、“坡地村镇”建设用地试点等，积极争取旅游用地指标，盘活利用农民旧房、闲置厂房与校舍等闲置资源，用于发展乡村旅游。湖州、丽水把推进旅游产业用地改革作为开展国家旅游业改革创新先行区试点、省级旅游综合改革试点的重要内容，在国土资源部、住建部、国家旅游局出台的《关于支持旅游业发展用地政策的意见》基础上，正在积极探索并建立符合本市旅游产业发展特点的旅游土地利用和管理制度，努力为省级层面推进旅游产业用地改革提供可复制可推广的经验。

（三）旅游与相关产业进一步融合

旅游改革试点推动了旅游部门从单一行业管理向促进旅游大产业发展的职能转变，为旅游与相关产业融合发展提供了制度保障。试点市县大力推进旅游与三次产业的融合，加快培育农业观光旅游、工业体验旅游、商贸购物旅游、商务会议旅游、休闲度假旅游、文化体育旅游等新兴业态。桐乡旅委专门成立产业融合部，全力推进产业融合工作，探索形成以“一业驱动四化”的产业融合发展模式。即以旅游业驱动新型农业化，使农业向旅游观光、休闲农业转型升级；以旅游业驱动新型工业化，发展游艇、房车、直升机等旅游装备制造业；以旅游业驱动新型城镇化，推动濮院时尚旅游购物小镇、石门乡村休闲体验小镇和崇福运河文化小镇建设，使农村就地变城镇、农民就地变工人、产业就地转型；以旅游业驱动服务业现代化，借力旅游激活毛衫、皮草、家纺等专业市场，结合旅游大力发展文化创意、总部经济等现代服务业。旅游产业融合发展，推动区域经济华丽变身，成为打造区域经济升级版的重要引擎。

（四）全域旅游进一步推进

试点市县坚持以景区化的理念推进城乡建设，构筑区域大景区，推动“景点旅游”向“全域旅游”转变。桐庐立足打造县域大景区，首创“风景桐庐”规划，并编制完成夜间景观、水系景观控制规划、绿道系统规划等近20项“风景桐庐”建设相关子规划，深化美丽乡村全覆盖工程，突出“一村一品”“一村一韵”主题，积极建设5条乡村风情带，实施森林村庄、鲜花村庄、花园庭院、风景田园等试点工程，串点成线、连线成片，不断丰满全域景观。淳安围绕“国际旅游重要目的地”“中国休闲度假首选地”的定位，整合全县旅游资源，把全县作为一个功能完整的旅游目的地来建设，制定全县景区化规划及住宿业发展、自驾车旅游发展、千岛湖风景分区规划等专项规划，在全县布局形成“一城一湖一圈多点”的全域化大旅游格局，整合并深度挖掘旅游元素，积极打造姜家旅游副中心，推动旅游从湖区向周边辐射，景点从湖区向农村延伸，变传统的湖区游为全县游。随着全域旅游的深入推进，旅游经济对区域经济发展的作用更加凸显。

（五）旅游特色品牌进一步打响

试点市县通过旅游管理体制改革，增强旅游市场开发力量，推动旅游营销一揽子运作，为打响区域旅游整体品牌形象奠定了基础。淳安、洞头、安吉、桐庐等专门建立旅游推广中心，武义成立政府主导、企业参与的旅游联合营销中心，天台依托天台山旅游集团公司整合旅游营销资源，形成了旅游一体化营销新格局。试点市县通过做精节庆营销，做强事件营销，做细网媒营销，做实实地营销，做优产品营销，加快开拓境内外旅游市场，形成了一大批旅游特色品牌形象，淳安千岛湖“湖泊休闲”、洞头“海岛休闲”、安吉“美丽乡村”“竹海风情”、武义“温泉养生”、仙居“神山秀水”、遂昌“乡村休闲”及桐庐“中国画城、潇洒桐庐”、天台山“佛宗道源”等特色品牌形象的知名度和美誉度逐步提升。

（六）旅游发展环境进一步优化

旅游管理体制改革后，旅游行业管理职能得到进一步加强。旅游管理部门既加强了对旅游经营者、参与者行为的监管引导，也加快完善了旅游公共服务体系，提高人民群众对旅游的满意度。试点市县积极推进旅游基础设施建设，构筑绿道网，发展智慧旅游，增强全域宜游功能。遂昌实施旅游产品打造、服务质量提升、综合环境优化、旅游标准化示范、旅游人才培训、导游形象提升、服务品牌塑造、旅游信息化等服务创优八大工程，着力创建“中国最佳旅游服务县”。安吉启动旅游公共免费 Wi-Fi 试点建设，武义启用集政务、商务、体验、APP、客户端、微信于一体的智慧旅游平台，加快步入信息化旅游时代。在完善旅游公共服务的同时，各地调配力量成立旅游执法大队，强化旅游综合执法，加强旅游安全保障，规范旅游市场秩序。通过一手抓市场监管，一手抓公共服务，确保旅游市场持续健康发展。

（七）旅游发展潜力进一步释放

试点市县把旅游业作为战略性支柱产业和现代服务业放到更加突出的位置，积极创新完善旅游发展政策。拟定旅游产业发展政策，推进旅游行业体制改革，成为旅游委等旅游管理部门的重要职责。桐乡提出建设“中国旅游第一大县”的目标，2013—2017 年市财政每年安排 6000 万元旅游业发展专项资金并逐年有所递增，对新开发景区由门票收入形成的营业税地方留成部分实行两年内全额奖励、后三年按 50% 奖励等政策措施，同时出台全域旅游发展政策，县财政每年安排专项资金 2 亿元用于美丽乡村及全域旅游建设。遂昌制定出台多项扶持政策，对于重大旅游项目，实行“一事一议”政策，并鼓励机关事业在职人员兼职从事导游工作。洞头开展海岛“直通车”试点，加快推进旅游重大项目审批和建设。在各项旅游发展政策的引导和支持下，旅游经济发展潜力进一步释放，市场活力进一步增强。

三、可复制推广的主要经验

（一）管理体制上，通过部门管理向综合管理转变发挥旅游业综合性功能

从试点市县旅游管理体制改革的实践来看，从风景旅游一体化到“局改委”，从建立旅游工作联席会议制度到组成旅游工作领导小组，从成立乡镇（街道）旅游办到

实施旅游工作目标考核，旅游管理在不同程度上实现了从单一的部门管理向综合管理的转变，强化了综合协调、产业促进、资源统筹、服务监管等职能。以旅游委为主要模式的大旅游管理体制，推动了各类旅游资源的有效整合，促进了旅游与相关产业加快融合，有利于推进旅游的全域化发展，增强旅游经济对区域经济的支撑带动作用；有利于加强旅游市场监管，提高人民群众对旅游的满意度。

（二）发展机制上，通过平台建设和要素流动实现旅游资源的优化配置

在旅游改革试点中，各地结合实践探索不同形式的产业发展机制。桐乡、洞头等组建了旅游发展公司，打造政府融资平台，通过投资引导撬动社会资本参与旅游投资建设；江山积极探索推进旅游基础设施和公共服务的PPP投融资模式，促进旅游投资由政府投入向多元化投入转变；遂昌积极探索村企合作、引导众筹等方式，对外积极对接资本大市场，探索投融资模式的突破，积极助推两家旅游类企业成功挂牌“新三板”，成功探索了一条通过资本市场实现资源变资产、资产变资本、资本证券化的有效路径；桐庐充分利用农村闲置房等资源，积极推进“空心村二次创业”，以“整村流转、整村打造”的模式打造精品民宿村，使原本沉睡资源焕发了新活力。

（三）空间布局上，通过多规合一等方式推动旅游全域化

试点市县在旅游发展空间布局方面，实现了旅游业态的统筹，设立以旅游产业为主要发展业态的发展区域，并在规划和实践中将旅游发展与区域发展融为一体。舟山设立普陀山—朱家尖产业功能区，按照功能集中、要素集聚、产业集群要求，推进整体开发和联动发展。安吉坚持规划统领，按照全县作为“泛自然博物园”来规划建设的要求，旅游部门主动牵头落实“县域大景区”建设工作任务。在旅游改革试点市县的示范带动下，致力于全域旅游发展的地区都在大力推进“多规合一”模式，以旅游业引领区域经济社会的全面、协调发展，推动旅游全域化。

（四）公共服务上，通过智慧旅游等整合方式构建公共服务体系

在旅游公共服务体系建设方面，结合综合交通体系建设、智慧旅游服务与监管平台、旅游厕所革命、旅游集散中心、咨询服务中心、绿道体系建设等，既满足了游客的需求，又为当地居民提供了共享性、智慧化的公共服务。淳安作为浙江省首批省级智慧旅游试点县，累计投入约3200万元，构建智慧服务、智慧管理、智慧营销“三位一体”智慧旅游体系。桐庐坚持主客共享的理念推进公共服务设施与项目建设，随着全域旅游的推进，旅游基础设施从景点景区拓展到了全域，旅游设施也成为公共服务产品，为全域旅游增加的骑游绿道、山体公园、游步道、步行廊道等设施和休闲区块，让本地居民在闲暇时间有了更多的游憩空间。

（五）市场治理上，通过完善综合管理体制提高游客满意度

面对散客化旅游时代的到来，针对旅游广泛的空间移动性和广泛的消费综合性所

带来的旅游管理挑战，各试点市县提出了有效的解决办法。桐庐推进旅游综合执法模式改革，建立以旅委、市场监管、发改（物价）、公安等部门组成的旅游综合执法办公室；成立全域旅游巡回法庭，建立纠纷调解与快审机制，完善景区消费维权联动机制与“110”快速处置机制；设立全域旅游警察大队，全县重点景区和重大平台设立8个警务室，加大对全县景区景点动态巡查，健全投诉受理机制，建立旅游接处警制度，统一游客投诉入口；建立旅游数据中心，加强对旅游大数据的收集和分析，旅游服务监控中心实现对19家旅游景区的全天候监测。

四、下一步旅游改革的努力方向

（一）以全域旅游理念推进旅游综合管理体制改革

创新旅游行政管理体制，推进全域旅游发展，首先要把旅游业纳入“一把手”工程，建立政府主导机制，实现从部门推动向党委政府统筹转变。建立和完善以旅游委为主要模式的旅游管理体制，形成各部门联动的发展机制，实现从行业管理到综合目的地统筹发展转变，切实解决综合产业和综合监管要求与原有体制之间的矛盾。积极推进更多地方成立旅游委，局改委不是简单的名字更换，核心是完善机构、充实职能和加强人员配备。应赋予旅游委员会对旅游产业统筹、对相关部门综合协调、牵头对旅游市场联合执法、对公共核心资源掌控，以及代表政府对涉旅部门和乡镇（街道）年度综合目标考核等方面的职能，更好地体现旅游“综合产业综合抓”。

（二）以全域旅游理念推进旅游目的地统筹发展

以旅游为重要引领积极推进实行多规合一，推进全域旅游规划与城乡建设规划、土地利用规划、生态环境保护规划及其他专项规划的有效衔接，使全域旅游规划成为整合部门资源和各方力量的重要抓手。加快建立以散客化服务为主，更加专业化、便利化、人性化的旅游公共服务体系，推动旅游基础设施和公共服务建设从景点景区拓展到全域。实行分类改革，转变旅游经济依赖门票收入的惯性思维，降低门票收入在旅游总收入中的比重，实现门票经济向综合经济的转变。推动建立旅游发展共建共享机制，充分调动各方发展旅游的积极性，让广大人民群众在全域旅游发展中真正受益。积极推进国办发62号文件和旅游用地政策的落地，鼓励各地在旅游产业用地规划管控、分类管理、“坡地村镇”和设施用地等方面进行探索和尝试。

（三）以全域旅游理念推进旅游产业融合新突破

加大供给侧结构性改革，增加有效供给，引导旅游需求，实现旅游供求的积极平衡。积极推进“旅游+”融合力度，促进旅游产业与其他产业或其他领域融合发展。加大旅游与农业、林业、工业、商贸、金融、文化、体育、医药等产业的融合力度，通过旅游和其他产业相加，实现 1+1>2，形成综合新产能，催生新产业、新业态。

（四）以全域旅游理念推进旅游市场综合治理

改革创新“1+3+N ”的旅游综合执法机制，把旅游市场环境治理，纳入到城市综合治理的范畴内，加大治理力度，形成管理联动。支持设立旅游警察、旅游巡回法庭、旅游工商分局，以及与交通等相关部门联动的联合治理机制，共治共管，构建有效治理机制，为全域旅游发展提供综合执法保障。加强景点景区监管，严格开展 A 级景区自查自纠和检查督查，加大问责力度，探索形成有效的旅游市场监管路子。抓好文明旅游，建立和完善游客不文明行为黑名单制度，不断提升当地居民和游客的文明旅游水平。鼓励应用信息化手段，提高旅游行业管理和应急处理能力。发挥旅游行业协会作用，加强旅游市场诚信建设，营造诚信的消费环境。推动导游必须由旅行社委派的封闭式管理体制向导游依法自由有序流动的开放式管理转变，实现导游执业的法制化和市场化。

（五）以全域旅游理念推进旅游统计改革

旅游统计改革是旅游业改革发展的重要突破口，是打造旅游万亿产业的重要支撑，也是 2017 年全国“两会”期间汪洋副总理交给浙江的光荣任务，必须高度重视，扎实推进。逐级建立旅游统计专业机构，尚未建立专门旅游统计机构的市县，要按照国家旅游局的要求抓紧组建，并配备专业的统计工作人员，形成旅游相关部门统计信息共享和数据交换机制。抓紧建立旅游产业基础名录库，根据旅游产业范围界定，在原有全省住宿单位名录库的基础上开展旅游业普查，建立包含吃、住、行、游、购、娱等全产业链在内的旅游基本单位名录库，为统计调查提供科学完备的调查单位库和抽样框。全面推开旅游产业测算工作，目前，全省 11 个地市、义乌市以及淳安等 26 县已经开展了产业测算工作，其他还没有开展这项工作的县（市、区），要抓紧建立以旅游业增加值为主要指标的旅游产业测算指标体系。

安徽省

近年来，安徽省旅游行业紧紧围绕国家旅游局和省委、省政府的决策部署，开拓创新，积极作为，着重在全域旅游、改革试点、旅游精准扶贫、促进消费等方面做出了有益探索，取得了一定成效，有力促进了全省旅游经济持续健康发展。

一、全域旅游创建取得新进展

国家旅游局先后两批共确定安徽省 19 个国家全域旅游示范区创建单位，涉及 11 个市，34 个县（市、区），国土面积 5.6 万平方公里，占全省面积的 40.4%；辖区人口 1644 万，占全省人口数的 26.7%。皖南的宣城、黄山、池州 3 个市整市连片创建，面积、体量在全国均居于前列。

（一）省级创建工作持续推进

一是组织召开了皖南示范区第二次联席会议暨全域旅游工作会议，起草并以省促旅组名义印发《关于将皖南国际文化旅游示范区打造成为全域旅游先行区的意见》（皖旅改〔2016〕2 号），对全域旅游工作进行了全面部署安排。二是将发展全域旅游的要求纳入了《安徽省五大发展行动计划》、省政府工作报告以及《安徽省“十三五”旅游业发展规划》《中共安徽省委 安徽省人民政府关于将旅游业培育成为重要支柱产业的意见》之中。三是组织了安徽省全域旅游示范区的各市、县长在《中国旅游报》集体发声纵论全域旅游发展。四是指导部分市、县编制全域旅游发展规划、制订实施方案，推动创建工作。五是编制了安徽省指导性规范《旅游全域化工作指南》（DB34/T 2755—2016），于 2017 年 1 月实行。

（二）各地创建工作如火如荼

一是制定规划。《黄山市全域旅游发展规划》已通过专家评审，《池州市全域旅游发展规划》已完成初稿编制，《宣城市全域旅游发展规划》编制已启动，部分县区启动规划编制工作。二是召开会议。宣城市以及潜山、金寨、太湖、巢湖、岳西等地党委、政府召开了创建国家全域旅游示范区动员大会。旌德县成立县委书记任组长的全域旅游工作领导小组，并召开全域旅游发展工作会议。三是制订方案。宣城市、黄山市、泾县等地已制订出台创建国家全域旅游示范区工作实施方案。四是推进旅游综合改革。目前，黄山、池州、六安、宣城 4 市设立旅游委员会，金寨县成立旅游综合执法部门，黄山市在全国率先启动旅游管理领域相对集中行政处罚权试点，黄山风景区公安局旅游警务支队挂牌运行，首批命名 10 家旅游示范法庭。

二、旅游改革创新取得新突破

（一）旅游管理体制改革成效显著

淮南、铜陵、池州、黄山、蚌埠、淮北、马鞍山、宣城、合肥 9 市成立市委书记或市长任组长旅游业改革发展领导小组（旅游工作指导委员会）。池州市获批第二批国家级旅游改革创新先行区，市旅游委员会正式更名为市旅游发展委员会，成立市旅游管理综合执法局，各县区旅游发展委员会同步组建。淮南市组建运行八公山风景区管委会。亳州市文化旅游局“局改委”、铜陵市组建天井湖旅游度假区管委会方案已报省编办。2017 年 9 月，根据中央编办批复，安徽省旅游局更名为安徽省旅游发展委员会，并由省政府直属机构调整为省政府组成部门。

（二）旅游企业改革成果突出

祁门牯牛降景区完成与省属文旅企业的战略重组，黄山牯牛降文旅公司挂牌成立。歙县与安徽广电集团合作重组歙县旅游发展公司。池州市正在筹建旅游投资集团公司。宣城市组建宣城文旅公司并注入资本金 30.6 亿元，7 个县市区均设立了旅游投资公司。省旅发委会同省统计局启动全省旅游业增加值核算工作，亳州市创新旅游统计方式，每天对重点旅游景区接待量汇总统计，统计工作有了新突破。

三、旅游自驾营地建设达到新高度

（一）着力扶持重点区域自驾营地建设发展

一是着力推动皖南国际文化旅游示范区“营地”，建成及在建的 29 座“营地”中有 25 座在示范区的 7 个市，已初步形成自驾服务网络框架。二是着力扶持安徽省民族品牌企业奇瑞集团进军布局“营地”产业，投资实施了奇瑞 SMSC 日月星连锁汽车露营地模式。奇瑞 SMSC 日月星以“第二个家”作为露营地经营理念，努力构建全国性汽车露营地网络，现SMSC日月星旗下全资拥有芜湖龙山汽车露营地（SMSC日月星样板营地）、黄山汽车露营地（SMSC日月星旗舰营地），并通过合资建设、加盟等形式开发建设了马鞍山濮塘汽车营地、芜湖天门山汽车露营地、九华山汽车露营地和天柱山汽车露营地等。安徽省旅发委对龙山汽车露营地项目给予专项资金支持。

（二）"营地"相关计划规划陆续出台

一是在编制印发的《安徽省旅游公共服务三年行动计划》中，专门就全省停车场、旅游标识指引系统、旅游公厕及自驾旅游应急救援等进行了布局安排。二是在黄山市先行试点，编制了《黄山市自驾车旅游服务专项规划》，较好引导促进了"营地"发展，目前，黄山已建成营业的"营地"有7家。三是总结省旅游公共服务行动计划和黄山市专项规划实施以来的经验和教训，2017年年初专门编制了安徽省自驾游"十三五"发展规划，就全省自驾车旅居车"营地"进行布局规划。四是加强"营地"项目的规划管理，确保项目的布局合理，品质较高，特色鲜明。一些市将自驾营地建设纳入了旅游目的地和城郊游憩带总体规划，鼓励有条件的县、区或旅游企业筹建自驾营地。

（三）加大政策资金支持力度

一是除了省级专项资金补助，还得到国家旅游局的关心支持，近些年来，黄山南大门立体停车场和一些重点景区停车场基础得到了国家旅游基金的扶持。安徽省旅发委还通过银旅对接、旅游项目担保贷款补助等方式，支持"营地"项目发展。二是在土地供应保障上加大力度。奇瑞在黄山西大门的营地项目，尝试实施不改变土地性质的土地"只征不转"办法，及时解决了矛盾，保障了项目的快速推进。宣城市尝试推进项目用地"增减挂钩"，强化集约节约用地。安庆天柱山景区入口处最佳地块500亩用于了"营地"建设。芜湖利用城市周边依山傍水的荒地荒滩等建设租赁式房车营地和自驾车营地。等等。三是奇瑞集团在布局"营地"产业板块过程中，及时引进香港专业"营地"运营管理公司，吸进专业人才实施专业化管理。2016年成功在新三板挂牌，成为国内汽车露营地第一股。四是对与"营地"发展息息相关的旅游标识指引系统、游客中心、接驳站等，每年在省级专项资金中，安排一定的资金用于相关项目实施的补助，纳入年度支出预算。

（四）联手制定长三角自驾车营地标准

积极参与长三角自驾车旅游联盟，并与相关省市旅游局合作，根据市场发展和群体需要编制了《长三角自驾车营地标准》。并通过有效形式，强化标准宣传推广使用。同时，将"营地"项目列入重点新业态项目，着力加强研究，持续关注发展变化。此外，还在"营地"形态上探索（目前，有旅游景区、美好乡村与露营地融合发展两种形态，着力与旅游景区、农家乐、美好乡村、绿道发展等融合发展）、在"营地"建设形式上创新（目前，暂有旅游景区自建、美好乡村所在乡村自建、招商引资企业建设为主的3种形式）、在“营地”类型上多元发展（目前，暂有自驾车营地、房车营地、帐篷客营地、木屋营地、私家飞机停车坪营地5种），在“营地”综合配套服务上统筹协调（着力利用现有旅游景区、农家乐、美好乡村既有设施，提升和完善旅游公共性服务）。

（五）规划建设“五山”联通轨道交通

目前，按照省政府的部署，正在规划建设联通齐云山、黄山、九华山、天柱山、大别山的快速轨道交通，经初步研究，“五山”联通轨道交通大致线路走向：自既有合肥—武汉高铁天堂寨站（预留）引出，经霍山、岳西至天柱山，接入安庆—九江高铁潜山南站，再经安庆、池州至九华山、太平湖、齐云山，终于黄山北枢纽。线路全长约397公里，全线按照250公里/小时或350公里/小时的高速铁路标准设计建设。其中，潜山至安庆段利用安九高铁（2017年三季度已开工），约43公里；安庆至池州段利用宁安高铁（已于2015年建成），约46公里；池州至黄山段利用池黄高铁（计划2018年开工建设），约135公里；天堂寨至潜山（天柱山）段新建，约172公里，估算投资516亿元。沿线主要车站设置：天堂寨、霍山、岳西、潜山南（天柱山）、新安庆西、安庆、九华山、太平湖、黄山景区、西递宏村（兼顾齐云山）、黄山北。

四、旅游厕所建设迈上新台阶

“厕所革命”在安徽省全面启动以来，省委、省政府高度重视，书记、省长、分管副省长均对安徽省旅游厕所建设工作做出重要批示。省旅发委党组积极推动落实，通过专门文件、专题会议、专项督导、观摩交流、现场指导等多种方式和平台推进工作，市县及基层党委政府十分重视，相关部门通力合作、积极推进，厕所革命在安徽省开展顺利，成果显著。

（一）政府主导，强力推动

旅游厕所建设管理涉及面广，系统性强、建设任务重，地方政府主导作用十分关键。安徽省旅发委领导深入基层一线，与各地党委政府主要负责人等就“厕所革命”多次进行磋商，争取各级领导对旅游厕所的关注和支持，采取多项措施推进“旅游厕所革命”。

（二）认真调研，确定项目

根据国家旅游局年度部署要求，安徽省旅发委会同市、县两级旅游部门及时动员，年初安排专人负责，主动对接地方城建、规划、城管、文化、农委、扶贫等相关部门，结合实际，认真调研摸排、筛选旅游厕所建设项目，确保旅游厕所项目选择及建设工作的有效性、科学性。

（三）试点带动，全面推进

为提高各市旅游厕所建设的积极性，安徽省旅发委先是重点在皖南示范区开展“旅游厕所革命”试点工作，对皖南示范区给予重点指导和支持。在“旅游厕所革命”全面铺开后，按照“完善存量，确保增量”的原则，安徽省旅发委把旅游厕所建设作为2015—2017年旅游项目资金的重点投资方向，同时，发挥地方旅游专项资金的导向杠杆作用，吸引和撬动社会资本投入。

（四）完善机制，建管并重

建立健全省、市两级旅游厕所项目建设跟踪推进工作机制，确保按期、按质、按量完成旅游厕所项目建设任务。一是建立专人负责制，做到定人员、定标准、定责任、定奖惩，确保工作到位。二是实行建设进度月报制度，每月汇总各地建设进展，及时掌握建设动态，对进度缓慢的及时调度，按时在国家旅游局网站上完成旅游厕所数据填报。三是实施定期检查制度，定期或不定期地对旅游厕所建设进行实地监督、检查、抽查。组织各市开展交叉互查，发现问题及时整改。

（五）强化考核，加大投入

将旅游厕所建设完成情况专门纳入对各市旅游业发展绩效考核和年度目标任务考核。把旅游厕所建设作为A级旅游景区、乡村旅游点等创建评定和复核工作的重要指标和依据。认真按照《旅游厕所建设管理指南》实施旅游厕所建设，高标准、严要求开展旅游厕所新建改建工作。同时根据景区厕所建设管理与评级挂钩制度，结合A级景区年度复核工作，组织人员对A级景区旅游厕所建设工作进行检查。还把旅游厕所建设列入“三线三边”治理等专项考评工作。对按时、按要求完成厕所建设工作任务的，及时兑现了国家局、省级扶持奖补资金。此外，一些市、县还加大资金投入，在地方旅游发展资金中专门给予配套奖补。

五、乡村旅游扶贫取得新成效

（一）完善了政策措施

为贯彻国家旅游局等部委印发的《乡村旅游扶贫工程行动方案》精神，安徽省加强组织领导，完善政策措施，大力推动乡村旅游扶贫工作深入推进。

一是省委、省政府高度重视乡村旅游扶贫工作。省委、省政府印发《关于将旅游业培育成为重要支柱产业的意见》（皖发〔2017〕9号），召开全省旅游业发展大会，对大力推进乡村旅游扶贫工作做出全面部署，提出带动40万贫困人口脱贫任务。省政府办公厅印发《关于乡村旅游扶贫工程的实施意见》（皖政办〔2016〕11号），并将该《实施意见》列入安徽省扶贫攻坚“1+X”配套政策，列入扶贫工作督查考核范围。

二是周密部署全省乡村旅游扶贫工作。先后于2016年3月、2016年9月、

2017年4月专题召开全省旅游扶贫工作会议、全省旅游扶贫“百企百村”结对帮扶工作会议和全省乡村旅游扶贫工作会议，全面实施乡村旅游扶贫“3451”工程，即：建设333个国家（省）级乡村旅游扶贫重点村、带动40万贫困人口脱贫、突出5条路径、抓好10项重点工作。同时，还在年度性旅游工作会议、年中旅游工作分析会、皖中皖南皖西分片区旅游工作调度会等重要会议上，多次就乡村旅游扶贫工作进行再强调部署再推动。

三是务实研究制定乡村旅游扶贫政策措施。省级层面，出台了《关于进一步促进乡村旅游提升发展的意见》《关于加快推进安徽省农家乐旅游标准化建设的实施意见》、关于印发《乡村旅游扶贫重点村建设指导目录的通知》《关于进一步发挥旅游景区脱贫带动作用的指导意见》等政策意见。市县层面，各地结合实际，对创建各类乡村旅游类旅游景区、研学旅行基地、中医药健康旅游基地、乡村旅游示范村、农家乐等品牌的，给予5万～20万元不等的奖励。

（二）加大了扶贫投入

突出333个国家级旅游扶贫重点村，通过统筹安排、定期调度、督查考核、奖扶促进等方式强化落实推进。

一是推进乡村旅游扶贫规划编制。编制了《安徽省乡村旅游扶贫规划（2016—2020）》，明确主攻方向、分区域重点、扶贫重点工程、重点项目。编制完成了《皖西革命老区旅游业发展规划》。推动333个乡村旅游扶贫重点村编制乡村旅游开发规划、策划及指南，截至2017年6月底，333个重点村已编制规划162个，占48.6%；正在编制规划的126个，尚未编制的45个。

二是加大乡村旅游基础设施建设投入。印发《乡村旅游扶贫重点村建设指导目录》，大力实施乡村旅游扶贫“八个一”工程（即重点村游客服务中心、旅游停车场、旅游公厕、旅游点、农家乐〈乡村客栈〉、标识标牌、导游词、导游[讲解]员）。2016年度和2017年，省旅游发展资金分别安排3650万元、3480万元用于支持乡村旅游扶贫重点村建设，占年度省级旅游发展资金近五成；2016年还与省发改委等部门争取中央预算内投资7320万元，其中3400万元用于支持34个国家重点村乡村旅游富民工程项目，有力推动乡村旅游重点基础设施和公共服务设施建设。各市县政府及旅游、扶贫等相关部门也安排或配套了一批乡村旅游扶贫开发资金或整合相关资金用于基础设施和配套公共服务设施的建设。截至2017年8月底，333个重点村中有132个完成或基本完成乡村旅游扶贫“八个一”工程，占39.6%。

三是大力推进乡村旅游产品开发。以星级农家乐、特色旅游小镇、研学旅行基地、中医药健康旅游基地峡、休闲农业与乡村旅游示范县（点）等旅游品牌创建为抓手，推动乡村旅游产品特色化、差异化开发。制定并实施省级《乡村旅游服务质量与评定》

《农家小院要求与评定》《美丽乡村精品旅游服务规范》《山间盆地休闲旅游发展要求》《旅游度假村设施与服务规范》《旅游小镇评定规程》等系列标准，逐步形成了全面覆盖、全线纵贯的乡村旅游地方标准体系。以乡村旅游项目建设为载体，吸引各方资金投向乡村旅游开发，促进乡村旅游产品的提质升级。2017 年纳入省旅游项目库的在建乡村旅游项目 1078 个，总投资达 5438 亿元，2017 年前三季度完成投资 464.6 亿元。

四是不断加强旅游宣传营销。进一步完善乡村旅游宣传营销体系，建立健全省市联动、区域联合、政企互动的乡村旅游营销工作机制。2016 年，安徽省旅发委公布了全省十大乡村旅游精品线路，组织全省 50 家旅游扶贫重点村参加了“发现别样安徽——旅游扶贫推介活动”。支持重点村通过网站、微信、微博、手机 APP 等，提高在线营销能力。支持有条件的旅游扶贫重点村举办或培育乡村旅游节庆活动等。2017 年组织实施“百朵金花——乡村旅游经典百村”宣传推广计划。重点围绕安徽乡村旅游扶贫重点村，讲好旅游扶贫故事，开展“乡村记忆”旅游扶贫公益宣传，在上海、南京、杭州等地举办了乡村旅游推介活动。支持合肥、阜阳、六安等地举办 10 场以上乡村旅游节庆活动，助力乡村旅游扶贫重点旅游旅游业发展。

（三）提升了扶贫成效

围绕国家局部署的“乡村旅游扶贫八大行动”，安徽省强化工作措施，促进乡村旅游扶贫成效提升。

一是开展乡村环境综合整治专项行动。以推进旅游厕所革命为切入点，大力实施乡村旅游扶贫重点村“八个一”工程，两年来，建成旅游厕所 1700 座、旅游交通标识牌 2200 块。

二是组织旅游规划扶贫公益专项行动。动员省内旅游规划资质单位企业为扶贫重点村提供规划智力支持，免费为 15 个乡村旅游扶贫重点村编制乡村旅游扶贫规划，为 70 多个乡村旅游扶重点村策划旅游项目。

三是实施乡村旅游后备箱和旅游电商推进专项行动。结合全省智慧旅游综合服务平台建设，联合省气象局打造“爱上农家乐”电子商务平台，开展乡村旅游电商扶贫行动，为旅游扶贫重点村提供专业的互联网服务平台，已有 157 家农家乐上线运营。大力开展农副土特产品驰名商标、名牌产品、知名旅游商品创建活动，推进乡村旅游后备箱工程，推出了 30 件不得不购的旅游商品、30 个不得不吃的金牌小吃（含 8 个中国金牌旅游小吃）和 30 道不得不吃的特色皖菜。

四是推进“百企百村”帮扶专项行动。组织省内 119 家旅游企业结对帮扶 109 个乡村旅游扶贫重点村，在编制规划、开办农家乐、提供就业、销售农副产品或手工艺品和开发利用旅游资源等方面提供支持或服务。

五是实施乡村旅游创客专项行动。推动乡村旅游扶贫重点村创建乡村旅游创客示范基地建设，目前有40个重点村、200多名“创客”投身创建行动。霍山县仙人冲画家村被评为中国乡村旅游创客示范基地。

六是多方推动金融支持旅游扶贫专项行动。与中国银行、建设银行、农业银行等签订战略合作协议，为乡村旅游定制化金融产品，创新推出“户贷企用”金融扶贫产品，解决乡村旅游资金制约瓶颈。创设安徽省旅游产业发展子基金工作正在有序推进。

七是认真开展扶贫模式创新推广专项行动。按照国家旅游局要求推荐了景区带村、能人带户、企业＋农户、合作社＋农户等一批典型，9个进入国家旅游局发布的旅游扶贫示范项目名单。注重扶贫成功经验的总结和宣传推广，推出四种乡村旅游扶贫工作模式和“三带一自”四种乡村旅游脱贫组织模式，金寨县小南京村（景区带村）、潜山县香格里拉休闲农业开发有限公司（公司＋农户）、合肥三瓜公社等3个典型乡村旅游扶贫案例，作为全省产业扶贫典型予以宣传推广。

八是有序开展旅游扶贫人才素质提升专项行动。首批建立由11名业内专家组成的旅游扶贫咨询专员队伍，为旅游扶贫重点村提供发展咨询、技术指导、项目合作等公益服务。突出提升乡村旅游行政管理人员、乡镇（村）干部、乡村旅游从业人员这“三支队伍”能力，启动全省旅游万人培训计划，近两年累计组织乡村旅游专题培训班6期，参训人员1200余人，其他各类培训班培训乡村旅游管理和从业人员2000余人。30名村干部参加国家旅游局组织的全国乡村旅游扶贫重点村村干部培训。通过“名导”“名家”进课堂活动，对大别山区在岗导游和旅游专业在校学生进行业务培训，提高业务技能。实施旅游教育扶贫工程。安徽省旅游学校以建档立卡贫困人口为主，开展了大别山区100名旅游类专业免费招生活动。

六、旅游信用体系踏上新征程

（一）完成省信用办相关工作

不断强化信用制度建设和实施。按照《关于利用“信用中国”网站开展安徽省社会信用体系建设宣传工作的通知》，结合各地推进旅游信用建设的经验做法、亮点和成效加大宣传力度，截至2017年6月，已向网站、微信投递稿件30篇。按照省信用办相关工作要求，完成《省旅发委关于加快推进个人诚信记录建设贯彻措施和建议》《省旅发委“双公示”工作自查报告》等相关文稿、自查报告7份。

（二）建设全省旅游信用信息平台

印发《关于组织填报安徽省旅游信用信息目录及相关基础数据的通知》，组织全省各级旅游管理部门开展信用旅游相关信息录入工作。目前相关基础数据（旅行社、企业、导游的处罚信息）已填报完成，并完成旅行社、处罚数据、出境名单等清单目录，端口已与省信用办对接。

（三）加强“双随机一公开”监管体制建设

为贯彻落实《安徽省人民政府关于“先照后证”改革和加强事中事后监管的实施意见》和《安徽省人民政府办公厅关于推广随机抽查规范事中事后监管的通知》部署要求，完成了全省旅游系统“一单两库”的统计上报（随机抽查事项清单、检查对象名录库、执法人员名录库），制订了全省旅游监管“双随机一公开”实施方案，下一步将落实该项制度，通过市场检查督导旅游企业诚信经营。

（四）开展旅游市场秩序整治

按照国家旅游局的工作安排，结合安徽省实际，持续开展旅游市场秩序综合治理行动。结合打击“不合理低价游”、规范出境游市场等检查任务，将文明旅游和诚信经营列入了检查内容。2017 年 1 至 6 月，全省累计受理有效投诉 391 件，调解赔偿旅游者损失 16.99 万元。未发生重大旅游投诉案件，按期结案率为 100%。发布《安徽省旅游消费维权报告》和四起典型旅游投诉举报案例，举办诚信旅游消费维权宣传活动，深入推进多元化纠纷解决机制。

（五）加强失信惩戒机制建设

继续以“信用长三角”建设合作为基础，构建沪、苏、浙政府、社会共同参与的跨地区、跨部门、跨领域的守信联合激励和失信联合惩戒机制。积极配合省工商局开展全省“一张网”公示系统建设。

持续推进旅游“红黑榜”工作。2017 年 5 月，在安徽省旅游质监综合执法经验交流培训班上解读了《安徽省旅游经营失信行为惩戒暂行办法》。按照国家局《旅游经营服务不良信息管理办法（试行）》要求，加大违法失信行为惩处力度，推动各地建立不良信息公示制度，做好文明旅游和诚信经营的正面宣传引导和反面典型惩戒工作。目前已统计完成各地旅游失信案件和旅游诚信典型。

（六）开展各类旅游诚信活动

2017 年上半年对安徽旅游诚信网进行了全面改版升级，着力推进信用旅游建设。与省食药监局合作开展“诚信菜单”和光盘行动。推出“安徽旅游诚信品质榜”系列策划活动方案。与省文明办、发改委、工商局、质监局等 5 家单位会签下发了《关于开展“2017 安徽旅游诚信品质榜”推荐活动的通知》，推进旅行社、导游、星级饭店、A 级景区和星级农家乐共 500 家单位及个人的旅游诚信品质榜推荐工作。很多市围绕旅游诚信建设开展了工作，如六安市出台了《六安市旅游行业诚信“红黑名单”制度（试行）》，强化舆论引导、扩大社会监督，积极营造文明、理性、健康、有序的旅游消费环境；马鞍山市开展“质量月”系列活动，引导游客文明旅游、理性维权。

福建省

一、推动旅游综合管理体制改革创新

（一）成立旅游发展委员会

在国家旅游局和省委、省政府的大力支持下，经省政府批准并报中编办同意，福建省旅游局于 2017 年 5 月 31 日正式更名为福建省旅游发展委员会，并由省政府直属机构调整为省政府组成部门。福州、厦门等 8 个设区市和平潭综合实验区管委会也相继成立了旅游发展委员会，这标志着福建省旅游机制体制改革取得了重大突破，并将加快推动旅游产业的发展。同时，福建省旅发委协调省编办开展县级旅游部门综合体制改革工作，积极推动获得世界级品牌目的地和国家级全域旅游示范区武夷山市、永定区等 2 个重点县区旅游局拟成立旅游发展委员会，进一步理顺旅游管理体制机制。

（二）率先在全国推出“放心游福建”旅游服务承诺

联合省物价局、工商局等有关部门于 2016 年 8 月 15 日在全国率先推出“放心游福建”旅游服务承诺，开发建设“福建 12315 旅游投诉管理平台”系统，按照“一口受理”“限时办结”“先行赔付”要求，不断完善承诺机制，形成了全省 24 个部门共同加强旅游市场综合监管的全新机制，大幅提升旅游投诉处理效率，有效提升了“清新福建”品牌效应，受到游客广泛好评。于伟国书记、省长、国家旅游局李金早局长对这项工作给予充分肯定，并在厦门召开的全国旅游市场监管会议上作典型发言。

（三）健全旅游纠纷综合处理机制

贯彻落实《最高人民法院、国家旅游局关于进一步发挥审判职能作用，促进旅游业健康发展的通知》文件精神，与省高院联合出台《关于构建旅游纠纷多元化解机制的指导意见》，明确各级人民法院要加强旅游景区等游客相对集中区域的派出法庭建设和巡回审判工作，要求各县（市、区）旅游部门主动对接当地法院，在本部门机关、游客集散地、旅游景区建立旅游巡回法庭、旅游巡回审判点或旅游法官工作室，提高联合执法、联合办案的能力。目前已在主要景区成立12家法庭、10家旅游巡回法庭和旅游巡回审判点、2家旅游警察大队、1家旅游警务指导中队、2家旅游警务队、14家旅游警务室。

二、持续推动“放管服”改革

（一）编制完善行政权责清单

根据《旅游法》《旅行社条例》《福建省旅游条例》等法律法规的修订情况，动态调整福建省旅发委行政权力清单，修改完善行政权力和公共服务事项清单，编制《福建省旅游发展委员会权责清单》，明确福建省旅发委62项法定权责。起草《福建省旅发委推进简政放权放管结合优化服务工作要点》，从8个方面梳理了24项工作任务，明确了各处室工作职责和完成时限。

（二）落实简政放权项目

编制《福建省旅游系统行政审批和服务事项参考目录》，统一设定全省旅游行政审批名称，明确法律依据，引导市县旅游部门依法行政、规范行使审批权。推进精准放权，将国内和入境业务旅行社经营许可、外商投资旅行社经营许可等6项行政权力委托各设区市旅发委（旅游局）、平潭综合实验区旅游主管部门实施，方便企业和群众办事；把观光工厂、乡村旅游经营单位评定等18个项目交由省旅游协会开展旅游质量等级评定，福建省旅发委不再直接开展旅游行业评定工作，转为对行业评定事项实施监督指导。开展“减证便民”专项活动情况，压缩旅游行政审批办证时限，将时限缩减到法律法规规定的60%。

（三）优化行政服务水平

通过福建旅游之窗对外公开福建省旅发委权力清单、责任清单和旅游系统行政审批和服务事项参考目录，配合推进网上办事大厅建设，明确网上申报、网上审批事项名单，配合设立行政许可中心，进一步提高行政服务水平。

三、铺开全域生态旅游示范区创建

（一）完善顶层设计

按照“省域即景区、景区即省域”的理念，把全省作为一个大生态景区打造，在2017年1月份以省旅游产业发展工作联席会议办公室名义下发了《关于推进全域生态旅游省建设的指导意见》。突出福建省生态核心优势，重点从“九个全”入手，推进全省全域生态旅游创建。一是统筹功能布局，实现旅游规划全域覆盖。二是统筹资源配置，实现旅游产品全域构建。三是统筹要素供给，实现旅游要素全域配套。四是统筹设施配套，实现旅游公共服务全面提升。五是统筹品牌建设，以“清新福建”品牌为统领，实现旅游营销全方位推进。六是统筹服务监管，以践行“放心游福建”旅游服务承诺为核心，实现旅游市场治理全省联动。七是统筹体制机制，实现旅游改革全面创新。八是统筹绿色发展，实现生态旅游资源全域保护。九是统筹全民参与，实现旅游发展成果全民共享。

（二）强化工作指导

扎实推进15个国家全域旅游示范区和9个省级全域生态旅游试点县建设。福建省旅发委领导带队赴基层，加大对全域生态旅游示范区创建单位全域规划引领、产品体系建设、服务设施完善、服务品质提升等工作指导，重点推进厦门、武夷山、泰宁、永定、永春等市县创建全域生态旅游示范区。

（三）突出示范推广

在《中国旅游报》《福建日报》开设全域生态旅游建设专栏，组织开展“全域生态旅游书记谈”活动，总结宣传各创建单位的经验，推出一批可学习、可复制、可推广的经典案例和成功经验，目前已发表专栏文章13篇，让全省各地学有标杆、追有方向。2017年3月，福建省旅发委吴贤德主任在国家旅游局举办的内地与港澳全域旅游暨旅游警察交流座谈会上作发言，向国家旅游局领导、全国旅游业界同行全面介绍了福建省全域生态旅游省建设经验。2017年9月，在美国佐治亚州亚特兰大市举行的中美旅游高层对话上，吴贤德主任围绕“全域旅游在中美两国的发展现状和前景”主题发表演讲，着重介绍了全域旅游在福建的实践，引起与会中美嘉宾和业界人士的强烈反响。

四、推动自贸试验区旅游业务工作创新

放宽台资外资在自贸试验区设立旅行社的条件。目前，自贸试验区内已经取得行政许可的台资合资、外资合资及台资独资旅行社共910家。推进台湾导游领队来闽执业岗前培训，自2015年福建正式推出台湾导游、领队通过执业培训并考核合格即可持证在福建省自贸区执业后，福建省共举办三期台湾导游领队岗前培训班，共有291289名台湾导游、领队人员参加培训，其中240名已通过执业考试，18名与省内出境游组团社签约。积极支持平潭国际旅游岛建设，指导平潭招商引资、景区提升、宣传促销，推动乡村旅游发展。允许台湾旅行社、执业者参与平潭建设，目前平潭已

成立7家台资旅行社。用好福建省外居民通过平潭口岸赴台团队旅游政策，鼓励游客通过平潭口岸赴台旅游。研究制定《促进平潭夏季旅游升温百日行动方案》，推动平潭旅游业发展。

五、推动旅游产业发展创新

（一）推动“旅游+”融合发展

印发《2017年省旅游产业发展工作联席会议成员单位工作任务》，联合省直相关部门共同推进97项旅游产业融合任务。大力发展邮轮旅游，2017年1至9月，厦门邮轮母港共接待国际邮轮67艘次，同比增长6.35%。福州获批成为全国第五个“中国邮轮旅游发展实验区”。评定2家国家级、18家省级生态旅游示范区；评定11个省级休闲露营公园创建单位，联合省卫计委、省体育局邀请专家已初评评定1312家省级养生旅游休闲基地、78家体育旅游休闲基地；举办2017年度“福建好礼”百佳旅游商品评选活动，评定105件（组）百佳旅游商品。屏南县白水洋—鸳鸯溪旅游区入选首批国家体育旅游示范基地，厦门国际马拉松入选首批国家体育旅游精品赛事。开展康养旅游休闲基地和体育旅游休闲基地创建。联合省经信委，首推观光工厂旅游新业态，福建省旅发委借鉴台湾的发展经验，对工业旅游进一步精准定位，引入“观光工厂”概念，通过订立标准、加强培训、树立标杆，塑造观光工厂特色品牌，推动“旅游+工业”战略，全面打响“清新福建”品牌。

（二）有效培育壮大旅游龙头企业

一是推动旅游企业上市。全面调研全省上市、预备上市企业情况，支持旅游装备制造企业、新业态旅游相关企业做大。2017年1月4日，武夷山映像大红袍股份有限公司获准在新三板挂牌上市，实现福建省旅游上市企业零的突破。二是开展旅游龙头企业评选。5月份，组织开展2016年度福建省旅游龙头企业推荐评选工作，评定福建省旅游发展集团有限责任公司等10家企业为2016年度福建省十佳旅游企业，厦门建发旅游集团股份有限公司等50家企业为2016年度福建省旅游龙头企业。三是支持旅游企业做大做强。全力配合福建省旅游发展集团，推荐21个省重点旅游项目，作为省旅游发展基金投向备选项目，谋划一批区域标志性旅游项目产品，并予推荐。支持福建省旅游发展集团、建发旅游集团发展实现百亿突破。

（三）扎实推动旅游产品建设

一是加快旅游项目建设。把2017年作为旅游项目重点推进建设年，按照省政府“五个一批”项目管理要求，下发工作通知，明确全年项目工作目标、工作重点及工作要求。推荐八闽文化旅游项目等26个项目入选全国优选旅游项目。精心策划15个首批标志性旅游产品项目，刺桐古港和泉州古城海丝文化旅游区、莆田荔林水乡湿地公园、武夷山茶旅小镇等地标性综合型重大旅游项目脱颖而出。二是建立重点旅游项目督查制度，确定推进300个年度重点推进旅游建设项目，总投资3280.35亿元，年度计划投资482.67亿元；推进全域旅游重大项目与基础设施投资工程包，年度计划完成投资20亿元。对省重点推进建设项目实行“一月一调度”“一季一通报”，有效推动重点项目建设。三是创新建立正向激励机制。每年安排转移支付项目资金时，对上年度旅游项目推进工作绩效和综合评价前五名的设区市，实施正向激励，在核算数外另增200万元至300万元，增量资金由各地自主安排补助旅游基础设施和公共服务项目；同时逐步完善工作评价与项目资金挂钩制度，对推进项目建设不到位的设区市实施逆向淘汰，减少资金支持力度，形成“干者得助”的良好导向。

（四）持续开展A级景区改革提升

下发《福建省百家重点A级旅游景区三年行动提升工程方案》，将用三年时间全面提升福建省重点A级旅游景区，加快推动福建省A级旅游景区从观光主导向观光、休闲、度假并重转变。拨付景区提升专项资金2460万元，用于全省48家A级特别是4A级以上旅游景区基础设施改造和服务设施提升建设。目前全省共有A级旅游景区230家，其中4A级以上旅游景区98家。厦门鼓浪屿成功列入世界文化遗产名录。深入开展全省A级旅游景区专项整治，对全省不达标或存在不同程度问题的27家A级旅游景区分别给予了摘牌、降级、严重警告、通报批评等处理。

六、推动“清新福建”整体营销新突破

（一）推动“清新福建”品牌成为国家注册商标

2017年4月份，“清新福建”商标获国家工商总局公告批准，正式成为国家商标品牌，福建省也成为全国继山东、湖北、青海、河北、江西等省份之后第6个获批国家旅游商标品牌的省份。

（二）多元营销体系日趋完善

持续在央视一套黄金时段播放“清新福建”宣传片。2017年4月1日起，首次通过移动、联通和电信三大运营商向入闽游客统一发送欢迎短信。成功举办第十三届海峡旅游博览会、2017年中国旅游日福建分会场活动和“清新福建·快乐大武夷”“清新福建·魅力闽南”等展会和推介活动，旅博会受到于省长“成效显著、持续拓展，要把握好旅游业发展的大好机遇”的批示肯定。整合品牌景区各类资源，创新成立福建省品牌景区推广联盟。继续在福州、厦门和北京机场投放“清新福建”形象广告，开展“清新福建号”闽江一日游游船冠名投放。各地纷纷开展“悠然三明四季行”“清新福建·魅力闽南”“清

新福建·快乐大武夷”等节庆和推介活动，“清新福建”宣传精彩不断。

（三）海外市场持续拓展

一是持续拓展驻外旅游推广中心。继续在“一带一路”沿线重点国家和重要旅游市场设立了驻外旅游推广中心，目前已覆盖马来西亚、印尼、美国、日本、澳大利亚及中国香港、中国澳门、中国台湾等国家和地区，持续在各旅游推广中心开展“海丝”文化宣传、“海丝”旅游推介，提升“海丝”旅游品牌的国际影响力。二是持续开展“海丝”旅游推介。以“万里茶道”为切入点，赴俄罗斯、丹麦、瑞典参加国家旅游局举办的“万里茶道”欧洲推介活动，赴蒙古参加“万里茶道”蒙古高原蓝色之旅宣传推广活动，突出福建在“万里茶道”中的独特优势，联动宣传“海丝”旅游，取得良好效果；组团赴美国、古巴、西班牙、希腊、约旦、澳大利亚、新西兰等“一带一路”国家和境外重点旅游市场开展旅游推介活动，以“海丝”文化、妈祖文化等为纽带，促进入闽市场的持续增长。三是创新“海丝”联盟秘书处专业化服务。用服务外包的方式，由企业派出专人，专职承担“海丝”联盟秘书处日常运营工作，增强与联盟成员的沟通，提高联络和协调的效率。结合海丝推广联盟工作，开展第三届“海上丝绸之路（福州）国际旅游节”，举办企业高峰论坛，促进资源联通、信息互通，持续打造福建省“海丝”旅游对外名片。在 2017 年全国旅游市场工作会议上作“海丝旅游推广联盟”典型发言。

七、完善旅游公共服务体系建设

（一）加快智慧旅游建设

编制完成《福建省“十三五”智慧旅游建设规划》。首批评定数字福建（长乐）产业园等 3 家“福建省智慧旅游产业示范基地”。建设完成全省智慧旅游云集群平台，包括清新福建多语种旅游门户网站、旅游质量评价系统、福建旅游运行监测系统、电子票务预约系统、旅游数据采集、福建旅游移动 APP、虚拟旅游平台等等。“笨游福建”APP 正式上线运行，为来闽游客提供旅游全方位解决方案。优化提升大数据网评系统，在全省开通 216 家智慧旅行社节点，启动省内 100 家智慧景区示范项目建设，在全省 93 家 3A 级以上景区布局建设“清新福建”旅游多卡通闸机。与省公安厅开展大数据合作，共享旅行、住宿数据。福建省 5A 级景区数据率先全部接入国家旅游局平台，联通率达 100%，获国家旅游局通报表彰。

（二）加强旅游市场监管

推进落实《关于提升旅游服务质量、加强旅游市场综合监管的实施方案》，制定《福建省 2017 年依法治理旅游市场秩序行动实施方案》，联合工商、公安、物价等部门开展打击“不合理低价游”和强迫购物消费行为等专项行动和旅游市场秩序综合整治春季行动，开展“双随机”抽查工作。

（三）加大旅游公共服务设施建设

一是推动建设旅游集散服务中心，2017 年计划建设 5 个、投资总额 8600 万元，目前已建成仙游古典工艺博览城、永安市、永泰县等 3 个旅游集散服务中心，屏南、莆田火车站旅游集散服务中心分别完成投资 98%、80%。二是加快推进旅游“厕所革命”，全年已完工旅游厕所 513 座、动工建设 211 座，全省 9 个国家 5A 级景区内各建设 1 个第三卫生间的目标任务已经全部完成，部分景区超额完成第三卫生间任务。三是推动自驾露营地建设，拨补 800 万元支持 16 个在建自驾车旅居车露营地完善设施。四是推动休闲驿站建设，对接省交通厅，推动服务区向交通、生态、旅游等复合型服务区转型升级，打造“清新福建”休闲驿站。五是推动旅游标识标牌建设。推动 2017 年新增 4A 级以上景区公路游客公共交通服务标识标牌建设，提升“清新福建”软实力，推动旅游公共服务体系进一步完善。

八、推动乡村旅游富民工程

（一）推进“百镇千村”工程

根据《福建省“十三五”旅游业发展专项规划》要求，指导地市加强规划编制，定位准确，突出特色，开展乡村旅游休闲集镇和特色村创建工作，指导创建 10 个休闲集镇和 177 个特色村。推动休闲集镇和特色村创新提升，开展福建省 10 个旅游休闲集镇、20 个旅游特色村评选活动，打造“清新福建”精品旅游项目。

（二）创建一批乡村旅游创客示范基地

在全省范围内开展了乡村旅游创客示范基地推荐认定工作，年内创建 8 家以上乡村旅游创客示范基地。通过推荐认定一批有品牌、有规模、有特色、带动作用强的示范基地，推广乡村旅游创客的成功经验和做法，带动全省乡村旅游创新发展。

（三）转变乡村旅游经营单位评定工作

继续开展乡村旅游经营单位评定工作，三星级以下（含三星级）乡村旅游经营单位评定下放给市级评定委员会。进一步鼓励乡村旅游经营单位的创建工作，不断提升管理水平和服务质量，有效推动乡村旅游产品转型升级。

九、旅游扶贫工作持续深化

（一）部门联动精准扶贫

联合 11 个部门起草了《福建省乡村旅游扶贫工程行动方案》，进一步强化各相关职能部门的协同合作，突出在编制规划、分配资金、安排项目时向乡村旅游扶贫重点村倾斜，形成旅游扶贫开发合力。精准抓住扶贫村的地域特色、民俗特色、文化传统等主要旅游资源特点，推进各扶贫重点村规划编制工作的落实。精准对接企事业单位与扶贫村，启动“百企百村专项行动”，发动全省400多家旅游企事业单位，对接全省472个全国旅游扶贫重点村，通过企业扶贫、产业扶贫、就业扶贫、智力扶贫、采购扶贫等方式开展帮扶脱贫。

（二）创新金融信贷扶贫

创新金融服务，统筹部分旅游扶贫重点村资源，分别对接中信银行、农发行，设计符合旅游扶贫项目特点、与旅游扶贫项目周期相匹配的金融产品，签署《促进旅游产业发展支持旅游扶贫“十三五”战略合作协议》《支持旅游扶贫与旅游产业发展工程合作协议》，双方将在乡村旅游扶贫、创新旅游投融资平台、构建互联网＋旅游新业态等方面开展合作，共同发力精准扶贫，促进旅游产业发展。目前寿宁县下党乡以红色旅游景区项目贷款资金1.9亿元（第一期）已通过了信贷审批，资金将用于对旅游资源的开发利用、运营与保护以及景区的经营管理。

（三）完善基础设施扶贫

联合省财政厅和省发改委，共下拨旅游扶贫专项资金9460万元，用于扶贫村旅游产业发展规划和设施建设，完善旅游标识标牌体系，构建覆盖全省的旅游集散系统，推进旅游“厕所革命”。同时引导地市出台旅游扶贫政策，配套旅游产业发展资金。联合省直有关部门，通过发展“公司＋合作社（基地）＋贫困户”等模式的现代农业产业以及推动光伏发电项目等进行产业扶贫，形成强大的扶贫攻坚合力。支持贫困地区打造一批休闲集镇和乡村旅游特色村，配合相关部门，依托当地乡村特色产品，通过开发一批在地美食、提升一批在地特色商品、培育一批在地特色民宿等措施，提升一批以农家乐、渔家乐、牧家乐、休闲农庄、森林人家等为主题的乡村度假产品，带动农民就业，增加农民收入。

（四）拓展精准营销扶贫

筛选100个美丽乡村拍摄宣传片，在省级多个电视台深度宣传美丽乡村建设情况。通过举办或参加各种形式的旅游推介会、展览会，有重点、有计划、有步骤地做好乡村旅游扶贫村的宣传和市场促销，形成“一年四季，季季有节，节节各异”的发展格局。邀请《人民日报》、人民网等新闻媒体举办专项活动，宣传推介乡村旅游产品和线路，不断提高乡村旅游品牌的知名度和吸引力，开拓客源市场，通过宣传节庆活动帮助当地乡村旅游发展。

江西省

2017 年以来，在江西省委、省政府的正确领导和高位推动下，在国家旅游局的关心指导下，省旅发委深入贯彻落实习近平总书记系列重要讲话精神和治国理政新理念新思想新战略，特别是对江西工作的重要要求以及对旅游业改革发展的重要指示精神，牢固树立创新、协调、绿色、开放、共享发展理念，紧紧围绕省委“创新引领、绿色崛起、担当实干、兴赣富民”工作方针，锐意进取，担当实干，持续加快旅游强省建设，创新驱动旅游转型升级，全面深化旅游综合改革，全力推进全域旅游发展，取得了良好成效。现将有关情况汇报如下：

一、全面贯彻全域旅游发展理念

全域旅游是一种全新的旅游发展模式，是“十三五”期间江西省全力推进旅游强省建设的重要抓手，是江西参与全国新一轮省域发展竞争的重要竞争方式，是旅游业转型升级、跨越发展的重要创新方式。发展全域旅游是提升江西旅游发展水平的内在要求，更是打造美丽中国“江西样板”的关键举措。为此，江西迅速贯彻落实，将全域旅游理念作为推动旅游强省建设的指导思想，引领全省旅游产业提质升级。江西全域旅游发展创新举措具有以下六个特点：

一是全方位重视。江西省委十四次党代会庄严提出“加快建设旅游强省，迈入全域旅游新时代”，正式将全域旅游纳入全省发展大战略。2017 年省政府工作报告也将“加快创建全域旅游示范区”作为一项重要内容，纳入了必须完成和实现的“硬指标”。2017 年，在省委、省政府召开的全省旅游产业发展大会上，鹿心社书记和刘奇省长分别就全域旅游做了重要批示和主旨讲话，全省各地都成立了党政一把手挂帅的全域旅游工作领导小组，将发展全域旅游纳入重要议事日程和考核目标予以重点推进。

二是全省域覆盖。着眼创建全省域的全域旅游示范区，构建全省多层次全域旅游目的地体系。积极创建全域旅游示范省，将全省域作为统一的旅游目的地来打造，形成了“一核心四门户九节点”的全域旅游大格局；全面推进全域旅游示范区建设，江西省上饶市、鹰潭市等 18 个市、县（区）已列入国家全域旅游示范区创建单位，其中设区市层面 4 个，县级层面 14 个，创建范围涵盖了全省所有的设区市，同时，全省还有 60% 以上设区市、县（区）拟创建省级全域旅游示范区，各地以点带面，连点成片，形成了千姿百态、差异化发展的全域旅游实践，全省基本形成省域全域化的基本格局。

三是全部门投入。不断加大创新力度，着力营造与全域旅游相匹配相适应的工作格局。建立了旅游综合管理机构，自上而下成立旅游发展委员会，在省级、设区市层面全面实现了“局改委”，全部成为同级政府的组成部门，全省 100 个县（市、区）中已经有 65 个县（市、区）实现了“局改委”，旅游部门统筹协调、产业引导等职能得到了有效加强；形成了部门联动机制，成立了由省长、副省长分别担任组长、副组长，发改、财政、农业、林业、水利、宣传、公安、工商等 37 家涉旅部门担任成员的旅游产业发展领导小组，根据职能分工，形成工作合力，共同推进全域旅游综合发展。健全产业发展推进机制，主要包括重大问题协调机制、产业运行调度机制、产业大会申办机制、游客满意度评价机制等，成为旅游协调发展的保障。健全了旅游综合执法体系，进一步深化全省旅游市场监管机制改革，推进“1 + 3 + N”旅游市场综合监管模式，构建起旅游工商、旅游警察、旅游巡回法庭组成的旅游综合执法司法体系，大力推广婺源县“旅游 110”、弋阳县“龟峰旅游综合执法指挥调度中心”等旅游综合监管先进经验。

四是全产业融合。发挥旅游“一业兴、百业旺”的综合产业优势，强化与各行各业的关联互动，形成了“旅游 +”“+ 旅游”融合共进态势，逐渐成为发展新经济、培育新动能的强劲动力。大力推进“旅游 + 农业”，打造了国家休闲农业与乡村旅游示范县 10 家，示范点 20 家；培育了江西省 5A 级乡村旅游点 5 家，4A 级乡村旅游点 103 家，积极推动 5 家国有垦殖场创建国家现代农业庄园；大力推进“旅游 + 城镇化”，重点培育了 15 家旅游强县，打造了旅游功能完善、特色产业突出的 20 家旅游风情小镇；大力推进“旅游 + 工业”，萍乡安源景区被评为首批国家工业旅游创新单位，上饶获评首批国家中医药健康旅游示范区，景德镇的陶瓷工业旅游和樟树、抚州等地的中医药旅游产品在国内也形成了较大知名度。大力推进“旅游 + 现代服务业”，庐山、龙虎山、井冈山、武功山大力发展休闲度假业态，新余昌坊、靖安中源等乡村旅游点通过养生养老产业，取得了较好的市场效应。

五是全社会参与。坚持全社会共建共享，发挥市场主体作用，使全域旅游成为激发市场活力，增加民生福祉的重要机遇。营造优良的市场环境，全面开放旅游市场，按照“非禁即入”的原则，建立公开透明的市场准入标准和运行规则，支持各类社会资本进入旅游市场，鼓励发展混合所有制旅游企业。探索国有景区所有权、管理权、经营权实行“三权分离”，推动庐山、大武功山经营体制改革，加快建立新型的风景资源管理体制。加强全域旅游人才建设，推动省内高校和省旅游规划院挂牌成立全域旅游、红色旅游、乡村旅游等研究中心，在南昌大学成立旅游学院，加强江西省全域旅游理论建设、规划设计和政策创新水平，构建与全域旅游相匹配的旅游人才队伍。大力推进文明旅游，开展“垃圾不落地，景区更美丽”行动，营造主客共享的全域旅游优美环境。大力发展红色旅游，发起中国红色旅游发展联盟，认真筹备红色旅游博览会，进一步唱响主旋律、弘扬社会主义核心价值观。

六是全要素发展。坚持财政投入旅游产业资金逐年增长，提升旅游基础设施和公共服务水平。不断完善旅游交通，推动上饶、抚州、瑞金等旅游目的地机场建设，加快推进武九、昌吉赣、昌景黄等高铁项目，在旅游目的地、景区景点、乡村旅游之间开工建设了一批国道、省道，全面提升交通全域化水平。深入实施“厕所革命”，在全域旅游示范区创建单位加速旅游厕所全覆盖。加强智慧旅游发展，在全省构建“旅游咨询一览无余、旅游交易一键敲定、旅游管理一屏监控”的智慧旅游体系。

二、全力推进旅游创新发展

围绕全域统筹规划，全域资源整合，全要素综合调动，全社会共治共管、共建共享的目标，创新旅游体制机制，释放旅游业的发展活力，促进旅游发展阶段演进，实现旅游业发展战略提升。

一是深化组织领导改革创新。旅游的发展，不是旅游部门的“独角戏”，而是各地、各部门共同参与的“大合唱”，组织领导必须更加有力。建立了党委政府主体责任，各级党委、政府承担起了发展旅游的主体责任，将旅游工作与其他中心工作同谋划、同部署、同推进。强化旅游及涉旅部门的协同作用，充分发挥旅游主管部门在统筹协调、产业引导、市场监管、宣传推介等方面的职能作用，各涉旅部门要主动作为。旅游管理部门主动与其他相关部门进行沟通，寻求支持，推进旅游职能融合发展、旅游与涉旅部门协同发展，形成加快发展旅游的强大合力。

二是深化旅游体制改革创新。强力推进景区管理体制改革，坚决破除条块分割，推动形成有利于全域旅游发展的“大景区”管理体制。实施了庐山市行政资源整合，编制了大庐山旅游规划，推动山上山下一体发展，解决了资源分割、管理分散、空间分化、发展分力等问题，成立了武功山经营管理体制改革工作领导小组，明确了运用市场的方法，实施统一规划、统一品牌、统一门票、统一线路、统一标准、统一营销的六大改革路径，组建大武功山旅游公司，并成立了萍乡、宜春、吉安三个子公司，形成了“一母三子”的经营主体构架，推进武功山经营管理体制改革，突出大武功山旅游品牌，创新跨区域景区旅游发展新模式，显示了江西整合旅游资源、做大旅游产业的决心。省旅游集团完成混合所有制改革。江西省旅游集团分别与阳光保险集团、建银国际（控股）、上海积厚资本私募基金三家战略投资者正式签约，省旅游集团成为混合所有制企业。省旅游集团以“旅游 + 大健康 + 大消费”融合发展理念，通过直接融资和间接融资双轮驱动的方式，大力开展项目投资，积极发挥其企业整合运营品牌、旅游融资平台和开发建设平台的作用，探索破解旅游企业小散弱制约旅游业发展的瓶颈问题。

三、全业推进旅游融合发展

旅游业具有拉动、融合、催化、集成的功能，要以“旅游 +”为途径，推动旅游与其他领域的深度融合，形成旅游新业态、新模式，着力形成“以产拓旅、以文兴旅、以建促旅、以网助旅”的全域旅游发展生动局面。

一是推进旅游 + 农业的融合发展。大力发展精品民宿、乡村主题酒店、精品休闲农庄、特色农业小镇、乡村旅游综合体等新业态，重点打造景观型、休闲型、民宿型、体验型、种养型旅游，促进乡村旅游、休闲农业等现代农业新形态发展。

二是推进旅游 + 文化的融合发展。文化是旅游的灵魂。江西拥有深厚的文化底蕴，各地都要善于挖掘特色文化资源，善于做好文化旅游融合的文章。加强与陶瓷文化、古村文化、道教文化、佛教文化、名人文化等深度融合，尤其是要以景德镇御窑遗址和海昏侯遗址公园为引爆点，全力打造文旅融合的金字招牌，重点创新与红色旅游融合发展新模式、新理念，全面提升江西文化旅游品牌影响力和竞争力。

三是推进旅游 + 健康养生的融合发展。江西省优越的自然生态环境、温泉资源和中医药产业，探索旅游与医疗、保健、养老的融合，积极发展生态养生度假、温泉康体保健、中医药康复医疗、养老旅游等新业态。

四是推进旅游 + 城乡建设的融合发展。通过实施城旅一体化建设战略，将整个城市作为一个旅游目的地来打造，拓展城市休闲空间，增强城市的旅游功能，通过特色小镇建设，推出一批以旅游为主导产业的特色小镇，通过新农村建设与旅游的融合，打造宜居宜游宜业新农村。

五是推进旅游 + 交通的融合发展。随着大众旅游新时代的到来，家庭游、自驾游成为出游的主要方式，江西省旅发委、江西省高速集团和中国科学院建筑设计研究院共同推进江西省自驾车旅居车营地项目建设，计划在全省的高速公路旁打造 60 ～ 80 个自驾车房车营地，丰富旅游市场产品供给，扩展旅游业发展内涵助力。

六是推进旅游 + 信息技术的融合发展。以“旅游 + 信息技术”为抓手，推动旅游管理、服务、营销的全面改革，重点推动游客集散中心、重点景区 Wi-Fi 全覆盖，推进旅游大数据开发应用，构建江西旅游大数据平台，形成了“旅游咨询一览无余，旅游交易一键敲定，旅游管理一屏监控”的智慧旅游体系。

四、全方位促进旅游开放发展

紧紧围绕“庐山天下悠、三清天下秀、龙虎天下绝”和“江西风景独好”旅游品牌形象，通过促进入境市场开发、积极融入“一带一路”建设、参与外交部全球推介活动的创新措施，创新开展旅游宣传营销，江西旅游品牌形象的知名度和美誉度不断提升。

一是夯实入境旅游基础性工作，加大旅游营销产学研合作。开展专项课题研究，成立江西省入境旅游提升战略工程课题研究组，对江西省入境旅游现状、与周边省市的差距及原因进行认真梳理、深刻剖析，研究发展对策及支持政策，形成课题研究及调研报告。在进行专项课题研究的基础上，2017 年 10 月底完成制定《2018—2020 年江西旅游境外营销计划》，并报省委、省政府，同意后组织实施。

二是实施领导干部带头出境营销工程，全面落实“重点突破境外营销”工作。以港澳台市场为重点，以俄罗斯为继续开拓对象，以欧美为潜力开发对象，以南美为新兴拓展对象，江西旅发委将以委领导带队，通过大型节事活动、国际旅游会议平台、友好访问活动、专场旅游推介等渠道，组织各设区市、5A 级旅游景区积极开展境外旅游宣传营销推介。积极支持设区市旅发委和重点景区开展境外旅游宣传促销。

三是创新境外旅游宣传平台，注重对民众、大众的旅游推介。近期将积极开展网络营销，以购买服务的方式在国外社交媒体 Facebook、Twitter、Instagram 开设“江西风景独好”账户，通过繁体版、英文版和韩文版等语言形式，锁定重点客源市场，宣传推介江西旅游产品、推广赣鄱旅游文化、推荐特色旅游线路。提高旅游广告的投放有效性，在中国台湾地区、中国港澳地区餐馆，在日韩、东南亚、欧美市场的中餐馆等华人聚集地投放江西省旅游品牌广告，并定期更新，适时宣传江西旅游节庆、旅游文化、旅游重点活动和旅游优惠，激发民众的旅游意愿。

四是开展“引客入赣”计划，联合拓展境外市场。精心组织各设区市旅发委和重点景区负责分片与周边省市旅游城市和重点景区对接，例如庐山与黄山、武功山与张家界、三清山与武夷山，出台政策，联合开发省际精品旅游线路产品，积极开展旅游联合促销，吸引境外旅游市场，努力实现产品互推、市场互动、客源互送。目前，江西旅发委已由委领导带队走访了贵州、湖南。

五是与民航业合作，推优惠激发旅行社招徕境外团队积极性。大力支持昌北国际机场旅客吞吐量破千万计划，在全省范围内开展优惠活动，境外游客凭外国护照（通行证）和昌北机场航班机票（登机牌），可在落地南昌后一周内享受5A级景区和部分重点4A级景区免票的优惠。此项政策对旅行社产生了效果，9月17日至20日江西中海国际旅行社组织了由越南河内旅游局带队的越南考察团赴赣旅游考察，充分享受了优惠政策。

六是继续支持发展入境旅游包机。联合省口岸部门、省机场集团加快推动入境旅游包机业务发展，落实入境旅游奖励政策，对旅行社和旅游包机商包机入境旅游、客源地投放江西省旅游产品广告、客源地推广售卖江西省旅游产品、赴境外旅游促销及邀请境外媒体或涉旅企业入赣踩线考察进行奖励，不断激发旅游企业做入境市场的积极性。目前，江西省已开通了泰国芭堤雅、越南芽庄、美国洛杉矶等国际航点。

七是借助“一带一路”战略契机，大力推进旅游交流。在“一带一路”倡议下，借“中蒙俄三国旅游部长会议”契机，江西省旅游积极参与国家旅游局的对外营销活动，主动融入国际旅游交流圈。2017年6月随国家旅游局赴俄罗斯、丹麦和瑞典开展“万里茶道”旅游推广，瓷器、茶叶和乡村旅游成为江西旅游亮相的代表物。2017年9月中美旅游高层对话在美召开，江西旅发委被选为代表省之一进行对话交流，向美国旅游界介绍江西开展全域旅游的情况。2017年10月，江西省世界遗产将在加拿大多伦多、美国旧金山和纽约开展专题和公众推介活动，展现多样化的江西山地景观。2017年11月，江西省的旅游强县风貌、赣州客家风情、抚州文豪风采等将远赴澳大利亚和新西兰，作为国家旅游局“一带一路”旅游推介中的精品资源亮相大洋洲。2017年12月，江西省作为国家旅游局参加“中丹旅游年”和“中瑞旅游年”闭幕式的代表分团，将进一步与丹麦和瑞士的旅游业界开展深度沟通，商议旅游互联互通等事宜。

八是紧密“泛珠三角”区域联盟，继续加大香港客源市场的开拓力度。2017年6月9日，“江西风景独好”（香港）旅游推介会及旅游招商会在香港举行，省长刘奇同志亲自出席并推介江西好山好水，同时，在香港设立江西旅游（港澳）推广中心，组织开展“万名港人游江西”活动。升级版的“三百山”旅游产品、多元化的旅游招商项目、新串联的专项旅游线路、形式多样的旅游优惠，带动了香港旅游市场新一轮的赴赣热潮。

五、全面提升旅游公共服务功能

旅游公共服务水平直接影响游客体验质量、游客消费热情、游客权益保障，进而影响旅游品牌形象，完善旅游公共服务功能显得尤重要。

一是厕所革命成效明显。截至目前，全省已完工厕所 2239 座，其中新建完工 1528 座，改建完工 711 座，争取国家旅游局旅游专项资金 4400 万元，省本级累计下拨资金 5500 余万元用于厕所革命专项工作。厕所革命呈现出由“景区”向“全域”延伸、由“要我建”向“我要建”转变、由“建设者”向“使用者”覆盖、由“简易化”向“人性化”转变的特点。南昌、九江、宜春、上饶、吉安、抚州先后被国家旅游局评为厕所革命先进市。在第四次全国厕所革命推进大会上，南昌市人民政府和萍乡市旅发委荣获“厕所革命综合推进先进单位”荣誉（全国共 20 个，江西省占 2 席）。萍乡市武功山景区和景德镇御窑景区分获管理创新奖和人文关怀奖。

二是智慧旅游快速推进。推动全省旅游大数据中心建设，支持指导上饶市承建全省旅游大数据中心，鼓励上饶市先行先试旅游大数据及产业运引监测平台建设，目前大数据选址及软硬件部署已完成。谋划布局全省 4 A 级以上旅游景区监测视频及信息接入省级平台，计划与省信息中心联手打造全省旅游专网建设，形成省、市、县、景区四级政务专栏架构，目前建设方案已经委党组会研究同意，正在积极推进。各地在智慧旅游建设方面也取得明显成效，其中鹰潭智慧停车项目在龙虎山已顺利通过测试，并投入使用，启动了全域旅游电子地图采集及掌上鹰潭项目。赣州建立了智慧旅游公共服务平台，为游客提供景区购票、土特产在线购买、景区一键导览、旅行社产品在线报名等服务。

三是加强景区常态化管理。扎实开展 4A 级及以下景区复核工作，对检查不达标的 4A 级景区分别进行警告、摘牌处理，其中景德镇得雨生态园、萍乡安源锦绣城 2 家景区被摘牌，南昌市天香园、吉安钓源等 7 家景区被警告，并限期 6 个月整改到位。督促各设区市开展 3A 级以下景区复核工作。省、市、县、景区四级联动，共同推进景区服务质量和环境质量的提升，维护了 A 级旅游景区核心竞争力和含金量。

四是进一步规范旅游市场秩序。紧盯重要节点、重大活动、关键时期，大力开展旅游市场整治，确保旅游市场平稳有序。在全省开展“春风行动”专项整治，对南昌市、九江庐山市、上饶婺源县、抚州资溪大觉山景区和萍乡武功山景区等重点旅游目的地进行实地督导检查。在春节、“五一”、全国“两会”期间，分赴各设区市实地开展旅游市场秩序监督检查，确保旅游市场平稳有序。进一步加强出境游市场监管，对出境游旅行社事中事后监管、查处出境游违法违规行为、做好出境游安全防范工作等规范出境旅游经营事项进行了明确。

五是创建文明和谐旅游环境。开展文明旅游义务宣传，引导广大群众关注旅游、参与旅游、文明旅游。3 月 10 日，委主要领导亲自带领委机关及直属单位文明旅游志愿者，到江西南昌凤凰沟景区开展文明旅游义务宣传活动，发放宣传资料 5000 余份，积极劝导不文明行为。3月15日，发放旅游消费提醒宣传折页8000份，现场解答群众的旅游咨询。认真组织“中国旅游日”文明旅游宣传活动，引导游客文明出行，安全出行，绿色消费，理性维权，做中国好游客。

六是推进旅游标准化建设。认真开展星级饭店、星级旅行社、旅游强县等评定验收，加快推进温泉旅游企业星级标准、绿色旅游饭店标准实施。南昌洗药湖山庄、九江锦都龙荷酒店、于都枫叶花园酒店等被评为四星级旅游饭店，江西教之旅国际旅行社、江西省全球通国际旅行社、新余九洲国际旅行社等被评为五星级旅行社，吉安市青原区、鄱阳县、湖口县被评为第三批江西旅游强县。举办全省温泉企业星级国家标准和全省绿色旅游饭店国家标准宣贯培训班，加快推动标准落实。指导江西省龙虎山旅游文化发展（集团）有限公司申报“国家级服务标准化试点单位”，指导江西婺源股份江湾分公司、江西婺源篁岭文化有限公司、江西远大国际旅行社申报“全国旅游服务质量标杆单位”，受国家旅游局委托，完成了对这三家单位的现场核查工作。

七是切实维护旅游安全。时刻紧绷旅游安全生产这根弦，扎实开展旅游安全生产监督检查，上半年全省无涉旅重大安全事故发生。成立了以委主任为组长、副主任为副组长的旅游安全工作领导小组、安全应急管理领导小组、安全生产和防汛工作指挥部，强化了组织领导力量。召开系列旅游安全会议传达上级有关安全生产会议精神并研究部署旅游安全工作，召开全省旅游安全生产工作会议对旅游安全生产工作进行了部署，进一步强化意识，落实责任。先后开展了“两会”期间全省旅游安全生产和市场秩序联合督查活动、全省旅游安全生产检查活动、汛期旅游安全专项行动，不断强化举措，排除安全隐患。

八是着力旅游诚信建设。开展“诚信兴商宣传月”“质量月”活动，树立诚信意识，营造旅游企业和从业人员自觉遵规守纪、诚信经营的氛围；开展诚信旅行社评选活动，树立诚信典型，引导游客关注诚信企业，注重旅游品质，培养“明明白白消费，开开心心旅游”的新观念；开展诚信经营和服务案例宣传活动，营造诚信旅游新风尚；成立“旅行社诚信先锋联盟”和“红心导游联盟”，加强行业自律，共同构筑江西旅游新形象；开展十大最佳诚信旅行社、十大最佳诚信旅游饭店、十大最佳诚信旅游餐饮企业和十大最佳红色导游员评选活动，弘扬“游客为本，服务至诚”的旅游核心价值观，全面推进旅游诚信体系建设，提升旅游发展质量；建立旅游经营服务不良信息记录和公示制度，对不讲诚信、违法违规的旅游企业和从业人员依法处理，并及时向社会公示；与省信用信息共享平台和全国企业信用监管警示系统对接，实现全省旅游企业诚信奖励信息和失信处罚信息的同步发布。同时与工商部门对失信企业实行联合惩戒，形成对失信行为的高压态势，营造“有信者荣、失信者耻、无信者忧”的氛围。

九是实施美丽中国“江西样板”畅行游升级改造工程。建设绿道系统，改善省内通往景区景点道路和交通标识，加快机场、城市旅游公交、汽车租赁设施建设，打通“断头路”，逐步将重点景区公路路宽标准从7米提高到22米；支持省内有条件的旅游景区、旅游城市开行旅游专列，做大做强高铁沿线旅游经济；加快推进房车、自驾游营地和低空飞行设施建设，完善提升景区餐饮、住宿、卫生、旅游咨询和医疗救助等综合服务区配套服务功能；加快游客集散地配套建设，完善重点旅游城市综合性大型游客集散中心设施和功能，实现全省旅游咨询服务中心全覆盖。

十是实施旅游目的地整体环境改造工程。美化绿化优化高速公路、景点景区、游步道、乡村景区；对农村旅游目的地民居建筑实施限高、限大、治乱政策，进行景观化、旅游化改造；加快特色旅游小镇建设，规范、有序推进旅游目的地居民自有住宅“住改商”改造，推动民宿、旅游游憩用房的标准化、规范化、集约化管理。

六、全面推进乡村旅游和旅游扶贫

江西山川秀丽、物华天宝、人杰地灵，是一块自然天成与人文造化完美结合的旅游宝地。通过政府引导、市场引领、产业带动、多元发展，全省乡村旅游和旅游扶贫发展新格局基本形成，实现了从旅游业的“配角”到“主角”、从“零星分布”到“全域发展”、从“单一模式”到“多元业态”、从扶贫“边缘区”到“主战场”的四个转变，推进乡村旅游与旅游扶贫的协调发展，为江西决胜全面建成小康社会、建设富裕美丽幸福江西奠定坚实基础。

一是强化顶层设计，在体制机制创新上实现了新突破。江西省委、省政府高度重视乡村旅游发展与扶贫攻坚工作，鹿心社书记、刘奇省长多次深入基层调研，多次作出重要批示，要求各地发展生态、红色、乡村、休闲“四大旅游”，使其成为贫困地区群众增收的重要来源。省委、省政府坚持每年召开全省旅游产业发展大会、全省乡村旅游与旅游扶贫大会，高位推动、统筹部署全省乡村旅游发展。各级党委政府把乡村旅游和旅游扶贫工作纳入重要议事日程和年度考核范畴，自觉成为落实工作的主体。在省市县全面推进“局改委”的同时，一些重点乡镇还成立了副科级旅游办公室，真正使乡村旅游工作落到乡镇一级。近日，省政府办公厅印发了《关于进一步发展乡村旅游 推进旅游扶贫工作的意见》，在发展政策、专项资金、项目推进、土地保障等方面对乡村旅游予以政策倾斜。省人大常委会以乡村旅游和旅游扶贫为主题，连续两年开展助推旅游强省建设系列活动。以井冈山、婺源、流坑为代表的乡村旅游区设立了旅游法庭，旅游工商分局和旅游警察，完善了旅游“1+3+N”的政府主导的管理模式。

二是坚持创新引领，在提升发展质量上实现了新突破。2016年，江西把旅游主题定位为“乡村旅游发展提升年”，将乡村旅游作为全省旅游业改革创新的优先抓手进行谋划推进，集全省之力、聚全省之智、汇全省之策，以旅游为载体，推动乡村深刻变革，为江西旅游业开辟新空间、新纵深、新领域。同时，我们制定了《江西乡村旅游点质量等级划分与评定》《江西省旅游风情小镇创建指南》等地方标准，通过标准引导，逐步实现乡村旅游发展的差异化、特色化与服务的标准化、规范化相融合。在新标准引领下，全省共成功创建了5个省级5A级乡村旅游点，103个省级4A级乡村旅游点，20家旅游风情小镇，涵盖了多种业态，涌现了一批精品。

三是推动产业融合，在增加有效供给上实现了新突破。我们积极推进乡村旅游与农、林、水、渔、牧、养等产业融合发展，形成以旅游为平台、跨界整合、多产融合的乡村旅游发展态势；致力推动乡村旅游由观光经济向体验经济、访客经济转型，着力发展精品民宿、乡村主题酒店和精品休闲农庄，优化了产业结构，丰富了产品供给。继"婺源模式"之后，民营企业主导下破解乡村旅游产权纠葛基层实践的"篁岭样本"和镇村集体经济主导下打造乡村旅游扶贫富民四级收益模式的"丫山经验"在全国的影响越来越大，得到了李金早局长高度点赞。同时，新余仙女湖、赣州大余、石城、宜春靖安、南昌湾里、抚州资溪等一大批乡村旅游发展典型县相继涌现。如靖安中源乡打造"乡村旅游＋休闲度假"，每年有近5万避暑大军在此度假。

四是实施"三大工程"，在推动精准扶贫上实现了新突破。大力实施旅游产业扶贫工程。积极探索"景区（公司）+旅游合作社（协会）+贫困户""旅游公司＋贫困户""旅游协会＋贫困户""景区（公司）＋基地＋合作社＋贫困户""基地＋贫困户"等多种扶贫模式，帮助贫困户从不同方面参与获得收入。如井冈山神山村通过发展红色乡村旅游成功脱贫致富，使村庄由"山区"变成"景区"，贫困群众由"老表"变成了"老板"。大力实施乡村旅游整体营销工程。以"美丽中国、寻梦江西"为主题，将乡村旅游作为旅游宣传营销的"主声道"，"像推介名山大川一样推广乡村旅游"，进一步拓展了客源市场；借助"互联网＋"，迅速推出了一批"网红"和"爆款"乡村旅游景区景点。大力实施乡村旅游扶贫人才培训工程。开展乡村旅游扶贫"百县千人"培训工程，实现了全省所有县（区）县长、旅游重点乡（镇）乡长和乡村旅游重点村村主任培训的"全覆盖"；开展从业人员培训工程，培养了一批发展引路人、政策明白人、致富带头人；开展乡村旅游创客工程，引进了一批大学生、返乡农民工等各类"创客"投身乡村旅游发展；实施"三进"工程，编印乡村旅游系列知识读本，免费进乡村、进社区、进校园，普及学生和群众乡村旅游知识，激发了全社会参与乡村旅游的潜力和热情。

山东省

2017年，山东旅游系统深入学习习近平总书记系列重要讲话、视察山东重要批示指示精神和党的十八大、十八届三中、四中、五中、六中全会与省第十一次党代会精神，积极实施国家旅游“515战略”，大力发展全域旅游，把旅游纳入新旧动能转换和经济文化强省建设重大工作部署，以供给侧结构性改革为主线，加快布局符合“四新”促“四化”方向的重点项目，旅游发展取得新成效。前三季度，全省旅游消费总额6656.4亿元，同比增长14.4%；游客总人数5.8亿人次，同比增长10.1%。其中：国内游客5.8亿人次，同比增长10.2%；入境游客359万人次，同比增长0.7%；城乡居民人均出游3.0次，同比增长12.9%。

旅游改革创新总结

（一）稳步推进旅游机制改革，多措并举发展全域旅游

近年来，按照省委、省政府和国家旅游局工作安排，省旅游发展委认真研究部署，积极组织协调，以推进十大文化旅游目的地品牌建设为抓手，以资源整合、产业融合和部门联合为路径，健全资源整合、环境保障、宣传营销、联合执法、政策扶持、综合考核“六大机制”，深入贯彻落实全域旅游发展理念，积极培育促进经济社会发展的新动能，取得显著成效。

1. 党政统筹，积极创建全域旅游示范省。省委、省政府高度重视，统筹推进，大力支持全域旅游发展，不断强化对全域旅游工作的组织领导，已经将旅游业纳入了全省重大发展战略，将全域旅游和十大品牌写入了2017年的《省委工作要点》和《省政府工作报告》，通过更名省旅游局为省旅游发展委，作为省政府组成部门，提升省旅部门综合协调职能；顺应大数据时代的需求，成立旅游数据中心等一系列积极作为，

不断强化对全域旅游工作的组织领导职能，2017 年国家旅游局批准山东省创建全域旅游示范省。

2. 建立健全“六大机制”，全域旅游初见成效。省发改委积极安排区域战略切块资金支持旅游业发展，3 年累计安排了 15 亿元。省财政厅设立了旅游发展专项资金，逐年加大支持力度，设立了滨海旅游引导基金、山东旅游引导基金，促进了社会投资。省国土资源厅将旅游用地纳入土地利用规划，每年安排 3000 亩用地指标定向支持旅游大项目和基础设施建设。财政、经信、商务、住房建设、交通运输等部门积极推进厕所革命，范围覆盖到加油站、大型商超、高速公路服务区、旅游交通集散点、乡村旅游区点，数量比国家旅游局下达到山东省的指标扩大了 10 倍。发改、商务、农业、林业、水利、海洋渔业等部门共同推动乡村旅游提档升级，乡村旅游占农业增加值的比重超过 20%。交通运输、公安、高速公路集团等部门和单位联合推进旅游交通标识体系建设；宣传、文化、外事、商务等部门共同开展旅游宣传营销；公安、工商、卫生、食药、物价等部门大力整治旅游市场秩序；公安、交通、卫生、质监等部门全力加强旅游安全工作，初步形成了部门合力发展全域旅游的格局。

3. 强化职能，部门联动合力推进。“全域”落脚旅游方方面面。2017 年 3 月 24 日，省政府召开旅游工作联席会议第二次全体会议，省旅游发展委员会等 27 个部门签订了 14 个全域旅游联合推进计划，共 86 项事宜，几乎囊括了旅游发展的方方面面。与省经信委签订联合推进计划。建立工业旅游资源普查目录，构建工业旅游资源数据库。编制《山东省工业旅游发展总体规划》。积极开展国家级工业旅游示范市建设打造一批企业文化主题酒店和主题广场，建设一批企业科技馆和“老字号”企业博物馆。出台《关于进一步加快乡村旅游提档升级的实施意见》等文件，搭建产业发展合作平台。充分发挥乡村各类物质与非物质资源富集的独特优势，利用“旅游 +”“生态 +”等模式，建设一批水利风景带、打造省级以上水利风景区，推动各类家庭农场、农业园区和规模化基地提档升级，拓展观光采摘、休闲体验、科普教育、文化创意等功能，打造一批齐鲁美丽田园、省级休闲农业和乡村旅游示范点、休闲农业示范园区，推出一批森林公园和湿地公园。与省住建厅签订联合推进协议，加强旅游业与城乡规划融合。以《山东省旅游产业发展总体规划》为引领，充分开展“旅游 +”等新业态领域的合作，建设新业态标准体系，重点培育和评定包括研学旅行、低空飞行、中医药康养、房车露营、温泉消暑、邮轮游艇、休闲垂钓、文化演出和节会旅游等在内的新业态示范基地。

（二）深入“旅游 +”战略融合，合力推进新业态遍地开花

1. 以新标准促进新业态。丰富新业态标准体系。联合发改、教育、体育、中医药、交通、公安等部门，推行新业态服务标准，建设新业态标准体系，培育推出一批新业态示范项目。联合省体育局，鼓励支持各市做好国家体育旅游示范基地的创建工作。

联合相关部门，共同指导旅游新业态产品设计，推广国内一流的“旅游+”新业态项目。培育壮大市场主体，加快新业态人才培养。加强在岗人员培训。加快培育旅游创客，建立创客创意空间、创客示范基地。联合省教育厅等11个部门印发了《山东省推进中小学生研学旅行工作实施方案》，筛选25家研学旅行基地向教育部申报中小学生研学基地，积极推动各地打造研学旅游目的地、示范基地与研学产品。

2. 以新品牌培育新亮点。坚持世界眼光、国际标准、山东优势，以“四新”促“四化”，深入推进实施“旅游+”战略，推进体育旅游、农业旅游、研学旅行、汽车露营等涉旅产业融合发展。各市以供给侧改革为抓手，结合当地旅游资源优势，下大气力开发多种新业态产品，不断丰富充实十大文化旅游目的地品牌产品体系，优化全省旅游产品结构。研学旅游、邮轮游艇、低空旅游、休闲垂钓、体育旅游、健康旅游、房车露营、文化演艺等新业态发展势头迅猛，新业态产品日益受到游客青睐，已成为当地旅游产品的突出亮点。

3. 优化投资结构助推提档升级。全省旅游投资保持逆势上扬的态势，成为社会投资热点和最具潜力的投资领域，旅游投资连年增长。2016年完成旅游投资2007亿元，2017年1—9月份，全省纳入国家旅游局旅游项目管理系统项目有1140个，旅游总投资达1.95万亿元；实际完成投资1616亿元，同比增长15%。其中已竣工项目108个，完成投资总额575.73亿元。

一是各市把项目建设作为推动新旧动能转换、发展全域旅游的重要抓手。2017年以来，济南、日照、淄博等11个城市完成投资实现较大幅度增长。

二是旅游项目结构更趋合理。旅游投资呈现多元化，旅游新业态、文旅融合、休闲度假、乡村旅游、基础设施和智慧旅游等项目受到社会资本青睐，旅游特色小镇等大型综合类项目成为资本新宠。

三是旅游项目规模大、档次高、内容新。目前纳入国家旅游局项目库的1140个项目中，投资额在亿元以上的有971个，占到总数的85.17%。在这些项目中，投资额超过100亿元的38个，50亿～100亿元的28个，50亿元以下的60个。

四是投融资模式不断创新。随着国家各项利好政策的持续出台，旅游投资市场主体更加多元，政府、国有、民营资本在旅游产业中发挥各自优势，地产、商超、航空、体育、互联网等行业资金投向旅游业，BOT和PPP等投资方式比重不断加大。

4. 工业旅游强劲发力。截至目前，山东省共有国家级工业旅游示范点39家，省级工业旅游示范点337家，全省工业旅游商品研发基地达100家以上，“山东省名牌工业旅游商品”达100个以上，基本建立了由工业企业、产品设计、旅游市场三方共同参与的工业旅游商品市场开发机制。2016年全省工业旅游接待游客2024万人次，实现直接收入近25亿元。

一是加强顶层设计，谋划工业旅游发展蓝图。2017 年以来，围绕工业旅游发展问题，省政府研究室、省旅游发展委等部门联合调研，形成《关于加快工业旅游发展的调研报告》，在此基础上，山东省正式印发《关于加快推进工业旅游发展的意见》，不断强化工业旅游发展的责任感和紧迫感，全力助推工业经济转型升级。

二是实施规划引领，引导工业旅游前进方向。近年来，山东省相继出台《山东省贯彻实施国务院“十三五”旅游业发展规划》《山东省旅游产业发展总体规划》和《全省旅游业发展“十三五”规划》，都把工业旅游作为重要内容，将规划实施纳入市县科学发展观考核体系。

三是推广标准示范，助推工业企业长远发展。2013 年，山东省旅游发展委员会制定了《山东省工业旅游示范点评定标准》，对旅游设施、旅游经营、旅游安全、接待人数和经济效益等方面进行了规范。在《评定标准》的规范指导下，全省各大工业企业纷纷受益。

四是出台相关制度，丰富工业旅游业态体系。加快编制《山东省工业旅游发展总体规划》，明确工业旅游发展重点和空间布局，加强顶层设计，促进工业旅游资源科学有序开发。尤其突出观光工厂、工业博物馆、工业遗址公园、工业文化创意基地、重大工业工程、工业旅游小镇、工业节庆会展、旅游装备制造等的支撑作用，构建布局合理、各具特色、层次分明的工业旅游产品体系。支持百年老字号企业、行业龙头企业，通过建设专题博物馆、行业博物馆、企业博物馆的形式，将珍贵的历史记忆呈现给游客。

（三）营销体系 + 营销专家 + 营销人才助力海外市场全面打开

1. 海外市场旅游产品营销渠道建设。经过申报、评选等一系列程序，成功与 12 个国家和地区的 51 家渠道商（韩国 13 家，中国台湾 8 家，中国香港 6 家，美国 5 家，马来西亚 5 家，新加坡 4 家，印度 4 家，日本 2 家，泰国，俄罗斯，澳大利亚和德国各 1 家）签署了标准化合同，与 35 家渠道商合作设立山东旅游营销中心，共同营销山东旅游产品，已经初步建立起规范化、系统化、制度化的海外旅游产品营销体系。

2. 继续实施山东旅游专家计划，建立海外营销培训机制。在原有的韩国、中国香港和中国台湾基础上，继续将旅游专家计划推广到美国和东南亚。截至目前，已有 1300 余名海外业者完成了旅游专家培训课程的学习。

3. 旅游营销内容建设。丰富山东旅游图片库和视频库，目前该平台已有图片 1977 张、视频 110 个、旅游指南及 PPT 95 个。

4. 开展“请进来、走出去”工作。2017 年共组织 20 余家省内旅行社参加海外展览活动 9 次，其中随国家旅游局参展 6 次，自行组织展览 3 次。

上半年，积极加强与航空公司、国家旅游局驻海外办事处的沟通与合作，邀请海内外旅行商20余批次，近200人次来鲁踩线，研发适销对路的旅游产品。

（四）依托制度支持政府扶持，创新发展旅游大购物

近年来，在山东省委、省政府的正确领导下，山东省旅游发展委借助旅游业新旧动能转换重大工程的有利时机，大力实施旅游业新旧动能转换，以发展大旅游购物为主题思想，做好顶层设计和制度建设，积极进行旅游商品跨界融合，使旅游商品产业在山东得到空前的发展。

1. 建章立制抓机构，让旅游购物走在前列。山东省旅游发展委员会商品开发服务中心是全国范围内首个正处级旅游商品专门管理机构。经过10余年的发展，山东的旅游购物产业规模、旅游购物消费总额和旅游商品开发水平都得到了极大的发展和提高。目前形成了省、市、县三级旅游购物行业管理体系。

2. 发展大旅游购物，保障全域旅游建设。山东省旅游发展委员会十分重视旅游购物发展，于风贵主任更是提出了发展“大旅游购物”的理念，在这一理念的引领下，我们不断完善各项政策法规，统筹全省旅游购物市场快速发展。一是开展旅游购物标准化建设。2016年，新设《购物旅游示范城市评定》《购物旅游示范乡镇评定》《购物旅游示范村评定》三个全国首创的购物旅游示范区评定省级地方标准，使标准化建设得到更新和发展。二是加强监管，优化购物环境。联合工商、食药、质监等部门成立了山东省旅游商品质量监督平台。利用平台的多部门协作机制，接受旅游购物质量投诉，开展相应的执法工作，定期进行旅游购物市场监察，对全省旅游商品产品质量进行动态管理。山东省将逐步实施“旅游购物无理由退换货”机制，设立旅游购物无理由退换货联盟，解决游客来山东“有的买、放心买、安心购”的问题。三是实施境外旅客购物离境退税。通过积极争取省财政支持，经财政部、海关总署、国家税务总局审核批准，山东省于2016年4月1日和10月1日分两批实现了济南、青岛、烟台、威海4市境外旅客购物离境退税。

3. 加强产业顶层设计，凸显政府引导职能。在旅游购物的顶层设计上，山东不断完善制度建设，以规划引领发展，以扶持奖励刺激发展，使政府部门的引导职能得到充分发挥。一是出台指导意见，完善顶层设计。2017年我们以省政府名义出台《促进旅游购物消费的意见》，为全国首个省级人民政府颁布的旅游购物指导意见。二是坚持规划先行，以规划引领发展。山东编制了全国首部省级旅游商品规划——《山东省旅游商品开发规划》和《山东省旅游商品发展总体规划（2015—2020）》。2016年，结合山东实际，进行了《山东省旅游购物街点分布发展规划》的编制。三是完善奖励政策，扶持优秀企业。山东省旅游发展委起草的《山东省旅游商品扶持奖励办法》为山东首个扶持旅游商品发展的奖励办法，目前已报省财政厅待批复。目前山东每年用于旅游商品的扶持奖励资金达1000多万元。

4. 大力开展创新研发，建设品牌提升形象。为提升全省旅游商品品质，丰富旅游商品品类，大力推进旅游商品的创新研发和品牌建设。一是支持旅游商品大众创业、万众创新。连续举办旅游商品创新设计大赛。目前已经连续14年举办“山东省旅游商品创新设计大赛”系列活动，共有2万多件作品参赛，累计获奖作品1692件。二是加强品牌建设，让山东旅游商品走向世界。山东省旅游发展委牵头打造了“到山东最想买的100种特色旅游商品”“山东三珍”“山东好礼”等旅游商品品牌，不但促进了名优产品向旅游商品转化，也丰富了旅游购物市场的繁荣。三是探索“政府+企业+高校”的旅游商品开发新模式。山东省旅游发展委员会与山东艺术学院、山东工艺美术学院强强联合，发挥各自优势为全省部分景区和乡村旅游点进行旅游商品设计开发，解决企业和乡村发展旅游商品的短板和瓶颈问题。四是以旅游商品研发基地引领全省旅游商品研发。山东开展旅游商品研发基地评审，旨在培植一批专业、规范、知名的旅游商品研发、生产企业，培育一批旅游商品精品研发项目，从生产开发环节加速全省旅游商品产业发展。五是加大培训力度，构建完善的培训体系。定期举办旅游商品业务培训班，山东省旅游发展委员会每年举办1～2次业务培训，聘请国内外旅游商品和旅游购物专家进行权威性授课，大大提高了培训的质量。

（五）强力推进厕所革命，提升公共服务品质

1. 持续推进旅游厕所革命。自2015年厕所革命工作开展以来，山东省共新建改扩建旅游厕所15633座，建设数量全国第一。枣庄、济宁、临沂、烟台、济南、青岛、潍坊7个城市获得“2016年度厕所革命先进市”荣誉称号，受表彰数量全国第一。2017年5月，省旅游发展委员会、青岛市人民政府荣获“厕所革命·综合推进先进单位”称号。2017年以来，山东省加强旅游厕所常态化管理，制订山东省厕所革命新三年计划，明确建设数量和规模，出台了《山东省旅游厕所管理与服务规范》《山东省旅游厕所监督管理办法》，形成了完善的旅游厕所建设管理和运行标准，研发了旅游厕所APP（山东省旅游厕所管理系统），整合厕所定位、硬件设施、使用状况等基本信息，向游客提供即时评价功能。

2. 完善旅游集散、咨询服务体系建设。将旅游集散、咨询服务体系纳入旅游产业发展规划，结合济青高铁、鲁南客运专线、济聊铁路建设等，在全省科学布局旅游集散中心。

（六）部门协调联动，着力发展乡村旅游

一是创新工作机制，加强部门协调联动。2017年3月24日，山东省政府召开旅游工作联席会议第二次全体会议，省旅游发展委等27个部门签订了14个全域旅游联合推进计划，协调相关部门“+旅游”，充分发挥部门的职能和资源优势，深入贯彻落实全域旅游发展理念。其中，与省农业厅、省林业厅、省水利厅等3部门签订了《乡

村旅游联合推进计划》，通过搭建产业发展合作平台、推动规模化发展打造乡村旅游园区、实施乡村旅游精品工程、积极支持实施乡村旅游后备箱工程、支持改善基础设施条件、创新管理服务等措施，共同推动乡村旅游的发展。6月1日，山东省政府办公厅印发了《山东省乡村旅游提档升级工作方案》，指出：要联合林业部门指导黄河入海口等湿地创建国家5A级景区或生态旅游示范区，打造森林公园；联合水利部门推动现有水利风景区的改造与提升，沿河、湖、渠建设一批水利风景带，督促、指导戴村坝水利博物馆的建设，打造省级水利风景区；联合海洋渔业部门建设省级海洋牧场、省级休闲渔业公园等措施。

二是实施规模化、精品化工程。通过“合作社＋农户”“公司＋农户”“公司＋合作社”等模式，实现成方连片开发。目前，全省基本建成威海、临沂、泰安等6个环城市游憩带，烟台市长岛县、日照市东港区等10多个集群化发展的县（市、区），安丘市柘山镇等30多个集群化发展的乡镇，形成了仙境海岸、齐长城，以及黄河、运河沿岸等乡村旅游产业连绵带。省旅游发展委联合多个部门印发了《关于加快山东省饭店业发展的意见》，制定奖励政策，对符合精品民宿规范标准的新建和改造提升的乡村民宿、城市民宿，达到15个床位以上的，每个床位一次性补贴3000元。制定了《民宿服务质量等级划分与评定》地方标准，依据标准，全省评选出五星级精品民宿8家（床位260张），四星级精品民宿39家（床位1220张）。

三是做好“三个”结合，实现可持续发展。一是坚持乡村旅游与美丽乡村建设相结合。省扶贫、住建、农业、林业、水利等部门加强协调配合，整合新农村建设、小流域综合治理、农业结构调整等专项资金，集中支持乡村旅游发展，把发展乡村旅游作为开展“美丽乡村”建设的抓手，着力打造生产美、生活美、生态美“三生三美”的美丽乡村。二是坚持乡村旅游与特色高效农业相结合。通过“旅游＋”模式，实现一二三产业相互叠加，加快培育农业“新六产”。三是坚持乡村旅游与特色产业小镇相结合。结合省政府确定的100个特色产业小镇，依托真山、真水、真产业、真生活、真文化等特色资源建设旅游特色小镇的发展理念，逐步推进大汶口古镇、阿胶小镇等开发建设，为全省旅游小镇建设发挥了示范引领作用。

四是积极推动乡村旅游电商平台发展建设。充分运用“互联网＋”思维，增强线上线下营销意识，大力推进乡村旅游电商平台建设，全省3332个乡村旅游点全部入驻八喜旅游网电商平台，乡村旅游点民宿、农产品等实现了网上销售和支付，这在全国属于首例。组织“旅游电商万人培训计划”，已在全省17地市开展了主题巡讲活动，从旅游电商基本知识、乡村旅游点如何运用互联网经营等方面进行了培训，参训人数达8000余人。筹建的线上线下融合销售乡村农特产品的“八喜大集”项目，充分将乡村旅游和乡村扶贫紧密结合起来，目前项目总访问量达到890万人次，线上线下交易总额达 7.27 亿元，有效拉动了农产品消费，促进了乡村扶贫工程。截至目前，八喜旅游电商平台已向全省乡村旅游点输送游客达 443 万人次，成为山东省最大的乡村旅游电商平台。

（七）坚持精准扶贫，带动旅游富民

山东省将乡村旅游作为扶贫攻坚的“三驾马车”（光伏、电商、乡村旅游）之一，坚持问题导向，扎实开展工作，积极探索“一清五帮十到户”帮扶模式，努力推动山东省旅游扶贫工作扎实开展，取得了明显成效。山东省从 7005 个省定贫困村中，筛选 1051 个乡村旅游资源丰富、区位交通优势明显、干群发展愿望强烈、具有较大发展潜力的贫困村作为省级旅游扶贫村予以重点支持。截至目前，400 个重点旅游扶贫村中，370 个村率先开发建设，四门洞、压油沟等 196 个村已打造成型，开门营业，人均增收 4200 多元。全省形成了淄博市上小峰村、中郝峪村、上端士村、梦泉村、涌泉村等多个旅游扶贫示范带，起到较好的示范效应。山东省 1051 个旅游扶贫村共有 58772 户贫困户、133849 贫困人口，直接脱贫 45756 户、106366 人，间接带动 38 万人增收。

1. 下足绣花功夫，分类精准实施。山东省旅游发展委员会始终把精准放在工作的首要位置，突出“三个精准”，确保实际效果。一是精准筛选扶贫村。山东省旅游发展委坚持顶层设计、自下而上、省级统筹、分步实施的原则层层筛选旅游扶贫村名单。为切实找准旅游扶贫村，先后下发了《关于报送旅游扶贫村名单的通知》《关于核定旅游扶贫村名单的通知》和《关于调整 400 个旅游扶贫村名单的通知》三个通知，各市立足资源优势、因地制宜、实事求是筛选上报有发展潜力的旅游扶贫村。在此基础上，省旅游发展委通过考察调研、电话抽查等方式确定了旅游扶贫村名单。二是精准做实建档立卡。通过初选对象、公示公告等环节，完成了 1051 个旅游扶贫村调查摸底，共涉及建档立卡贫困户 58772 户，贫困人口 133849 人，全部统一登记造册、建档立卡。三是精准分类施策。根据贫困村旅游资源的不同类型和分布特点，坚持群众自愿、群众参与、群众受益的原则，充分利用农村田园景观、自然生态、农耕文化、民俗文化等特色资源，为旅游贫困村编制了《山东省旅游扶贫村总体开发实施规划》，逐村制定发展对策、逐户明确扶贫方式，实现“一村一策、一户一案”。根据调查摸底情况，分类精准施策。对有劳动能力的贫困人口，通过发展生产、转移就业促进增收脱贫；对失去劳动能力、失去生活自理能力的“两失”人员，采取资产收益、入股分红等方式进行帮扶。

2. 统筹整合各类资源，推动成方连片开发。山东省旅游发展委员会结合山东省旅游扶贫工作实际，整合政策、资金等各类资源，采取总体规划、综合开发、捆绑营销和项目带动等方式，对集中连片的旅游扶贫村实施成方连片开发，形成了“政府主导、

顶层设计、捆绑营销、社会支持、群众参与”的扶贫新格局。成方连片开发推动贫困地区接入市场，形成区域发展核心竞争力，有力促进了成方连片的旅游扶贫村之间资源共享、优势互补、市场共赢、品牌共塑。

3. 加大各项资金投入，加速推进项目落地。一是各级财政资金支持。发挥财政资金杠杆作用，鼓励引导旅游扶贫项目建设，增强扶贫“造血”功能。近两年，山东省共拨付旅游扶贫资金、特色产业基金 7 亿多元用于旅游扶贫。其中，山东省旅游发展委员会拿出近亿元，支持贫困村发展乡村旅游，每村给予 10 万～ 40 万元不等的资金支持；同时，积极争取山东省扶贫办特色产业基金 2.49 亿元用于旅游扶贫。这些资金都作为贫困户的股份投入乡村旅游开发，持股分红，付盈不负亏。二是协调金融机构资金支持。与中国人民银行济南分行深度合作，组织金融机构聚焦对接 1051 个旅游扶贫村，每村、每户分别给予最高 300 万元和 5 万元无息贷款支持。截至目前，山东省银行业金融机构已向 220 多个重点旅游扶贫项目提供融资授信 3.168 亿元，投放贷款 1.466 亿元，带动建档立卡贫困户 3568 户、贫困人口 8067 人。三是吸引社会资金投入。各地通过多种途径吸引社会资本投资旅游扶贫开发。据统计，山东省旅游扶贫村共吸引社会资金 50 亿元。枣庄市山亭区徐庄镇引导青岛欧亚集团、青岛新空间公司等企业投资旅游扶贫村开发，联袂推进兴隆庄村、石嘴子村等 20 多旅游扶贫村连片开发，打造成乡村旅游特色村，形成旅游扶贫示范带，贫困人口自主经营或参与旅游接待，人均增加收入 4600 多元。四是山东旅游发展基金支持。山东省旅游发展基金瞄准贫困人口多的临沂地区，对蒙山景区和沂水县月亮湾小镇投资 1030 万元，带动四门洞、桃棵子等 8 个贫困村发展。

4. 探索扶贫新模式，拓宽贫困户增收新渠道。山东省旅游发展委员会结合扶贫实践，逐步探索形成了务实管用的“一清五帮十到户”扶贫模式。“一清”，先瞄准再击发。扶贫最大的特点就是精准，先弄清 400 个旅游扶贫村有哪些贫困户和贫困人口，致贫的原因，采取措施来帮助他们增收致富、摆脱贫困。“五帮”，就是在规划、项目、资金、培训、营销上一帮到底。“十到户”，就是产业扶持到户、就业岗位到户、用工名额到户、资产性收益到户、持股分红到户、送智送教到户、结对帮扶到户、金融扶持到户、农产品采购到户、电商联通到户。“一清五帮十到户”扶贫新模式，拓宽了贫困户增收新渠道，引导了贫困户创业、就业，变输血式扶贫为造血式扶贫，为贫困群众寻找到了一条脱贫致富的新路子，细节之中见真招。

5. 加大育才引智力度，提升旅游扶贫持续性。山东省旅游发展委员会始终高度重视育才引智工作，多措并举组织实施乡村旅游人力资源开发计划，增强旅游扶贫持续发展后劲。一是积极开展精准交流活动。近两年，组织近千名旅游扶贫村的乡村旅游带头人、旅游从业人员、村支部书记等，到省外精准交流，开阔视野，提升发展理念。

优先选派500多名旅游扶贫村乡村旅游带头人“点对点式”考察台湾、境外农场、牧场、渔家等乡村旅游产品。荣成市碌对岛村党支部书记于海桥从台湾考察学习回来后，找准该村产品单一的软肋，不仅高标准建设了森林高脚茅草屋、民俗屋、沙滩游乐场外，而且深度开发了游艇观光、帆船冲浪等牧海休闲项目，全村2016年收入突破1000万元，比两年前翻一番。二是开展各项培训。委托山东省旅游职业学院制订培训计划，免费培训旅游扶贫带头人和镇、村业务骨干。联合山东省妇联、山东省扶贫办、山东广播电视台共同实施了“巾帼乡村旅游扶贫公益行动”。组织妇女围绕旅游扶贫，发展“大姐大”农家乐、“大姐工坊”等居家创业就业项目服务点，落实“四个一百”示范性培训计划。三是开展送智下乡、送教到户。组织山东大学、山东财经大学等旅游院系开展送智下乡、送教到户，提升扶贫村从业人员接待水平、经营能力和服务规范。四是开展旅游扶贫结对子。组织发动旅游景区、星级饭店、旅行社、旅游规划策划机构、高等院校等企事业单位，与旅游扶贫村结对子。山东省旅游饭店协会推动会员单位与35个贫困村结对子。沂南县竹泉景区结对帮扶黄元村，与125户贫困户签订帮扶协议，安置22个贫困户45人在景区就业，指导贫困户种植土豆、芋头等土特产，高于市价20%收购。

6.建立健全工作机制，夯实精准扶贫工作基础。一是强化定期督导调度。建立定期工作调度制度，采取月调度、月通报的方式，加强对各地旅游扶贫进展及扶贫宣传的督导推进，为年终考核提供依据。山东省旅游发展委员会下发了《关于提报旅游扶贫村工作进展等情况的通知》，要求各市提报旅游扶贫村工作进展情况，根据各市提报的旅游扶贫村工作进展情况组织第三方机构进行现场评估并形成评估报告。二是加强动态管理。委托社会第三方机构开发建立了“山东省旅游扶贫数据库平台”，加大对建档立卡动态管理和扶贫统计监测的工作力度。三是强化信息宣传报道。深入了解掌握各市旅游扶贫工作进度，及时推广好做法、好经验，广泛动员社会力量参与旅游扶贫攻坚，共同分享旅游扶贫成果。四是强化扶贫资金审查。把加强监管贯穿于扶贫资金分配、拨付、使用以及扶贫项目的立项、审批、实施、检查、验收全过程，使资金全部用于乡村旅游贫困户的脱贫攻坚上，真正将扶贫资金落实好、监管好、使用好。五是开展旅游扶贫营销。实施“互联网+旅游扶贫”工程，利用八喜旅游网、齐鲁乡村旅游网等电商平台，将扶贫村产品、项目整体打包，实现网上形象推广、网上项目招商、网上商品销售。

（八）创建全域旅游示范省，全面推进旅游改革创新

1.旅游综合改革深入推进。省委、省政府高度重视全域旅游，省十一次党代会明确提出，推动旅游业与文化、工业、农业等产业融合，积极发展全域旅游。2017年5月，国家旅游局正式复函同意山东省创建“国家全域旅游示范区”，创建范围包括山

东省 17 个市。积极推动出台《中共山东省委 山东省人民政府关于大力发展全域旅游的意见》，目前已进入部门会签阶段。积极推动设立省滨海旅游引导基金、省旅游发展引导基金和省乡村旅游发展基金。《关于加快山东省饭店业发展意见》，决定从区域专项资金旅游切块部分中安排大约 4 亿元的财政资金，由省级统筹，重点用于加快饭店业发展。每年优先安排 3000 亩用地指标，用于重点文化旅游项目建设威海市创建国家服务贸易创新发展试点城市、青岛市创建中国邮轮旅游发展实验。

2. 修改完善“三定”规定。2016 年 5 月，为进一步强化山东省旅游主管部门综合协调职能，加快全省旅游业发展，省政府研究并报中央批准，将山东省旅游局更名为山东省旅游发展委员会。同年 12 月，省编办对省旅游发展委“三定”规定进行了修改完善，由省政府办公厅印发。转变了部分职能，分别是：（1）取消、下放的职责。取消、下放已由国务院、省政府公布取消、下放的行政审批事项。（2）转移的职责。将主题文化饭店评定、导游员星级评定职责转移给有条件的社会组织承担。（3）增加的职责。承接国家旅游局下放省级旅游行政主管部门的行政许可事项。（4）加强的职责。一是加强综合协调，优化发展环境，推进旅游业与相关产业的融合发展。二是加强旅游行政许可事项事中事后监管和旅游市场监管，推进旅游联合执法。

河南省

近年来，河南省委、省政府高度重视旅游业发展，着力推进全域旅游，紧紧扭住旅游业改革创新这个龙头，以创新思维推动旅游业发展，加快旅游业改革创新，积极推动转型升级，全省旅游经济主要指标保持较快增长态势。2017 年上半年，全省共接待海内外游客 3.4 亿人次，旅游总收入 3369 亿元，分别增长 16.8%、18.2%。旅游休闲成为社会消费新热点，旅游开发成为各类投资新取向，旅游形象成为区域形象新代表，旅游扶贫成为脱贫攻坚新引擎，旅游产业成为吸纳就业的重要领域，为全省经济社会发展作出了积极贡献。

一、全域旅游

（一）旅游发展环境更加优化

近年来，省政府先后出台了《关于加快旅游产业转型升级的意见》《关于促进旅游消费拉动经济增长的意见》《关于创建郑汴洛旅游示范区的实施意见》《关于印发河南省旅游产业转型升级行动方案（2017—2020 年）的通知》等文件，进一步完善了土地供应、财政投入、税费减免、金融信贷等方面的扶持政策。河南省印发的“十三五”旅游产业发展规划中提出：“以优化旅游空间为抓手、供给侧结构改革为主线，创新旅游产品，加快产业融合，扩展服务要素，推动河南省旅游产业由景点游模式向全域旅游模式转变”。实现全域旅游统筹规划、全域旅游资源整合、全要素综合调动、全社会共治共管、共建共享的目标。以自贸试验区为载体，通过创新旅游体制机制，推动现代旅游治理体系建设，将全域旅游发展贯彻到城乡建设、土地利用、生态保护等各种规划中，在旅游引领“多规合一”方面取得新突破。

（二）促进旅游管理体制机制协调发展

坚持以发展全域旅游为抓手，下大功夫解决管理体制与旅游业快速发展不适应的问题，建立各级政府统筹推进旅游发展的领导机制和与旅游发展相适应的旅游综合管理体制，有效承担旅游资源整合与统筹协调、旅游规划与产业促进、旅游监督管理与综合执法、旅游营销推广与形象提升、旅游公共服务与专项资金管理、旅游数据统计与综合考核等职能。充分发挥省发展改革、公安、财政、国土资源、环保、住房城乡建设、交通运输、水利、农业、林业、文化、体育、统计等部门在合力推进全域旅游发展中的积极作用。

充分发挥栾川、辉县国家级旅游业改革创新先行区的示范作用，在更深层次推进旅游业管理体制改革创新。加快建立权责明确、执法有力、行为规范、保障有效的旅游市场综合监管机制，推动市场秩序治理由“重点治标”向“标本兼治”转变，从行业监管向综合治理转变，激发旅游发展活力。积极推动公安、工商、司法等部门构建内容覆盖旅游领域的管理新机制，切实加强旅游警察、旅游市场监督、旅游法庭、旅游质监执法等工作和队伍建设。

二、改革创新

河南省栾川县、辉县市已被国家旅游局评为国家级旅游业改革创新先行区，在全域旅游、综合管理体制改革方面勇于探索、先行先试，取得了可借鉴可复制的经验做法。目前，全省已经掀起全域旅游创建、旅游业改革创新的热潮。特别是济源市、修武县、辉县市等地在改革创新方面各具特色，改革创新更加符合当地旅游业发展的实际。

一是河南共有 26 个市（县）在创建全域旅游示范单位，都成立了以政府主要负责人或分管领导为组长的全域旅游工作领导小组。出台了全域旅游发展一揽子方案，将全域旅游纳入本地目标考核和表彰体系，全域旅游创建目标任务全覆盖。二是建立健全旅游联席会议机制，发改、财政、住建、水利、林业等部门分别出台相应的支持保障政策。积极推进“1+3+N”的旅游综合管理和执法体制建设。成立旅游发展委员会，增加统筹协调、综合监管等职能；设立旅游警察大队、旅游工商分局、旅游巡回法庭，建立旅游综合监管机制；组建旅游综合执法办公室和景区综合执法服务站，形成“全覆盖、能落地”的综合执法体系。

三、产业促进

（一）积极培育文化旅游园区

依托郑州商都文化、开封宋文化、洛阳汉唐文化，将郑汴洛全域旅游示范区打造成世界著名的华夏文明旅游目的地。郑州加快推进商都历史文化区建设，登封重点发展集禅武医、体育竞技、文化创意、主题酒店、教育培训、休闲娱乐为一体的文化旅游产业园区，着力打造世界功夫之都；中牟依托主题乐园，引入大型文化旅游融合项目，打造时尚文化创意休闲产业园；航空港经济综合实验区依托园博会片区、会展城片区，开发休闲娱乐、会议博览、免税购物等项目，打造新型产业文化园区。开封着力打造黄河生态文化旅游区、恒大童世界文化旅游园区、银基文化产业园区、朱仙镇国家文化生态旅游示范区、尉氏休闲生态园区五大旅游增长极；依托宋都古城文化产业园区，加大招商引资与开放合作力度，做大做强文化旅游，建设成为全城一景、宋韵彰显的国际文化旅游名城。洛阳加快隋唐洛阳城国家遗址公园、龙门石窟世界遗产文化园区、白马寺佛教文化园区、关圣文化园等项目建设，重点发展国际文化旅游、文化创意、文化贸易、文化展示等现代服务业，形成具有洛阳特色的文化产业园区。

（二）旅游与农业融合

依托沿黄旅游带、伏羲山生态旅游带和登封、中牟、开封市祥符区、杞县、通许、尉氏、栾川、嵩县、孟津等地绿水青山、田园风光、传统村落、民俗文化等，建设一批艺术村落和创意农庄。在伏牛山、嵩山、沿黄和郑汴平原区域发展观光农业、创意农业、休闲农业、体验农业、生态农业等特色旅游产品，积极培育国家农业公园、田园综合体、特色农庄、精品民宿等农旅结合的新业态产品。推进乡村旅游扶贫工程，全面改善通村公路、供水、供电、网络通信、垃圾污水处理等基础设施条件，推动贫困村脱贫致富。推动农业种植与旅游景观营造紧密结合，通过发展特色种植、创意农业，打造大地农业景观。

（二）旅游与工业融合

鼓励工业企业因地制宜发展工业旅游，积极引导工业企业、工业园区发展参观型、访问型、参与型等多种形式的工业旅游，打造知名工业旅游品牌。结合自贸试验区、航空港经济综合实验区、老工业基地推出“旅游＋观光”“旅游＋考察”“旅游＋商务”等旅游产品。鼓励发展旅游用品、户外休闲用品和旅游装备制造业。

（三）旅游与文化融合

将黄河文化、嵩山文化、古都文化、功夫文化、姓氏文化、名人文化等融入旅游产品开发全过程。依托非物质文化遗产、传统村落、文物遗迹和美术馆、艺术馆等文化场所，推动剧场、演艺、游乐、动漫等产业与旅游业融合，发展文化体验旅游。坚持旅游与商业融合。发挥商旅会展功能，办好节庆会展活动，打造具有国际影响力的大型会展品牌。推进中心城区商贸业态提升，优化商贸布局，改造提升传统业态，积极引进新兴业态，加快推进中心商圈、城市商业综合体、特色商业街区建设，打造茶城、古玩城等特色商品贸易城。

（四）旅游与康养融合

挖掘禅武医、中医养生、温泉养生等产业，培育以养生、养老为主题的休闲度假新业态，支持养生度假、养老地产项目发展。引进知名健康养老服务机构和高端医疗机构，开发养生度假村、养生馆、养老社区等系列产品。打造嵩山国际文化养生度假区、世界禅庄、大宋中医药博物馆、龙门温泉养生、朱仙镇国家文化生态旅游示范区等一批国内外知名的养生旅游项目。

（五）旅游与教育融合

发挥郑州、开封、洛阳历史悠久、文化厚重优势，以弘扬社会主义核心价值观为主线，发展红色旅游，开发爱国主义和革命传统教育、国情教育、夏（冬）令营等研学旅游产品，建设一批研学旅游基地，将郑汴洛全域旅游示范区打造成为国家级研学旅游目的地。

（六）旅游与生态融合

坚持绿色发展理念，开发生态旅游产品，坚持生态和旅游、资源和产品、保护和发展相统一的原则，保护河流、湖泊、水库等水利资源，适度开展滨水和水上旅游；依托国家森林公园、风景名胜区、世界地质公园等生态景观资源，开展森林休闲、地质科考等专项旅游。

（七）旅游与交通融合

依托高速公路、高速铁路、旅游交通干线等形成旅游交通连接廊道，实现跨区域旅游产品、线路和产业的整合，形成全域一体发展格局。开通城市游览观光巴士，将城区核心景区和城市地标区域串联成线，在郑州新郑国际机场开通直达郑州、开封、洛阳三市核心景区的旅游巴士。依托郑州通用航空试验区开发低空旅游项目，进一步完善上街通用机场功能，加快推进登封、中牟等通用机场建设，在自贸试验区适时建设旅游直升机停机坪，形成郑州、开封、洛阳三市空中全域旅游廊道。依托黄河（洛阳至开封段）、郑州贾鲁河、东风渠、龙湖至如意湖、开封“四河五湖”（黄汴河、惠济河、广济河、利汴河、潘家湖、杨家湖、包公湖、铁塔湖、阳光湖）、洛河、伊河洛阳段等适合通航河道建设游船码头，在有条件的河道开展夜游活动。在沿黄生态旅游带、嵩山区域、伏牛山区域、河道沿线建设旅游风景道，开发自驾车、旅居车线路。

（八）优化旅游项目投资结构

制定《河南省旅游产业转型升级重点项目名录》，积极推动项目加快建设，力争到 2020 年旅游投资增幅比同期全省固定投资增幅高出 8 个百分点。每年召开旅游投融资大会，发布旅游投资报告，引导房地产、矿产、钢铁等领域资金转投乡村旅游、度假旅游、低空旅游等高成长性旅游项目。

2017 年上半年全省旅游招商已经签订合同项目 27 个，签订合同金额 502.94 亿元。

一是制订方案，切实提升旅游招商引资成效。为加快旅游业对外开放及招商引资工作，我局制订了《2017 年全省旅游招商引资工作方案》，以提高签约项目履约率、资金到位率和落地率为主要目标，扎实开展旅游招商项目回访服务活动。二是建好招商旅游项目储备库。组织策划 100 个更加突出“旅游转型升级”要求，以加快全域旅游示范区、旅游度假区、精品景区建设，培育发展温泉养生、中医康体养生、自驾车营地等新业态的旅游招商引资项目储备库。同时，遴选 100 个符合“十三五”规划发展重点，带动效益明显，有贷款需求的优选旅游项目。其中，27 个旅游项目纳入全国优选旅游项目名录。三是建立重点旅游招商签约项目台账。对重点旅游招商项目，实施领导联系、专人负责和项目动态跟踪管理制度。各级旅游管理部门每月填报“旅游项目管理系统”，及时掌握招商引资重点项目的落地、进展情况。2017 年上半年已签约招商引资项目到位资金达 39.13 亿元。

四、对外开放

（一）对外开放主要举措

一是 4 月份河南省旅游局在洛阳成功举办了亚太旅游协会探险旅游与尽责旅游交易会暨河南洛阳探险旅游与装备博览会。与会嘉宾围绕“一带一路”——终极连接等议题，研讨国际探险旅游业发展趋势，搭建国际探险旅游业交流平台；二是 5 月 19—21 日，河南省旅游局在郑州举办了“中华源”国际文化旅游推广周，同期还举办了 2017 中原乐活旅游展、中国旅游日河南分会场活动。国外旅行商代表，驻豫外国专家， 500 余名境内外游客及中央驻豫、省内主要新闻媒体记者参加了活动的启动仪式；三是 3 月 16 日，河南省旅游局在菲律宾马尼拉成功举办了河南旅游推介会。通过此次活动，豫菲双方旅游企业已达成互送客源、互通旅游包机等多项合作意向。同时，陆续推出优惠奖励政策，对积极推广销售河南旅游产品且效果良好的菲律宾旅游批发商，给予广告宣传支持；四是举办了“中华源”沿黄九省（区）国际精品旅游线路采购大会暨“一带一路”沿线国家主流媒体“河南丝路探源”活动。本次活动设立了“中华源”沿黄九省（区）国际精品旅游线路展区，向海内外推出了中国功夫体验旅游线、中国古都文化旅游线、黄河—丝路文明旅游线、中原山水休闲旅游线等“中华源”文化旅游精品线路。来自美国、德国、法国、意大利、荷兰、日本、新加坡、中国台湾等主要客源国和地区的 30 多名旅游批发商和沿黄九省（区）旅游企业采购对接，有效推动了河南旅游产品逐步实现国际化、产业化和全域化的步伐，展示了河南在华夏文明传承中的重要地位，得到了社会各界和国内外媒体的高度关注。

（二）过境免签政策措施

一是提高入境游通达性和便利化水平。开通、加密郑州至北美、欧洲、澳大利亚等区域及俄罗斯、日本、韩国、马来西亚等客源国的航线。依托郑州航空港经济综合实验区和自贸试验区，实施境外旅客购物离境退税政策，推动72小时过境免签和144小时跨省域、跨口岸过境免签等政策尽快落地，全面提高签证签发、边防检查等出入境服务水平。二是拓宽国际旅游市场推广渠道。进一步加强与联合国世界旅游组织、亚太旅游协会、世界旅游业理事会的合作，利用中国（郑州）国际旅游城市市长论坛等平台，借助少林功夫、太极文化等民间交流，加强与旅游行业协会、旅游批发商、旅游代理商等合作，积极开展国际旅游推广活动。探索在主要客源国家和地区设立河南旅游推广中心，实施海外旅游推广计划。三是强化入境游市场激励。对旅行社组织大型境外旅游团来豫给予适当奖励，对直达河南省国际客运包机加大支持力度，力争河南省入境游年均增长速度超过全国平均水平2个百分点以上。

五、促进消费

依托老字号品牌，突出地域文化特点，推出一批特色旅游商品，将少林功夫、太极文化、洛阳牡丹、开封菊花、木版年画等文化元素融入日常消费品设计，开发实用、美观、便携的旅游商品。力争到2020年旅游购物消费比重比2015年上升3.5个百分点。挖掘河南省传统菜系和地方特色餐饮，弘扬豫菜文化，推出一批风味美食，建设一批美食街区，力争到2020年旅游餐饮消费比重比2015年上升3个百分点。丰富景区旅游产品供给，不断优化旅游服务，努力扭转全省旅游景区门票收入占旅游总收入比重偏高的局面。推出针对省外远程游客的空铁联运优惠政策，鼓励在线汽车租赁企业推出更多面向游客的落地自驾产品，采取多种措施努力使全省旅游交通成本有较大幅度的下降。推广分享住宿经济模式，推动城市公寓、闲置房产等与旅游住宿业相结合，有序引导非标住宿发展。

六、公共服务

（一）旅游数据中心建设和统计改革

按照国家旅游局要求，2016年5月19日省旅游局信息中心正式挂“省旅游局数据中心”牌子，设置15名事业全供编制，其中领导职数由原来的1正2副，调整为1正3副，有效解决了旅游数据中心人员编制问题。

拟定了《2017年河南旅游大数据工作方案》，并根据该方案有序推进大数据建设工作，与移动、联通、电信三大运营商和百度、携程互联网公司就大数据建设项目签订合作协议，购买以上5家单位的数据，并自主开发建设大数据汇总分析系统。目前，河南省旅游大数据建设工作正有序推进，2017年年底初步实现旅游大数据平台展示、查询和分析功能。同时，河南省旅游局还与移动运营商合作建立了4A级景区流量监测平台。旅游大数据平台和4A级景区流量监测平台的建设扩充了河南省旅游统计数据来源，为今后进行数据的二次开发和利用打下了基础，不仅是“互联网＋旅游统计”的具体体现，也是河南省取得的最新成果。

（二）优化旅游市场秩序

1.市场秩序日趋规范。一是明确监管责任。河南省政府办公厅印发了《关于进一步明确旅游市场综合监管责任的通知》，首次明确涉及35个职能单位的综合监管责任清单。成立以省旅游局寇武江局长为组长的全省整治不合理低价游专项行动领导小组，召开全省整治“不合理低价游”专项行动电视电话会议，下发了《全省组织开展整治“不合理低价游”专项行动方案》。投入17.85万元在大河报开展全省整治“不合理低价游”专项行动媒体宣传。全省上下建立起部门协同、上下联动的工作机制；二是开展“不合理低价游”集中整治活动。开展了为期半年的全省“不合理低价游”集中整治活动和治理导游专座专项行动。2017年部署开展“春季行动”“暑期整顿”“秋冬会战”三个专项旅游市场整治行动，根据国家局反馈、旅游舆情、线上监控和旅游投诉举报线索，针对问题频发的地区、季节、企业、线路、产品进行目标明确的整顿。上半年，全省立案23件，结案18件，行政处罚旅行社15家，导游3名，罚款42万余元；全省立案受理旅游投诉255件，结案243件，结案率95.29%。

2.导游管理体制改革。按照“简政放权”的原则，结合河南省实际，为提高办事效率，加快换证进度，河南省电子导游证的审批权限下放至省辖市和直管县旅游管理部门。河南省旅游局为各地旅游部门和旅行社分配了管理员账号，建立工作平台，及时发布法规政策。并对各地管理员进行指导，使各地管理员熟悉掌握平台的操作，确保换证工作顺利实施。在换证过渡期，要求全省旅游景区对持证导游参照过去卡式导游证的政策执行，确保正规带团导游能够进得了景区。

3.完善旅游公共服务体系建设。在郑州、开封、洛阳、安阳、焦作、三门峡、南阳、商丘、信阳等市建设旅游集散中心，提升重要旅游城市、旅游重点县（市）和机场、车站、重点旅游区的旅游集散服务功能。在机场、车站、码头等重要交通节点和主要旅游城市休闲街区、商务中心区等游客集中区域以及邻近重点景区的高速公路出入口，规划建设旅游服务中心或旅游咨询中心（点）。加快布局一批公益性的游憩绿道、城市广场、休闲街区、文化场所等公共休闲空间。从软硬件两个方面改善旅游环境，提高重点城市的国际化水平。旅游资源丰富且有条件的省辖市、县（市、区）要建成一处休闲旅游街区、一套统一规范的旅游标识系统、一批旅游厕所。鼓励景区增加免费开放空间，推动博物馆、纪念馆、爱国主义教育示范基地提供更好的旅游服务，落实残疾人、老年人、现役军人、未成年人、学生等景区门票减免政策。持续推进旅游“厕所革命”，重点抓好乡村旅游厕所改造，着力推进山区和平原缺水地区厕所技术革新，力争主要旅游景区、旅游场所、旅游线路和乡村旅游点的厕所全部达到 A 级标准。

七、区域发展

（一）创建郑汴洛全域旅游示范区

2017 年 8 月，河南省政府办公厅印发《关于创建郑汴洛全域旅游示范区的实施意见》，要求依托中国（河南）自由贸易试验区，打造郑汴洛全域旅游示范区，带动全省旅游业转型升级、提质增效。文件的出台，使河南省跨区域发展全域旅游有了政策保证，为下一步发展大旅游、大联盟提供了较好的发展经验。努力推动郑州、开封、洛阳创建国家全域旅游示范区。

（二）旅游与城乡建设统筹发展

以郑州、开封、洛阳三市主城区为核心，以建设旅游特色小镇为支撑、发展特色乡村旅游为补充，形成文化都市、特色城镇和旅游乡村三位一体、统筹发展的旅游格局。郑州重点建设由文化景区、历史建筑、特色街区等构成的城市记忆风景主线，结合城市建设大力发展休闲经济和夜游产品，彰显国家中心城市魅力。开封重点突出宋都古城文化，建设时尚汴西新城，推动国际文化旅游名城建设。洛阳着力打造集文博展示、实景体验、趣味游憩、文化教育、休闲度假、主题住宿于一体的文化旅游休闲区。

八、精准扶贫

全省旅游系统积极探索新路子、新经验，创新四种乡村旅游扶贫模式：一是“景区带村”模式。如辉县郭亮村和修武县岸上村，依托旅游景区搞接待，发展农家乐，年人均收入超过 5 万元，个别农户收入上百万元。嵩县白云山景区大力实施景区带动战略，仅车村和白河两镇在景区直接就业的农民就有 500 多人，其中 1/3 为建档立卡贫困户；二是“能人带户”模式。如信阳平桥区的郝堂村就是由建筑艺术家孙君带起来的，新乡的回龙村就是由全国劳模张荣锁带起来的，栾川重渡沟村就是由当地能人马海明带起来的，等等。河南省旅游局特别重视对乡村村干部和能人的培训力度，近年来，组织多批次村干部赴台湾、江苏、浙江等地参观培训，通过培养一批乡村旅游能人，带动一方百姓致富；三是“公司 + 农户”模式。如嵩县天桥沟村引进自驾游营地项目，采取公司 + 合作社 + 贫困户的模式，租赁贫困户的山林、果园、土地、房产等资源作价参股，农民变成了股东，公司再返聘贫困户从事生产经营，盘活了闲置资源，拓宽了贫困户增收脱贫渠道；四是“旅游 + 交通 + 扶贫”模式。栾川县开展“自驾游栾川，高速全免费”旅游公益扶贫活动，对全国所有自栾川站、重渡沟站下站的小客车，免收高速通行费，活动 20 天，旅游人数和旅游收入分别达到 111 万人次和 7.57 亿元，一大批发展乡村旅游的贫困户在活动中得到实惠，活动期间全县乡村旅游实现新增就业 2000 余人。

湖北省

2017 年以来，在国家旅游局的大力支持和关心下，湖北省认真贯彻落实“515 战略”，积极推进旅游业改革创新，取得了明显成效，有力推动了湖北省旅游业的新发展。现将湖北省 2017 年度旅游改革创新情况报告如下：

一、全域旅游方面

自 2016 年年初全国旅游工作会议提出大力发展全域旅游，并先后公布两批国家级全域旅游示范区创建名单以来，湖北省以全域理念谋划和推进旅游发展，在指导 16 家国家级创建单位积极开展创建的同时，同步开展了 17 家（6 个县，11 个镇）省级创建工作。探索出“八推进八统筹”的全域旅游湖北模式，涌现出整州创建的恩施、全域景区的黄陂、全业融合的赤壁、以景带村的夷陵、城乡一体的远安、旅游扶贫的英山等样本。湖北省创建全域旅游的做法在 2017 全国旅游工作会上进行了介绍。

（一）推进规划统筹合一

湖北省以全域旅游理念编制的《“十三五”旅游规划纲要》已于 2016 年由省政府印发。规划了以城市为依托，以交通为支撑，构建“一带两极三廊道四板块”的开放式战略布局。同时，指导各全域旅游示范区创建单位编制全域旅游规划，远安县在全省率先开展国民经济和社会发展规划、全域旅游规划、城乡总体规划、土地利用规划、生态环境保护规划“五规合一”，“十三五”期间旅游项目纳入“一张图”管控。恩施州、仙桃市、黄陂区、铁山区等 20 个单位已编制完成全域旅游规划。

（二）推进资源统筹利用

一是“五级联创”统筹。大力开展以“旅游名城、名景、名镇、名村、名店”为核心的“五极联创”，通过交通串联、文化融入、产业融合、服务提升、共建共享，把景、城、镇、村、店有机地统筹结合起来，形成多极支撑、多点发力的旅游增长极、旅游产业极、旅游服务极，探索形成全域旅游发展的"湖北模式"。二是区域统筹创新。指导武汉城市圈积极探索武汉城市圈整体发展全域旅游，组建全域旅游发展联盟，发布了行动宣言，实施十大工程，并推出武汉城市圈全域旅游 E 卡通，开全国跨区域创建全域旅游示范区之先。争取到国家旅游局的重视支持，将打造长江三峡全域旅游示范区作为鄂渝两省市合作的重点内容。三是优势项目统筹。利川市将乡村民宿作为全域旅游的重要抓手和全面建成小康社会的重要手段，举全市之力突破性发展，启动了"十村百企万户"乡村民宿旅游工程建设，目前成效明显。秭归县围绕香溪长江公路大桥开工建设，整合周边文化旅游资源规划新三峡文化旅游区，招商低空飞行和索道项目为交通，打造高峡平湖空中看三峡旅游产品。五峰县坚持以大项目带动大发展，积极谋划品位高、带动性强、影响力大的重大旅游项目，目前正在加快推进柴埠溪大峡谷、开发后河景区提档升级，并推动后河国家级自然保护区与壶瓶山联手创建"国家公园"。

（三）推进设施统筹配套

一是加大资金投入。在省级旅游项目资金安排上向全域旅游创建单位重点倾斜，支持旅游厕所等公共设施项目资金占省本级旅游项目资金 70% 以上。二是大力实施旅游交通便利化工程，新建和完善旅游公路、旅游交通集散中心、旅游交通标识系统、旅游停车场等，不断提高旅游通达水平和便利化服务质量；三是继续实施"旅游厕所革命"，以旅游厕所革命为重点和突破口，大力推进旅游公共服务设施建设、自驾车房车营地、旅游咨询服务中心和旅游风景道建设，进一步提升旅游公共服务能力，两年多来，共新建改建旅游厕所 2400 多座；四是实施"服务升级"工程，会同发改部门认真抓好《"十三五"旅游基础设施和公共服务设施建设规划》的实施，共同推进"旅游休闲重大工程项目"建设；五是实施智慧旅游工程。省旅游委在前期全省旅游数据中心、产业监测平台初步建成的基础上，2017 年重点完成产业监测与应急指挥大厅、旅游云平台和旅游大数据应用系统建设。届时，全省 4A 级以上景区视频、实时游客流量、停车场数据等都将接入系统，做到高等级旅游景区全覆盖。目前，该项工作正在有序推进中。

（四）推进产业统筹融合

湖北省大力实施"旅游+"工程，推进产业融合，拓展旅游发展领域，催生旅游（休闲）农业、工业旅游、体育旅游、文化旅游、研学旅游、康养旅游等旅游新型业态，成为带动相关行业发展的直接动力。实施"乡村旅游后备箱工程"，加强农旅融合，以乡村旅游发展促进农民增收，如远安县百井村"百井馨香"电商平台每月土特产销售额在 2 万元以上，成为旅游与商贸融合带动农村脱贫致富的亮点；宜昌市夷陵区小雅路城乡统筹示范带、百里荒环城农旅融合示范带、分乡镇农旅结合示范区初具规模。

推进旅游与工业、文化、教育、体育、科技等大力融合，恩施州的中国山地马拉松系列赛、山地自行车赛、远安县的田野马拉松赛等开启了体育旅游新模式；三峡大坝入选首批中国十大科技旅游基地，宜昌市清江画廊景区成为首批“国家通用航空旅游示范工程”，十堰汽车城荣获首批“国家工业旅游创新单位”；宜昌三峡人家文化旅游发展有限公司等一批文化旅游企业为湖北省文化产业示范基地；神农架打造国家级研学旅游目的地，2015 年以来，研学旅游人数每年增长 30% 以上；夷陵区康养规划启动编制，宜昌久久康等 5 个国家中医药健康旅游示范基地、三峡玉龙湾等 3 个国家中医药健康旅游示范项目成功申报。

（五）推进品牌统筹创建

推进以旅游强县、名镇、名村等为主体的旅游目的地体系品牌创建，深入推进以 A 级旅游景区、星级旅游饭店、A 级旅行社等为重点的旅游要素体系品牌创建，推进以旅游度假区、休闲区、工农业旅游基地等为代表的旅游产品体系品牌创建。湖北省拥有 A 级旅游景区 368 家，其中 5A 级旅游景区 10 家和 4A 级旅游景区 124 家，数量居全国前十位。2017 年 10 月，召开全省 A 级旅游景区整治工作新闻发布会，公布了 2017 年湖北 A 级旅游景区“红黑榜”，确保 A 级景区金字招牌。2017 年上半年，会同住建部门新创建了 10 个湖北旅游名镇、20 个湖北旅游名村，配合农业部门推出了 140 个休闲农业与乡村旅游示范点，成功创建一个国家级乡村旅游创客基地（广水桃源村）

（六）推进市场统筹营销

坚持“知音湖北·楚楚动人”与“极目楚天·灵秀湖北”双品牌驱动，将局部重点策划与全局整体包装有机结合，着力讲好“湖北遇知音”故事，用内容力提升传播力，通过新媒体和主流电视媒体组合立体宣传，提升湖北旅游品牌价值。根据央视市场研究股份有限公司及中视金桥、文传世纪等评估分析，湖北旅游品牌影响力居全国前五位。

（七）推进民众统筹共享

全域旅游发展要求软硬件兼修，不仅改善区域发展环境，还能促进旅游地居民开放文明素质的提升和文明生活方式的养成，同时动员广大群众参与到旅游产业链条各个要素的开发经营上来，实现通过旅游脱贫致富。夷陵区将旅游与城乡建设对接，把城当园建，用最好的地段、最好的资源建设公共绿地，既提升了宜居品质、又塑造了宜旅品牌；把镇当城建，打造山中城、城中山建设了一批名乡大镇；把村当景建，突出“一村一韵、一村一景”，开展产业美、设施美、服务美、环境美、人文美“五美乡村”评选，对入围村和授牌村按 10 万元、20 万元进行奖励，培育了一批特色美丽乡村。黄陂区把旅游作为扶贫、脱贫的民生工程，积极组织农民依托自己的山水、林地、耕地、建筑、人力、资金等参与景区开发，入股分成，并加大区级奖励扶持配套，量身打造不同类型、不同规模、别具一格的休闲山庄或“农家乐”。同时，积极引导农民全面参与景区的餐饮、住宿、旅游商品等配套服务，从而使许多农民成了酒店业、餐馆业、运输业、农副土特产经营业、传统特色手工艺品制作等行业的老板，让更多农民参与到旅游景区、旅游专业村、旅游特色镇建设中，实现共赢发展。

（八）推进发展统筹合力

一是高位推动。2016 年年初全省旅游工作会议、年中的半年工作会议、与省委组织部合办的全省旅游改革发展研讨班等，均以全域旅游为主题，2017 年全省旅游推进会专题举办了全域旅游研讨会，在赤壁市召开了全省全域旅游现场会，有力地推动了全域旅游发展理念深化和战略实施。各创建单位“一把手”亲自抓旅游成为常态，均成立了以书记或市（县）长任组长的全域旅游创建工作领导小组，定期召开会议专题研究全域旅游创建工作。二是部门合力。湖北省成立了旅游安全专业委员会，副省长童道驰任第一主任，省旅游委主任晏蒲柳任主任，15 个省直单位领导任副主任。印发了《省旅游安全生产专业委员会关于印发〈省旅游安全生产专业委员会组成方案和主要工作职责〉的通知》，厘清各相关部门旅游安全综合监管职责，形成了齐抓共管旅游安全机制。与省高法联合下发《关于进一步发挥审判职能作用促进旅游业健康发展的通知》；会同省工商局印发了《关于开展旅游行业放心消费创建活动的通知》，在全省 4A 级以上景区全面共建 12315 旅游消费维权服务站工作；会同公安、工商、质监、交通运输、水利、体育等部门分别开展了漂流旅游、旅游交通“无证无照”检查等市场整治行动。恩施州、神农架、夷陵区、英山县、赤壁市、通山县等先后成立工商旅游分局、旅游法庭、旅游警察分局（大队），截至目前，恩施州已建立 14 个旅游巡回法庭并全部进驻重点旅游景区，神农架设立旅游速裁法庭，夷陵区成立了 3 个旅游巡回法庭，黄陂区成立了 6 个巡回法庭，湖北省旅游巡回法庭总数已达 26 个。与省工商局联合签订了《企业信息共享和联合惩戒合作备忘录》，就推进企业信息互通共享、明确信息共享及公示途径、开展信用联合惩戒以及建立工作协调机制等内容进行动态管理。三是社会发力。全域旅游发展提出以来，受到社会各界的高度关注，市场主体纷纷寻找全域旅游的投资机遇。恩施州启动创建后，全国各地的投资商纷至沓来，不乏港中旅、华侨城、鄂旅投、省交投等省内外知名企业集团，州领导感叹说：其他行业需要努力招商，旅游投资项目是严格选商、挑商；卓尔文旅集团与罗田县签订全域旅游发展战略合作协议，整体推进罗田县旅游资源整合与建设，呈现出良好发展势头。

二、国家旅游改革创新先行区方面

2015 年 12 月，国家旅游局公布了首批建设国家级旅游业改革创新先行区，湖北省武汉市、咸宁市成为首批国家旅游业改革创新先行区。

武汉市政府印发了《武汉市建设国家级旅游业改革创新先行区实施方案》和《武汉市建设国家级旅游业改革创新先行区工作任务责任分解表》，积极推进 10 大类改革创新工作任务。1. 改革旅游行政管理体制。制订了《关于深化旅游管理体制改革的实施意见》和改革工作方案，纳入市编办工作计划。2. 探索旅游功能区管理体制。市政府印发了《武汉市 2016—2018 年两江四岸旅游功能提升三年行动计划》。“梦幻江城”景观照明（一期）工程于 2017 年 1 月 1 日正式完工。长江实景演艺节目《知音号》于 2017 年 5 月公演。黄陂区启动编制了《黄陂区全域旅游发展规划》，已进入专家评审环节。3. 推进旅游景区管理改革。景区最大承载量的核算工作已基本完成，并对外公示。以木兰山风景区为试点，启动了景区所有权、管理权、经营权“三权分离”试点工作。4. 提升旅游标准化水平。“全国旅游标准化推广基地”在汉建立，建成了全国旅游标准化专家库，打造了旅游标准化信息平台。健全 A 级景区淘汰退出机制，摘牌 2A 级景区 1 家，警告 3A 级景区 2 家，降级 4A 级景区 1 家。完成《武汉现代都市农业休闲示范区规划》《梁子湖旅游度假区总体规划》，启动编制了后官湖省级旅游度假区、沉湖省级生态旅游示范区规划。5. 建立旅游资源交易平台。湖北省旅游委积极推进建设“武汉国际旅游交易中心”，并已正式提交证监会审核，武汉市“建立旅游资源交易平台”的改革创新任务将与省里合并推进。6. 创新探索旅游产业用地政策。黄陂区积极推进“三规合一”，增加旅游用地指标，先后引进长江非遗小镇、铭泰赛车旅游小镇、“万国之窗”世界历史文化旅游、亿利木兰湖度假区等旅游重大项目。7. 健全旅游金融服务体系。实行旅行社责任险、游客旅游意外保险“二险合一”，优化并新增了“境外旅游紧急救援”保险产品，专门设立了武汉旅游统保“小额应急快速赔付”基金，建立“旅游 + 医疗 + 保险”联动保障机制，启动了旅游基金的前期调研工作。8. 提升旅游智能化水平。智慧旅游公共服务平台已初步具备旅游电子商务功能，团队智能出行系统通过项目初验，电子合同试运行正常，智慧旅游建设行业标准已形成初稿。推出了具备旅游年卡功能的“武汉通”卡。组织编订《武汉市智慧旅游信息化标准体系》。武汉旅游政务网部署到武汉政务云，智慧旅游数据中心与“云端武汉”平台进行了对接。9. 提升旅游国际化水平。积极参展 5 个国际旅游博览会，接待 40 余个国内省市，11 个国家旅行商来汉踩线推介。“大江大湖大武汉”城市旅游宣传片先后亮相央视、凤凰卫视、纽约时报广场。武汉旅游官方微信、微博、微视频等新媒体营销力度加大，Facebook、Twitter 等海外新媒体合作协议进入报批程序，武汉旅游“国际化”走出新路子。10.优化旅游法治环境。修订实施了《武汉市旅游条例》，制订发布了《关于加强武汉市旅游业信用体系建设的实施意见》，拟订了《武汉市旅游业失信行为认定和惩戒办法（试行）》。旅游投诉全面并入 12301，实现投诉处理扁平化、实时化、便捷化，投诉受理率达 100%。完善旅游从业人员诚信体系建设，5403 名执业导游建立电子诚信档案。推进旅游市场监管体制改革，黄鹤楼景区成立了保安大队。以黄陂区为试点，创新成立 6 个旅游巡回审判法庭，实现旅游纠纷快立、快审、快结、快执；建成了智慧旅游投诉监管平台和景区承载量预警系统，旅游执法大队人员编制从 3 人增加到 8 人。

咸宁市重点推进了以下九个方面的改革创新工作：一是推进全域旅游体制机制改革，咸宁市、赤壁市、通山县完成了“局”改“委”工作；二是建立了合力兴旅的大旅游发展格局，先后召开了全市旅游产业发展联席会、首批国家级旅游业改革创新建设会，首批国家级旅游业改革创新先行区工作督办会 3 次全市旅游发展联席会议，建立了市、县（区）联络机制，形成了“月调度、季督查、年考核”的运行制度；三是创新市场监管机制上，市公安局成立了旅游警察大队，市工商局向编办报送了《市工商局关于设立“旅游市场监督管理工商分局”的请示》，组织开展旅游市场专项整治 13 次，市法院拟定了《关于推进旅游巡回法庭建设实施方案》，赤壁市、通山县设立了旅游工商、旅游法庭、旅游警察，探索“1+3”联合执法模式；四是建立了长效化的工作机制，出台了《〈咸宁市建设首批国家级旅游业改革创新先行区实施方案〉任务分解表》，明确了 40 项具体改革任务，制订 27 家改革单位改革任务清单，印发《2017 年度先行区考核督查计划》，形成了每月 25 日上报建设改革先行区进展情况月报表和下月旅游活动一览表的动态管理机制。五是坚持试点带动和全面推动并行。20 个改革牵头单位和 7 个改革试点单位围绕 40 项改革任务，逐一落实。27 个改革单位全部设立了改革工作专班，13 个单位已出台改革任务工作实施方案，截至 2017 年 6 月要求完成的 13 项改革阶段性任务全部落实到位，27 项跨时段改革任务正在强力推进。六是深化旅游供给侧改革上，发力发展“旅游 +”， 2017 年以来，全市在建旅游项目 28 个，拟开工项目 12 个，在谈招商策划类项目 28 个，崇阳大岭村成功入选省级旅游名村、羊楼洞生态茶业产业园入选中国乡村旅游创客示范基地、黑山茶营地获得“国家汽车自驾运动营地”称号。七是探索旅游投融资多元化，拟订了设立旅游产业基金的初步方案和创新金融产品、旅游一卡通的金融服务方案，出台《咸宁政府和社会资本（PPP）合作实施办法》，建立了旅游景点门票收入和景点资源抵押贷款制度。八是完善公共服务体系上，完成了旅游数据中心和旅游产业运行监测平台项目建设。九是扩大区域合作上，推进与“中三角”“岳九咸”“通平修”区域旅游合作。

三、对外开放发展方面

湖北省按照《湖北省参与建设丝绸之路经济带和21世纪海上丝绸之路的实施方案》《关于贯彻落实习近平总书记重要讲话精神 深度融入“一带一路”建设的意见》等相关文件精神，整合力量，拓展领域，加强策划，创新模式，以旅游为载体，努力扩大对外开放，并有针对性地与“一带一路”沿线国家和地区开展合作。

一是积极与“一带一路”沿线国家开展旅游合作，突出“一带一路”战略中的湖北元素。2017年，我们依托新加坡、马来西亚和泰国三个湖北旅游入境推广联合体，与当地旅行社和航空公司持续互为推广，互送客源。新加坡、马来西亚和泰国联合体共组织近160个系列团队到湖北省旅游，湖北深度游产品持续在《联合早报》《诗华日报》《星岛日报》和新传媒电视台等媒体曝光，极大地增强了湖北旅游在海上丝绸之路沿线国家的知名度。武汉至吉隆坡直航在2016年开通后，由新加坡、马来西亚和泰国直接进入湖北的游客量大幅增加。2017年4月2—4日，湖北省旅游委和国家旅游局统一组织，以“知音湖北、楚楚动人”为主题，以长江旅游为重点进行布展，在意大利开展旅游促销活动，意大利旅行商对传统的长江三峡、武当山道教及武术等产品有了更加深入的了解。

二是以“万里茶道”旅游联盟为平台，加大与俄罗斯及蒙古的旅游合作。积极以长江旅游联盟对接“万里茶道”旅游联盟，与俄罗斯、内蒙古以及沿线的福建、江西、河南、河北、山西等地区紧密开展合作，加快长江旅游走出去的步伐，推动了“长江旅游”和“万里茶道”两大品牌的国际化进程。长江旅游联盟联合在内蒙古呼和浩特举办大型旅游产品推介会；中俄蒙“万里茶道”联盟单位共同在武汉开展了宣传推广活动。湖北省依托两大联盟，与俄罗斯贝加尔边疆区、蒙古国乌兰巴托市、俄罗斯布里亚特共和国、俄罗斯伊尔库茨克州等地旅游机构和旅游企业洽谈合作事宜，中俄蒙企业签订合作意向将长江旅游产品与万里茶道旅游产品有机结合，设计推出了多条特色线路，受到沿线国家和地区旅行商的青睐。2017年6月，湖北省还参加了国家旅游局组织的万里茶道海外促销活动，加强了与俄罗斯、蒙古等国的旅游合作。

三是以旅游包机为突破口，推动国际定期直航常态化发展。2017年5月8日，由俄罗斯威猛航空公司执飞的武汉至圣彼得堡直航包机首航成功。为保证航线的充足客源，湖北省联合主要包机商湖北康辉国旅通过湖北旅游四季路演、第九届华中旅游博览会暨第二届长江旅游博览会等大型活动，推广包机直航，武汉至圣彼得堡包机上座率达95%以上。为推动包机向常态化定期航班发展，湖北省还借助国家旅游局组织的万里茶道联合促销活动，与俄罗斯北极安旅旅游公司等旅行商合作，组织入境客源，优化航线出入境客源比例。以武汉72小时过境免签为契机，在俄罗斯推广武汉＋第三国行程线路。

四是举办第二届长江旅游博览会，以“长江丝路”为主题开展务实合作，发挥长江在国际推广中的重要作用。2017年6月，湖北省在武汉举办了第二届长江旅游博览会，邀请了美国、俄罗斯、意大利、德国、斯里兰卡、菲律宾、新加坡、印度、日本等近15个国家旅行商参会，通过举办旅行商专业洽谈、“知音湖北 楚楚动人”旅游线路实地考察等活动，进一步增加了对湖北旅游产品的了解，与湖北旅行商开展业务洽谈，签订了近20份旅游合作协议，有力扩大了湖北旅游在国际市场的影响力。

四、乡村旅游方面

2017年以来，湖北省旅游与农业全面深度融合加快，增长强劲、市场兴旺、投资红火、运行有序，发展态势良好。

（一）以花为媒，催生赏花经济新业态

湖北省积极支持各地开展赏花游，及时发布湖北省赏花旅游信息，推动赏花游向赏花经济转型，支持各地举办160多场赏花旅游体验活动，推出200多个赏花区，春季赏花游的接待游客超过2000万人次，给乡村带来旅游综合消费突破150亿元。全省各地以“花”为媒，纷纷举办赏花活动，带动相关消费。通过赏花游，吸引人气，拉动乡村休闲旅游、餐饮、农副产品销售等。各地积极打造“赏花旅游＋农业观光游＋农事旅游＋采摘游＋购物美食游＋度假休闲”等多种赏花经济新业态、产业新链条，如武汉花博汇项目，一期景区的2800亩工程已建成，法式小镇、美食文化街、慢慢花海、花神广场四大景点全面开放。

（二）购物旅游，优化农特产品新供给

一是启动了“乡村旅游后备箱工程”，培育农林特色旅游商品品牌，建设乡村自驾车房车营地，全省17个地市州有48家单位开展了后备箱示范基地的创建工作。二是大力发展购物游游。1月份，省旅游委组织了全省乡村美食购物游活动，发布了8条美食购物线路和29个乡村新春年货点，引爆了乡村美食购物游消费。美食购物游启动会场大冶龙凤山景区，10天内就以100个展位、超过5万人次的客流、3000余万元的销售额，创当地年货节的新纪录。购物旅游的兴旺，刺激绿色食品、有机食品消费，优化农产品加工和销售。一批特色农产品如武汉蔡甸莲藕、黄陂马蹄和手工糍粑，宜昌的茶叶、脐橙和冲菜，恩施的魔芋、火腿、风头姜，襄阳大头菜、黑木耳，随州香菇、银杏等，成为游客喜爱的旅游商品。部分地区旅游商品走向规模化、系列化。钟祥市莫愁村以饮食文化集聚养生食材，衍生出农产品生产加工基地和展示销售中心，形成了以旅游贯通农业、加工业、商贸服务业的完整产业链。英山神峰山庄以“猪—沼—

菜”循环农业发展为基础，开发“黑禧猪”“眼镜山鸡”“竹筷子油面”“生态沼液菜”“郑和三宝”等一系列旅游商品，联动“千里挺进大别山生态农业体验游”旅游线路，成为农旅融合、红绿相谐的经典旅游品牌。

（三）乡村采摘，孕育农业体验新经济

乡村采摘活动，将繁重的体力劳动演变为美丽乡村的游乐活动，成为旅游体验经济新亮点。2017 年采茶旅游异军突起，3 月份，湖北省举办 2017 年湖北茶文化旅游活动，现场发布 16 条春季湖北采茶旅游线路，数万游客在山野间采茶、制茶、品茶、赏花。来自北京、成都、贵阳的微信、微博、摄影等自媒体大咖担任乡村旅游体验师。宜昌、黄冈、襄阳、十堰、咸宁等地的茶园纷纷举办茶文化旅游活动，开发茶园生态观光、茶纪念品、美食和文化演艺活动。此外，各地还在清明节、“五一”和端午节期间推出众多的农业采摘文化体验游，十堰市郧阳区、张湾区等地举办樱桃节，推出割艾草、采摘樱桃草莓等体验活动，带动当地农家乐生意兴隆，农特产品大受欢迎。乡村采摘游为农业开辟新的盈利模式，推动传统“体力”农业升级为现代体验农业，农业庄园、农业企业纷纷转型开展采摘游和农耕文化深度游等经营项目，如上半年湖北省农业厅、省发改委和省旅游委联合公布的 62 个湖北省现代农业产业园创建单位，有 30 家以上开展了观光、采摘等农事体验游经营。2017 年公布的 827 家省农业产业化重点龙头企业，有 200 多家企业开展了农业观光、采摘和购物项目。

（四）旅游投资，抢占农业转型新高地

乡村旅游成为投资洼地，带动越来越多的房地产资本、金融资本、商业资本等投资农旅融合项目。2017 年全省在建乡村旅游项目 187 个，总投资 1405 亿元，占全省重点旅游投资项目 1/3 以上；一批特色旅游小镇、健康养老、乡村休闲、主题乐园、红色旅游、重点景区等项目成为投资热点。乡村旅游新项目刷新美丽乡村格局，促进传统农业由单一的种植型向“种植 + 观光、体验和休闲”的复合型升级。如武汉蔡甸区的国际重要湿地沉湖、国家湿地公园后官湖、九真山等“知音十景”，将整个蔡甸区变成了一个乡村大景区，农旅融合带来综合收入 10 亿元以上。仙桃市乡村旅游后来居上，在建项目 17 个，投资额近 150 亿元，以排湖风景区 1 万亩土地作为开发用地，打造排湖中国休闲谷。神农架引资 150 亿元开发下谷太和山、木鱼神农药谷、塔坪长寿村、红坪东沟和西沟等项目，打造“观光 + 休闲 + 度假 + 康养旅游”综合体。

（五）宜游宜业，积蓄美丽乡村新动能

乡村旅游已成为调整农业产业结构、改变农村落后面貌、促进农民就业致富增收的一把“金钥匙”。农业存量资源成为旅游产业优势，田园变成景区，民居变成家庭旅馆，村道变成乡村绿道，农副土特产品变成旅游商品，山歌野曲成为旅游文化演艺。我们会同住建部门，成功新创建了 10 个湖北旅游名镇，20 个湖北旅游名村，配合农

业部门推出了 140 个休闲农业与乡村旅游示范点，开展了民族文化旅游特色村寨、地质旅游示范区、文化旅游创业创业基地、乡村旅游后备箱工程示范基地等品牌的创建。全省涌现出一批宜游宜业的美丽乡村，如武汉江夏区建成梁子湖大道美丽乡村旅游带、黄冈涌现出英山县神峰山庄、西河十八湾，罗田大别川百里画廊，红安华缘农庄，蕲春大鑫湾，黄梅玫瑰谷等乡村旅游示范带（区）。宜昌夷陵区正投资 78 亿元扮靓“橘都茶乡”乡村旅游风情带。

（六）旅游扶贫，打造扶贫攻坚新模式

乡村旅游的发展带动了农民就业和增收，助推了扶贫攻坚工程，仅 2017 年在建的重大乡村旅游投资项目，除为农民提供大量短期工程劳务就业外，工程竣工后还能提供 30 多万个就业岗位。旅游扶贫创新了产业扶贫的模式，产生出了一大批通过“景区带村”“能人带户”“合作社 + 农户”和“公司 + 农户”旅游扶贫的典型示范。我们还与农业、林业等部门积极协作，推动旅游扶贫，探索农旅融合产业扶贫新模式，如产业跨越：直接从种植养殖业跨越到旅游休闲产业，如将田园建成观光体验景区；行业内生：将农村的普通资源（如稻草）加工转化成特色旅游商品（如草鞋纪念品）；多业聚集：发挥旅游乘数效应，如建设乡村旅游综合体。旅游扶贫工作，让农民捧上旅游的“金饭碗”，使广大贫困户通过自力更生实现脱贫致富。

湖南省

2017年1月12日，2017年全国旅游工作会议在湖南长沙召开。以此为契机，湖南省全面深入贯彻落实国家旅游局“515”战略，把旅游强国“三步走战略”落到湖南省旅游强省战略规划，按照省委、省政府关于全域旅游基地建设的重要决策部署，以融合创新的思维、以开放合作的视野，发挥比较优势，找准发展短板，着力抓改革、强营销、增供给、优服务，加快以县域为基础的全域旅游基地建设，提升旅游业的法制化、标准化、信息化、品牌化和国际化水平，塑造“锦绣潇湘”旅游品牌，增强旅游业对消费、投资、扶贫、富民的促进作用，湖南全域旅游发展迈上了新的台阶。

一、抓顶层设计，绘就全域旅游发展蓝图

（一）党政高位推动

省委、省政府召开了历史上规格最高、规模最大的湖南旅游发展大会，对实施全域旅游发展战略、加快旅游强省建设做出决策部署。2016年11月，省第十一次党代会报告将全域旅游基地作为实施创新引领、开放崛起战略的重要抓手，并用一个专门部分来安排部署；2017年3月，省第十二届人民代表大会第七次会议审议通过的《政府工作报告》，强调要大力实施全域旅游发展战略，坚持基础设施与市场营销同步，建设以“锦绣潇湘”为品牌的全域旅游基地。根据省委、省政府的统一部署，由省委副秘书长带队，从省委办公厅、省发改委、省财政厅、省交通运输厅、省旅发委抽调人员组成2个督查组，对各市州和省直相关单位贯彻落实湖南旅游发展大会精神情况进行了督查。省旅发委组织举办了全域旅游发展专题研讨班、全省旅游规划工作会议暨区域旅游合作签约仪式、智慧旅游发展专题研讨、移动互联网时代旅游创新发展峰会、全域旅游示范区（县）创建工作推进会和全省旅游扶贫工作推进会，深入推进全

域旅游基地建设。

（二）创新制度供给

省政府相继出台了《湖南省旅游业“十三五”发展规划纲要》《湖南省消费导向型旅游投资促进计划》和《关于支持湘潭（韶山）建设全国红色旅游融合发展示范区的若干意见》《关于推进森林康养发展的通知》《关于进一步扩大旅游文化体育健康养老教育培训等领域消费的实施意见》等系列政策文件，省旅发委、省扶贫办联合印发了《湖南省实施乡村旅游精准扶贫工程的意见》，省交通厅、省旅发委联合编制了《湖南省旅游通景公路“十三五”发展规划》，省林业厅编制实施了《湖南省森林康养 2016—2020 发展规划》，省住建厅编制实施了《湖南省世界遗产与风景名胜区体系规划 (2012—2030)》，为全域旅游发展提供了制度供给。

（三）坚持依法治旅

省人大常委会财经委、法工委和省政府法制办、省旅发委先后赴省内外开展立法调研，2016 年 12 月 2 日，省人大常委会全票通过《湖南省实施〈旅游法〉办法》，这充分反映了社会各界对发展旅游业的殷切期望和民心民意，开了为全域旅游发展保驾护航之先河，也在全国刷新了“五个第一”。该办法的颁布，普法是关键。2017 年以来，省旅发委会同有关部门组织全省旅游系统开展了湖南省首届《旅游法》主题有奖征文活动、“趣学《旅游法》·红包拿不停”线上答题活动和《湖南省实施〈旅游法〉办法》法律知识竞赛预赛、半决赛和总决赛，全省旅游系统从业人员纷纷踊跃报名参赛，表现出空前的学法热情，也吸引了来自全国各地的参与者关注。

二、抓理念创新，善于在新常态下谋划推动全域旅游工作

发展全域旅游是把一个区域整体作为功能完整的旅游目的地来建设的一种全新旅游发展理念。近年来，湖南省积极适应从“景点旅游”向“全域旅游”转变的新要求，破除思维定式、工作惯性和路径依赖，善于在新常态下谋划推动全域旅游工作，发挥旅游业搭建平台、促进共享、提升价值的特殊功能，以旅游业为核心，以（文化 + 科技 + 金融 +N）× 旅游业为主要模式，按照“抓两头，促中间”的思路，一头抓好旅游规划和标准制定，一头抓好市场促销和市场监管，中间是为跨界融合的相关领域和产业搭建供需对接平台，推动形成旅游业与相关领域产业全方位、深层次、宽领域的融合发展新格局。湖南省 31 家单位先后两批入选国家全域旅游示范创建单位名单，数量排全国第一。这 31 家单位包括 52 个县市区，占全省县域考核 98 个县市区总数的 53.06%；覆盖 52 个旅游资源重点县，占全省旅游资源重点县的 74.3%，自然风光、历史文化、民俗风情以及休闲运动、养生等旅游资源丰富；拥有 7 个国家 5A 级、55

个4A级旅游景区，约占全省5A级、4A级旅游景区数量的80%、52%。

（一）深入开展“学习主题年”活动

2017年3月，在长沙召开了全省旅游工作会议，向全省旅游系统发出大兴学习之风，开展“学习主题年”活动的动员令；组织专家学者在主流媒体陆续推出关于湖南全域旅游基地建设评论解读文章96篇，组织14个市州长发表全域旅游署名文章14篇，组织开展“喜迎十九大·湖南旅游工作巡礼”宣传报道活动，积极营造关注支持全域旅游基地建设的良好社会氛围；贯彻落实湖南省政府与清华大学、中国旅游集团签署的战略合作框架协议，引进清华大学文化创意发展研究院和中国旅游集团旅游产业研究院、SMART度假产业专家委员会和i20青年发展平台，组织实施旅游业“引智入湘、送智下乡”计划；加强旅游业务培训，省委组织部和省旅发委在省委党校首次举办全域旅游专题研讨班，全省重点旅游资源县政府分管领导和各市州旅游部门主要负责人共90人参加研讨学习， 进一步解放思想，破除思维定式、工作惯性和路径依赖，以专业思维、专业素养、专业方法，谋在新处、干在实处、走在前列。

（二）加强旅游发展战略研究

联合省委政研室开展全域旅游基地建设战略研究，聘请世界旅游城市联合会首席专家魏小安为首的专家团队成立联合调研组，从2017年1月5日开始，先后赴7个市（州）14个县（市、区）进行了3次集中调研考察，组织召开13次座谈会、研讨会，完成了《全域旅游基地建设战略研究报告》，并结合落实“十三五”规划，研究制定《湖南省全域旅游基地建设工作方案》。2017年以来，省旅发委组织6个旅游扶贫工作组，分别由一名委领导带队，深入全省49个重点贫困县，采取座谈和实地指导的形式，对重点贫困县旅游扶贫工作进行诊断式指导。根据湖南省情，现有49个重点贫困县要立足县域谋划全域，探索以县域为基础、具有湖南特色的旅游扶贫新路径，突出围绕“景区带村”打造旅游核心吸引物，以“景区带村”为重点突破，带动“双带双加”旅游扶贫全面发展。

（三）突出规划标准引领

认真贯彻落实全国旅游工作会议对旅游强国“三步走战略”部署要求，高起点编制旅游发展规划，推进《湖南省旅游业发展总体规划》修编工作，编制实施了《湖南省旅游扶贫总体规划》《湖南省自驾车房车营地规划》《张吉怀国家旅游精准扶贫创新区规划》和《“神奇湘东”文化生态旅游精品线路规划》，完善了规划体系，推动规划落地。组织制定研学旅游服务、自驾车旅游、诚信旅游服务、景区讲解服务和两型精品民俗等行业标准，推广实施旅游业的国家标准和行业标准。结合《湖南省旅游业发展总体规划》修编工作，对总体规划实施效果进行总结评估，提出湖南省从旅游资源大省迈入全面小康型旅游经济强省，进而跨入现代化旅游强省行列的战略思路、战略目标和战略举措。

三、抓项目建设，不断增加旅游新投资旅游产品新供给

（一）精心策划抓好旅游投资项目推介招商

全面贯彻落实《湖南省消费导向型旅游投资促进计划》，坚持把旅游规划、旅游项目和旅游投融资紧密结合起来，推进跨界融合创新发展，努力把旅游业培育成为全省投资的重点、消费的热点和开放的亮点。省旅发委与省发改委公布的《湖南省"十三五"服务业发展重大项目表》相衔接，完善了全省"十三五"规划重点旅游投资项目库，"十三五"期间，全省规划建设重大旅游项目 284 个，计划投资 12274.54 亿元。其中 31 个全域旅游示范区创建单位"十三五"期间在建旅游项目超 830 个，计划总投资 3450 多亿元，其中投资额 500 万元以上的项目 755 个，发展后劲足。2016 年以来，全省旅游系统精心策划包装旅游项目，举办亚洲（首届）文化旅游投资峰会，在"迎老乡、回故乡、建家乡"共建新湖南工作推进会上，面向国内外商会代表进行 2017 湖南省重点旅游招商项目推介，在深圳"文博会"、上海"沪洽周"和香港"港洽周"期间举办湖南旅游投资项目招商推介会，累计签约旅游项目 59 个，签约金额 1113.48 亿元。2016 年，湖南完成旅游投资首次突破 1000 亿元，达到 1032.56 亿元，同比增长 30.67%。2017 年上半年，全省在建重点旅游项目 423 个，总投资 5430.91 亿元。

（二）突出文旅创意引领，大力发展旅游新产品新业态

2017 年来创新举办"创客，创造美好生活——移动互联网乡村旅游创客大会"、湖南省乡村旅游创客座谈会和首届锦绣潇湘乡村文旅创客大奖赛等系列活动，组织制定乡村旅游创客示范基地认定办法，以环岳麓山大学城和马栏山文化创意集聚区为重点，在环长沙都市游憩带开展乡村旅游创客示范基地推荐认定，以文创引领乡村旅游创新发展。积极推进城步南山创建国家公园体制试点工作，推动凤凰旅游区、矮寨奇观旅游区等 5 家景区创建国家 5A 级景区。开展湖湘风情文化旅游小镇、体育旅游和研学旅游示范基地等系列创建工作。目前，全省形成了十大特色民宿品牌、十大湖湘文化旅游特色小镇、十大生态旅游景区、十大研学旅游品牌、十大自驾车房车营地、十大康养基地以及红色旅游、体育旅游、旅游装备、旅游演艺、旅游购物、旅游特色餐饮等综合旅游产品体系。

（三）以旅游厕所革命为抓手，加快完善旅游公共服务体系，提升社会文明水平

全面深入实施《湖南省旅游厕所三年行动计划》，2015 年至 2017 年共计划建

设旅游厕所 3025 座，截至 2017 年 9 月底全省已完工 2967 座，占三年计划总数的 98.08%，正在建设 609 座。2017 年上半年省旅发委联合省财政厅对 2017 年第一批旅游厕所建设项目给予直接补助 2000 万元，与光大实业集团签订了《推进厕所革命及旅游产业发展战略合作框架协议》，积极推进第三卫生间和两型旅游厕所建设，推动湖南省厕所革命向全域纵深发展。目前正在制定湖南新的三年厕所革命计划。突出交通旅游融合创新，规划"十三五"期间建设通景公路 2000 公里，推动构建"快进慢游"旅游交通网络，完善全域立体旅游公共服务体系。加快游客服务中心、自驾车房车营地、停车场、旅游厕所、旅游标识标牌等旅游公共服务体系建设，全省规划建设的 200 多个自驾车房车营地有 50 个初具规模。2017 年国庆假日期间全省新建成并投入使用的景区停车位超过 1 万个，新增临时停车位近 20 万个，接待自驾车旅游车辆近 200 万台次。

四、抓旅游扶贫，深入推进乡村旅游精准扶贫工程

始终把脱贫攻坚作为头等大事和"第一民生工程"来抓，联合省发改委制定印发了《"神奇湘东"文化生态旅游精品线路建设总体设计方案》，联合省扶贫办印发了《2017 年度乡村旅游扶贫工作方案》，遴选 30 个县各选择一个贫困村支持加快乡村旅游扶贫示范项目建设。6 月 15 日召开了全省旅游扶贫工作推进大会，在认真总结湖南旅游扶贫典型经验的基础上，广泛动员涉旅部门、旅游协会、涉旅企业、智业机构和新闻媒体深度参与旅游扶贫工作，组织开展全省旅游系统"百企百村"旅游扶贫结对帮扶活动。省旅发委组织 6 个旅游扶贫工作组，分别由一名委领导带队，深入全省 49 个重点贫困县，采取座谈和实地指导的形式，对重点贫困县旅游扶贫工作进行诊断式指导。根据湖南省情，现有 49 个重点贫困县要立足县域谋划全域，探索以县域为基础、具有湖南特色的旅游扶贫新路径，突出围绕"景区带村"打造旅游核心吸引物，以"景区带村"为重点突破，带动"双带双加"旅游扶贫全面发展。

省旅发委联合省扶贫办开展全省旅游扶贫示范县创建工作，评定了茶陵县、城步苗族自治县、平江县、慈利县、安化县、桂东县、宁远县、沅陵县、溆浦县、新化县、凤凰县 11 个县为"湖南省旅游扶贫示范县"，把全域旅游与旅游扶贫结合起来，发挥市场主体和项目带动作用，推动实施"景区带村"旅游扶贫重点项目，延伸吃、住、行、游、购、娱产业链，配套文创、旅创、农创的创新链，促进农旅深度融合，保护生态、植入文态、培育业态，创新推出新业态新产品，实现乡村旅游扶贫可持续发展。湖南省培育开发的地球仓移动式智能酒店、远大住工美宅、风洞、VR 智能旅游等跨界融合新业态新产品具有快速脱贫攻坚的"云梯作用"。通过县域旅游发展，2017 年 1

月主要靠吃旅游饭的武陵源区和洪江区率先脱贫摘帽。武陵源区发展乡村旅游，推动区内旅游企业吸纳当地农民就业 2000 人以上，人均年收入达 3 万元。洪江区通过旅游带动人均增收 1539 元。新宁县 20% 的建档立卡贫困人口通过旅游脱贫。

五、抓整合营销，全面提升“锦绣潇湘”旅游品牌整体形象

实施“锦绣潇湘”旅游品牌建设工程。省旅发委专门成立旅游市场工作委员会，研究制定了《湖南旅游市场营销五年行动计划》，从客源地的视角讲述目的地的故事，全面开展旅游市场整合营销。以“锦绣潇湘 ”总体形象为核心，强化品牌意识，打造区域旅游品牌、旅游企业品牌、旅游商品品牌和旅游人物品牌等湖南旅游系列品牌，确定了 14 个市州与“锦绣潇湘”旅游品牌相协调的旅游形象口号。

在中央电视台、湖南卫视新推出“锦绣潇湘、伟人故里——湖南如此多娇”旅游形象宣传片，在旅游卫视和腾讯旅游推出《魅力中国　旅在全域》湖南旅游视频访谈栏目；运用湖南卫视的传播力，共同策划推出乡村旅游体验节目《有什么好玩的》78 期；根据春夏秋冬不同旅游季节，省旅发委会同省网信办和省文联组织开展旅游新媒体营销，策划推出“跟着诗词（电影、摄影、书画、课本等）游湖南”新媒体系列宣传推广活动；组织开展新潇湘八景评选活动，首次利用世界旅游发展大会和 G20 旅游部长平台宣传推介湖南旅游产品；首次在湘举办国际旅行商大会，并利用承办旅游业最高规格的全国旅游工作会议和中国旅行社协会换届大会平台举办湖南旅游系列推介活动，举办高铁“周末游湖南”等系列营销活动。积极探索建立海内外营销渠道，在韩国首尔等主要客源城市探索设立湖南旅游宣传推广体验中心，选取境外主要客源城市与湖南省有关市州结为旅游友好城市，组团参加泰国、德国、俄罗斯、美国等国际旅游交易会，海外宣传平台全新上线，全面提升了“锦绣潇湘”旅游品牌的知名度和美誉度。

打造系列精品旅游节会活动。2017 年来，精心举办了第三届中俄红色旅游合作交流系列活动暨首届湘赣边红色旅游节、第 15 届中国湖南国际旅游节、第 14 届中国（湖南）红色旅游文化节、中国湖南第八届旅游产业博览会、“春、夏、秋、冬”季乡村旅游节、2017 年内地游学联盟年度工作大会、移动互联网旅游创新峰会暨乡村旅游创客大会等旅游节事活动，集中宣传了湖南新投资新供给的旅游新景区新业态新产品，营造了良好的旅游氛围，提升了“锦绣潇湘”旅游品牌形象，吸引了大量外省和境外的游客来湘旅游，促进了湖南旅游产品结构、客源结构和消费结构逐步优化。2017 年 1—9 月，全省接待国内外游客 4.36 亿人次，同比增长 18.18%；实现旅游收入 3571.21 亿元，同比增长 22.04%。初步预计，2017 年全省旅游人均消费将从 2015 年的 739 元增加到 873 元。

六、抓综合监管，依法规范旅游市场秩序

全面推进依法治旅，开展《湖南省实施〈旅游法〉办法》宣贯工作，举办全省旅游市场秩序整顿和安全监管工作培训会。加强旅游市场综合监管，持续开展“两打击一整治”专项行动，重拳治理规范旅游市场秩序。2017 年元旦、春节、清明、“五一”假日之前，先后 4 次组织开展旅游市场秩序整顿“春季行动”和旅游安全大检查，抽调旅游执法人员对长沙市、衡阳市、湘潭市、张家界市、湘西土家族苗族自治州等 5 个重点旅游城市开展旅游市场秩序专项整治，在国家旅游局“春季行动”的通报中，湖南省各项任务指标都排名靠前。组织旅行社协会对“春季行动”所打击的重点问题进行自查自纠，主动清理下架“不合理低价游”产品。全省 277 家旅行社参与了自查自纠行动并主动向旅游部门递交了“诚信经营、拒绝‘低价游’”的公开承诺书。开展旅游市场秩序综合整治“暑期整顿”，全省检查旅游企业 852 家，立案 42 件，已结案 29 件，吊销旅行社 1 家。以橘子洲景区整改复牌为契机，对全省 57 家 4A 级和 5A 级景区主要负责人进行集体约谈，全面推进 A 级景区整改提升和动态监管，7 家景区被摘牌，20 家景区被警告和严重警告。对整改景区进行了现场检查，向复核中存在突出问题且整改不力的 6 家 4A 级景区所在的地级市政府发了督促整改函。从 2017 年 6 月 22 日至 7 月初，湖南省迎来了 2017 年最强降雨。湖南省旅发委召开全省旅游应急演练暨旅游安全整治会议，组织全省旅游企业特别是景区景点开展旅游安全巡查和隐患排查，连续 11 天及时发布旅游安全风险提示。在强降雨期间，督促各地旅游企业履行旅游安全主体责任，采取切实有效措施，将漂流等高风险旅游项目和涉水游乐项目坚决关停到位，全省暂停运营的景区景点达 137 家，确保游客绝对安全。

七、抓体制机制改革，增强旅游发展动力活力

全省各级各有关部门认真贯彻落实《国务院办公厅关于加强旅游市场综合监管的通知》和《湖南省实施〈旅游法〉办法》，大力推动完善各级政府旅游产业发展领导小组综合协调机制，充分发挥各级政府在推动旅游产业发展和旅游目的地社会治理中的主体作用。积极探索构建适合全域旅游时代特点的“1+3”现代旅游治理机制，全面提升旅游目的地治理能力，解决旅游综合产业和综合监管与原有体制之间的矛盾，推动构建“综合产业综合抓”的大旅游格局。

在省委、省政府高度重视和大力支持下，湖南省旅游局更名为湖南省旅游发展委员会，完成了湖南省旅游协会换届工作，2017 年上半年省委、省政府调整充实省旅游产业发展领导小组的组织构架、职责任务和工作规则，湖南旅游管理体制机制改革步

入快车道。据初步统计，在全省31家国家全域旅游示范区创建单位中，目前有张家界市、望城区、南岳区、韶山市、平江县、湘阴县、通道县7家单位“局改委”，张家界市、望城区、南岳区、韶山市、平江县、新化县6家单位设置了旅游法庭，张家界市、望城区、南岳区、炎陵县、韶山市、平江县、资兴市、苏仙区、通道县9家单位设置了旅游警察，25家单位设置了旅游市场监督及质监执法队伍。2017年7月南岳区、平江县更被获评为第二批国家级旅游改革创新先行区，湖南旅游管理体制机制改革大有燎原之势。在区域合作方面，在省内，张吉怀旅游经济带的规划建设，让张吉怀旅游共同体、崀山生态文化旅游区、张家界南线旅游合作区等区域旅游合作联盟得到推进；在国内，5月创建湘鄂赣三省天岳幕阜山全域旅游示范新区，9月牵头成立泛珠旅游合作大联盟，积极探索武陵山生态文化旅游区跨省合作协同发展的新路子。湘潭（韶山）获批为全国红色旅游融合发展示范区和全国红色旅游国际合作创建区；创新制定《旅游业（综合）分类》《旅游经济（综合）核算》标准，开展旅游业对国民经济和社会发展的综合贡献核算研究，张家界市、湘西州和怀化市（张吉怀精品生态文化旅游经济带）创建国家旅游精准扶贫创新示范区，都走在全国前列。

创新全域旅游统计。开展了2016年度全省和14个市州的旅游及相关产业增加值测算，2017年将各市州旅游产业增加值指标纳入省对市绩效考核，真正将各市州全域旅游的发展和旅游产业对经济发展的促进作用考核到了实处。研究制定了《旅游业分类》《旅游经济核算》国家标准。开展了旅游业对GDP综合贡献测算工作。按照《国家旅游统计调查制度》要求，结合湖南旅游统计工作实际，设计制定了《湖南旅游统计调查制度》，湖南省统计局于2017年7月份批准执行。在重点旅游城市张家界创设了国内首家旅游统计研究院。《张家界市旅游统计大数据合作平台》获得湖南省首届管理创新奖，张家界市旅游统计研究院参加了第六届世界旅游统计大会并做主题演讲，湖南旅游统计创新成果获得国际认同和好评。

广东省

2017年以来，在国家旅游局的指导下，广东省旅游业坚持“创新、协调、绿色、开放、共享”五大发展理念，着力推进全域旅游和旅游供给侧改革，着力扩大旅游投资和消费，着力加强旅游市场综合监管，推动旅游业创新发展、提质增效，全省旅游业保持平稳较快发展。2017年上半年，全省旅游总收入达5325亿元、同比增长12.3%，其中旅游外汇收入92亿美元、增长12.1%；接待过夜游客1.95亿人次、增长12.2%，其中入境过夜游客1588万人次、增长1.8%。预计全年，全省实现旅游总收入11477亿元，同比增长10%，接待过夜游客4.3亿人次、增长7.5%。

主要工作成果汇报如下：

（一）全域旅游深入推进

广东积极以全域旅游推进旅游业供给侧结构性改革。一是举办了广东省旅游项目投融资对接会来推动产业结构升级，激活存量旅游项目以适应广大游客新的旅游需求。二是以创新驱动发展为动力，通过机制创新、业态创新、商业模式创新，特别是充分运用互联网、物联网、大数据整合资源，提高服务品质、管理效率、影响力。三是着力构建开放型新体制。加强与“一带一路”沿线国家地区的合作，依托广州南沙、深圳太子湾邮轮母港，设计海上旅游专线，并于2017年实现了粤澳游艇自由行首航，完成旅游业开放型新体制的转型升级。

2017年年初，广东省政府出台贯彻落实国家“十三五”旅游业发展规划实施方案，将全域旅游列为十大主要任务之首；广东省旅游局编制实施《广东省旅游业发展“十三五”规划》，将全域旅游列为五大战略任务之首。随后，全域旅游示范创建工作在广东各地全面展开。深圳、珠海、中山、韶关、梅州、惠州等14个市县区先后成为国家全域旅游示范区创建单位，河源、湛江、肇庆、增城等48个市县区成为省级全域旅游示范区创建单位（以下简称“创建单位”），清远市更是“一个都不能少”，两区两市四县全部跻身国家和省两级创建单位。11 月 1 日生效施行的《广东省旅游条例》首次将“全域旅游”作为立法指导思想写入地方性法规，明确指出广东要坚持全域旅游发展，创新旅游业态，健全旅游产业体系，推行全域旅游发展模式，推进国民旅游休闲体系建设。

（二）旅游业态不断创新

广东旅游“海上”“陆上”“空中”发展呈现蓬勃姿态。一是推进滨海旅游。对接省发展改革委《广东沿海经济带规划》、省交通厅《广东滨海公路规划》、省海洋渔业厅《广东海岸带保护利用规划》等滨海规划，编制《广东省沿海经济带滨海旅游发展行动计划（2017—2020）》，完成《〈广东省滨海旅游发展规划(2011—2020 年)〉实施回顾与前瞻》。二是推进邮轮旅游。广州、深圳均明确提出建设国际邮轮母港的目标，并出台了加快邮轮产业发展的政策措施。2017 年上半年，广州南沙邮轮母港出入境邮轮达到 68 艘次，出入境旅客 19.8 万人次，同比分别增长 33.3％和 20.7％；深圳太子湾邮轮母港拥有可停靠 22 万吨级世界最大邮轮码头，并获准设立“中国邮轮旅游发展实验区”，太子湾邮轮母港已累计完成邮轮靠泊 75 艘次，出入境旅客 6.75 万人次，其中上半年完成 48 个艘次，出入境旅客 4.52 万人次，保持良好发展势头。三是推动粤港澳游艇试点“自由行”。2017 年 6 月 20 日交通运输部、公安部、海关总署、质检总局四部委联合发函，原则同意了《中国（广东）自由贸易试验区粤港澳游艇“自由行”实施方案》；7 月在广州南沙举行了首航活动，由香港、澳门籍各一艘游艇驶入南沙客运港进行了“定点停靠、就近联检”的通关查验等手续。四是推动民宿发展。深圳大鹏新区民宿客栈总量超过 1000 家，韶关接近 400 家，增城 632 家。全省初步形成了以深圳大鹏为代表的滨海文化创意型，以南昆山为代表的山地精品度假型和以清远“清新人家”、韶关“丹霞仁家”、增城“万家旅舍”为代表的乡村田园度假型等三大类民宿客栈。五是加强自驾车营地建设。开展自驾车营地建设发展专题调研活动，组织相关汽车营地企业参加全国自驾车旅居车博览会等相关交流，全省已建成云浮金水台和佛山高明美的鹭湖等 10 家汽车营地，开工在建广州增城莲塘印象和东莞鹅夷炮台等 24 家营地。六是推进南粤驿道活化利用。对全省古驿道资源情况进行普查，4 月联合省住建厅、文化厅和体育局主办南粤古驿道文化之旅启动仪式，发布 8 条南粤古驿道旅游精品线路、南粤古驿道旅游地图和旅游手册；同时举办了南粤古驿道首届文化创意大赛、2017 南粤古驿道定向大赛等活动。七是推进红色旅游。韶关南雄梅关古道景区、汕尾海丰县澎湃故居等 3 家景区被评为全国红色旅游经典景区，总数达到 13 处 17 家。八是推动低空旅游。广州、深圳、珠海、云浮、阳江等市积极开发观光、交通、飞行训练、高空跳伞等不同主题的低空旅游项目，全省共培育中航通飞爱飞客俱乐部等 14 家低空旅游运营企业。深圳东部华侨城旅游区被国家发改委、国家旅游局等四部委评为“通用航空旅游示范工程”。云浮罗定创新“旅游＋飞行”，吸引国内首家拥有专属飞机的全天候跳伞基地进驻。珠海国际航展已位列国际五大航展之一。

（三）推进旅游融合创新

2017年，广东省旅游局与广东省农业厅、交通厅、经信委、林业厅、体育局等部门协商推动相关产业“旅游＋”深入融合，将部分乡村景区建设农旅融合综合体、打通“最后一公里”问题提上日程。8月，广东省滨海公路规划已经完成了与全省沿海14个地级市路线方案的对接。广东滨海公路强调交通与旅游两大产业的深度融合，全程把沿海城市的90个滨海旅游景点串联起来，将成为未来广东旅游的新看点。2017年成立的广东省旅游产业投资基金采取母子基金模式，通过10亿元母基金的带动和引领，围绕广东省旅游产业上下游和横向关联产业整合资源和落地项目，成立若干个子基金，总规模将超过300亿元，该基金发挥“旅游＋金融＋产业”的优势，整合引导社会资本重点投向旅游发展新产品。除此之外，珠海、韶关等39个市县区设立了多达3.6亿元的旅游产业专项资金，广州市将对成功创建国家全域旅游示范区的地区一次性给予1000万元的资金补助，揭西县设立2000万元旅游产业资金，番禺每年安排2000万元旅游发展专项资金对旅游重点项目、旅游公共基础设施等给予扶持。

（四）以乡村旅游推进精准扶贫

一是出台相关政策和规划。大力推动实施《广东省乡村旅游与休闲农业发展规划（2013—2020年）》，围绕农业生产、农民生活和农村风貌进行开发建设，变资源优势、文化优势为经济优势。二是以“八小工程”为抓手，完善乡村旅游基础设施。在乡村旅游规划实施的过程中，力促农业开发、景点布局、土地利用、环境保护等规划“多规合一”，实现美丽乡村、景区治理、农田水利、农业经济等项目资源整合捆绑，并保障实施民生基础设施。着力推进乡村旅游“八小工程”，即建设旅游厕所、购物商店、停车场、医疗站、垃圾站、旅游标识标牌、A级景区、旅游咨询服务中心，改善和提升乡村基础设施、生活条件和公共服务水平。省财政安排4000万元旅游扶贫资金，用来支持粤东西北地区320座旅游厕所建设，其中117个省旅游扶贫重点村每个村建设1座旅游厕所。三是打造乡村旅游A级景区等示范点。推动旅游与农业、林业、渔业有机融合，引导农产品种植（养殖）园、农（渔）家乐、森林公园、农家旅舍等单一传统产品优化提升、特色发展，拓展观光、休闲、度假、美食、体验、文化创意等功能。四是推动乡村旅游后备箱工程建设。引导村民提供采摘垂钓、烧烤小吃、农特产品、餐饮等乡村休闲服务产品，就地从事制作工艺品、售卖土特产、农家餐饮等工作，既增加乡村旅游吸引力，又获得土地租金、基地分红、务工收益和销售收益等。例如廉江市以鹤地水库为核心吸引物发展当地生态游，带动了良垌荔枝、青平红橙、河唇杨桃等农产品销售，近七成的荔枝、红橙、红杨桃实现就地销售，促进了果农大幅度增收。五是创新发展民宿、研学、创客基地等乡村旅游新业态。全省初步形成以深圳大鹏为代表的滨海文化创意型、以南昆山为代表的山地精品度假型和以清远“清新人家”、韶关“丹霞仁家”、增城“万家旅舍”为代表的乡村田园度假型等三大类民宿客栈群。目前正在推动开平碉楼、潮州古城等一批乡村旅游研学基地建设。依托民间艺术、古建筑等乡村旅游文化资源，推动乡土文化创意设计产业集聚发展。例如东莞麻涌镇新基村引入白房子公司创业团队，被评为“中国乡村旅游创客示范基地”。六是积极搭建投融资平台。省旅游局与中国农业发展银行广东省分行签署了《“十三五”时期全面支持广东乡村旅游建设战略合作协议》，共同搭建投融资平台，推动乡村旅游大项目发展，首批支持开平市赤坎古镇保护开发项目（首期）、坪田银杏森林公园旅游区建设项目（一期）、红海湾田寮湖基础设施及九合澳生态修复整治工程第一期、阳江滨海生态公园一期项目、肇庆两广总督府修复重建工程、连南瑶族自治县美丽乡村建设项目、六祖镇龙山核心景区环境整治和设施升级、广东徐闻南极村旅游基础设施建设等8个乡村旅游项目建设，类型涵盖景区、生态旅游、乡村旅游、休闲旅游等基础设施配套建设。总投资达40多亿元，拟申请贷款额度28亿元。七是加强对各地政府、旅游部门和乡村旅游建设带头人的培训。举办主题为“以乡村旅游为重点发展全域旅游”的2017全省旅游行政管理人员研讨班，各地级以上市政府分管领导、旅游局局长及广东省创建国家全域旅游示范区负责人参加，邀请了北京大学吴必虎教授等国内知名教授、专家授课，并组织到桂林市阳朔县矮山门村、龙胜县黄洛瑶寨等地现场观摩学习。组织了地方旅游部门分管副局长、科长和117个村驻村第一书记和村主任（村支书）近400名干部，到省内做得好的村调研学习，让乡村旅游发展好做法好经验看得见、带得走。八是加大广东乡村旅游宣传。举办大型乡村旅游主题活动和宣传推广活动，同时利用互联网、OTA、网络达人等，提高乡村旅游宣传实效。开发了探寻广东最美古村落、六祖文化游精品旅游线路、南粤古驿道8条旅游线路、滨海旅游十大线路等特色旅游产品和经典线路。

（五）积极推动入境市场政策实施

一是全面推动离境退税政策的落地实施。一方面指导旅行社加大对入境游客的离境退税政策宣传，指导主要从事入境业务的导游人员学好用好退税程序，发动更多旅游购物商店申请成为退税商店；另一方面加大离境退税政策的宣传推广，印制说明手册，在各类旅游对外交往、旅游展会、对外招商活动中加大对境外旅客购物离境退税政策的宣传。二是继续优化完善外国人过境免签政策。推动省政府向国务院上报144小时过境免签政策申请并于5月份获得国务院批准，目前广东省公安厅正牵头会相关部门开展政策贯彻落实的准备工作。与此同时，我局也积极筹备政策落地实施后的宣传推广，与省内主要旅行社、航空公司、机场管理部门等进行对接交流，商讨推广方案。

（六）积极推进“走出去”旅游战略

一是积极组织策划“丝绸之路”主题旅游活动，先后组织业界代表赴肯尼亚、坦桑尼亚、塞舌尔等34个国家和地区开展了系列旅游交流推广活动，推广广东丝绸之路旅游产品线路，推动广东与各国旅游业界的互动交流与深度合作，巩固欧洲、北美、澳新、东盟主要客源国家旅游市场，大力开拓中东欧、南美新兴旅游市场，加强与太平洋岛国、非洲国家的旅游合作与交流。二是巩固完善广东驻海外推广合作平台。认真梳理海外合作推广中心工作，结合广东省境外主要客源市场分布，续签了9家推广中心，并在“一带一路”沿线国家罗马尼亚新设立1家推广中心，同时完善了中心的管理机制及合作协议，以进一步发挥推广中心在“一带一路”旅游合作的推动作用。三是加强粤港澳跨境旅游合作。充分利用粤港澳跨境、跨区域旅游合作机制，与港澳旅游部门开展“一程多站”旅游线路的联合推广。邀请加拿大业界来粤采风踩线；联合香港、澳门、广西、福建等地旅游局赴印度尼西亚、马来西亚等“一带一路”沿线国家开展联合推广活动；在2017广东国际旅游产业博览会上，会同港澳旅游部门共同设立了粤港澳大湾区联合展台。四是配合落实国家旅游外交战略。组织业界代表先后参加国家旅游局牵头组织的捷克南摩拉维亚洲旅游交易会、德国柏林国际旅游交易会、俄罗斯莫斯科国际旅游交易会等国际旅游展；配合国家旅游局落实中国和马达加斯加两国领导人达成的共识，推动中马旅游合作交流，9月份接待了马达加斯加旅游部长率领的代表团一行30人来广东考察，受到部长及代表团成员的高度肯定，圆满完成了国家旅游局交办的任务。

（七）促进旅游消费

一是深化粤港邮轮旅游合作，共建香港、深圳、广州邮轮母港集群。支持深圳蛇口、广州南沙邮轮母港建设（申报）全国邮轮旅游发展实验区，推进完善邮轮产业政策体系，提升母港建设管理能力和邮轮产业服务质量，优化邮轮旅游通关政策。积极申请邮轮团队旅游15天免签入境政策。加强粤港邮轮旅游研究，启动《广东邮轮旅游行动计划》编制工作，探索粤港邮轮旅游有效的协同发展措施。二是配合开展港澳台青少年游学活动接待工作。在国家旅游局的指导下，做好港澳台青少年赴广东游学活动。按时间进度配合做好全年10100名港澳青少年赴粤游学活动，加强内地与港澳青少年的沟通交流；完成179名台湾青年赴粤游学接待工作，充分展示大陆经济社会发展取得的巨大成就；提升完善游学接待服务体系，做好港澳青少年游学旅游基地的评选和推荐工作，孙中山故居等3家景区被国家旅游局评为港澳青少年游学示范基地。

（八）推动旅游信息与公共服务创新工作

一是首次分三批次组织开展全省旅游统计分片区交流培训。培训人员范围扩展至基层县区旅游统计人员，培训内容涵盖旅游统计“一体系两手册”业务培训、旅游及相关产业统计分类标准宣贯、旅游投资项目筛选、全域旅游要求数据中心建设探讨交流、旅游大数据及抽样调查项目介绍等方面。二是帮助林芝市搭建旅游统计直报系统，并以鲁朗国际旅游小镇开业之年为契机，开展以鲁朗小镇为重点和试点的抽样调查项目，用以推算旅游接待人数及旅游收入情况，补充因基础数据的缺失以及传统落后的旅游统计手段方式的不足和数据不连续可比的缺陷。抽样调查项目已于国庆黄金周在鲁朗小镇展开调查。三是旅游投资统计创新。联合省统计局，依据《国家旅游及相关产业统计分类（2015）》，建立各地旅游相关投资项目动态名录及报送机制，要求各地统计局向当地旅游局提供属地在建固定资产投资名录库，并由当地旅游部门根据分类标准筛选旅游投资项目入库并按季度更新。在省级层面建立联络机制，年度筛选项目，进行比对，更新项目名录，尽量做到不重不漏。同时，结合广东省旅游行业运行监测平台项目，拟对入库项目进行分析，定期形成广东省旅游投资分析报告。四是继续推进厕所革命。广东省年初上报计划建设第三卫生间 29 座，目前全省正在足量稳步推进中，现已完成建设超过 100 座。在全省范围内开展厕所革命督察工作，全省 21 个地级以上市分别成立检查小组进行交叉互查，并委托第三方机构，抽查全省厕所革命以来建设的 1000 座厕所项目，对建设情况、管理水平及第三卫生间建设情况等进行暗访，并将暗访情况通报各地市旅游局，对管理完善、模式创新的予以表彰和推广，对存在问题的要求及时说明情况，提交整改方案并限期完成整改。同时，着力指导和支持各地树立“以商建厕、以商养厕、以商管厕”的建设管理理念，不断创新旅游厕所建设管理工作机制。

（九）推动市场监管创新工作

一是构建导游管理新体系。积极推动导游注册制度改革，稳步推进导游自由执业改革试点，逐步推动导游管理从行政化、非流动、封闭式向法治化、市场化转变，构建“进出、监管、保障、奖惩”四位一体的管理体系。2017 年 11 月 1 日起，停用原 IC 卡导游证，全面启用电子导游证。导游管理体系全新再造，实现导游申请证件和执业、导游星级评价、旅游监督执法、社会监督信息化，跨地域流动便利化，管理监督动态化，极大方便导游执业、旅行社管理、旅游执法和公众监督。截至 10 月 20 日，全省已有 46443 名导游申请电子导游证。二是推动旅游诚信体系建设。全省各级旅游部门面向旅行社、星级酒店、A 级景区等旅游市场主体，通过宣传展示、媒体报道、企业参与等多种形式，全方位、多角度地开展旅游诚信主题活动，营造企业追求质量、社会崇尚质量、人人关注质量的诚信旅游市场环境。以信息公示推进“守信激励、失信惩戒”机制。广州市联合香港旅游部门，发布穗港旅行社“优质诚信香港游红名单”；东莞市、肇庆市也进一步强化旅游企业诚信服务“红黑榜”制度，充分发挥褒扬诚信、惩戒失信积极作用。三是着力强化行业重点领域和环节安全监管。省旅游局分别与全省21个地级以上市旅游主管部门主要负责人签订了《2017年旅游安全生产目标责任书》，推动各地依法依规履行安全生产监管职能，层层压实责任。在重大节假日以及汛期、暑期、台风等重点时期认真组织本行政区内旅游企业和经营单位深入开展旅游安全隐患排查整治。按照“一岗双责”和“双随机一公开”要求，采取企业自查、交叉检查、联合督查、明察暗访等形式，由机关业务骨干、专家组成多个督导组，分赴全省各地进行旅游安全督导检查，进一步压实企业主体责任。四是充分发挥旅游工作部门间联席会议的作用，强化协调联动。加强与交通、公安、林业、外事、体育、质监、安监、海事等部门的联动协调，按照“政府主导、属地管理、部门联动、行业自律、各司其职、齐抓共管”的原则，重点加强对旅游包车、景区地质灾害、水上交通、特种游乐设施、漂流等重点领域和环节的安全监管，落实“导游员专座”，推动建立联防联控的旅游安全长效监管机制，及时发现和消除各类重大旅游安全隐患，确保旅游安全。五是加强旅游安全培训，加强安全预警提示。上半年在中山市举办“2017年全省旅游安全应急培训暨全省旅游安全工作会议”，并针对粤港澳游艇自由行发展趋势和特点，积极会同海事、教育、三防等部门组织“2017年广东省水上旅游安全与应急救援演练”。充分利用政务网、广播电视、应急管理APP、微信微博、新媒体等途径，多措并举，及时发出诸如台风、强降水、地震、恐袭、传染病等旅游安全提示警示。

（十）积极旅游信息化建设工作

一是积极协调推进省、市、县三级旅游数据中心体系建设，下发了《关于加强各地旅游数据中心建设工作的通知》，要求创建国家全域旅游示范区要尽快成立旅游数据中心，截至目前全省各地市成立了旅游数据中心领导小组，有9个地市已提交旅游数据中心建设方案，清远、梅州、阳江已立项建设旅游数据中心。二是着力打造全省旅游系统数据采集平台及大数据基础数据库，实现旅游行业各类基础数据、统计分析数据、气象等数据优化整合，旅游扶贫重点村、重点景区、质监执法等信息报送可通过手机填报，智能生成报表。三是推进广东旅游产业大数据平台建设，初步建成广东旅游产业运行监测与应急管理指挥平台，实现广东省12个5A级景区及25个4A级景区视频对接，并对大数据示范应用等可视化成果进行大屏幕展示，有力地推动局机关各处室用数据管理、用数据决策。四是联合腾讯公司共建旅游服务云项目，已完成云计算支撑平台、旅游应急管理平台、旅游城市名片小程序的开发工作，并基于腾讯数据编写2017年春节、清明、五一、十一等黄金周广东旅游大数据报告。五是切实做好广东旅游网上办事大厅及网站改版和迁移工作，优化和规范网上办事流程，积极推广使用旅游管理业务办公自动化系统和远程视频会议系统，进一步提升全省旅游管理部门信息沟通及行政办公效率。另外，结合旅游大数据精准推广技术，积极利用微信、微博等社交媒体平台开展宣传营销，全面构建广东旅游新媒体整合营销体系。并在 2017 年广东旅博会期间重点举办了广东旅游产业投融资对接会，共征集到省内旅游招商引资项目 330 个，涉及投资总额达 6895 亿元，共促成 54 个项目与合作方签订合作协议或合同，投资总额达 789 亿元，旅游招商引资成果明显。

广西壮族自治区

近年来，广西壮族自治区旅游工作在自治区党委、政府的正确领导和国家旅游局的指导下，认真贯彻党的十八大与十八届二中、三中、四中、五中全会和十九大报告精神，全面落实全国旅游工作会议、全区旅游发展大会、旅游业“515 战略”部署，抓住国家颁布《中华人民共和国旅游法》《国民旅游休闲纲要（2013—2020 年）》等重大机遇，贯彻落实《国务院关于加快发展旅游业的意见》《国务院关于促进旅游业改革发展的若干意见》重大举措，紧密围绕自治区党委、政府中心工作，狠抓工作落实，全区旅游业持续保持平稳快速发展态势。

2017 年前三季度，全区接待国内外游客 3.96 亿人次，同比增长 28.6%，完成全年目标任务 79.9%，实现旅游总消费 4228.91 亿元，同比增长 34.0%，完成全年目标任务 80.0%；其中，接待入境过夜游客 397.74 万人次，同比增长 5.7%，国际旅游（外汇）消费 18.40 亿美元，同比增长 9.6%；国内游客人数约 3.92 亿人次，同比增长 28.9%，国内旅游消费约 4106.75 亿元，同比增长 34.9%。各项旅游经济指标均创历史新高，旅游产业规模进一步扩大和优化，旅游改革创新工作稳步推进，旅游综合实力大幅度提升。

一、创建“广西特色旅游名县”和“全域旅游”成为广西县域经济快速发展的重要引擎

广西以特色旅游拉动县域全面发展，大力提升旅游业整体水平，拉动经济增长、推进新型城镇化、建设生态文明和加快贫困地区脱贫致富，成为县域经济发展的重要手段。已成功评定阳朔、兴安、东兴、龙胜、金秀、凭祥、上林、钦南、容县、巴马、三江和宜州等三批共 13 个特色旅游名县。南宁、北海、贺州 3 个设区市和上林县、

融水苗族自治县、兴安县、阳朔县、雁山区、恭城瑶族自治县、龙胜各族自治县、东兴市、钦南区、容县、靖西市、昭平县、金秀瑶族自治县、巴马瑶族自治县、宜州市、凭祥市 16 个县（区、市）列入国家全域旅游示范区的创建名单。

目前全区共有广西特色旅游名县 13 个，创建县 20 个，备选县 8 个，列入国家全域旅游示范区创建单位 19 家，10 个 2016 年广西科学发展先进县有 8 个是广西特色旅游名县（创建县）或国家全域旅游示范区创建单位；7 个 2016 年度广西科学发展进步县有 5 个是广西特色旅游名县（创建县、备选县）或国家全域旅游示范区创建单位。广西旅游“双创双促”已成为县域经济发展的重要引擎。

一是抓体制机制。加快推动旅游管理体制机制改革创新。大力推进“1+3+N”的综合管理体制机制改革建设。特别是广西壮族自治旅游发展委员会挂牌成立以来，南宁、北海、贺州等广西全部 14 个设区市都成立了旅游发展委员会。16 家县级国家全域旅游示范区创建单位中，有 9 家成立旅游发展委（局），7 家成立旅游巡回法庭，2 家成立旅游警察，2 家成立工商旅游分局（所），1 家成立食药监旅游分局。不少地方还打破常规，如阳朔骥马村抓共建共享运作的“党员综合服务中心”，通过乡村党政综合中心、旅游咨询、旅游调解等功能，让党的执政基础更为延展、深入基层，是全域旅游在体制机制上的重要探索和实践；上林县、昭平县任命旅游发展委员会主任为县政府党组成员，宜州区旅游发展委员会主任兼任区委、区政府办公室副主任等。

二是抓规划。根据《国家旅游业发展“十三五”规划》和《广西旅游业发展“十三五”规划》统筹部署，结合国家旅游局《全域旅游示范区创建工作导则》，起草编制《广西全域旅游发展规划纲要及三年行动计划》，制定《自治区级全域旅游示范区创建实施方案》，既顶层统筹设计安排又能充分衔接特色突出，以规划和方案制定推动我区全域旅游创新科学发展。

三是抓建设。实施各级“一把手”推进重大旅游项目建设和重大旅游公共基础服务设施建设机制体制，形成了推动特色旅游发展和全域旅游发展的强大合力。创新推出“自治区领导联系推进重大旅游项目”工作机制，每季度召开一次重大旅游项目建设推进协调会，自治区领导每年需到项目一线调研指导和协调重大问题 2 次以上，并制定政策在财政资金安排、用地指标保障、项目前期审批等方面给予重点支持。

四是抓融合。整合相关部门资源，推进“旅游 +”发展。成立由 33 个单位组成的自治区旅游工作厅际联席会议机制，重点整合协调旅游项目用地、建设资金、科技创新、生态保护、信息化建设、口岸管理、品牌建设等旅游发展重大问题和重大事项。如争取国家旅游局、广东省和深圳市旅游局、广东省第二扶贫工作组支持，联合举办 2 期 286 人次的乡村旅游与旅游扶贫专业培训班，为提高乡村旅游开发和经营水平、增强贫困人口创业就业素质和技能开展智力扶贫；如借助联席会议平台，与自治区农业、林业、水利、文化、体育、国资委6部门签订融合发展框架协议，分别制定《旅游与相关产业融合发展三年行动计划》，整合涉农、科教文卫体、生态环境治理、水利水电设施等方面的扶持资金26.5亿元推动发展，创新和优化“旅游+”产业融合发展系列配套机制。

五是抓环境。以美丽广西乡村系列乡村行动和城乡清洁活动为抓手，积极推进“清洁乡村”“生态乡村”“宜居乡村”“幸福乡村”，打造全景化城乡。如阳朔县从2015年开始，集中开展“美丽阳朔·生态乡村”建设活动，以十里画廊、百里新村、葡高公路所形成的高效农业标准化种植示范圈，漓江景区、遇龙河景区和桂阳公路、桂梧高速公路、福兴公路三个示范带“一圈两区三带”为核心，重点实施遇龙河生态环境与农业休闲旅游体验示范区、漓江东线（阳朔段）生态乡村示范区、百里新村生态农业旅游示范带、“生态县城”立体绿化四大生态示范工程，形成一批文化特色鲜明、建筑风格明显、生态环境良好、乡土记忆保存完整的美丽村落的旅游产品，形成了“村村有景致，处处是风景”的全域旅游格局，逐渐实现了从走马观花式的观光型旅游向山水田园间的休闲、度假、养身旅游方式拓展。

六是抓品牌。广西旅游品牌知名度迅速提升。在“遍行天下，心仪广西”的旅游主题形象引领下，各创建单位依托特色、精心提炼、创新营销，形成了各具特色的旅游主题形象和风格迥异的旅游品牌。阳朔县主打“水灵灵阳朔，慢悠悠休享”，巴马瑶族自治县主打“世界寿乡，康养巴马”，金秀瑶族自治县主打“圣堂仙境，生态瑶都”的瑶族韵味，三江侗族自治县突出“千年侗寨，梦萦三江”的侗族风情，融水苗族自治县凸显“秀美融水，风情苗乡”的苗族特色，东兴市打造“上山下海又出国”的边关风光，宜州市打出“三姐故里，歌海宜州”的旅游亮点，涠洲岛提出“美丽涠洲，度假天堂”的旅游理念，上林县力推“壮族老家，养生上林”的旅游诉求，桂平市打响“华南佛都，天国故里，天下奇城”的旅游品牌等。

二、大力推动旅游综合改革，现代旅游治理机制建设取得新突破

桂林率先在全国开展旅游产业用地改革试点，制定实施《桂林旅游产业用地改革试点若干政策（试行）》，成功经验及成果在全区特色旅游名县和创建县推广应用；桂林市开展的导游自由执业试点工作在全国领先；巴马县成为全国旅游业改革先行区第二批试点单位。

（一）桂林国际旅游胜地用地改革试点成效明显

桂林市建设和推进了一批世界级的休闲度假旅游项目，世界一流的旅游目的地加

速形成。投资 300 亿元的桂林万达文化旅游城项目正式奠基启动，填补了桂林乃至广西缺乏世界级综合旅游项目的空白。交通基础设施和通达能力全面提升，桂林两江国际机场飞行航线 104 条，通航境内外 71 个城市，桂林航空和桂林通用航空投入运营，湘桂高铁、贵广高铁交会桂林，通车里程占广西近 1/4。成功发行总额达 100 亿元的国际旅游胜地建设基金，促进以旅游为龙头的现代服务业提质增效。桂林喀斯特地貌成功申遗，填补了广西世界自然遗产空白。灌阳、灵川、龙胜、荔浦四县先后荣获全国休闲农业与乡村旅游示范县；阳朔、兴安、龙胜三县成功创建广西特色旅游名县。

（二）北部湾国际旅游度假区建设全面发力

广西充分发挥滨海和中越边境旅游资源，大力推进北海涠洲岛、防城港江山半岛、崇左德天跨国瀑布等一批旅游重大项目建设，积极推进北海、防城港邮轮码头建设和航线开发。南宁市、北海市入围国家全域旅游示范区创建单位，南宁市青秀山风景区成功创建 5A 级景区；德天跨国瀑布率先开展中越跨境旅游合作区，崇左花山岩画成功申报世界文化遗产；涠洲岛南湾鳄鱼山景区、德天跨国瀑布景区创建国家 5A 级旅游景区通过全国旅游资源规划开发评定委员会的资源与景观质量专家评审，列入国家 5A 级旅游景区创建名单；成功打造了美丽南方、五彩田园等产业融合发展的旅游新品牌。不断提升南宁吴圩国际机场作为面向东盟国际中转机场的枢纽地位和作用，2016 年南宁吴圩国际机场旅客吞吐量达 1155.9 万人次，同比增长 11.2%；2017 年上半年旅客吞吐量达 666.5 万人次，同比增长 23.2%，增长率排名全国第一，以南宁为集散中心的北部湾旅游度假区吸引力进一步增强。

（三）巴马长寿养生国际旅游区建设进展加快

推进实施《巴马长寿养生国际旅游区基础设施建设三年行动计划》，从 2017 年至 2019 年的三年时间内投资 37.04 亿元，改善区域交通、旅游、生态环保等基础设施，重点打造一批中高端旅游精品项目。2014—2016 年共实施自治区领导联系推进旅游重大项目 26 个，累计完成投资 35.64 亿元。盘阳河环境综合整治、百色起义纪念公园创国家 5A 级旅游景区等一批重点项目建设进展加快，巴马赐福湖国际长寿养生度假小镇的君澜国际度假酒店即将试营业。成功举办了 2015 中国—东盟传统医药健康旅游国际论坛——巴马论坛，打响“长寿养生”世界级品牌，巴马县成功创建广西特色旅游名县。2017 年 1—9 月巴马国旅区旅游总人数达到 2159.07 万人次，旅游总消费 229.50 亿元，分别比 2013 年增长 36.4% 和 80.6%。

（四）成功创建一批特色旅游名县名镇名村

创建命名了阳朔、金秀、三江等 13 个广西特色旅游名县。全球最大的旅游网站猫途鹰网评选的“2015 旅行者之选——全球最佳目的地”榜单，广西龙胜县、阳朔县位列前十，成为中国旅游目的地新热点。指导各市县因地制宜建设和改造提升了桂林秀峰区鲁家村、贺州黄姚古镇等一批特色旅游村镇，成为“美丽广西”乡村建设的新载体、新亮点。

（五）重大旅游项目厅际协调制度成效明显

建立自治区领导联系指导旅游工作和联系重大旅游项目建设制度，建立并逐步完善重大旅游项目厅际协调制度，自治区领导带头联系推进旅游重大项目建设，初步构建了综合产业综合抓、共同推进旅游业发展的工作格局。四年来，自治区领导联系推进的 174 个旅游重大项目累计完成投资 473.03 亿元，成为引领全区旅游产业转型升级的重要力量。2017 年，全区 14 个自治区领导联系推进旅游重大项目，项目总投资 677.38 亿元，年度计划完成投资 59.56 亿元。1—9 月，全区旅游重大项目完成投资 47.27 亿元，占年度计划投资的 79.4%。巴马赐福湖度假小镇、凌云浩坤湖旅游度假区等一批重大旅游项目建设加快推进，桂林万达文化旅游城、南宁万达茂、百色靖西靖东新区旅游投资项目、广西太和·自在城项目等一批百亿元重大旅游建设也都在按工期和投资计划抓紧建设，其中南宁万达茂旅游文化综合体项目已于 2017 年 6 月 17 日正式开业。

（六）落实差别化旅游业用地用海用岛政策

落实差别化旅游业用地用海用岛政策。对投资大、发展前景最好的旅游重点项目，按照“集中统筹、分级保障”的原则，优先安排用地计划指标，重点支持老少边穷地区利用荒山、荒坡、荒滩、废弃矿山、石漠化土地开发旅游项目。

（七）加强旅游规划顶层设计，创新旅游政策供给

2013 年以来，自治区党委、政府先后印发实施了《关于加快旅游业跨越发展的决定》《加快旅游业跨越发展若干政策》《关于促进旅游业改革发展的实施意见》《广西旅游业发展“十三五”规划》《关于促进旅游与相关产业融合发展的意见》等一系列重大政策，自治区人大新修订了《广西壮族自治区旅游条例》，营造了良好的旅游发展环境，有效推进了全区旅游业的快速、健康发展。

三、旅游发展机制不断健全，产业融合发展不断深化

（一）积极推进“旅游 +”新模式

一是深化部门合作。在与自治区农业、林业、水利、文化、体育、国资委等 6 部门签订融合发展框架协议基础上，分别制定《旅游与相关产业融合发展三年行动计划》，创新和优化“旅游 +”产业融合发展系列配套机制。继续推进旅游与工业、商务会展、中医药健康等产业融合发展框架协议的签订，强化“旅游 +”的产业融合度，构建产业合作发展长效联动机制。

二是培育旅游新业态。拓展“旅游+”“生态+”发展模式，着力培育国际驿站、民族村寨、乡村民宿、休闲农园、森林人家、生态渔村、湿地公园等乡村旅游新业态；大力发展山水田园观光、民族风情观光、农家乐和渔家乐度假、乡村酒店度假、乡村研学、乡村自驾、健康养生、乡村农礼、乡村节事等特色旅游产品。

三是创建一批“旅游+”产业融合品牌。联合自治区住建、文化、农业、林业等部门，重点指导开展特色旅游小镇、传统村落、现代农业庄园、休闲农业与乡村旅游示范县（点），森林人家，“金绣球”农家乐等旅游与产业融合品牌创建。联合农业等部门开展2017年度农业、林业、水利、民族、扶贫、健康、生态、工业、文化、体育等产业的“十大特色旅游基地”评选活动，推动发展一批生态旅游示范区、环城市森林景区、水利风景区、工业旅游景区、特色文化街区、特色旅游小镇、中医药健康旅游示范区、乡土特色旅游示范带等“旅游+”品牌。

四年来，全区创建全国休闲农业与乡村旅游示范县11个、示范点22个，全国特色景观旅游名镇名村11个，建成3个国家生态旅游示范区和28个广西生态旅游示范区，培育建立旅游商品研发、生产、销售基地60多家，推出170个广西特色旅游商品和52个广西旅游必购商品。

（二）加快开拓合作新机制，推进重大旅游项目建设

一是发挥财政资金的“四两拨千斤”作用。通过大幅增加旅游发展专项资金、设立旅游发展担保基金、加大贴息支持力度等方式，强化旅游业的投融资政策保障。2013年以来，自治区财政累计安排资金27.2亿多元，用于旅游基础设施建设和公共服务体系建设，有效撬动了社会资本对旅游业投资的积极性。2013年，自治区旅发委与广西金融投资集团、建设银行广西分行、自治区农信社等金融机构签订战略合作协议，为广西旅游企业搭建融资平台。仅2014年、2015年全区各重点旅游企业分别从银行获得贷款44.93亿元、46.6亿元，自治区分别给予贴息4700万元、7650万元，贷款贴息拉动投资分别达95.6倍、60.92倍。

二是积极开展招商引资工作，贯彻落实全区投资和项目建设工作会议精神，筛选了126个健康旅游项目，分别在南宁、西安举办广西健康产业投资合作项目推介会专题招商活动。

三是分别与工商银行、建设银行、国家开发银行、广西农村信用社、兴业银行、广西北部湾银行、桂林银行等7家金融机构签订旅游与金融战略合作协议，搭建“旅游+金融”的合作平台，筛选推荐柳州卡乐星球·OCT华侨城、桂林八角寨旅游开发、北海邮轮母港等23个项目列入全国优选项目，拓展企业投融资渠道和创新信贷产品。四是积极对接央企和上市企业来桂投资开发旅游项目。自治区人民政府分别与新奥集团、中国旅游集团签订战略合作协议。其中，新奥集团将在自治区投资220亿元，开

发建设红水河及巴马长寿养生国际旅游区旅游、北海旅游项目等；中国旅游集团在旅游文化景区、免税购物业务等七个方面明确了具体合作推进的工作内容。泛海集团达成了在自治区投资健康旅游项目的意向，投资规模超过 100 亿元；北京东方园林集团将整体开发中越边关风情旅游带国家风景道项目，投资额度超过 120 亿元，现已完成项目策划、选点等前期工作。

（三）扎实推进国有旅游企业改革发展稳定各项工作

一是扎实推进项目建设，固定资产投资稳步增长。广西旅游发展集团采取“一个项目一个推进方案”的措施，各个重大项目的稳步推进。南宁五象新区自治区重大公益性项目片区商务街住宅楼购销两旺；巴马赐福湖君澜度假酒店项目总体工程量已基本完成；三江“百千万”工程、程阳八寨“5A”景区提升工程全面启动；三江旅游度假酒店年内竣工开业；北海冠岭旅游综合体项目及商业配套项目开工建设。

二是做大做强融资平台，助推民生改善工程。2017 年 1 至 9 月，新签订贷款合同金额 10.57 亿元，累计签订贷款合同 650.98 亿元；发放贷款 71.62 亿元，累计发放贷款 515.67 亿元。自治区人民政府已同意引导基金首期出资 2.895 亿元。基金首期计划募集资金 30 亿元，2017 年到位第一笔资金 10 亿元。

三是加大对外合作，资源整合加速。将以广西国旅、南宁中青旅、广西海外旅等旅行社为基础组建旅行社集团；成功引进全球最大的家居用品零售企业瑞典宜家集团，在五象核心区建设宜家批发销售中心；成功与世界最大酒店管理集团万豪国际集团签订酒店管理协议，委托其管理五象新区商务街“喜来登”“源宿”两家酒店，以及北海冠岭山庄主楼、北海冠岭二期等酒店项目。

2017 年前三季度，广西旅游发展集团主要经济指标稳中有升，其中累计完成投资 16.73 亿元、融资到位资金 25.42 亿元、利润总额 2724 万元，分别完成年度目标任务的 97.86%、127.1% 和 82.55%。截至 2017 年 9 月底，集团资产总额达到 677.61 亿元。

四、加大对外开放交流力度，积极对待接“一带一路”建设

广西认真贯彻落实彭清华书记提出的战略思路和重要指示，进一步发挥独特区位优势，释放“海”的潜力，激发“江”的活力，在深耕东盟上下功夫、在拓展南亚上做文章，积极主动对接“一带一路”建设，倾力打造广西旅游升级版。

（一）加强对东盟及南亚国家旅游市场的推广和合作，全力构建我区旅游开放发展新格局

一是合力建好“黄金平台”。充分发挥中国—东盟博览会旅游展、联合国世界旅游组织 / 亚太旅游协会旅游趋势与展望国际论坛、中国—东盟传统医药健康旅游国际

论坛（巴马论坛）等展会、论坛、赛事的平台资源，密切双方往来，建立协商协作机制，深化广西与东盟、南亚国家的旅游交流合作，推动与东盟、南亚国家的旅游投资和消费增长。

二是推动开通“广西航线”。广西推动与东盟和南亚国家海陆空连接，通过推进旅游基础设施对外合作，强化互联互通。积极推动开通和加密南宁、桂林至东盟、南亚国家的航线。大力推动北海、防城港等市加快发展邮轮旅游，开辟海上直达东盟和南亚国家的国际邮轮航线，推进“海上丝绸之路”旅游带建设。依托中国—中南半岛经济走廊，推动跨境自驾车旅游，开发跨境旅游精品线路。

三是双管齐下推广推介。2017年7月上旬，自治区旅游发展委组团赴越南、柬埔寨、泰国三国开展广西旅游市场推广和项目推介。由广西旅游发展集团旗下的广西国旅、广西海外、南宁青旅等旅行社与东盟各国和南亚有关国家广泛交流，寻找客源互送及旅游包机的合作。

（二）大力发展旅游新业态，积极对接“一带一路”

针对自治区旅游发展的短板，自治区积极探索培育旅游业态，进一步完善旅游服务，为了对接一带一路夯实基础。一是发展高端度假酒店。全面摸清全区旅游酒店的家底，就各地2017年和“十三五”期间建设高端度假酒店的情况进行调查，统筹指导全区高端度假酒店业发展。出台相关政策，鼓励和支持各市县特别是重点旅游市县发展高端旅游度假酒店。

二是抓好海岛旅游高端度假项目的试点工作。与广西旅游发展集团达成意向，由旅发集团与悦榕庄酒店集团，在北海涠洲岛、防城港江山半岛合资建设海岛旅游高端度假项目。

三是发展水上飞机旅游项目。已与自治区发展改革委达成共识，尽快促成北海至涠洲岛水上飞机旅游项目的落实。已与北海市人民政府达成共识，在北海与宗申产业集团达成合作意向的基础上，力争北海至涠洲岛水上飞机旅游项目年内落地。四是探索建立旅游联合体。北海、崇左、贺州等市旅游发展委首先在北海涠洲岛、崇左明仕田园、贺州黄姚古镇开展旅联体试点。在进一步总结试点经验的基础上，2018年在全区推广。

（三）积极推进中越德天—板约瀑布跨境旅游合作区建设

一是不断深化中越省级协调委员会工作机制。2017年5月17日，自治区主席陈武和越南高平省人民委员会主席黄春映在南宁市共同主持中越省级协调委员会首次会晤，双方成功签署了《中国广西壮族自治区与越南高平省合作保护和开发德天（板约）瀑布旅游资源省级联合协调委员会协议》，细化了联合工作机构，确定了日常会晤机制、并在许多关键问题上达成了一致意见，为尽快实现开园目标奠定了基础。8月6日至

12 日在崇左市举办了“中越合作保护和开发德天（板约）瀑布旅游资源省级联合协调委员会交流培训班”，并组织两国学员赴霍尔果斯边境合作中心实地考察调研，进一步促进了两国沿边开发、开放和发展跨境旅游相关政策沟通，增进了双方在规划对接、物理围网、利益分享机制、游客进出合作区管理等关键环节的共识，为中越德天—板约瀑布跨境旅游合作区建设打开了思路。

二是积极协调推进合作区规划建设工作。协调自治区住建厅牵头启动编制合作区（中方）修建性详细规划并积极争取住建部支持和审批。加强与越方就合作区（越方）总体规划和规划细则进行相关衔接工作，在充分了解越方规划成果的基础上，启动合作区（中方）总体规划二次修编工作。目前，越方尚未将合作区（越方）规划成果反馈中方，规划修编工作相对滞后。已将《合作区游客出入证件管理办法和查验方案》报送公安部，待批复。

三是重点项目（中方）建设取得突破。协调广西各成员单位加快推进重点项目前期工作。已完成核心区（中方）物理围网、联检大门、办证大厅、陆地边界卡口查验设施和中越跨国购物街建设方案，整合国家和自治区配套建设资金合计 3145 万元。德天跨国瀑布景区创国家 5A 级景区进程不断加快：德天景区游客服务中心、大阳谷、绿岛行云、游客换乘中心、新大门、合作区（核心）景区提升工程等重要附属景点已建成并投入使用；7 月，景区创建国家 5A 级旅游景区通过省级初评并报国家旅游局候审。

（四）积极推进边关风情旅游带建设

一是成立广西边关旅游联盟。2 月 27 日，广西边关旅游联盟召开了成立大会，崇左、防城港、百色市三个边境市本着资源共享、线路共建、市场共拓、客源互派，市场共管、多方共赢的原则，签署了《广西边关旅游联盟协议》。边境 14 个县（市、区）重点在旅游基础设施、公共服务建设以及宣传推广营销、旅游市场秩序维护等方面密切合作。

二是编制完成《广西边关风情旅游带建设三年行动计划（2017—2019 年）》。在《广西壮族自治区边关风情旅游带发展规划（2016—2020 年）》的基础上，重点从旅游产品和旅游线路打造，公共服务设施建设以及旅游宣传营销三个方面。

三是整合营销广西边关风情旅游。6 月 12—15 日，边关旅游联盟组织 14 个成员单位赴成都、重庆举办专题推介会，8 月 27—31 日，联合越南广宁省旅游厅先后在广州、上海举办了两场“中国广西—越南广宁跨国旅游联合推介会”，以全新的边关旅游线路和产品第一次对外开展整体营销。

五、加强市场营销，提升旅游消费

为深入贯彻落实《国务院办公厅关于进一步促进旅游投资和消费的若干意见》(国办发〔2015〕62 号)、《国务院办公厅关于进一步扩大旅游文化体育健康养老培训等领域消费的意见》(国办发〔2016〕85 号)精神，2017 年 1月，自治区政府办公厅出台了《关于印发进一步促进全区旅游投资和消费实施方案的通知》(桂政办发〔2017〕7 号)，促进全区旅游投资和消费，将旅游业打造成为我区战略性支柱产业和人民群众满意度高的现代服务业，全面推进旅游强区建设。

(一) 加大特色旅游商品供给

以旅游市场需求为导向，整合社会各方力量参与名、优、特、新、奇旅游商品的研发、生产、宣传和销售，培育一批旅游商品研发、生产、销售龙头企业。全区各级旅游主管部门每年安排专项经费，挖掘、研发具有民族特色和地域特征的少数民族工艺美术品、绿色风味食品、保健品、旅游文化纪念品、旅游日用品等特色旅游商品，加大对老字号商品、传统工艺品和壮侗苗瑶等民族旅游商品的研发创新与宣传推广力度。2017 年 8 月 29 日至 9 月 1 日，首届中国特色旅游商品大赛在内蒙古包头市举办。广西 16 件旅游商品在首届中国特色旅游商品大赛获奖。其中，润海京剧脸谱项链、喀斯特“汉风古韵”系列、“壹玖柒陆六堡茶公社”六堡茶之“小陶”“喝茶去”三件商品获金奖。

(二) 举办系列重大旅游推广活动，促进旅游产品消费

一是与各市共同举办“壮族三月三・八桂嘉年华”系列活动。各市旅游发展委举办以“壮族三月三・八桂嘉年华”为主题的民族文化旅游节庆活动，推动在全区范围内形成“观广西山水、赏八桂民俗、品传统美食、唱民族山歌”的精品民俗文化旅游线路，积极组织辖区旅游企业开展旅游促销活动，激发公众的出游热情，提升节日旅游消费能力。据统计，2017 年“三月三”和清明节期间，广西各地共将推出 480 多项旅游节庆活动，其中以民族歌舞与演艺活动居多。全区共接待游客约 1296.27 万人次，旅游总消费约 83.63 亿元。

二是举办中国旅游日广西主题推广活动。5 月 19 日，由自治区旅发委与贺州市人民政府主办，以“爱旅游、享生活、促健康”为宣传口号的 2017 年“中国旅游日”广西分会场暨长寿贺州主题推广活动在贺州黄姚古镇举行。

三是多渠道宣传“遍行天下，心仪广西”主题，吸引旅游消费。全力唱响“遍行天下，心仪广西”整体旅游形象品牌和“世界是嘈杂的，广西是宁静的”旅游主题；加强与《广西日报》、广西电视台、新华社、中国经济信息社等媒体的合作，开设广西旅游专题宣传专栏，对广西旅游产业发展进行系列的深度报道；进一步提升广西旅游产业地位

及“遍行天下，心仪广西”整体旅游形象的影响力；在广西电视台以及北京、广州、上海等重要客源市场的机场、高铁站、公交车候车亭等场所投放广西旅游整体形象宣传广告，包括灯箱、LED屏等媒体广告；通过北京国际旅游博览会、台北两岸观光博览会等重要境内外展会宣传推广“遍行天下，心仪广西”整体形象宣传品牌。

（三）加快发展老年旅游和中医药健康旅游

依托自治区生态优势、长寿品牌和特色资源，打造多元化健康养老产业集群，建设国内一流的养老产业基地和国际性的休闲养生健康养老胜地，推动老年旅游市场发展。引导各类景区规划和完善老年旅游服务设施建设；严格执行无障碍环境建设标准，适当配备老年人、残疾人出行辅助器具。鼓励各地和旅游企业针对老年旅游推出经济实惠的旅游产品和优惠措施。支持旅游度假区开发适合老年人休闲养生养老的旅游产品。

（四）积极培育发展研学旅行

建立小学阶段以乡土乡情研学为主、初中阶段以县情市情研学为主、高中阶段以区情国情研学为主的研学旅行体系。加强研学旅游市场监管，建立健全研学旅行管理制度、服务标准和安全保障机制。加强国际和区域间研学旅行交流，规范引导中小学生赴境外开展研学旅行活动。充分挖掘我区红色旅游资源，打造青少年学生爱国主义教育、党员干部队伍艰苦奋斗廉洁教育、离退休老年人回忆革命往事等红色旅游研学体系。

六、加强旅游公共服务设施建设，深入开展厕所革命

（一）积极推进旅游行业运行监测与应急指挥平台建设

2016年，广西正式开始旅游大数据平台建设（后改名为广西旅游产业运行监测与应急指挥平台），平台内容主要包括旅游数据中心、数据交换中心和大数据处理平台，建成后能实现跨领域、跨行业数据融合和协同创新，利用大数据提升旅游管理和旅游公共服务能力，并实现对区内重点旅游景区游客流量的实时监控、分流预警和应急指挥，对游客饱和度、来源地、目的地、游览轨迹、消费特点、网络舆情、旅游投诉等情况进行分析，为旅游行业管理提供决策支撑。2017年6月12日，广西旅游产业试运行监测与应急指挥平台暨“头条号”广西旅游矩阵正式开通开启了广西旅游系统开启了“互联网＋旅游宣传”工作的新局面。

截至目前，广西壮族自治区级平台已与桂林、柳州、北海等13个市级监控分中心完成了对接，接入景区136个，其中4A级以上景区85个，摄像头446个，在全国排名靠前，其余的4A级景区视频监控数据也正在加快推进之中。

（二）强化旅游市场综合监管，旅游市场秩序明显改善

一是严厉整治旅游购物消费市场，营造良好秩序。严厉查处购物场所虚假宣传、

以假充真、以次充好、 不明码标价、不正当竞争等违法违规行为。严厉打击在机场、车站、码头、高速公路出（入）口、景区、宾馆及城市广场周边等 公共场所发放虚假广告、非法拉客和欺行霸市等行为。严禁购物场所与旅行社、导游串通，通过购物回扣，给予“人头费”“停车费”等形式，安排旅游团队购物或向旅游团队兜售商品。

二是开展旅行社、导游经营服务专项治理，规范行业行为，强化行业自律，加强合同监管，严禁旅行社在合同中指定具体购物场所或购物次数，严禁旅行社和导游在签订旅游合同时或游览过程中，诱骗或强迫旅游者签订补充协议安排购物和另行付费旅游项目。从严查处旅行社利用合同格式条款设置陷阱侵犯旅游者合法权益的行为。

三是加强景区景点综合监管，塑造企业良好形象，严禁不符合国家有关景区开放条件的地方以“×× 古寨”“×× 古村”“×× 风情园”等景区名义从事旅游经营活动。对安全隐患突出、配套服务设施不完善、旅游者投诉率居高不下、造成严重社会不良影响的旅游景区景点开展重点整治行动。

四是严厉查处捆绑销售园中园、票中票等强迫或变相强迫旅游者消费的行为；严厉打击景区不执行政府定价、政府指导价和不按规定明码标价、擅自提高门票价格、价外加价、不执行国家规定优惠政策、超过国家规定优惠率销售门票、强制搭售商业保险或旅游产品等违法违规行为。对问题严重的景区，除依法依规从严处理外，降低或取消其质量等级。

五是规范旅游车船管理，保护游客合法利益 。对从事接待团队游客的旅游车辆，统一安装车载视频监控系统及无线通信定位系统，并纳入自治区旅游公共服务监管平台进行实时监控，所需经费由车辆登记地政府统筹解决。严禁旅行社使用未安装车载视频监控系统及无线通信定位系统的车辆接待游客。严厉打击经营证照不全的“黑车”“黑船”等违法行为。

六是加强综合治理监察督查，务求取得实效加强督查力度。坚持以问题为导向、以实效为考量标准，对旅游市场秩序问题突出的市、县（市、区）开展专项督查，不设时限、不走过场；把“不合理低价游”问题严重的地方列入全区旅游市场重点监管区进行重点监管。严格旅游综合监管履职监察。全区各设区市要加强对本地各职能部门履职情况的监督检查，及时发现和处理旅游市场综合监管中存在的慢作为、不作为、乱作为等现象，对涉嫌违纪的移送监察机关处理。

2017 年前三季度，自治区旅游市场整治联合执法检查组先后与防城港、北海、桂林等地市旅游发展委开展了 7 次联合执法检查，检查共出动车辆 88 台次，人员 489 人次，共检查旅行社 / 分支机构 172 家，门市部 63 家，饭店 2 家，A 级景区 10 家，旅游购物店 13 家，抽检出境旅游团队 15 个，下达整改意见表 26 份，给相关企业提出整改意见 50 余条，下发联合执法督查通报 6 批次，旅游违法违规重点案件督办通知书5批次，查获涉嫌违法违规案件29起，查处和打击了一批涉嫌违规旅游企业及从业人员，以点带面，极大地震慑了从事违法违规旅游企业的人员，有效净化了全区旅游市场秩序。

（三）积极开展桂林导游自由执业试点工作

2016年年初，国家旅游局提出了导游管理体制改革的若干意见，桂林市旅游发展委积极主动争取市委、市政府和自治区旅发委的大力支持和帮助，制定了导游管理体制改革的目标和任务。在国家旅游局2016年8月组织的全国导游自由执业试点工作中期运行评估中，桂林市获得了435分（总分500分），位居全国第一名。2016年7月13日，桂林天元国旅导游预约平台“道游网”按照导游自由执业试点要求成功实现了全国首单导游服务预约交易。通过线上导游预约平台，游客在导游带领下游览了桂林特色景点，品尝了地方小吃，乘坐公共汽车、城市自行车等穿越了桂林街巷，体验了桂林地方特色文化。同时，游客对导游的评价信息及时上传至市导游公共服务监管平台，实现了对导游服务的实时监管。目前，“道游网”的游客点击量超过15万次，成交订单达500多单，导游服务费交易超过20万元，游客好评度100%。

（四）创新管建模式，开展厕所革命

按照国家旅游局厕所革命工作部署，广西根据实际制定实施了《广西旅游厕所建设管理三年行动计划》，计划2015年至2017年，全区建设2000座旅游厕所。2015年至今，新建改建旅游厕所2295座，预计三年总体完成2500座以上，超额完成三年行动计划任务目标。

一是强化措施，落实责任。按照“统一领导，部门齐抓，属地负责”的原则，与各设区市签订责任状，将旅游厕所建设管理作为创建特色旅游名县、A级旅游景区、星级旅游饭店、星级农家乐、星级乡村旅游区等旅游质量品牌的重要指标，把创A、评星等各类等级评定和复核工作与厕所建设管理挂钩。

二是因地制宜，突出特色。广西在旅游厕所建设中特别注重厕所设计，在满足功能需要的情况下，综合当地民族风情特色、周围环境等因素，从造型、立面、色调、装饰等各个角度精心打造，使许多旅游厕所别具一格，与景区环境相协调，甚至其极富美感的设计使厕所本身成为一个“景点”。

三是创新方法，持续管理。“以商养厕”，推动厕所管理市场化。长期以来，我们顺应市场经济发展的要求，坚决走市场化的路子，通过旅游厕所商铺运营、厕所外立面广告招租、市政水电费减免、市政广场流动店铺租金反哺等有效措施，为旅游厕所后期维护费用开源节流。

四是推行新技术材料应用，降低管理成本。积极引入“环保、实用、人性”旅游厕所设计理念，把现代科技融入厕所建设，通过生物除臭系统建设，利用泡沫代替冲

厕用水，配备感应式显示屏，降低使用维护管理成本。

七、协调区域发展一体化，积极推进旅游特色小镇建设

一是政策保障规划引领推动建设。推动出台《关于促进旅游与相关产业融合发展的意见》（桂政办发〔2015〕79 号），编制完成《广西全域旅游发展规划纲要》和《广西全域旅游发展三年行动计划》从全区层面引导旅游业相关产业的融合发展。在意见发展目标中，明确提出加快旅游与城镇化融合，实施城乡一体化，建设 5 个广西特色旅游小城镇、30 个特色旅游名镇名村，开发建设特色旅游小镇和特色旅游名镇，保护性开发一批古村镇，推动旅游与新型城镇化有机结合，促进城乡一体化发展。

二是结合双创工作推进建设。结合创建广西特色旅游名县和全域旅游示范区建设，制定《广西特色旅游名县评定标准与评分细则》中，专门列编特色村镇板块，加大对特色旅游小镇在验收分数占比的权重，推动各县加大特色旅游小镇的建设重视程度，引领特色小镇加快健康发展。

三是结合品牌创建促进建设。积极推进现有特色小镇的品牌指导创建力度，对规划中的旅游小镇积极植入旅游品牌创建的旅游公共服务设施和旅游项目布局。如指导南丹丹泉特色旅游小镇结合洞天酒海景区、指导黄姚昭平特色旅游古镇创建国家 5A 级旅游景区；指导巴马赐福湖度假小镇结合赐福湖建设国家级旅游度假区，2017 年底在赐福湖小镇召开第二届“巴马论坛——中国传统医药健康旅游国际论坛”。

四是倾斜专项资金支持建设。近年来，全委倾斜安排旅游发展专项资金支持特色小镇建设。如 2015—2016 年安排丹泉特色旅游小镇 200 万元、赐福湖度假小镇 500 万元、黄姚古镇 1000 多万元，北海涠洲岛国际海岛休闲度假小镇近年每年安排 500 万元以上，为旅游度假小镇快速发展奠定基础。

五是推进标准化引领建设。近年来，广西通过指导阳朔县、金秀县、三江县和一批旅游企业创建国家旅游标准化示范县和示范企业，阳朔兴平、金秀盘王谷、三江程阳八寨等特色旅游小镇旅游标准化得到极大提高，推进特色旅游小镇建设稳步有序发展。

八、多举并施，通过乡村旅游促进精准扶贫方面的举措及效果

2017 年，自治区旅发委加强乡村旅游科学规划、加大乡村旅游融合发展，推动乡村旅游品牌创建、扩大乡村旅游宣传推广、支持乡村旅游基础设施建设、强化乡村旅游人才培养等工作，使自治区乡村旅游进一步提质升级和转型增效，乡村旅游得到快

速的发展。2017 年上半年，乡村旅游在全区旅游业的占比不断上升。全区乡村旅游接待游客约 1.11 亿人次，同比增长约 26.8%，占全区接待游客量 44.0%；乡村旅游消费约 678.4 亿元，同比增长约 28.0%，约占全区旅游总消费的 25.3%。2016 年广西共有 943 个贫困村脱贫摘帽，其中有 135 个将旅游产业作为特色产业的贫困村同步实现了脱贫。

一是强化全域空间联动。认真落实国家旅游局《乡村旅游扶贫工程行动方案》，结合广西“双创”工作，印发《乡村旅游“产业富民”工程实施方案》，调整乡村旅游发展架构，打造核心吸引物和旅游功能区，构建起以景区、度假区、休闲区、旅游街区、旅游小镇、旅游示范县市等不同旅游功能区为架构的旅游目的地空间系统。

二是突出科学规划引领作用。立足广西文化内涵、民族特色和民风习俗等地域特征，以乡土文化为核心，突出特色，差异化打造。编制《全区乡村旅游扶贫重点村旅游发展规划》和《广西旅游商品品牌建设“十三五”规划》，科学布局全区 54 年贫困县的乡村旅游产业；在全区 5000 个贫困村中核定 550 个旅游贫困村，推行动态管理，将调整权下放到县一级政府；扩大乡村旅游专家库阵容、优化专业结合，动员和引导区内外 30 多家乙级资质以上规划单位，持续开展“旅游规划扶贫公益行动”。其中 2016 年完成了 150 个贫困村科学编制旅游规划，2017 年启动了 160 多个旅游扶贫村公益规划。

三是强化乡村旅游脱贫攻坚辐射带动作用。作为广西脱贫攻坚的主力军，全区旅游行业在国家旅游局的指导下，在自治区党委、政府的领导下，紧紧围绕“脱贫摘帽”目标，遵循责任、权力、资金、任务“四到县”工作机制，牢牢抓住乡村旅游这一有力推手，主动出击，精准施策，共同帮扶 135 个将旅游作为特色产业的贫困村与全区其他脱贫村同步脱贫摘帽。探索贫困村乡村旅游发展模式、集体经济培育、旅游品牌宣传、粤桂旅游扶贫协作“四大创新”等十大旅游扶贫工作亮点。创造性地开展旅游扶贫工作，先后探索、总结和提炼出“公司 + 农户、合作社 + 农户、景区 + 农家、企业带动 + 村寨联盟、能人 + 农户、互联网 + 农户”等十多种不同经营主体合作模式。一年多来，共举办招聘会 140 余场次，动员涉旅企业 1900 多家，提供近 3 万个就业岗位，应聘人员过 10 万人次，达成签约意向 1.3 万余人，推动旅游就业扶贫。

四是深化粤桂扶贫协作。两省区政府和旅游主管部门分别签订了扶贫协作框架协议。两广旅游、扶贫部门先后召开了深圳对接会、南宁座谈会，共同推进 5 类 28 项工作计划，达成了“深圳共识”，结成了“南宁成果”，携手共推“深圳小镇”等一批重大项目落户百色、河池 2 市，多渠道拓展深圳帮扶百色、河池旅游扶贫新路径。

九、不断加强生态文明建设，推进环城市生态旅游圈建设

广西围绕“大城市”“大交通”“大田园”战略，依托城市及周边森林公园、自然保护区、湿地公园、水利风景区等绿色生态资源，以重大旅游项目建设为载体、全域旅游创建为抓手，结合各市实际，统筹各方力量，整合生态旅游资源，建设一批特色突出、带动性强、可持续发展的特色旅游项目，重点打造环首府生态旅游圈、桂中生态旅游圈和桂东南生态旅游圈三大生态旅游圈。编制完成《环首府生态旅游圈规划》和系列环城市生态旅游圈规划，推进环首府森林公园、亚洲国际公园、柳州凤凰河温泉生态旅游项目、来宾红水河沿江沿岸风光休闲区、贺州黄洞月湾旅游休闲度假区、玉林环都市健康养生旅游片区等一批环城市生态旅游重大项目。推进实施《巴马长寿养生国际旅游区基础设施三年行动计划》，开展巴马长寿养生国际旅游区名村名屯评选工作。

十、其他改革创新措施

（一）成立广西旅游产业基金，加强对旅游项目的金融支持

2013 年以来，自治区累计安排资金 22 亿元用于旅游项目建设、基础设施建设和公共服务体系建设，2014—2016 年累计安排旅游贷款贴息 1.95 亿元，引导社会资金投入超过 120 亿元，拉动投资达 61 倍。自治区旅游发展委与农行广西分行等 8 家金融机构签订战略合作协议，推动广西旅游发展集团成立 100 亿元的广西旅游产业基金，搭建了“旅游 + 金融”合作平台，拓宽了旅游项目的投融资渠道。

（二）推进“旅游 + 金融”百亿元项目包工程

积极搭建由政府主导、市场化运作的全域旅游融资平台。协调全区相关金融机构，创新发展符合旅游业特点的信贷产品和模式，在 2016 年与农业银行广西分行签订战略合作协议的基础上，推动与工商银行广西分行、建设银行广西分行、农发行广西分行、兴业银行南宁分行、国家开发银行广西分行等金融机构签署促进旅游产业发展战略合作协议，创新和深化合作机制，联合各金融机构包装推出系列 100 亿元旅游投资项目包工程，“十三五”期间力争全区金融行业对旅游业的授信突破 1000 亿元，重点支持边境国家风景道、健康养生、特色旅游村镇、文化旅游等重点旅游项目开发和重大旅游基础设施建设，加大对小型微型旅游企业和乡村旅游的信贷支持，全力支持旅游扶贫。通过“旅游 + 金融”强力推进旅游供给侧改革，深度开发一批重点旅游区域、合力推进一批重大旅游项目建设、全力打造一批知名旅游品牌，树立一批“金融 + 旅游”的“广西示范”。

海南省

一、全面推进全域旅游示范省创建

在推进全域旅游示范省建设过程中，海南省始终坚持“一业融五化”理念，不断强化旅游业的战略性支柱产业地位、注重旅游业在推进“新型城镇化、新型工业化、生态化、农业现代化、信息化以及国际化”发展中的引领作用的充分发挥，坚持“五个有机结合”的工作原则，有效地将推进全域旅游与新型城镇化战略有机结合，以深入推进精品旅游城市、特色旅游小镇和美丽乡村建设为突破口，全力构建全域旅游的发展支点；将推进全域旅游与生态化发展战略有机结合，全面优化全域旅游发展的生态环境；将推进全域旅游与农业现代化有机结合，全面促进旅游与农业深度融合，全力构筑全域旅游发展的社会贡献平台；将推进全域旅游与新型工业化有机结合，推动全要素整合和整体环境优化，逐步构建工业旅游发展新体系；将推进全域旅游与信息化有机结合，通过大力推进“旅游 +”和“互联网 +”，构建现代旅游产业新生态。

海南省创新建立了党政统筹抓全域旅游发展的组织领导体制，依法建立了协调推进全域旅游发展的督查督导机制，确定了省推动旅游产业发展工作联席会议为推进全域旅游建设的统筹协调机制，各市县也建立了相应的协调机制，省相关厅局也积极落实省委、省政府关于全域旅游的指示和部署，主动作为、积极配合推进全域旅游各项工作，基本形成了全省多方联动、上下协调、运转高效的全域旅游工作推进机制，为全方位推进全域旅游发展凝聚了合力。

在创建全域旅游示范省的具体实践当中，具体有 3 方面创新做法：一是创新“点线面”结合的推进模式。始终坚持全省一盘棋的发展理念，以“多规合一”为重要引领，扎实推进精品旅游城市、旅游综合体、特色旅游小镇、美丽乡村、特色街区等八大类“点”建设，重点打造出了一批星罗棋布的旅游景区、特色旅游小镇和乡村旅游点。与此同时，以增强和完善点与点之间的“线”的连接功能和旅游功能为工作出发点和落足点，全面加快推动全省范围内无障碍通达的旅游交通和旅途风景“线”的建设和铁路、公路等沿线旅游化景观化改造，初步建成了独具海南特色的全域旅游景观带和景观走廊。在此基础上，秉承“主客共享”的发展理念，坚持“全省一个整体、一个景区”战略思维和全域按照旅游景区的发展标准，扎实推进全域旅游“五网”基础设施等旅游硬件设施、旅游集散中心、旅游厕所、旅游标识标牌等旅游公共服务体系建设的同时，全力推进旅游人才队伍、文明旅游等软环境建设，有力推动了旅游基础设施建设和旅游要素服务全域化提升，不仅有效地改善了全域旅游“面”，也推动形成了“处处是旅游环境、人人是旅游形象”的全域旅游环境氛围。二是坚持示范带动，以点带面促进全域旅游创建。确定了海口、三亚、儋州、琼海、文昌、万宁、澄迈、定安、陵水、保亭、昌江、琼中等12个市县为海南首批全域旅游示范创建单位，要求先行开展创建工作，为全面推进全域旅游示范省建设探索路径、积累经验、提供示范。三是创建工作突出百镇千村建设这一重要载体。坚持以旅游供给侧结构性改革为主线，不断丰富特色旅游产品供给，把百个特色产业小镇、千个美丽乡村建设作为创建全域旅游示范省的重要载体和工作重点，以深入推进“美丽海南百千工程”为重要契机，以A级旅游景区标准为工作指针，全面推进千个特色产业小镇建设，增强小镇的旅游观光、休闲和综合服务功能，全力促进特色旅游产业向旅游小镇聚集。同时，坚持以旅游产业为引领，注重旅游产业发展对农村生产生活条件改善的带动作用，以点带面，统筹推进千个美丽乡村建设，全力打造千个宜居、宜业、宜游的美丽乡村旅游点，让中外游客共享海南的优良环境和资源，让百姓充分共享发展成果，真正把发展全域旅游的成效体现在百姓和游客的笑脸上，体现在美丽文明生态的社会主义新风尚上，体现在人人融入和服务海南“幸福家园”的成效上。四是创新旅游管理体制机制。省旅游市场综合整治工作领导小组办公室建立了督办机制，对重点问题、重大投诉、重要舆情等进行督查督办。在旅游市场秩序治理和旅游纠纷处理中，三亚市创新体制、率先探索，积极探索建立“旅游巡回法庭、旅游纠纷人民调解委员会、工商旅游分局、交通运管处”等执法主体，使旅游纠纷处理从单一的行政执法向“调解＋仲裁＋行政执法＋司法诉讼”综合处理机制转变。继三亚市之后，海口、琼海、万宁等市县也大胆推进改革，创新旅游市场综合监管，完善“1+3”旅游综合管理和综合执法工作模式。

二、改革旅游规划体制

（一）实行“多规合一”试点改革，强化规划对产业发展的统筹引领

2015年6月中央深改办确定在海南进行“多规合一”试点，这也是目前全国首个在全省范围内开展“多规合一”探索的省份。通过实施《海南省总体规划》，打破行政区划的藩篱，全省一盘棋，统一高效配置土地、林地、岸线、海域、水等重点资源。海南省主动将旅游规划融入“多规合一”，借机完善旅游规划体系，如将《海南省旅游发展总体规划》《海南省旅游业发展“十三五”规划》《海南省旅游商品开发规划》等旅游发展规划和19个市县的《旅游发展总体规划》融入全省总规，把旅游规划与国土、城建、林业、生态、用海规划等无缝衔接，以科学的规划实现区域内旅游资源优化配置，引领旅游产业开发和建设。在《海南省全域旅游建设发展规划（2016—2020）》中强化了“点、线、面”等重点旅游项目和旅游基础设施的空间布局，以增强旅游规划的指导性、可行性。

（二）规划旅游六大园区，实施区内审批制度改革

为推动“十三五”期间海南旅游持续健康发展筑牢基础，海南省确定了“一岛、两极、两区、六组团”的旅游发展空间布局，明确六大旅游园区、百个旅游风情小镇和千个美丽乡村的统筹布局。省政府将海口观澜湖、陵水清水湾、三亚海棠湾“国家海岸”、三亚邮轮母港、儋州海花岛、三沙海洋旅游区六大省级旅游园区纳入省总规，依托产业园区简化行政审批制度改革，促进全省旅游园区优化投资环境和资源配置，推动产业集聚发展。

（三）整合资源，促进区域旅游协调发展

立足各市县特色优势，统筹规划和整合琼北、琼南旅游土地、岸线、景区资源，推进区域旅游交通基础设施、旅游公共服务和生态环保三个“一体化”，统一打造“海澄文”一体化综合经济圈和“大三亚”一体化旅游经济圈旅游品牌，在大三亚和东线六市县全力推行全域旅游目的地建设，辐射带动东、中、西部旅游发展的整体性和协调性。

三、推动旅游产业发展，促进旅游业态创新、融合

（一）打造海洋旅游新标杆。加快推动海棠湾、亚龙湾、清水湾、石梅湾、神州半岛等18个精品海湾和亚特兰蒂斯、海花岛、海洋主题公园3个滨海旅游综合体建设，进展顺利。西沙旅游常态化运营，目前有长乐公主、南海之梦两艘邮轮在运营西沙旅游航线，2015年共运行47个航次，同比增长104%，接待游客8430人次，同比增长93.6%；2016年共运行51个航次，同比增长8.5%，接待游客12038人次，

同比增长 48.9%；2017 年上半年共运行 33 个航次，接待游客 7421 人次。邮轮游艇旅游蓄势待发，2015 年出入境邮轮 106 艘次，接待出入境旅客 13.36 万人次；2016 年出入境邮轮 107 艘次，接待出入境旅客 13.01 万人次；成立了邮轮旅游行业协会，完成上海、天津、厦门、广州邮轮旅游调研工作，出台了《海南省鼓励邮轮旅游产业发展财政奖励实施办法（试行）》，正在制定《关于促进海南邮轮产业发展的若干意见》；逐步开放岸线和水域范围，推动简化游艇审批手续，放宽航行条件，降低准入门槛和游艇登记、航行旅游、停泊、维护的总体成本；高水平新建 14 个游艇码头和帆船、游艇旅游俱乐部。帆船、帆板、潜水、海钓等近海旅游项目发展迅速，备受游客青睐。

（二）大力发展康养旅游

积极推进博鳌乐城医疗旅游先行区建设，近 30 个项目已开工建设。加快全省 41 个中医药健康旅游示范区（基地、项目）建设，打造一批以精品中医养生为主题的示范区，结合海南一流生态环境，打造海南长寿健康养生胜地的品牌，吸引更多高消费游客。海口观澜湖、琼海官塘、万宁兴隆、保亭七仙岭、儋州蓝洋、三亚南田 6 大精品温泉旅游度假区加快开发。

（三）创新发展文体旅游

成立了体育旅游协会。创新举办了第十六届、第十七届海南国际旅游岛欢乐节，融入更多国际元素和地域文化，历时一个月的欢乐主题旅游月推出近百项活动，吸引大量中外游客深度体验。继续发扬海南黎苗族传统节日“三月三”、东坡文化节、冼夫人文化节、换花节、七仙温泉嬉水节、潭门赶海节和万宁、陵水中华龙舟大赛等特色节庆品牌效应。办好环海南岛国际大帆船赛、环海南岛国际公路自行车赛、万宁国际冲浪节、海口及儋州国际马拉松赛等国际赛事，吸引更多的中外游客参与。

（四）积极培育会展旅游

海南是国内的休闲度假旅游目的，是最适合发展会展旅游的地方。近年来已经成功打造了海南世界休闲旅游博览会、海南旅游贸易博览会、海南国际海洋旅游博览会、海南国际旅游美食博览会、房车露营博览会、海南国际旅游岛青年狂欢节等品牌，成立了省会议及奖励旅游行业协会，形成了海南会议会奖旅游调研报告，组织参加法兰克福国际会议及奖励旅游展、2017 中国（上海）国际会奖旅游博览会（IT&CM）、第十二届北京国际商务及会奖旅游展览会等世界级会议会奖展会，走出去与世界翘楚共同谋划推动海南会议会奖旅游目的地发展壮大。2016 年，全省接待百人以上会议 1.75 万个，比上年增长约 15.4%；千人以上会议 78 场，比 2015 年增长约 20%；接待人数约 293 万人次，比上年增长约 17.2%。会议会奖旅游方兴未艾。

（五）加快发展乡村旅游

培育了海南乡村旅游文化节。打造现代农业庄园和农产品，推进桂林洋热带农业公园建设。推动全省美丽乡村建设和椰级乡村旅游点评定工作相结合，评定一批椰级乡村旅游点，优选20个精品乡村旅游点进行大力宣传；继续开展国家乡村旅游“千千万万”品牌创建工作，做大做强“奔格内”等乡村旅游品牌，35个村庄、171家农家乐、18户农户、44人分获中国乡村旅游模范村、金牌农家乐、模范户和致富带头人，定安县被评为国家休闲农业与乡村旅游示范县，三亚兰花产业园、槟榔河旅游区被评为全国休闲农业与乡村旅游示范点。2016年全省接待乡村游客和乡村旅游收入分别增长21%和30%。

（六）稳步开发森林生态旅游

科学规划和建设五指山、霸王岭、尖峰岭、吊罗山、七仙岭等11个森林公园和5个自然保护区，推进东寨港、清澜港等自然保护区为主体的滨海红树林湿地国家公园建设。

（七）发展特色城镇旅游

加快推动百个产业小镇中的56个旅游小镇建设。加快推进旅游中心城市、特色旅游城市、旅游小镇的开发，形成多层次的旅游目的地体系。积极推进乡村旅游与新型城镇化建设有机结合，精心打造一批集观光、休闲、度假、养生、购物等功能于一体的特色旅游城镇和特色景观旅游名镇，优选第一批20个旅游风情小镇进行宣传推广。

（八）培育壮大购物旅游

全省已有美兰国际机场、海棠湾两家离岛免税店，随着免税政策的不断放宽，海南省免税购物额度提高到1.6万元。2015年，两家离岛免税店售出离岛免税品650万件，购买人数160.87万人次，销售金额55.49亿元，分别比2016年同期增长21.3%、16.96%和28.2%。2016年，两家离岛免税店售出离岛免税品757.69万件，购买人数173.32万人次，销售金额61.82亿元，分别比2016年同期增长17%、5%和12%。推动旅游商品开发取得积极成效，搭建了“海南礼物”旅游商品平台以及线上线下展示和销售渠道，2016年实现销售收入3500万元；成立了省旅游商品与装备协会和国家旅游商品研发中心（海南）研发基地；在全国旅游商品博览会上海南省旅游商品多次获奖，2015年首届中国特色旅游商品评选活动中，海南省旅游商品获4金1银，2016年中国旅游商品大赛中，海南省旅游商品获1金2银2铜；每年举办全省旅游商品大赛，锻造出一批具有海南省本土特色旅游商品及特色名优品牌。

（九）探索发展产业旅游

做大航天旅游、科技旅游和环岛高铁旅游，文昌航天科普中心已对外试运营，正在大力推进航天主题公园建设，推动环岛高铁车型提升、提速，车站改造规划，提高游客体验动车的舒适便捷度。在全省信息产业园、动漫软件园、农产品加工园加入旅游元素，打造集开发、生产、参观、科普、体验为一体的工业旅游产品和线路。推动昌江棋子湾核电科普游和大广坝电站游。大力发展旅游用品、户外休闲用品、特色旅游商品制造业，创建一批旅游装备制造业基地。

（十）大力发展专项旅游。一是发展婚庆旅游。开发游艇婚礼、邮轮婚礼、海湾婚礼、黎苗民俗婚礼等 10 类婚庆旅游产品，2014 年三亚婚庆旅游产品发布会、全国婚礼主持人大赛海南赛区选拔赛、三亚高端目的地婚礼论坛、2015 年三亚婚庆产业大会、2016 年海南婚庆旅游产业大会等各类婚庆旅游主题活动，有效地整合了婚庆与旅游两大板块的行业资源、市场渠道和平台建设，使得婚庆旅游市场吸引力、品牌知名度、产业贡献度得到大幅提升。据不完全统计，2016 年海南共计接待婚纱摄影新人 32 万对，婚礼客人 2100 对，蜜月度假客人超过 30 万对，客户遍及全世界和国内各大城市。目前，海南涉及婚庆产品的酒店 100 多家，婚纱摄影机构 500 多家，婚礼策划机构 40 多家，旅游景区 15 家，其他服务商家 1000 多家，从业人员近万人。2016 年预计年产值达 70 亿元，占全省旅游总收入（672.10 亿元）的 10.42%。二是发展高尔夫旅游。海南拥有高尔夫球会 51 家、高尔夫球场 74 个，球场集沙地奇石、椰林苇荡美景于一体，高尔夫爱好者可以从北打到南，球球各异，场场不同。海南国际高尔夫旅游文化博览会已连续举办了 14 届，世界女子高尔夫 (LPGA) 锦标赛、世界女子高尔夫 (LPGA) 大师赛、海口观澜湖职业明星邀请赛等一批国际国内知名赛事品牌提质升级，切实促进海南高尔夫旅游产业健康发展。三是发展房车露营旅游。制定了《关于加快发展自驾车旅居车旅游的意见》，制定了《海南省自驾车—房车露营旅游发展总体规划》，连续举办两届国际房车（汽车）露营休闲旅游博览会，组织省房车露营协会和自驾游协会参加欢乐节、三月三等活动。正在规划建设一批国际化、标准化、生态化的汽车旅馆和自驾车房车露营基地，计划到 2020 年建成区域性示范性营地 2 ～ 3 个，大型综合性营地 20 个，中型营地 70 个。四是发展低空飞行旅游。目前，海南运行中的通航机场有 3 个，分布于海口、三亚和东方，10 余个通航机场将陆续投入建设、运行，基础设施不断完善。美亚旅游航空有限公司在海南推出了三亚湾空域游览、西线空中礼佛之旅、三亚—万宁航线等飞行旅游产品，并在三沙市成功进行水陆两用机飞行试验，将试水三沙水上飞机旅游项目，促进三沙旅游发展。2016 年，该公司接待游客 500 多人次，飞行 200 多架次。北京首航直升机股份有限公司开展了景区空中观光、护林、防火、飞行训练等多项业务。

（十一）建立 A 级旅游景区动态管理机制

一是印发实施了《海南省 A 级旅游景区动态管理实施细则（暂行）》，启动景区动态管理，进一步强化 A 级旅游景区准入退出机制。2016 年海南省旅游资源规划开发质量等级评定委员会分 4 批次对全省 53 家 A 级旅游景区进行复核检查，6 家被取消 A 级资质，3 家被严重警告、7 家被警告，6 家被通报批评，1 家申请延缓复核，

30 家通过复核。同时对每个复核检查景区都提出了整改意见，并于 2017 年 5 月份分两批次针对在 2016 年复核检查中受处理景区的整改情况进行验收检查，经检查，将 2 家整改不到位达不到 3A 级的景区降为 2A 级景区。二是加大景区考核评价动态管理。将景区景点建设纳入全域旅游“点”的建设考核范围，用科学的方式来评估各级政府的景区景点建设工作。将考核结果作为景区“有进有出”动态管理的重要依据，作为景区获得旅游产业发展专项资金的重要依据，作为市县政府推动全域旅游点的建设力度的重要依据。三是邀请外省 A 级景区评定专家到海南省参与 A 级景区复核和高 A 级景区评定工作，进一步提升海南省 A 级景区的等级质量管理和服务水平。

（十二）优化旅游投资机制

近年来，海南省出台了《海南省人民政府关于旅游产业发展质量与水平的若干意见》（琼府〔2016〕17 号）、《海南省人民政府关于建立促进投资健康发展长效机制的意见》（琼府〔2017〕21 号）、《海南省招商项目管理办法》《海南省招商项目考核办法》《海南省重点项目管理办法》《关于进一步加强和规范政府投资项目管理的意见》（琼发改投资〔2017〕1845 号）、《关于印发固定资产投资考核工作方案的函》（琼发改投资〔2017〕1612 号）、《关于印发发展混合所有制经济鼓励非国有资本进入国有企业投资项目的实施意见的通知》（琼发改体改〔2017〕393 号）等一系列招商引资方面的政策文件，进一步优化了投资机制。海南省旅游投资类型主要是社会资本投资，政府投资主要在公共服务配套设施。旅游投资模式以企业自主投资、政府投资主要采取 PPP 模式。全省重点旅游项目共计 68 个，截至 9 月底，完成投资额 376.6 亿元，占年度计划投资额 530.06 亿元的 71%。其中观澜湖旅游度假区，总投资 300 亿元，累计完成投资约 192 亿元，2017 年计划投资 21 亿元，完成投资 17.15 亿元，占年度计划投资的 81.7%；亚特兰蒂斯项目总投资 104.66 亿元，累计完成投资约 104 亿元，2017 年计划投资 30 亿元，完成投资 29.44 亿元，占年度计划投资的 98.1%；海花岛项目总投资 2000 亿元，累计完成投资约 266 亿元，2017 年计划投资 140 亿元，完成投资 106 亿元，占年度计划投资的 75.8%。

（十三）整合财税资源支持旅游产业

省财政支持旅游产业发展，加大了对旅游宣传促销经费、入境游奖励资金、民航补贴资金、邮轮补贴资金和旅游厕所建设奖补资金的投入。财政出资 1 亿元组建总规模 5 亿元的海南旅游产业投资基金，基金的合伙协议已经省领导同意，目前已启动了基金登记注册工作。

四、努力提升旅游对外开放水平

（一）加大对入境市场开拓的政策扶持力度

争取 59 国免签政策并获国务院批复同意，拟定了《外国人免签证来琼旅游团服务和管理办法》；加大对现有免签和落地签政策的宣传力度；联合省财政厅出台了《海南省鼓励邮轮旅游产业发展财政奖励实施办法（试行）》；联合省财政厅修订出台了《海南省入境旅游市场开拓扶持办法（试行）》；推动成立了海南入境旅游市场促销联盟。

（二）组织做好“走出去”促销和“请进来”宣传

瞄准海南省重点客源市场，坚持“航线开到哪里，促销就做到哪里”的工作思路，积极开展宣传促销工作。前三季度共组织了 25 批次促销团组赴俄罗斯、白罗斯、哈萨克斯坦、美国、英国、德国、法国、西班牙、匈牙利、日本、新加坡、马来西亚、泰国、菲律宾、印度、印度尼西亚等 19 个境外客源市场参加国际旅游展、举办推介会、座谈会、路演等促销活动和调研交流活动；邀请和对接了来自日本、奥地利、加拿大、新加坡、俄罗斯等国家和地区的 24 批次“请进来”考察踩线团；共组团 17 批次促销团赴广州、北京、上海、四川、重庆、济南、武汉、西安、天津、甘肃、福建、深圳、宁夏、贵州及舟山等 15 个客源市场开展旅游促销，同时举办了 7 场海南旅游专场推介会。

（三）在国内重要客源地精准投放海南旅游宣传片

在俄罗斯、新加坡、马来西亚、泰国、印度尼西亚，以及欧美等已开通航线和拟开通航线的重要客源市场，通过与世界知名媒体和在当地多渠道采买媒体资源，广泛进行海南旅游广告投放；在上海、北京、西安等一线城市高端人群密集区域投放海南旅游广告；推动在港澳设立了 5 家海南旅游产品展示及咨询中心。

（四）稳步推进国际化改造和旅游服务国际标准化建设

围绕刘赐贵书记和沈晓明省长对旅游国际化有关指示精神，拟定十条提升海南国际旅游岛国际化水平的可操作性具体措施，以进一步加快旅游要素国际化改造；根据省政府专题会议精神，以省推动旅游产业发展工作联席会议的名义向市县和有关部门发文列明了海南旅游国际化问题清单，并要求进行整改，同时，正在制订与国际接轨的旅游服务标准三年行动计划；针对景区、饭店业、交通制定了国际化标准规范；推进海口观澜湖和陵水清水湾旅游度假区等重点旅游区域国际化改造；跟踪、推进海南环岛高铁旅游化改造工作。

五、促进旅游消费

（一）加快旅游商品开发，促进旅游购物

1. 推动旅游商品行业组织建设。推动成立海南省旅游商品与装备协会，架起政府与旅游商品企业间的桥梁，以行业组织力量推动和促进海南省旅游商品与旅游装备行业的创新发展。通过行业组织推动商品企业加强旅游商品的创新研发，加强协会会员之间的沟通交流，促进协会会员间的资源共享，为旅游商品业界构建起交流学习、资源共享的平台。

2. 推动“海南礼物”旅游商品平台建设。将海南各个旅游商品品牌整合成“海南礼物”大品牌，全力打造和提升海南旅游商品整体品牌形象。增加入驻“海南礼物”平台的旅游商品，截至目前，“海南礼物”实体店共 15 家，签约入驻“海南礼物”旅游商品平台的企业共计 86 家，逾万款单品。2017 年，线下实体店累计实现销售收入 3500 万元，同比增长 52%。

3. 推动成立国家旅游商品研发中心（海南）联合研发基地。国家旅游商品研发中心（海南）研发基地于 2016 年 11 月 16 日下午在海南省海口市挂牌成立，这是国家旅游商品研发中心在全国范围内的第二个省级基地，有力助推海南引进国内外丰富先进的旅游商品产业经验，并对接全国各地旅游商品的“产、学、研”进行整体研发和开发。

4. 释放和激发业界创新活力。积极组织旅游商品企业参加全国旅游商品大赛和旅游商品展，充分展现海南特色旅游商品。从 2016 年开始，每年拨付省旅游商品与装备协会 20 万～25 万元举办全省性的旅游商品大赛，至今已连续举办了两届海南省旅游商品大赛，极大地激发了海南省旅游商品企业的创意创新意识，不断提升自身研发能力，推陈出新一批又一批具有一定创造性、实用性、市场性和示范性且具有海南本土特色的旅游商品。2016 年旅游商品大赛仅征集实物类参赛作品 280 件，2017 年已经跃升至 650 余件，旅游商品开发的产业化、组织化都在不断提高。在 2015 年首届中国特色旅游商品评选活动中，海南省旅游商品获得了 4 金 1 银；2017 中国特色旅游商品大赛中，海南省从全国 1504 套、1.5 万多件旅游商品中脱颖而出，获得了 9 个金奖、10 个银奖、18 个铜奖的好成绩，其中金银奖数量与浙江省并列第一，金银铜奖总数全国第一。

5. 充分利用旅游产业发展资金扶持旅游商品企业创新发展。对在国家举办的旅游商品大赛中获奖的旅游商品企业，从省旅游产业发展专项资金中给予一定资金奖励。

（二）促进旅游产品创新与多样化

1. 积极制定政策扶持。为贯彻落实国家有关供给侧结构性改革的战略部署，推进

海南全域旅游示范省创建，促进旅游新业态培育和新产品打造，发展新型旅游消费，根据《国务院办公厅关于进一步促进旅游投资和消费的若干意见》、国家旅游局等6部委《关于加快推进2016年自驾车房车营地建设的通知》和国家旅游局等11部委《关于促进自驾车旅居车旅游发展的若干意见》等要求，海南省旅发委自2016年3月开始牵头组织海南省自驾游协会开展全省自驾车旅居车专项调研，形成了《海南省人民政府关于加快发展自驾车旅居车旅游的意见》（代拟稿），经过三次书面征求各市县、各相关厅局意见，并与省国土资源厅就自驾车旅居车旅游用地问题进行座谈讨论，最终形成了《海南省人民政府关于加快发展自驾车旅居车旅游的意见》（代拟稿）（琼旅发〔2017〕203号），已呈报省政府审定，争取尽快出台。

2. 以办会办展促进房车露营旅游。2015年海南国际房车露营休闲旅游博览会落地于海南海口，旨在借助中国国际露营大会产业平台，积极响应"一带一路"国家战略，通过展览展示、产业论坛、赛事活动、专业研讨等活动形式，将房车露营、户外运动、休闲旅游等元素有机结合，全力打造一个以房车露营为主题的大型专业品牌展会。海南省旅发委成功举办了2015年海南国际房车露营休闲旅游博览会，包括德国奔驰房车、上海顺旅房车、南京雨花房车、亚特房车、江苏法瑞德房车、春田房车、美国福特、中天房车、骏奇房车、凌扬房车、远泰模块房、北新木屋、苏州盛家、美辰高尔夫，琼中、保亭、五指山在内的近百家国内外房车、木屋、高尔夫、户外露营装备及海南特色乡村景区景点参展。与此同时，成功举办的中国露营产业发展论坛、中国露营产业专家论证座谈会、房车露营派对、房车巡游、明星领跑彩色马拉松十分赛等系列配套活动，吸引国内外众多露营爱好者以及来自全国24个省市近200台房车、800名房车车友前来参加。通过办会办展集中展示国内外前沿成果和发展经验，搭建露营产业合作平台，构建相关产业链项目发展格局，不仅推动了自驾车旅居车旅游在海南的普及与发展，壮大露营产业，也有效地提高了海南国际旅游岛的竞争优势。

3. 加大旅游招商力度。为积极推进海南省全域旅游示范省的创建，近年来，海南省旅发委主动加大对房车露营地项目的招商力度，坚持精准招商，重点招商，积极对接了康辉文旅集团、中国国旅集团、中交建投资集团、上汽大通汽车有限公司等企业，通过召开座谈会、建立沟通协调机制等方式，鼓励引导有实力、有经验、有装备的企业进驻海南，统筹布局、科学布局海南省房车露营地点。此外，积极协助中国国旅集团和中交建投资有限公司共同做好对全省环岛旅游公路沿线包括房车露营地在内的旅游服务设施配套进行实地调研。

4. 充分发挥行业协会作用。2011年12月，海南省旅发委推动成立了海南省自驾游协会，搭建了行业组织平台。近年来，省自驾游协会以推进全省自驾旅游产业的快速、有序发展为己任，联动中石化公司筹建东线高速和西线高速自驾游服务中心（龙桥站和福山站）体系，为入琼自驾车友提供加油补给、旅游咨询与服务保障；主办召开“中国西部‘12+2’省自驾旅游产业联盟琼海自驾旅游线路考察推介会”与“儋州露营地考察交流签约会”等活动。2015年，将海南省房车露营协会列入海南省旅发委业务指导单位，通过加强协会组织建设，积极为自驾车旅游爱好者、旅游企业、汽车相关服务单位搭建交流平台，在政府和企业之间发挥着桥梁纽带作用。

（三）促进研学旅游、老年旅游

1. 积极引进中国老年大学协会。为大力发展老年旅游，挖掘候鸟人群消费潜力，引进中国老年大学协会，推进新常态下老年教育与“游、学、养”相结合，推进“游学养”基地落户海南，挖掘候鸟人群消费潜力，拉动老年旅游产业发展，促进旅游消费。

2. 积极筹办行业高端会议和大型活动积极筹办行业高端会议，助推海南会展旅游发展。与中国老年大学协会共同举办“首届中国游学养高峰论坛”，落实“请进来”工作，吸引大量行业中高端人士来琼，提升海南知名度。于海南国际旅游岛欢乐节期间举办“海南老年游学养生欢乐行”活动，营造海南游学养生氛围，促进研学旅游、老年旅游消费提升。

3. 积极开展康养主题营销。整合全省旅游资源，进行康养主题营销。2017年组团参加国家及各省、直辖市影响力大的展会活动19次，加强研学旅游、老年旅游为主题的宣传推广。大力实施精准营销，2017年于主要客源地举办国际旅游岛专场推介会6场，专题推介研学旅游、老年旅游、康养旅游，打造海南旅游资源宣传矩阵，将海南旅游作为一个大景区进行整体营销。

4. 发挥自然资源优势，大力发展老年旅游。海南优越的自然环境每年吸引众多的老年人来海南过冬，洁净的空气、宜人的气候和美丽的风景等自然优势，海南已成为老年人避寒的绝佳目的地，每年120多万来自全国各地的候鸟人群来琼旅游，老年旅游市场潜力巨大。

5. 以节庆会展提高海南举办“游学养”的知名度，增强旅游消费力。通过参展、专题推介的宣传矩阵，结合会展旅游、节庆旅游，把海南研学旅游、老年旅游、康养旅游等方面的产品、资源、优势向主要客源地市场推介，通过国际旅游岛欢乐节期间举办系列游学养生的活动，预计将吸引全国各地2000名中高端人士来琼。同时，欢乐节期间向广大游客推出的研学旅游、康养旅游等旅游新业态线路，将吸引大量游客参与其中。

6.“游学养”基地落地海南。引进中国老年大学协会，海南目前“游学养”基地于澄迈、陵水落地。中国老年大学协会每年在海南至少举办两次行业高端会议及大型活动，大量引进中高端游客，积极推动研学旅游、老年旅游、康养旅游的发展，促进旅游消费提升。

六、不断改善旅游公共服务水平

（一）深入推进旅游统计改革

1. 推动旅游卫星账户向常态化、平台化、系统化发展。海南旅游卫星账户编制工作成立由省旅游委、省统计局分管领导挂帅、有关厅局业务处室负责人为成员的工作领导小组和由全国有关专家组成的编制工作小组，充分借鉴国内外成功经验，首次尝试编制具有海南特色的旅游卫星账户。其间在全省范围内实施15项专项调查，包括居民出游与旅游消费，“旅居游客”旅游消费，住宿业、餐饮业、娱乐业、旅游景区、旅行社以及风情小镇、会展、康养、高尔夫、婚庆、邮轮游艇、自驾等旅游业态的行业收入和就业情况调查。目前编制成果已通过专家评审。在完成2015年旅游卫星账户编制的基础上，启动旅游卫星账户平台2.0版。该平台结合互联网和海南旅游发展的需要，对旅游数据采集管理、数据评估统计核算等方面进行程序化、系统化开发而成，包括数据采集系统、核算评估系统、统计管理系统和大数据系统。

2. 开展旅游税收核算研究。围绕旅游卫星账户所取得的成果，就旅游税收贡献问题，海南省旅发委联合省国税局、省地税局研究建立了基于旅游卫星账户和投入产出表的测算方法，并形成了《旅游业税收贡献测算方法和实证分析报告》呈报省政府。测算结果显示，2017年上半年，全省旅游业直接税收48.59亿元，占税收总收入的7.8%，在12个重点产业中排名第3位。

3. 实施一系列统计专项调查。当前，在海南旅游数据中心未成立，旅游统计工作缺乏专业机构、专业平台和专业队伍背景下，通过服务外包委托调查机构完成大量改革任务。主要有：一是为解决“只统计淡季不统计旺季”问题，实施入境游客花费调查，切实提升了调查结果的合理性和代表性。二是为解决“只统计低端不统计高端”的问题，实施统一的国内过夜游客花费调查。新的调查结果显示，人均天花费比原来增加了127元，提高了16.2%。三是为适应“一日游”快速发展趋势，实施统一的“一日游”调查，保证了各市县数据的“横向可比、纵向可加”。四是为适应候鸟游客和非标准住宿业快速发展趋势，实施日短租抽样调查。调查开展后，将进一步填补以前的统计空白，并将全省1614家旅租房、2万多家居民小区日短租房和121.42万候鸟型游客纳入常规统计。五是服务于“美丽乡村”建设，适应“共享农庄”和“田园综合体”发展新趋势，基于手机APP探索建立乡村旅游统计新渠道新模式。

（二）不断优化旅游市场消费环境

1. 持续开展旅游市场综合整治。近年来，在省委、省政府的坚强领导下，按照“统一领导、属地管理、部门联动、责任到人”的原则，海南省公安、工商、旅游、物价、交通等 19 个相关职能部门重拳治标、强基固本，推动旅游市场秩序不断优化，2017 年前三季度，共出动执法人员 4220 余人次，检查旅游企业 2180 余家次，检查导游 1930 余人次，共查处涉旅企业 192 家（次），涉旅个人 146 人，依法吊销旅行社 1 家，责令停业整顿旅行社 7 家，罚没款 525 万元，有效解决了一些重点、难点问题。海南旅游市场监管取得了显著成效，得到了国家旅游局多次肯定。2016 年年初，国家旅游局联合公安部、工商总局，在三亚召开全国旅游市场秩序整治工作现场交流会，向全国各兄弟省市推广海南旅游市场监管工作经验。三亚率先在全国成立首家旅游警察、工商旅游分局、旅游巡回法庭、旅游调解委员会的创新举措，获得全国点赞，李克强总理、汪洋副总理、李金早局长都给予充分肯定，全国各省市也纷纷来学习借鉴并推广这种做法。2017 年 7 月，国家旅游局召开新闻发布会，通报表扬海南省在旅游市场秩序综合整治“春季行动”成效显著。

2. 加快旅游诚信体系建设。建立海南旅游诚信平台，制定旅游诚信商家准入和退出办法，印发《关于做好海南旅游诚信系统试运行有关工作的通知》，在全省范围内试运行海南旅游诚信系统，组织开展海南旅游诚信商家的申报、审核工作，引导旅游企业守法诚信经营，首批已经有 230 多家企业申请诚信商家。强化失信行为联合惩戒。与省信用办、省工商局建立联动机制，不定期将旅游违法违规企业失信信息，纳入国家企业信用信息系统（海南）和全国信用共享平台（海南），联合其他部门对失信企业进行联合惩戒。在省旅游委官网阳光海南网开设“双公示专栏”，不定期对外公布旅游行政许可和行政处罚信息。

3. 推进导游管理体制改革。加快实施导游员工化和导游公司实体化改革，逐步实现导游员工化，逐步实现导游服务公司实体化，明确导游服务公司实行公司实体化注册登记和运营，旅行社聘用导游服务公司的导游人员，应当与导游服务公司签订劳务合同。严格导游退出机制，为进一步规范导游管理，加强导游队伍建设，海南省旅发委依法对导游证 3 年有效期满未续期的 640 名导游员注销导游证。截至 2017 年 10 月底，已有 7840 名导游签订了劳动合同并办理社保实现员工化。

（三）加快改善旅游公共服务设施

1. 推进旅游厕所革命。2017 年全省共计划建设旅游厕所 247 座，截至 9 月底，已建设完工旅游厕所 165 座，建设完成率为 66.8%，投资 6690.29 万元，完成投资比例为 64.43%。主要做法及成效主要体现在：一是修订印发《海南省旅游厕所建设验收实施办法》《海南省旅游厕所建设奖补实施办法》。二是以创建全国全域旅游创建省为契机，按照全区域、全要素、全产业链的要求，把海南省作为一个大景区来规划建设，加强包括厕所在内的旅游公共服务体系建设，重点建设旅游精品城市、省级六大旅游产业园区及旅游综合体、22 个重点旅游度假区、53 家 A 级旅游景区景点、56

个旅游小镇、全省乡村旅游点、全省所有星级饭店和国际国内品牌酒店、特色街区及知名餐饮店、旅游公共服务点等九大类旅游“点”的厕所和上述“点”与“点”的连接道路沿线的厕所。三是要求全省所有5A级旅游景区必须在游客中心、住宿区、集中餐饮区、大型游乐设施集中区的厕所设立第三卫生间，鼓励在4A级旅游景区的厕所建设第三卫生间，鼓励有条件的地方全面推进第三卫生间建设。目前，海口、三亚、琼海、万宁、陵水、保亭6个市县已经开展第三卫生间建设，其中海口市2017年拟新建改建28座，三亚市已建12座、正在建设12座、拟新建2座，琼海市拟新建1座，万宁市已建4座、拟新建4座，陵水县已建6座、拟新建2座，保亭县已建9座、正在建设3座。四是建立“互联网＋大数据＋厕所”管理模式，将全省2015年以来新建改建的848座旅游厕所全部纳入“海南省旅游厕所服务评价管理平台”，实现对旅游厕所服务情况进行定位、评价、投诉和建议等功能；建立“以商养厕”“以商管厕”的旅游厕所管理模式，引进专业化管理公司进行管理。五是动员各市县、中石化海南分公司、中石油海南分公司、海航集团、海南高铁公司、各旅游景区等相关企业积极参与厕所革命。六是明确由各市县政府、各市县旅游行政管理部门负责做好本地区范围内旅游厕所日常监督管理工作，企业和建设单位具体负监督管理责任，落实属地管理、专人负责、定期检查等相关管理制度。七是建立有效的督查督办机制，通过下发通报、召开推进会、约谈、发督办函等形式，督促加快建设进度。

2. 完善标识标牌体系。截至目前，全省旅游标识标牌建设共计68351块，其中高速路及各级道路连接线有1398块（含公共交通连接线标识标牌995块及旅游城市道路标识标牌403块），六大旅游产业园1647块，旅游度假区1113块，旅游景区（点）14537块，特色产业小镇1381块，乡村旅游点4630块，旅游饭店35858块，特色旅游街区241块，旅游公共服务区7546块。主要做法及成效主要体现在：一是将省旅游厕所建设与管理提升工程领导小组调整为省旅游厕所与旅游标识标牌建设领导小组，各市县政府也成立了相应的旅游厕所与标识标牌建设领导机构，二是编制形成了《海南省旅游标识标牌建设规划（2017—2020）》。三是对全省52家A级景区、133家星级宾馆的旅游标识标牌进行现场检查指导，督促提升内部标识标牌系统准确性和国际化水平。四是加强旅游标识标牌培训。举办全省旅游厕所建设新标准暨旅游标识标牌建设业务专题培训班，有效提升了全省旅游行业单位旅游标识标牌管理人员的业务水平。

3. 建设环岛旅游公路。一是确定中国旅游集团编制环岛旅游公路旅游服务设施规划工作，利用半年时间编制完成旅游公路旅游服务设施规划。二是积极引入市场机制，广纳社会资金参与建设、运营和管理，提高环岛旅游公路沿线旅游服务设施建设投资多元化、经营市场化和管理社会化水平。对环岛旅游公路旅游服务设施项目分类施策，扶持推进，通过合同承包、特许经营、法令委托、补助等委托授权方式，对游客中心、观景台、厕所、旅游标识标牌等公共性质项目由政府补助资金建设，商业类房车营地、咖啡屋、特色酒店等旅游配套设施由企业投入（政府负责用地落实），所有旅游服务设施统一由中国旅游集团与中国中铁负责建设、运营和日常经营管理。三是定期组织召开招商项目落地工作联席会议，解决规划、项目落实过程中存在的问题，加快推进旅游公路服务设施规划和项目启动工作。四是围绕旅游公路配套游客中心、综合功能服务区、旅游厕所、旅游标识标牌和旅游停车场与露营地等旅游公共服务设施。五是围绕旅游公路科学合理配套乡村旅游、旅游小镇、森林旅游、康养旅游、文体旅游、婚庆旅游等旅游产品。六是在借鉴南非花园大道、美国一号公路等旅游公路建设国际经验的基础上，根据自身优势，精心打造属于海南国际旅游岛的“逆时针旅行”，成为海南旅游的一张国际名片。

七、以旅游促进区域协调发展

在以旅游促进区域协调发展方面，一是主动融入中国—东盟的跨国区域旅游经济合作格局。借助中国—东盟自贸区的建设，进一步深化与东盟各国的旅游合作，积极开拓东南亚客源市场。针对马来西亚、新加坡、泰国等海南省入境游的主要客源国及印尼、越南、柬埔寨、老挝、菲律宾等潜在客源市场，推动开通了海口—新加坡（新加坡）、海口—吉隆坡（马来西亚）、海口—金边（柬埔寨）、三亚—曼谷（泰国）、三亚—胡志明（越南）等多条境外航线，有效提高了海南与东盟各国的航空通达性。积极在东盟各国组织举办海南旅游推介会和专项旅游促销活动，加大在东盟国家的旅游广告投放力度，充分利用电视、网络及新媒体，扩大海南在这些国家的知名度，进一步开发东盟旅游市场。二是充分借助泛珠三角“9+2”的经济合作与发展平台，深入开展区域旅游合作。利用海上丝绸之路旅游推广联盟、北部湾（中国）旅游推广联盟、岭南风光旅游联盟等平台，广泛深入地开展与福建、广西、广东等省市的旅游合作，全面推进泛珠三角区域特色旅游产品的联合促销。开展针对泛珠三角区域的“走出去”活动，相继参加了2017年广州国际旅游展览会、第十三届中国（深圳）国际文化产业博览交易会海南展馆相关活动，并举办海南专场推介会，重点宣传邮轮旅游、婚庆旅游、会奖旅游、免税旅游四大专项旅游及亚特兰蒂斯酒店、长影海南“环球100”、陵水富力海洋公园、恒大海花岛等在建或即将开业的旅游综合项目，进一步开拓泛珠区域的旅游市场。同时，联合省内大型旅行社共同研发针对港澳市场的十大旅游套餐产品，在港澳台市场受到青睐和广泛好评，极大提升了海南省旅游业的知名度，进一步深化了海南省与港澳台旅游合作。三是积极优化省内旅游产业发展布局，加快编制《海南省旅游发展总体规划》，协调推动出台了《海南省旅游业发展“十三五”规划》和《海南省全域旅游建设发展规划》，明确了“一岛、两圈、四组团、多节点”的旅游发展空间格局，突出差异性和互补性，强化区域功能协调、科学分工协作，统一打造“海澄文”一体化综合经济圈和“大三亚”一体化旅游经济圈旅游品牌，以及“中部雨林旅游组团”“西部山海旅游组团”“东部康养旅游组团”“三沙海洋旅游组团”四大组团。推动儋州、澄迈、临高、昌江、东方、乐东、琼中、白沙8个市县成立了海南西部旅游联盟，共同整合、推介西部旅游资源和特色产品。

在以旅游促进城乡一体化发展方面，坚持以旅游供给侧结构性改革为主线，大力实施“美丽海南百镇千村”工程，把百个特色产业小镇、千个美丽乡村建设作为创建全域旅游示范省的重要载体和工作重点，以全域旅游建设、乡村旅游建设促进城乡一体化发展。一方面，加大产业小镇及美丽乡村的道路、水电、通信以及环卫等基础设施的建设力度，推动城乡公共资源进一步均衡配置，进一步提升公共服务水平，增强小镇及乡村的旅游观光、休闲和综合服务功能，全力促进特色旅游产业向特色产业小镇和美丽乡村聚集，打造一批精品旅游小镇和千个宜居、宜业、宜游的美丽乡村旅游点，有力促进城乡一体化发展；另一方面，以全面推进全域旅游示范创建为重要契机，让广大农民共享城乡一体化发展成果。一是以促进农民增收和农业增效为工作目标，强化工作联动，以“公司＋合作社＋农户”为模式，扎实推进“旅游＋农业”的融合发展，进一步丰富旅游产品内涵和农业休闲旅游功能，有效促进农民增收。二是加快发展乡村旅游，打造乡村度假型、农业观光型、文化体验型、科普教育型、休闲运动型、民俗农庄型和特色餐饮型特色乡村旅游产品，大力引导农户以“农户入股、公司运作”“自主经营”等模式，发展田间采摘、特色民宿、休闲农家乐等产业，有力增加农民经营性收入。三是在着力打造海南“十大”特色旅游产品体系，扩大就业机会和岗位供给的同时，加大对农户的旅游从业技能培训力度，全面提升相关人员的职业道德和服务技能，推动他们通过旅游实现就业，有力增加工资性收入。

八、以乡村旅游发展带动精准扶贫

（一）主要举措

1.强化领导，统筹抓好全省旅游扶贫脱贫工作。海南省高度重视脱贫攻坚工作，将旅游扶贫工作列入海南省重要议事日程，由海南省旅游扶贫开发领导小组统筹领导全省旅游扶贫工作，海南省旅发委孙颖主任任领导小组组长，其他委领导任副组长，成员由相关业务处室和直属单位负责人担任，负责研究全省旅游扶贫工作中的重大问题，研究推动全省旅游扶贫开展，协调解决全省旅游扶贫工作中的重大问题。下设办公室，由产业开发处处长任办公室主任，成员由处室和直属单位抽调的5名业务骨干组成，专职负责全省旅游扶贫开发工作。省旅游委各处室、各直属单位根据《海南省旅游发展委员会旅游扶贫责任分工方案》落实旅游扶贫工作，完善“主要领导统筹、班子成员具体抓、全体干部总动员”的工作格局，确保全省旅游精准扶贫工作有人管、及时管、管到位。

2. 制定方案和规划，全面指导开展旅游扶贫工作。2016年至今，海南省共制定印发旅游扶贫相关文件5件。其中，按照全省脱贫攻坚总体部署，海南省旅发委成立专班，组织海南省各旅游院校和旅游规划设计单位专家对全省乡村旅游扶贫重点村的交通区位、产业发展、贫困人口及旅游资源等情况进行了全面细致的调研，在调研的基础上研究制定了《海南省旅游扶贫三年行动实施方案》和《海南省“十三五”旅游扶贫规划纲要》。同时为充分发挥海南省旅游行业在扶贫攻坚中的作用，广泛动员旅游企业开展结对帮扶活动，海南省旅发委制定了《海南省旅游企业帮扶脱贫工程专项活动实施方案》。2017年，为指导各市县开展旅游扶贫开发工作，海南省还制定了《海南省2017年旅游扶贫开发工作要点》。同时，抓紧研究建立旅游促进农民增收机制，海南省旅发委委托专家组撰写了《全域旅游带动农民增收的可持续发展机制研究》，为下一步海南省建立健全发展乡村旅游促进农民增收的体制机制打下基础。

3. 深入调研，分类指导开展旅游扶贫开发工作。为了精准实施旅游扶贫开发，海南省旅发委分多个调查组深入全省乡村旅游扶贫重点村开展调研。2016年4—12月，海南省旅发委在省扶贫办建档立卡的基础上，组织旅游专家和各市县旅游委（局）工作人员对全省各市县旅游扶贫的贫困村进行摸底调查，摸清全省建档立卡贫困村旅游资源情况。同时委领导多次带队对贫困村开展调研，孙颖主任多次带领调研组赴全省各地对乡村旅游扶贫重点村进行调研，与市县领导、贫困村委会干部等进行座谈，实地了解市县旅游扶贫工作情况。在对全省乡村旅游扶贫重点村旅游资源摸底调查的基础上，指导各市县在2017年对乡村旅游扶贫重点村进行三类施策：对拥有丰富旅游资源的旅游扶贫重点村，努力打造成独具特色的乡村旅游点；对旅游资源一般，但可以提供旅游周边服务的旅游扶贫重点村，指导帮扶建立旅游下游产品供给平台，通过为周边旅游企业提供土特产品、商品、配套服务等增加收益，脱贫致富；对既没有旅游资源又不能提供旅游周边服务的旅游扶贫重点村，引导贫困户到旅游企业就业，实现脱贫。

4. 加快推动旅游扶贫项目开展。重点围绕着151个乡村旅游扶贫重点村，加强分类指导，对适合做旅游开发的村寨，联合各方力量，通过招商引资，引导社会资本参与开发建设，推动旅游项目落地。一是2017年海南省包装推出乡村旅游招商项目28个，特色城镇旅游项目15个，共计计划投资607.85亿元，积极参加三亚第二届海南国际贸易博览会、博鳌亚洲论坛招商活动和北京招商活动。二是三亚凤凰谷乡村旅游区、保亭甘工鸟文化旅游区、东方俄贤岭森林旅游区、澄迈永瑞国家现代热带农业公园等一批社会投资的旅游扶贫项目正加快建设，其中三亚凤凰谷乡村旅游区将于近期正式对外营业。三是加快推进乡村旅游扶贫重点村“六小工程”建设。目前海南省 151 个乡村旅游扶贫重点村，已建成停车场 89 个，旅游厕所 93 个，垃圾收集站 89 个，医疗急救站 33 个，农副土特产品商店 98 个，旅游标识标牌 372 个。现有 25 个村已建成乡村旅游点并已开业接待游客。

5. 加强培训力度，提高旅游扶贫技能。旅游扶贫先从扶“智”入手。海南省将贫困地区乡村旅游管理、营销、导游、接待人员的培训纳入省职业技能培训计划。2017 年，海南省分别在浙江、海南琼海和琼中举办了多场乡村旅游带动扶贫培训班。通过集中授课、交流互动、现场观摩、实地考察等方式，对全省贫困地区乡镇干部、乡村旅游景区（点）、休闲农场、农家乐、乡村酒店、金牌农家乐管理人员进行了培训，培训内容涉及乡村旅游的推广与营销和乡村旅游服务管理。加强乡村旅游一线员工培训，海南省旅发委组织一批乡村旅游经营户、旅游致富带头人、乡村酒店服务人员。通过开展礼仪接待、服务意识、服务技能和知识等方面的实用技能培训，通过培训提升乡村旅游管理水平，开拓乡村旅游经营管理，提高乡村旅游点的形象。同时积极安排了两期省旅游扶贫重点村的村支书参加由国家旅游局在秦皇岛举办的培训。

6. 广泛发动旅游企业，积极开展结对帮扶工作。在实施《海南省旅游企业帮扶脱贫工程专项实施方案》的基础上，2017 年 8 月，海南省旅发委再印发《关于充实旅游企业参与全省乡村旅游扶贫工程的通知》，发动省旅游协会、省旅游景区协会、省旅游饭店业协会、省旅行社协会省、省旅游商品与装备协会、省房车露营协会和省乡村旅游联盟等多家旅游行业协会，积极发动会员单位通过帮助宣传推介、客源组织、招商引资、送教上门、劳务用工、农副土特产品供应等多种方式，帮助贫困人口脱贫致富。同时，积极组织动员全省大型旅游企业、星级酒店、景区景点等单位采取“多企帮一村”“一企帮一村”“一企帮多村”等方式开展结对帮扶工作，截至目前，全省共有 157 家旅游企业与 151 个乡村旅游扶贫重点村建立了结对帮扶。

7. 认真总结经验，积极探索推广旅游扶贫新模式。2016 年以来，海南省积极组织专家和各市县旅游委（局）对海南省旅游扶贫模式进行认真的总结，形成了以琼海代表的全域发展型、定安县百里百村休闲农业与乡村旅游连片创建和海南布隆赛乡村文化旅游区为代表的区域联动发展型、以琼中县什寒村为代表的整村推进型、以海南槟榔谷黎苗文化旅游区为代表的景区带动型和以农旅结合五指山市雨林茶乡为代表的品牌打造型等旅游扶贫五大模式。委托专家组对琼中县推进全域旅游扶贫模式进行全面总结。同时，积极向国家旅游局推荐海南省旅游扶贫典型案例。2017 年 8 月，海南省琼海市北仍村和白沙县邦溪镇芭蕉村乡村旅游创客基地分别被国家旅游局授予“中国优秀国际乡村旅游目的地”和第三批“中国乡村旅游创客示范基地”荣誉称号。

8. 继续加大对旅游扶贫宣传推广力度。一是组织专家对琼中县旅游扶贫模式、琼中什寒模式、保亭甘什村（什进村）模式进行总结，利用旅游宣传联盟媒体对外进行宣传，同时与省扶贫办共同上报国家扶贫办和国家旅游局进行模式推广。二是在全省筛选出一批乡村旅游模范村和旅游小镇在全省的宣传推广，不断提升海南省乡村旅游和旅游小镇知名度。三是举办乡村旅游文化节，带旺海南乡村旅游。2016 年以来，海南省分别举办了第四届乡村旅游文化暨海南（定安）端午美食文化节和 2017 年第五届乡村旅游文化暨首届北部湾（海南儋州）旅游美食博览会，分别围绕“全域旅游幸福家园——海南热带乡村休闲游”和“全域海南　幸福乡里——海南热带乡村休闲游”为主题，推出一系列缤纷多彩的主题及市县配套活动，深度挖掘海南丰富的乡土文化及民俗风情，大力宣传海南乡村旅游新的产品和路线，为岛内外游客体验海南丰富的全域旅游资源，全省夏季乡村旅游市场持续不断的活动带旺了全省夏季乡村旅游市场，带动农民增收。节庆期间，共吸引了近 44.7 万人次游客赴全省市县游览。四是举办海南乡村旅游与旅游扶贫论坛。通过邀请省内外多名旅游专家、企业家、投资人紧紧围绕“全域旅游助力精准扶贫”　“全域旅游与精准扶贫的机遇与挑战”主题，相继在论坛上进行精彩演讲并展开热烈研讨，每年全省共有乡村旅游扶贫干部、帮扶企业共计 300 多人参加该论坛。

（二）总体成效

2016 年以来，海南省通过全域旅游统筹推进旅游供给侧改革，以提高贫困人口收入、提升贫困地区造血能力和内生发展动力为根本，以实施乡村旅游扶贫和开展精准帮扶为主要路径，深入挖掘贫困地区乡村旅游发展潜力，因地制宜发展乡村旅游，通过各种途径，不断推进旅游扶贫工作，创新旅游扶贫模式，全省旅游扶贫取得积极成效，为全面打赢“十三五”旅游脱贫攻坚战打下坚实基础。经统计，2016 年，全省接待乡村游客 814.29 万人次，同比增长 20.7%，实现乡村旅游收入 22.64 亿元，同比增长 27.5%。2017 年前三季度，全省接待乡村游客 710.67 万人次，同比增长 20.8%，实现乡村旅游收入 21 亿元，同比增长 30.4%，预计 2017 年全省接待乡村游客 982.84 万人次，乡村旅游收入达到 28.86 亿元。随着海南西环高铁的开通、长征七号火箭的首飞，环岛高铁游、文昌航天游、各市县丰富多彩旅游节庆活动等带动海南省乡村旅游呈现火爆的发展趋势，有效推动当地贫困村贫困群众脱贫致富。

2016 年至今，海南省旅游系统共投入旅游扶贫开发资金 11.94 亿元，其中 2016 年投入 5.84 亿元，实施旅游扶贫开发项目 113 个；2017 年预计投入 9.9 亿元，实施旅游扶贫开发项目 171 个。2016 年全省通过吸引贫困人口从事旅游相关工作，直接带动建档立卡 4221 户，17705 人实现了脱贫，摘帽的乡村旅游扶贫重点村 26 个。2017 年预计全省直接带动 2820 户贫困户，11220 人脱贫，预计 56 个乡村旅游扶贫重点村可摘掉贫困村的帽子。

九、以发展旅游推进生态文明建设

（一）突出环境保护理念，大力发展生态旅游业

1. 强化规划引领。各项旅游规划始终坚持可持续发展的原则，充分考虑到生态文明建设和环境保护，着重于处理好旅游供给与需求结构性矛盾、旅游发展方式、旅游开发与保护等关系。

2. 打造生态旅游景区。近几年，海南省旅发委大力推动一批生态型旅游景区的 A 级创建和升级改造，槟榔谷黎苗文化旅游区和海洋生态型旅游景区三亚蜈支洲岛旅游区成功创建国家 5A 级旅游景区，推动火山生态型旅游景区海口雷琼火山口世界地质公园按照国家标准创建国家 5A 级旅游景区，大力推动三亚亚龙湾国际玫瑰谷、亚龙湾热带天堂森林公园等一批生态型旅游景区升级改造，加快推进旅游基础设施和服务设施建设，着力改善生态文明环境，为游客提供更好的生态旅游环境。

3. 打造生态旅游产品。在维护好生态环境的前提下，深入挖掘全省得天独厚的生态旅游资源，结合海南省重点打造的十大旅游产品，因地制宜开发类型多样的滨海度假、医疗康养、森林体验等生态旅游产品，构建体系完整、功能齐全、类型多样的生态旅游产品体系.

4. 积极创建生态旅游典范。积极推荐森林生态旅游做得较好的呀诺达雨林文化旅游区和海洋生态旅游做得较好的蜈支洲岛旅游区申报创建中国生态文明奖“先进集体”，呀诺达雨林文化旅游区、亚龙湾热带天堂森林公园被评为国家生态旅游示范区。

（二）将景区（点）发展与环境保护相结合，大力推进生态文明建设

1. 严格执行景区环境保护要求。海南省旅发委在景区的评定和复核工作中，严格按照《旅游景区质量等级的划分与评定》国家评定标准，要求景区空气质量、噪声质量、地面水环境质量、污水排放等达到相应的标准要求，如空气质量要达到 GB 3095—1996 的一级标准，噪声质量达到 GB 3096—1993 的一类标准，地面水环境质量达到 GB 3838 的规定，污水排放达到 GB 8978 的规定，并提供环境检测报告。区内各项设施设备要符合国家关于环境保护的要求，不造成环境污染和其他公害，不破坏旅游资源和游览气氛。

2. 科学管理游客容量。根据国家旅游局的要求，海南省旅发委要求各市县开展 A 级旅游景区承载量核定工作，并予以公布，目前，海南省各 A 级旅游景区基本都在大

门区域显目位置公布景区的承载量，在旅游旺季和黄金周期间加强游客流量的监测控制和疏导，让景区在保证一定经济效益的同时使旅游区的环境得到保护。

3. 强化景区综合环境整治。一方面，在开展旅游市场综合整治及节假日专项整治工作的同时，加大对景区环境保护情况的明察暗访力度，对个别景区存在的破坏环境相关问题，及时要求进行整改，维护景区良好生态环境。另一方面，结合海南省当前正在深入开展的生态环境“六大专项整治”行动，大力推进旅游景区及周边的环境整治，推动形成环境管理规范化、精细化、常态化，实现“环境整洁、生态优美、设施完善、管理有序”的目标。

（三）以绿色旅游消费促进生态文明建设

1. 加大宣传力度，培育绿色旅游消费理念。充分利用全国“节能宣传周”“全国低碳日”等活动的开展，通过设立户外广告牌、张贴宣传画、媒体报道等方式，向员工、从业人员及游客多层次、多渠道、多角度宣传节能减排、绿色消费的政策法规、生活常识和先进经验，切实了解旅游业环保节能、绿色消费的重要性和必要性，使绿色消费、绿色发展、低碳环保的旅游消费理念深入人心，形成人人、事事、时时崇尚绿色消费的旅游文化，营造良好的社会氛围。

2. 推动全省旅游饭店经营向绿色环保转变。将节能减排工作作为酒店星级评定复核、绿色饭店评级的主要考核指标，没有落实节能减排举措的饭店将不予评星评级，推动饭店主动作为，以资源节约和环境保护为出发点，引导社会公众树立节约和环境意识。同时，按照《绿色旅游饭店》行业标准的要求，积极开展绿色旅游饭店评定工作，全省共评定了56家金叶级绿色旅游饭店，29家银叶级绿色旅游饭店。大力推动旅游饭店的节能减排工作，提倡酒店积极采用节能型光源降低能源消耗，如采用LED灯，在提供相同照度的情况下，消耗的电量为普通光源的30%。鼓励旅游酒店采用节水设计，在满足使用要求的前提下，加大水的循环利用，有效节约水资源。倡导注重物品的循环使用，改进酒店客房日用品的提供方式，尽量减少使用一次性用品的供给或按需提供。

重庆市

一、深入推进全域旅游发展战略

重庆市旅游发展委员会以国家全域旅游试点区县为重点、市级全域旅游创建单位为依托，推动全市旅游业由景点旅游向全域旅游转型发展。一是指导渝中区、大足区、巫山县、南川区、万盛经开区、奉节县、武隆区、石柱县等 8 个国家全域旅游示范区创建单位编制完成全域旅游发展规划。万盛经开区率先建立了“1+3+N”旅游综合管理和执法体系；渝中区、南川区、武隆区、奉节县、巫山县等区县分别成立了旅游警察、工商分局旅游市场管理局、旅游巡回法庭、旅游综合执法办公室等旅游市场综合监管服务工作机构，万盛经开区、云阳县等地先后召开了全域旅游发展大会，全市全域旅游发展氛围日渐浓厚。二是市委、市政府高度重视旅游产业发展，明确提出了“把旅游业培育成为综合性战略支柱产业和加快建设国际知名旅游目的地”的产业地位和发展目标，打造重庆旅游升级版，决定将旅游投资、旅游消费总额等指标先后纳入对区县党政实绩考核体系，有力推动了全域旅游发展。三是积极筹备首届重庆全域旅游发展大会，提请市委、市政府出台《关于加快全域旅游发展的意见》，已通过市政府常务会议审议。围绕旅游扶贫、农旅融合、文旅融合、交旅融合、体旅融合、医旅融合、工旅融合等制订 15 个配套实施方案，拟加大旅游发展专项资金投入力度，加快推进旅游道路等基础设施建设，加强旅游建设用地保障，举办优秀旅游饭店评选活动，对新开国际航线进行奖励，设立重庆旅游投资基金及旅游“一卡通”等举措，全面推进旅游产业发展。启动了重庆市旅游发展委员会筹建工作，并已报中编办批准同意，全市各区县也将同步成立旅游发展委员会。四是示范区创建单位积极作为、率先发力、创建工作亮点纷呈。渝中区提出全景、全时、全业、全民“四全”发展模式，坚持以

5A级景区标准，助推全域旅游示范区创建。大足区坚持实施“大景区、大项目、大投入、大营销”的战略，统筹“世界遗产、创意文化、美丽乡村”三大品牌，推动单一观光旅游向观光、度假、休闲复合型旅游全域拓展。南川区坚持旅游基础设施建设、旅游景观项目建设和景区品质提升、特色旅游地产开发“三管齐下”，以大金佛山景区串联其他景区景点，推动旅游业由门票经济向产业经济转变；万盛经开区按照“产业围绕旅游转、产品围绕旅游造、结构围绕旅游调、功能围绕旅游配、民生围绕旅游兴”的思路，从旅游规划、建设、配套、管理、营销等各方面持续发力，着力实施智慧旅游十大工程、一元公交及基础设施全域配套，推动全域旅游共建共享。巫山县通过加强旅游与文化、农林、商贸、体育等产业高层次融合，正在探索一条“旅游+”的产业融合发展新路径，推动巫山由单纯旅游资源开发向旅游资源、城乡资源、产业资源等联动发展的旅游目的地综合开发转型。武隆区按照“山水结合、文旅融合、全域旅游、全民兴旅、国际品牌”的发展战略，把旅游产业定位为全区战略性主导产业和富民兴区的支柱产业，推动全域作为一个大景区整体打造。奉节县提出全域旅游统领发展战略，致力于把旅游业培育成“处处是风景，时时能体验，事事可融入，人人都参与”的发展业态。石柱县按照“全县兴旅、全域开发，提速打造、提质发展”的思路，围绕“风情石柱，康养黄水”总体形象定位，全面树立“全域旅游”观念，推动全域旅游发展战略。

二、强化规划引领，促进改革创新政策落地

一是积极对接国务院《“十三五”旅游业发展规划》，结合重庆实际，制定长中短期相结合的市、区域、区县和景区（度假区）专项规划四级规划体系，促进旅游规划与经济社会发展规划、城乡建设规划、土地利用规划等有机衔接、协同实施。制定并实施《重庆市旅游发展总体规划》《重庆市建设国际知名旅游目的地“十三五”规划》《重庆市乡村旅游发展规划》《重庆市乡村旅游扶贫规划》《重庆市美丽乡村建设规划纲要》等一系列规划。二是研究出台了《关于改善投资促进旅游科学发展的通知》《关于支持旅游发展用地政策的意见》《关于加快乡村旅游发展的意见》《关于用好农业农村发展用地政策促进农民增收的指导意见》等政策文件，引导和规范旅游产业发展。三是举办全市旅游规划宣传贯彻专题培训班，加强规划宣传贯彻，对规划重点任务进行分解；推进国家全域旅游示范区创建单位总体规划、旅游度假区规划及重点景区规划编制与审查，旅游规划对旅游发展引领作用进一步增强。

三、旅游业供给侧改革成效明显

一是坚持以市级旅游度假区和重点旅游项目为抓手，切实加大旅游投资，不断丰富旅游产品供给，全市旅游投资继续保持高速增长。2016 年全年旅游投资超过 1581 亿元，同比增长 55.15%。2017 年前三季度全市完成旅游投资 1219.88 亿元，同比增长 20.9%，继续保持强劲增长态势。二是加快推进旅游综合体建设。万达集团、美国六旗集团、中国中铁集团等国内外大型企业先后签约落户重庆、投资重庆市旅游业，华侨城欢乐谷景区正式开业，万达文旅城等一批大型旅游综合体项目建设稳步推进，增强旅游业发展后劲。三是积极实施精品景区提升工程，云阳龙缸景区成功创建国家 5A 级景区，涪陵武陵山、彭水阿依河、黔江濯水 3 家景区通过了国家旅游局 5A 级景区资源评审；新评定 4A 级景区 4 个，3A 级景区 2 个，全市 A 级景区达到 216 个。四是旅游业招商引资成果丰硕，通过第五届西旅会签约旅游重大项目 22 个、签约金额 555.9 亿元；储备了渝中区全域旅游重点建设项目、重庆御湖国际生态旅游度假区、潼南运河特色小镇、万州锦绣三峡文化产业园、陈抟故里田园综合体项目等一批的特色旅游项目，为旅游业转型发展注入了新活力。五是推出了《重庆好礼旅游商品名录》，在 2017 中国民族特色旅游商品大赛上获得两项金奖、两项银奖、四项铜奖。

四、大力推进“旅游 +”，促进多产业融合发展

充分发挥“旅游 +”的综合带动功能，大力推进旅游小镇、旅游风景道、旅游度假区、研学旅游基地等新兴旅游业态和产品建设，推动区域资源有机整合、产业深度融合和全社会共同参加。一是推动农旅融合发展，依托乡村丰富的自然和人文资源，成功打造乡村旅游和休闲农业景区景点 3000 余个，发展农家乐 2 万余家、休闲果园及农庄 7500 多个，推出了南川生态大观园、城口亢谷、铜梁奇彩梦园、涪陵大木花谷、永川黄瓜山、万盛凉风“梦乡村”，石柱八龙莼乡休闲农业示范园等一批以农家乐、休闲农庄、森林人家为主题，特色鲜明、市场反应好、带动作用强的乡村旅游精品。二是创新文旅联袂发展，成功打造《印象武隆》《烽烟三国》《梦幻桃源》等一批体现重庆文化特色的旅游演艺项目。三是推动旅游业发展与新型工业化相结合，推动工业旅游发展，推出重庆工业博物馆、兵器工业博物馆、816 地下核工程遗址、榨菜工艺文化小镇等一批工业旅游点，年接待游客近 300 万人次，市场潜力较大，成功推荐周君记火锅食品工业体验园纳入“国家首批工业旅游创新单位”名单。四是大力发展养老旅游和中医药健康旅游，南川区入选国家中医药健康旅游示范区，着力推出綦江古剑山、武隆仙女山、万盛黑山谷等养老基地与项目，丰富了养老旅游产品和业态。

以太极集团等医药企业和融汇集团等温泉企业为龙头，重点打造了武陵山、长寿湖、金佛山等一批健康养生旅游基地和中医养生旅游项目。

五、强化宣传营销，塑造品牌形象

一是成功推出“山水之都·美丽重庆”旅游主题宣传口号，通过在央视黄金时段、美国ABC电视台投放重庆旅游形象专题片强力开展旅游形象宣传，重庆旅游品牌知名度和影响力不断提升，重庆作为国际旅游城市的形象更加鲜明。二是强化旅游市场拓展。坚持“请进来”与“走出去”相结合，在国内外重点旅游客源市场组织开展了一系列旅游营销活动。以中新（重庆）战略性互联互通示范项目为抓手，大力实施新加坡入境旅游营销，积极引进新加坡旅游企业投资重庆旅游项目。出台了“十三五”旅游营销奖励办法，继续实施旅游企业组客奖励，充分调动旅游企业开展旅游营销的积极性。三是强化节会营销。精心打造中国长江三峡国际旅游节、中国西部旅游产业博览会、中国旅游日重庆分会场等节会活动。持续开展“四季重庆”旅游宣传，赴广东、北京、上海、天津、河南以及美国、加拿大、新加坡、英国、法国、俄罗斯等境内外重点客源市场举办了系列营销活动。目前，已开通国际及地区客运航线46条，对51个国家入境游客实行72小时过境免签政策。近几年重庆连续被评为全国十大旅游目的地和客源地，作为中国唯一城市先后被国际权威旅行杂志*Frommer's*和《孤独星球》评为“世界十大旅游目的地”“全球十大最具发展潜力的旅行地”；先后荣获“中国温泉之都”和“世界温泉之都”称号。2017年7月，今日头条发布中国旅游城市排行榜，重庆名列第二，仅次于北京。重庆作为西部旅游集散中心、长江上游对外开放中心，作为国际旅游目的地的地位持续提升，西部内陆开放高地的地位和作用进一步凸显，对外开放格局已基本形成。

六、加快推进旅游基础设施公共服务体系建设

积极融入国家“一带一路”和长江经济带发展战略，借助全市高速公路铁路网建设、长江黄金水道整治、内陆开放高地建设、扶贫攻坚等行动，投入大量资金，极大地改善了全市旅游基础设施条件。一是加快长江游轮母港以及长江、乌江沿线旅游码头建设。策划论证并加快推动了寸滩游轮母港建设；依托长江及乌江沿线城市区位优势和独特旅游资源，高规格、高起点规划建设和提档升级长江沿线涪陵、丰都、忠县、石柱、万州、奉节、巫山以及酉阳龚滩、武隆芙蓉江、彭水下塘等10个旅游码头，有机衔接长江三峡与乌江百里画廊等高品质旅游景区。二是推进“城景通、景景通”工程建设。

把全市近 300 条“城景通、景景通”、公路建设纳入全市交通规划建设三年行动方案，打通景区“断头路”和连接景区的“最后一公里”，形成旅游连线和环线交通网络体系，全面改善重庆旅游交通条件，目前已经实现了全市所有乡镇通油路、水泥路，行政村和撤并村全部实现公路通达。三是完善旅游航空服务体系。加快推进巫山、武隆旅游支线机场建设，同时积极鼓励引导万州、黔江机场开通国内外重要客源地航线、加大宣传营销力度、实施包机奖励等。目前重庆江北机场已开通往返美国、意大利、韩国等国家和港澳台地区 120 个客源地城市的 140 多条国内外航线，其中国际及地区航线 58 条，已对美国、德国、法国、俄罗斯、瑞士、澳大利亚等 51 个国家和地区游客实行 72 小时过境免签。四是完善旅游交通标志标牌体系。累计设置旅游交通标志牌 1834 块，进一步完善了全市旅游交通标志体系建设。五是加快推进智慧旅游服务体系建设。提请市政府出台了《重庆市智慧旅游建设实施方案》，建成磁器口、丰都名山等景区客流适时视频监控系统，加快推进了全市 5A 级景区与国家旅游局数据对接工作。成立了重庆市旅游数据中心，加快推进全市旅游监控指挥调度中心、智慧旅游示范景区以及旅游政务网站群、旅游资讯网站群等建设，指导和支持区县开展智慧旅游建设，进一步完善智慧旅游服务体系。六是组织召开 2017 年旅游厕所革命推进大会，完成区县旅游厕所自查自纠和相互交叉检查工作；2017 年，全市共建设旅游厕所 871 座，其中新建 724 座，改建 147 座，工程进展良好；及时下拨“厕所革命”补助资金 2290 万元，渝北区、巫溪县荣获全国 2017 年旅游厕所革命先进市荣誉。推进旅游数据中心建设，积极开展 4A 级以上旅游景区接入国家旅游产业运行监测与应急指挥平台工作，已有 16 家 4A 级以上景区接入门禁票务系统数据，7 家 5A 级景区已接入视频数据。

七、积极推进乡村旅游和旅游扶贫

始终坚持把乡村旅游作为脱贫攻坚的重要抓手，大力实施乡村旅游富民工程和“巴渝人家”品牌体系建设，打造一批特色景观旅游名镇名村，助推贫困群众精准脱贫。一是出台《关于加快乡村旅游发展的实施意见》，推动政策、资金和项目向贫困地区、乡村地区聚集。加快制定《重庆市乡村民宿旅游服务质量等级划分与评定》《重庆市果蔬采摘基地旅游服务规范》等乡村旅游标准，策划包装乡村特色旅游商品 100 余件，进一步拓展乡村旅游消费。2017 年 1—9 月，全市乡村旅游接待游客 1.35 亿人次，实现旅游收入 380 亿元。二是大力实施乡村旅游“百千万”和“巴渝人家”品牌体系建设工程，重点加大了乡村旅游产品项目建设和乡村旅游扶贫开发力度，不断提升乡村旅游产品品质，成功创建全国休闲农业与乡村旅游示范县 10 个、示范点 23 个；市级休闲农业与乡村旅游示范区县 17 个、示范乡镇 17 个、示范点 113 个，全国首批绿色村庄 158 个、中国传统村落 74 个、全国首批改善农村人居环境示范村 8 个、美丽宜居村庄 473 个、最美休闲乡村和中国美丽田园 23 个，全国特色景观旅游名镇 14 个、名村 7 个；黔江十三寨、酉阳河湾山寨、彭水鞍子苗寨等 22 个村寨成为全国少数民族特色村寨。酉阳长潭村、黔江新建村、云阳清水村、万州凤凰村、城口兴田村等先后被评为“全国美丽乡村建设示范村”“中国最美休闲乡村”“中国美丽田园”“全国生态文化村”。三是狠抓 55 个乡村旅游扶贫片区建设。持续推出一批乡村旅游线路产品和节会活动，加大乡村休闲旅游宣传力度。四是深入贯彻落实国家旅游局等 12 部委联合印发《乡村旅游扶贫工程行动方案》，印发《重庆市 18 个深度贫困乡镇产业扶贫规划纲要》《重庆市深化乡村旅游扶贫行动实施方案》，组织成立了由局主要领导总负责，分管领导总协调，区域协作联系领导分片负责，以市旅游经济顾问、市旅游局顾问等为成员的旅游扶贫工作指导组，后深入 18 个深度贫困乡镇开展旅游扶贫调研，深化细化旅游扶贫方案，加强乡村旅游扶贫工作统筹协调和具体指导。组织指导编制了《酉阳天龙山旅游度假区总体规划》《巫溪县中岗乡旅游发展规划》，重点推进市旅游局扶贫集团定点帮扶酉阳县车田乡和对口帮扶奉节县工作，向车田乡派驻乡工作队和驻村第一书记，加快启动车田乡天龙山旅游度假区开发，筹集到位对口帮扶奉节县资金 580 余万元。

八、实施旅游业投融资改革创新

充分发挥市场在旅游资源配置中的决定性作用，有效发挥市场和政府两个作用的连接点，充分释放民间投资活力。一是充分发挥旅游产业引导股权投资基金作用。改变以往财政直接投入的方式，以一部分财政资金撬动，发起设立旅游产业发展引导股权投资基金，广泛吸纳社会资本参与。目前已与国家开发银行旗下的中非信银、海航集团旗下的渝海盛航合作设立 2 支旅游专项基金，其中引导基金出资 5 亿元，资金放大 5 倍，总规模 25 亿元，筛选和储备了一批优质旅游项目。二是以中新（重庆）现代互联互通战略合作示范项目实施为契机，依托中新基金引进社会资本探索设立中新旅游专项子基金，实施全市旅游优质资源整合上市计划，创新精品景区经营管理模式，通过资产证券化放大经营效益。目前重庆旅游优质资源整合暨首批（巫山）战略合作项目已经签约。三是切实加大旅游项目招商引资。积极创新招商方式，主动承接国内外资本转移，成功引进万达集团、中铁集团、美国六旗集团等一批国内外大型企业，投资重庆市旅游业，对全市旅游业转型发展起到了示范引领作用。

九、推进旅游市场综合监管、不断优化市场环境

提请市政府设立了市旅游投诉中心，印发了《关于进一步加强旅游市场综合监管的通知》，建立完善了旅游投诉转办、督办及反馈工作机制，进一步提升了旅游投诉案件处理能力。在全市范围内实施旅游环境集中综合整治，先后开展了旅游市场整治春季行动、暑期整顿和“不合理低价游”专项整治行动，重点开展了“一日游”“三峡游”“两江游”“出境游”等系列整治，坚持明察与暗访结合、市和区县两级联动，开展执法检查 3424 次，检查旅游企业 5975 家次，共立案 713 件，罚款 3 万元及以上案件 18 件。进一步严格旅游景区、星级饭店、星级游船等服务质量监管，撤销 A 级旅游景区资质 7 家，实施严重警告和责令限期整改各 2 家，取消四星级饭店资质 1 家。加大文明旅游宣传引导，开通入渝游客旅游公益短信提醒。推动旅行社诚信经营，组织 203 家旅行社签订了《旅行社诚信经营承诺书》并予以公布，在万州、渝中、奉节等地设立了旅游投诉现场受理点，每季度定期向社会公布市内及周边一日游、两日游，长江三峡游、两江游等市内重点旅游线路产品的市场指导价，引导游客理性消费。经综合施策，重拳整治，前三季度全市共受理各类旅游投诉较 2016 年同期减少 302 件，同比下降 36.29%。积极开展《重庆市旅游条例》普法宣传活动，启动《新编重庆导游词》《重庆旅游产品手册》及 APP 等编撰及开发。加快推进旅游数据中心和应急指挥平台建设，完善智慧旅游服务体系。举办各类培训班 20 余班次，培训从业人员近 1.5 万余人次。制订旅游安全责任清单，严格落实“党政同责、一岗双责、齐抓共管、失职追责”要求，梳理排查高风险旅游项目，有力保障了全市旅游安全良好局面。

十、区域旅游发展氛围更加浓厚

继续推进都市、渝西、渝东北、渝东南四大区域旅游协作，指导各区域旅游协作组织抱团开展旅游宣传营销活动。重点加快推进三峡旅游金三角一体化建设，初步完成《长江三峡旅游金三角一体化发展规划》编制，全力推动了长江三峡旅游金三角交通建设、旅游产品供给和宣传营销一体化工作。积极参与长江旅游推广联盟、渝鲁两省市旅游扶贫协作、渝鄂长江三峡旅游协作等跨区域旅游合作。

四川省

一、全力推进旅游+战略，促进新业态融合发展

（一）旅游+战略成效显著

一是旅游+体育上。积极组织推荐“首批十大国家体育旅游示范基地”“国家体育旅游精品赛事”及“通用航空旅游示范工程”名单。启动《四川省体育旅游资源普查情况报告》《四川省体育旅游发展三年行动计划（2018—2020年）》编制，启动首批四川省体育旅游示范基地创建工作。

二是旅游+科技上。先后与成都理工大学、电子科技大学签订战略合作协议，启动旅游实验室建设工作。联合科技厅举办了首届四川省旅游业新技术应用大会，联合发布了《四川省旅游行业新技术应用导则》和《首批四川省科技旅游示范基地创建单位名单》。开展《科技旅游示范基地》标准与评分细则及管理办法编制工作。

三是旅游+农业上。联合农业厅评选了首批10家省级乡村旅游合作示范社。会同农业厅指导成都市金堂县玉皇养生谷、广元市苍溪县梨文化博览园争创国家现代农业庄园。

四是旅游+生态上。会同林业厅、广元市人民政府举办了“第二届四川省生态旅游博览会”。向国家相关部门推荐上报国家生态旅游示范区名单（待批）。在认真遴选与推荐基础上，邛海泸山景区入选“首批10家国家湿地旅游示范基地”。对申报省级生态旅游示范区单位进行省检，力争2017年成功创建省级生态旅游示范区8～10家，完成目标考核。

五是旅游+健康上。与四川省中医药管理局签订关于推进中医药健康旅游发展的合作框架协议。启动《中医药健康旅游示范基地》标准与评分细则及管理办法编制工作。

配合国家专家组对都江堰市创建国家中医药健康旅游示范区进行了现场检查，都江堰市成功入选“首批国家中医药健康旅游示范区创建单位”。协同四川省中医药管理局正在起草《关于加快中医药健康旅游发展的实施意见》。

六是旅游+文化上。完成《四川省“3+2”文化旅游重大项目提升工程实施方案（建议稿）》及《三星堆文化旅游提升项目工作计划（建议稿）》呈报甘霖常委。草拟了《四川省文化与旅游产业融合发展实施方案》。

七是旅游+教育上。配合教育厅向国家旅游局推荐了20家“全国研学旅游示范基地”创建单位。向国家旅游局推荐了4家单位作为全国中小学生研学实践教育基地备选单位。

八是旅游+工业上。推荐国家工业遗产旅游基地备选单位（待批）。启动《工业旅游示范基地》标准与评分细则及管理办法编制工作。

（二）新业态融合举措多

编制《四川旅游新业态指导目录》。完成《四川省旅游产业园区发展研究报告》《四川省旅游产业园区认定管理办法》《四川省旅游产业园区综合考核评价标准》编制。2017年年初成立课题组，在充分调研、反复论证和广泛征求意见基础上，组织起草了《关于加快旅游产业园区发展的意见》，现已报省政府审批。

二、强化旅游项目管理创新，持续推进“双千亿”工程

（一）推动项目管理创新，促进全省旅游项目发展

一是强化旅游项目包装。围绕“旅游+”和“+旅游”发展思路，策划包装了《四川“10+30+100”优选旅游招商项目》，推出了十大旅游产业集群，30个旅游新业态项目和100个精品旅游项目，招商规模超千亿元。

二是做好全国优选旅游项目和省级重点项目的推荐入库。2017年，纳入全省重点项目库的旅游项目共53个，其中续建项目33个，新建项目20个。全省27个旅游项目成功纳入了全国优选旅游项目名录。

三是切实发挥省级旅游发展专项资金补助各地旅游导向和杠杆作用。2017年省级旅游发展专项资金用于补助地方项目共计16400万元，涵盖了旅游度假区、乡村旅游、康养旅游、运动旅游、文创旅游等各类项目，有效推进了全省旅游产业转型升级，丰富了全省旅游产品供给。

四是强化项目督查。采取市州自查、第三方暗访和定期或不定期的方式对全省旅游项目进展情况进行督导检查。对前两届投资大会签约的57个项目进行专项，其中：实际落地开工建设项目40个，投资金额达751.41亿元；正在加快前期推进的项目8个，

投资金额达 322.74 亿元，归纳以上，两届投资大会签约项目平均履约率高达 84.21%。

五是规范项目管理，实现全省旅游项目管理系统化、制度化和规范化。建立全省重点旅游项目管理制度，制定了全省重大旅游项目管理办法。完善全省旅游产业发展管理信息化平台建设，完成与国家旅游项目管理系统的数据交换，实现了全省旅游产业招商引资、重点旅游项目建设、乡村旅游和旅游扶贫、公共服务设施及新业态四大板块基础数据和申报材料的实时填报、实时监管、实时发布、实时上报等综合功能。

（二）持续推进旅游投融资“双千亿”工程

一是持续推进旅游投融资项目“签约千亿，落地千亿”的“双千亿”工程。2017 年前三季度，全省实际完成旅游投资 923.8 亿元，完成全年任务的 92.38%；旅游签约项目 55 个，签约金额达 1237.74 亿元，超全年目标任务的 23.7%。预计全年预计完成旅游投资 1200 亿元，超目标任务的 20%；旅游招商引资预计完成 1400 亿元，超全年目标任务的 40%。

二是创新举办第三届中国（四川）国际旅游投资大会。7 月 25 日至 29 日，第三届中国（四川）国际旅游投资大会在成都举办，吸引了境内外知名投资机构和企业、国内外主流媒体代表约 500 余人参会。大会创新推出以攀枝花、广元为主题市的相关活动，发布了《四川“10+30+100”优选旅游招商项目》《四川省旅游投资白皮书（2017 年）》和《四川旅游投资展望（2018 年—2020 年）》等产业成果，组织评选发布了“中国西部十大最具投资潜力旅游目的地”“中国西部十大山地旅游目的地”“中国西部十大旅游康养目的地”，签订旅游投资合作协议 31 个，签约金额达 868.9 亿元。旅游投资大会已成为全面展示四川、推动四川对外开放的重要窗口。

三、创新推动乡村旅游扶贫工作

2017 年前三季度，全省实现乡村旅游综合收入 1803.3 亿元，同比增长 17.4%。预计年底可带动 543 个旅游扶贫重点村退出贫困，占全省 3700 个计划退出贫困村的 14.7%。预计可惠及 3.7 万户贫困户 12.6 万贫困人口受益，占全省 105 万计划脱贫人口的 12%。

一是扎实推进乡村旅游扶贫 “八大工程”，深化景区带村、“企业 + 合作社（支部）+ 农户”“能人带户”等乡村旅游扶贫模式，涌现出浮云牧场、七彩甲足、羊茸哈德等鲜活案例。

二是深入贯彻落实《四川省人民政府办公厅关于大力发展乡村旅游合作社的指导意见》，出台《乡村旅游合作社建设指南》等配套政策措施，推动乡村旅游新型经营主体纵深发展，全省共发展乡村旅游合作社 2600 余家，占全省农民合作社总量的 4.5%。

深化政府购买服务促进乡村旅游扶贫，新设立乡村旅游扶贫政策研究和宣传中心，优化新一轮四大片区旅游扶贫中心职能定位，构建旅游扶贫智力帮扶长效机制。

三是探索制定《四川省乡村旅游“两师一员”实施方案》，试点设置乡村旅游技术推广站，配备“两师一员”，推动乡村旅游发展上水平。制定出台《四川省旅游扶贫督查巡查工作办法》，强化督导巡查，倒逼工作落实。

四、创新推动综合监管，强化大数据应用

（一）树立“大监管”理念，协作联动形成综合监管新格局

一是推动健全完善政府统一领导的旅游市场综合监管长效机制，夯实行业监管基础能力，健全省—市（州）—县（市区）3级政府统一领导下的综合监管协调机制，制定实施旅游综合监管协调会议制度、综合执法检查制度、案件协查协办制度，切实做好本地旅游市场监管的统筹协调、指挥调度和监督检查，形成部门各司其职、协作配合的“一盘棋”的旅游市场综合监管格局。

二是按照全国旅游市场秩序整治“春季行动”“暑期整顿”和“秋冬会战”的总体部署，结合四川省旅游市场实际，重点对旅行社依法经营、旅游景区规范管理、星级饭店标准化服务、乡村旅游优质服务、旅游购物场所诚信经营、“黑社”非法经营旅游业务等环节，以联合检查、专项整治、媒体暗访等形式，开展贯穿全年的全省旅游市场整治“提质行动”。

三是积极推动“1+3”旅游综合监管体系建设。全省共成立了旅游警察机构9个、旅游工商机构8个，旅游法庭16个。出台《四川省旅游经营服务严重失信黑名单管理办法》，联动工商等部门建立健全失信联合惩戒制度；组织旅游企业开展诚信经营承诺活动，发挥旅行社协会行业自律作用，先后7次公布了省内、省外、境外近200条重点旅游线路诚信参考价；推荐全省157家旅行社为全国第三批“诚信经营旅行社”，推荐6家涉旅企业评选2017年度四川省民营企业诚信守法企业。

（二）树立“大质量”理念，培育旅游产品和服务质量品牌

一是大力宣贯实施各类国家标准、行业标准和地方标准，要充分发挥A级景区标准、度假旅游区和生态旅游区标准、旅游饭店各类标准、星级农家乐（乡村酒店）标准的引领作用，用“以点带面”的方式，不断提升旅游经营管理和服务水平，着力培育一批龙头旅游企业和知名旅游品牌。

二是制定实施全省旅游质量监督责任目标考核办法，细化考评指标，明确考核方式，重点依据落实旅游监管工作任务、旅游市场整治、旅游案件查处、游客满意度等指标，对市州旅游综合监管进行量化考评。受国家旅游局委托编制《中国文化主题旅

游饭店标准》，2家旅游企业获评全国青年文明号集体、2家获评省级青年文明号集体，组织四川省导游参加全国导游大赛获得金奖；四川省黄龙风景名胜区、成都天府阳光酒店2家单位被评为2015—2016年度全国青年文明号集体；省青旅B2C在线旅游部、望江宾馆餐饮部被评为省级青年文明号集体。

（三）树立“大数据”理念，全面提高为企业和游客的精准服务能力

一是充分运用信息化手段，有效发挥大数据研究应用，着力提升全省旅游智慧监管能力。全面应用国家旅游局建设的全国旅游公共服务监管平台，实现旅行社与导游网上审批、注册管理和网上服务。进一步整合旅游大数据平台功能，开发建设全省旅游监管平台，实现上下贯通链接，提升信息化监管水平，为旅游安全和质量管理、客流量预警等提供决策依据。

二是积极与工商、交通等部门联动，建立信息共享机制。以行业监管和公众需求为导向，坚持“需求导向、共建共享、协同联动、提升服务”基本原则，进一步推动跨部门、跨业务的信息资源共享应用和创新利用，促进交通、工商、气象、国土等部门和旅游各方面资源的有效整合，提升旅游行业监管和信息服务水平。

贵州省

贵州省委、省政府把旅游业定位为战略性支柱产业，将旅游业作为全省三大长板进行打造，提出了大力发展旅游经济的新要求，把旅游改革创新作为推进全省旅游业提质增效、转型发展，推动贵州省国际知名、国内一流国际山地旅游目的地建设的重要抓手。成立了省政府主要领导任组长的省旅游发展和改革领导小组，由分管副省长任组长的深化旅游体制改革专题组。2016 年 9 月出台了《贵州省人民政府关于推进旅游业供给侧结构性改革的实施意见》，明确了全面优化大旅游总体布局、加快完善旅游管理体制机制、深入推进投融资体制改革、加大中高端旅游产品有效供给、创新旅游监管服务体系等旅游改革创新的五大任务。全省上下坚持"四个全面"战略布局和"五大新发展理念"，围绕五大任务，深化旅游改革创新，有力推进了全省旅游业快速持续健康发展。2017 年 1—9 月，全省接待游客 5.91 亿人次，同比增长 40.0%；实现旅游收入 5621.97 亿元，同比增长 41.6%。全省接待外省入黔游客 2.57 亿人次，同比增长 31.4%；接待境外游客 84.24 万人次，同比增长 16.4%，全省旅游业发展呈现出"井喷式"增长的势头。

一、旅游改革创新的主要做法和成效

（一）主要做法

1. 提高认识，加强领导。旅游改革创新是优化和丰富旅游供给，提升旅游发展质量，推进贵州省旅游经济实现倍增计划的重要举措。省委、省政府加强对旅游业发展的领导，高位推动全省旅游业改革创新发展。省委全面深化改革领导小组专门听取了贵州省旅游发展委关于旅游供给侧结构性改革工作的情况汇报，省委书记孙志刚在 2017 年全省旅游工作推进会上对旅游改革创新提出了具体要求，省领导多次率队深入一线调研旅游改革创新工作，省旅游发展和改革领导小组多次研究了旅游供给侧结构性改革的相关工作，省深化旅游体制改革专题组将旅游体制机制改革作为推进重点，为全省旅游业改革创新发展提供了坚强的领导机制保障。省旅游发展委用旅游供给侧结构性改革统领全省旅游业发展，根据省委、省政府决策部署，围绕《省人民政府关于推进旅游业供给侧结构性改革的实施意见》明确的任务，全力推动旅游改革创新，为全面推进贵州省旅游改革创新提供了坚实的基础。

2. 强化部署，统筹推进。省委、省政府高度重视旅游业发展，为不断优化和丰富旅游供给，省政府召开了 2017 年全省旅游工作会议，明确工作目标、任务和责任，省领导对推进旅游改革创新发展提出明确要求，省旅游发展和改革领导小组各成员单位和省直相关部门给予了大力支持和配合，有力推进旅游改革创新各项任务开展。根据工作需要，省政府还先后召开了全省温泉建设、黔菜改革创新、旅游服务保障、旅游扶贫等专题会议，推进旅游产品和服务的改革创新发展。对照《省人民政府关于推进旅游业供给侧结构性改革的实施意见》的各项任务，逐项梳理，形成了工作任务清单，由省旅游发展和改革领导小组进行全面的安排部署，全力组织实施，进一步推进全省旅游业改革创新发展。

3. 督察调度，全力推进。为全面推进旅游改革创新，掌握旅游供给侧结构性改革任务的推进情况，省领导多次率旅游等相关部门深入一线开展明察暗访，了解各地改革创新情况，推进改革各项任务的落实。省旅游发展委加强对旅游改革创新和旅游供给侧结构性改革推进情况调度，坚持问题导向，找不足，补差距，协调解决改革推进中存在的问题，推进改革各项任务的开展和旅游改革创新发展。同时，深化旅游体制改革专题组制定了《2017 年督察考评工作方案》，按“三督三察”的要求组织对旅游供给侧结构性改革中的部分重大事项进行督察，委领导亲自带队，深入各相关市（州）、县（区、市）及旅游企业，加强督促指导和督察通报，全面推进旅游供给侧结构性改革各项任务的落实。

4. 平台支撑，推进改革。2016 年以来，贵州省成立了国内第一家总部设在北京之外的国际组织——国际山地旅游联盟，构筑起国际山地旅游交流合作高端平台。连续三年举办了国际山地旅游暨户外运动大会，推进了全省体育与旅游的深度融合发展，旅游 + 体育创新发展模式得到了进一步深化。对贵州省旅游产业发展大会举办形式进行改革，创新办会模式，推动旅游产业发展大会向旅游项目观摩会、旅游宣传推介会和旅游工作推进会融合转型，出台支持承办地加快旅游发展的政策措施，形成举办一届旅发大会、提升一座城市、推出一批景区的良好效应，推进旅游产品、基础设施、城市面貌、服务质量和特色文化全面提升，不断推动全省旅游转型升级发展。

（二）成效

1. 大旅游发展总体布局基本形成。一是全面推进全域旅游发展。省委、省政府将全域旅游确定为全省旅游发展的方向，提出了“全景式规划、全季节体验、全社会参与、全产业发展、全方位服务、全区域管理”的全域旅游“六全”发展理念。大力推动旅游业从单一景点景区建设和管理到综合旅游目的地统筹发展转变，从门票经济向产业经济转变，从封闭式管理向开放式管理转变，从粗放低效旅游向精细高效旅游转变，从旅游企业单打独享到社会共建共享转变，从部门行为向党政统筹推进转变，从简单少量接纳外国游客向全方位多层次国际交流合作转变，旅游业实现“井喷式”增长。作为国家全域旅游示范省建设单位，在发展方式上，探索出了以龙头景区为核心推动旅游全域化发展，以文化为支撑整合民风民俗、历史记忆、地域特色推动旅游全域化发展，以生态优势、气候优势和资源优势为支撑整合城市环境治理、美丽乡村度假胜地建设、旅游配套设施建设和旅游产品研发推进旅游全域化发展，以生态景观为核心带动旅游全域化发展，以农村“三变改革”为抓手推动乡村旅游全域化发展，以旅游小镇辐射带动旅游全域化发展等六种方式推动贵州省全域旅游发展。

二是优化全域旅游发展大布局。开展全省旅游资源大普查工作，共登记旅游资源82679处，其中新发现51626处，全省旅游资源情况更清、底数更明，为旅游资源保护管理，科学、全面、系统地编制旅游发展规划，推进旅游资源产权制度改革，推动旅游业的科学发展提供了有力的基础支撑。在全省旅游资源大普查工作的基础上，《贵州省全域山地旅游发展规划》的编制进入了报批阶段，规划建设贵阳—平塘国际科普天文旅游带、茅台—仁怀世界名酒文化旅游带、千里乌江国际滨河度假旅游带等世界级旅游产品，推进旅游 + 农业、工业、水利、文化、大数据等多产业融合，串联带动旅游城（镇）、美丽乡村、精品景区协调联动发展，构建全省全域旅游发展的总体布局。

2. 旅游管理体制机制不断得到完善。一是旅游发展领导机制不断完善。在成立省旅游发展和改革领导小组的基础上，按省委、省政府做实旅游发展和领导小组的要求，在领导小组下成立了旅游资源保护和开发、规划管理、投融资改革、服务监管及宣传推广五个专项组；督促指导市州做实旅游发展和改革领导小组，推进旅游重点县建立县级旅游发展和改革领导小组，有力解决了旅游业发展“九龙治水，政出多门”的问题。

二是加快推进旅游管理体制改革。在省旅游局改设省旅游发展委员会的基础上，指导全部完成了9个市（州）“局改委”工作，推进旅游重点县实行“局改委”，截至2017年6月底，14个旅游重点县完成了“局改委”工作，旅游部门的统筹协调职能不断得到加强。

三是旅游综合监管机制不断形成。全力推进“1+3+N”综合监管机制改革，截至2017年6月底，黔西南州、花溪区、仁怀市、黄果树景区等设立旅游警察支队或大队；

省工商行政管理局成立了市场监管旅游分局，六盘水市、安顺市、铜仁市、花溪区也成立了市场监管旅游分局；荔波、赤水、天河潭等13个主要景区挂牌设立旅游法庭；安顺市成立全省首家全域旅游法律服务中心。

四是探索建立大景区管委会体制。安顺市整合黄果树、龙宫、屯堡等优势旅游资源，组建黄果树旅游区工（管）委，推进黄果树、龙宫、屯堡等旅游区一体化建设；遵义市整合娄山关、海龙屯旅游资源，成立娄山关·海龙屯文化旅游创新区。

五是景区管理体制改革不断推进。贵阳市组建青岩古镇景区经营管理公司，负责对青岩古镇景区进行经营管理，并结合景区发展实际，开展清产确权，建立健全公司董事会、监事会、经理层等法人治理机构。成立具备独立法人资格的贵阳旅游文化产业投资（集团）有限公司对桃源河景区进行经营管理等。其他国有景区也按现代企业制度要求，基本完成了企业的公司制改革。

六是健全旅游发展考核评价体系。制定了《贵州省旅游业发展评价办法》，完善全省旅游统计制度和旅游业发展评价制度，建立旅游发展绩效考核新机制，建立第三方评估机制，提高旅游发展评价的科学性，有力推进全省旅游业改革创新发展。

3. 投融资体制改革取得新成效

一是加大旅游投融资力度，不断丰富旅游产品。2016年全省100个旅游景区累计建设项目983个，完成投资392.42亿元，推出了乌当羊昌花画小镇、燕子岩景区索道、百里杜鹃低空飞行等192个新项目、新景点；截至2017年9月底，100个旅游景区在建项目931个，完成投资303.34亿元，占全年计划的94.8%；招商引资签约项目74个，签约资金477.89亿元，到位资金58.97亿元，推出乌蒙滑雪场、平塘科学文化园、丹寨万达小镇等157个新项目、新景点。

二是加大财政资金投入，推进旅游快速发展。充分发挥财政资金的引导作用，加大财政对旅游的投入。2017年省财政共安排旅游发展专项资金42252万元，用于全省旅游市场宣传、旅游人才培训、产业规划编制、智慧旅游、标准化制定、市场监管、100个旅游景区和乡村旅游示范点建设、全省旅游发展大会和国际山地旅游大会基础设施建设补助。各市（州）结合100个旅游景区建设和省市两级旅发大会的召开，加大政府和社会资本投入力度，整合发改、扶贫、农业、林业、水利等资金，全面推进各地产品建设和业态培育，支持旅游项目建设。

三是创新财政资金使用，提升旅游服务供给。从省旅游发展专项资金中落实90万元奖励入境旅游，落实300万元培育国际、国内航线，引导丰富旅游航班航线，降低省外游客入黔旅游成本，丰富入黔游客航空交通服务产品。

四是创新旅游投融资新路径，提升发展活力。安排2亿元资金设立贵州旅游产业基金；积极争取省脱贫攻坚投资基金，收集涉旅项目345个，基金申报总金额451.27

亿元；遵义红色旅游基金启动发行，贵阳市旅文（集团）公司作为全省第一家旅游类企业成功上市，贵州黄果树智慧旅游股份有限公司、多彩贵州风演艺公司在新三板挂牌，24 个旅游项目入选《2017 全国优选旅游项目名录》。

4. 中高端旅游产品供给不断得到提高。一是加大旅游产品建设力度。建设并推出“中国天眼”、茅台酒镇、赤水河谷等一批重点旅游项目。148 个涉旅经济项目纳入 2017 年全省第一批重大项目，包括自然风光型、人文景观型、科普教育型、休闲养生型等 4 类，总投资达 816.2 亿元。

二是中高端产品供给不断提高。推动打造黔南国际科普天文旅游带、茅台世界名酒文化旅游带、千里乌江国际滨河度假旅游带等世界级旅游产品。青岩古镇成功申报国家 5A 级景区，梵净山、镇远古城、赤水丹霞景区通过国家 5A 级景区资源评价，全省国家 5A 级旅游景区 5 家，4A 级旅游景区 76 家、3A 级旅游景区 97 家，创建省级旅游度假区 23 家。茅台集团入选国家工业旅游创新单位，黔南 500 米口径球面射电望远镜（FAST）入选首批中国十大科技旅游基地，黔东南州成功入选国家中医药健康旅游示范区创建单位，兴义市万峰林生态体育公园景区获评国家体育旅游示范基地，国际山地旅游暨户外运动大会获评国家体育旅游精品赛事，遵义市飞龙湖 · 飞龙寨旅游区获评国家通用航空旅游示范单位。8 家景区入选中国红色旅游经典景区名录，2 条红色旅游线路入选“重走长征路”国家红色旅游 8 条精品线路专项规划。

三是创新旅游项目落实机制。对旅游招商引资重大项目建设由委领导、处室负责人组成工作专班，从招商引资、选址落地、项目协调、项目建设、项目管理实行一条龙服务和跟踪管理，优化旅游投资服务环境，推进重大旅游项目落地建设。截至 2017 年 9 月底，成功与德国 SAP 集团、温德克（中国）公司、多贝玛亚公司等国内外公司签约。启动“温泉省”建设，积极引进旅游装备制造企业，桥梁旅游、公路旅游、低空飞行旅游、内河游艇等新业态项目不断落地建设，推进全省旅游产品结构不断优化。

5. 旅游服务供给不断得到提升。一是深化旅游综合监管机制，全面开展旅游服务质量提升活动。省人大通过《贵州省文明行为促进条例》，为景区周边环境的整治、营造文明旅游法治环境提供了法治保障。以“文明在行动 · 满意在贵州”为载体，联合省文明办、团省委、省妇联开展了“2017 年旅游服务质量提升年”活动。联合省质监局组建贵州省旅游标准化技术委员会，制定发布《贵州省乡村旅游村寨建设与服务标准》《贵州省乡村旅游经营户（农家乐）服务质量等级划分与评定》和《贵州省乡村旅游客栈服务质量等级划分与评定》三个地方标准，促进全省乡村旅游服务质量不断提升。联合省食品药品监督管理局推动形成依法监管、规范经营、放心旅游的旅游市场食品安全监管格局。与省交通厅就智慧旅游云与智能交通云进行战略合作，相互开放数据接口，完成智慧旅游云基础平台搭建，基本实现旅游一站式服务体系架构，实现实时高速路况、景区票务、出行天气、旅游商户、旅行社等数据共享与交换；共同牵头召开“文明在行动·满意在贵州”高速公路突出问题整治协商会，集中整治高速公路标志标识不规范、公共厕所卫生差、摆摊设点等问题。与省气象局就旅游气象服务进行合作，为打造贵州全域旅游升级版提供气象保障。

二是深入开展旅游服务质量提升年活动，推进全省旅游服务质量提升。一是组织开展满意旅游企业创建和服务之星竞赛活动，推进旅游服务质量的整体提升。开展多彩贵州满意旅游痛客行活动，将游客变痛客，从旅游发展专项经费中安排100万元，对为贵州旅游指出问题并提出改进建议的游客，经评审后给予一定的奖励。二是开展旅游市场监管“升级行动”，开展旅游市场秩序综合整治春季行动，依法严厉打击“不合理低价游”等违法违规行为。三是强化旅游市场环境暗访暗查，委托第三方于春节、清明节、五一劳动节、端午节、十一国庆节等重要时间节点组织旅游市场暗访暗查，建立问题台账清单，下发整改通报，督促整改落实，推动旅游服务质量提升。

6.旅游宣传推介成效显著。一是打好入境入黔两张牌。按照“省领导出访都要带上旅游推介”的具体要求，贵州省以每月一次至多次大宣传、大促销、大推介的气势，对外宣传“山地公园省·多彩贵州风”旅游品牌。截至2017年6月底，赴境内外开展旅游营销推介活动29批次。其中国内旅游推介活动16批次，国际旅游推介活动13批次，“山地公园省·多彩贵州风”品牌的知名度和影响力不断得到提升。

二是“请进来”体验式传播。按照“借嘴说好贵州”的工作思路，邀请境内外主要客源市场旅行商、旅游投资商、媒体、作家及各界知名人士等赴贵州开展不同产品线路，不同活动主题的旅游采风、踩线及交流合作等共计17批次。

三是搭建旅游专项产品营销联盟，深度开发国内基础市场。组建跨区专项旅游产品市场推广联盟，促进区域旅游的发展，实现市场互通、客源互济、游客互动，品牌、资源共享，共同打造旅游路线产品、主题旅游线路，变单体地方旅游产品营销为跨区域旅游线路营销。制定《筹建贵州旅游专项产品市场推广联盟的工作方案》，成立高校游学、避暑产品、冬季产品、贵广高铁四大旅游专项产品营销推广联盟。

四是整合力量，形成营销新格局。统筹协调全省旅游部门和涉旅企业宣传营销力量，强化与外宣、体育、经贸、农业等关联行业融合，构建旅游形象营销、服务营销和内容营销统筹推进新格局。

五是创新推介，提升营销实效。省委、省政府高位立意，创新谋划，针对重庆、福州、杭州、南昌、长沙等10个夏季高温城市所在省（区、市）居民，出台了暑期入黔避暑度假景区门票减免50%，在黔高速公路过路费减免50%等优惠政策，以最高标准、最快速度、最严作风、最好效果，精心筹划实施暑期避暑度假游主题营销活动。2017

年暑期（7 月 18 日—9 月 15 日）接待游客 1.65 亿人次，同比增长 43.4%，实现旅游总收入 1825.59 亿元，同比增长 44.6%。为十省（区、市）游客减免门票 1.88 亿元，减免高速公路通行费 1.47 亿元，十省（区、市）游客在黔旅游花费 323.36 亿元。

7. 国家级旅游业改革创新先行区创建工作稳步推进

各地按《省人民政府关于推进旅游业供给侧结构性改革的实施意见》要求，不断推进旅游改革创新。为确保国家级旅游业改革创新先行区能真正成为全省改革创新的典范，由各市州推荐共 10 个申报单位，省旅游发展委员会从工作基础、工作积极性、改革创新的内容和成效等方面组织了审核，从优中选优，确定了安顺市人民政府、花溪区人民政府作为申报单位。在国家旅游局批准安顺市作为第二批国家级旅游业改革创新先行区创建单位后，积极主动督促指导安顺市制定《安顺市国家级旅游业改革创新先行区建设方案》，对改革创新工作进行全面安排部署。将安顺市创建国家级旅游业改革创新先行区纳入省深化旅游体制改革专题组督察督办事项，开展 2 次专项督察，有力推进安顺市改革创新各项工作的开展，使安顺市旅游发展保障力度不断加大，旅游产品不断丰富，旅游公共服务水平不断提升，旅游基础设施不断改善，旅游服务环境不断优化，旅游共建共享发展格局不断形成，旅游转型发展不断加快。1—10 月安顺市累计额接待游客 6679.88 万人次，同比增长 40.66%；累计实现旅游收入 680.57 亿元，同比增长 42.9%。

二、下步工作打算

贵州省将以贯彻落实党的十九大精神为总揽，以全域旅游为发展方向，以建设全域旅游示范省为目标，进一步深化旅游改革创新，优化和丰富旅游产品与服务供给，将旅游业建设成为人民群众更加满意的现代服务业。

一是全面推进全域旅游发展。用《贵州省山地旅游发展规划》统领全省旅游业发展，指导各地做好规划的衔接，按全域旅游发展的要求，不断优化旅游业发展布局。充分利用好贵州省旅游资源优势，加快旅游供给建设，推进旅游业向纵深发展，不断解决发展不平衡、不充分的问题。

二是优化旅游产品结构。以 100 个旅游景区建设为抓手，加快建设世界级旅游产品、在国内外有影响力的旅游精品和红色旅游经典景区，不断提高中高端旅游产品供给。加快建设休闲度假旅游产品、温泉旅游产品、乡村旅游产品及旅游商品，不断完善旅游产品体系建设。

三是不断完善旅游公共服务。用全域旅游发展理念统筹各相关部门齐抓共管、共推共建、持续发力，推进涉旅基础设施建设，推动景区公路、乡村旅游步道、游客服务中心、标识标牌、停车场、旅游厕所、智慧旅游基础设施和服务平台建设，不断完善旅游公共服务体系。

四是不断优化旅游服务供给。继续推进旅游景区管理体制机制改革，加大人才引进力度，不断提高旅游景区经营管理水平。探索利用大数据提升旅游监管水平，构建制度化、标准化、人性化的服务监管体系。加强旅游从业人员队伍培训，不断提高旅游从业人员队伍整体素质。加快各类旅游服务标准的贯彻实施，规范服务行为，提高服务水平和技能，全面推进贵州“满意旅游”建设。

云南省

2017年来，在国家旅游局的大力支持和指导下，云南省旅游行业紧紧围绕《国务院关于促进旅游业改革发展的若干意见》和国家旅游局“515战略”部署，按照云南省《关于建设旅游强省的意见》《云南省旅游产业“十三五”发展规划》《云南省加快推进旅游产业转型升级重点任务》等重大战略部署，以供给侧结构性改革为切入点，以综合改革试点为抓手，不断深化旅游产业改革创新，深入推进旅游业转型升级、提质增效，持续激发旅游产业发展的内生动力和市场活力，旅游产业对全省经济社会发展的综合带动作用日益突出。

一、全域旅游

发展全域旅游是云南省“十三五”时期旅游发展战略调整的重要方向，是旅游供给侧结构性改革的重要内容，云南省出台了《云南省全域旅游创建实施方案》，提出了旅游产品全域构建、公共服务设施全域配套、智慧旅游全域提升、旅游环境全域优化、旅游产业全域融合、旅游扶贫全域带动、客源市场全域拓展、市场监管全域强化的主要任务，组织编制了云南省全域旅游示范区管理办法、评价指标和认定标准，云南省特色旅游城市、旅游强县、旅游名镇、旅游名村、旅游生态农庄等创建标准，云南省农家乐等级划分与评定标准。设立了省级全域旅游示范区创建单位名录，全省45个县（市、区）列为省级全域旅游示范区创建单位。在“十三五”期间，通过全域旅游发展，重点推动实施25个特色旅游城市、60个旅游强县、60个旅游名镇、30个国家级和省级旅游度假区、650个旅游名村、10000个农家乐建设工程，形成一批主体鲜明、交通便利、服务配套、环境优美、吸引力强的全国性旅游产品。推进“1+3+N”现代旅游治理体系和"1+3+N"旅游市场综合监管模式，全省16州市成立了旅游发展委员会，40余县（市、区）设立了旅游发展委员会。全省16个州市均建立了旅游综合监管调度指挥部及指挥中心，全省共挂牌设立了30支旅游警察队伍、23个旅游工商分局机构、146个旅游案件巡回审判机构、1个旅游执法履职监督办公室。

二、改革试点

2017年6月，云南省腾冲市、大理市被国家旅游局认定为第二批“国家级旅游业改革创新先行区”，将极大提升两地旅游对外影响力，进一步促进大理市、腾冲市打造全域、全时、全链旅游产业。根据《国家级旅游业改革创新先行区建设管理办法》，两地正在抓紧制订完善建设方案，以改革创新旅游发展产业地位、旅游综合管理体制、引导旅游业发展的新动能机制、全域旅游市场综合监管机制4项规定任务为出发点，建立健全旅游公共服务供给机制、改革创新旅游资源利用与环境保护体制机制、改革创新区域旅游协调发展机制、旅游投融资体制机制、旅游用地供给机制等商定任务为突破口，加快实施旅游品牌化发展、探索特色产业带动县域经济发展新模式、改革创新旅游融合发展体制机制，为全省乃至全国旅游业改革创新提供示范。

省旅发委、省发改委和设立在云南省林业厅的云南省国家公园管理办公室积极配合，加快推进迪庆普达措国家公园试点，实现“以点带面”，全面促进云南国家公园建设，推动云南生态旅游发展。实行旅游重大项目规划省级审查制度。推动重大旅游项目开发建设规划报省城乡规划委员会审查，提高旅游重大项目规划的科学性、权威性和指导性，推动旅游规划落地。

按照“省级推动、州（市）协调、县负总责、乡抓落实、企业帮扶、群众参与”的旅游扶贫思路，紧紧围绕扶贫攻坚这条主线，按照“产业化发展、多元化推动、特色化建设、规范化管理”的原则，切实推进“123518”旅游扶贫工程（实施1个全域旅游扶贫示范州（怒江）、20个旅游扶贫示范县、30个旅游扶贫示范乡镇、500个特色旅游扶贫村（省级100个、州市级150个、县级250个）、1万户旅游扶贫示范户建设，旅游产业综合带动贫困人口脱贫80万人以上），促进旅游强省建设和全省脱贫攻坚。

三、产业促进

系统谋划旅游产业发展。推动旅游产业与文化产业深度融合，将旅游文化产业确定为云南八大重点产业之一加快推进建设，组建了21家省级单位组成的云南旅游文化产业发展推进组，建立健全工作机制，积极调动全省各级各部门的力量统筹推进云南旅游产业转型升级和旅游强省建设。2017 年，省政府制定印发了《云南省旅游产业转型升级重点任务》，从供给侧入手对云南旅游产业发展的各项目标任务进行了全面系统的安排和部署。

不断加大旅游招商引资力度。成功引进深圳华侨城集团、中国旅游集团、大连万达集团、上海复星集团、成都会展旅游集团、光大实业集团、首旅集团、内蒙古莱德马业公司等一批资本实力雄厚、管理经验丰富、社会责任感强的大企业大集团落户云南。推动深圳华侨城集团与省政府签订战略合作协议，与昆明、大理等 6 州市签订项目合作协议，计划“十三五”期间投资 2000 亿元，专项用于有关旅游重大项目建设。中国旅游集团计划在大理、迪庆等地投资建设房车露营地等新业态；大连万达集团积极推进昆明草海万达旅游文化城项目；上海复星集团计划投资 30 亿元，在丽江建设法国地中海丽江度假小镇项目；成都会展旅游集团与省城投合作成立云南新世纪滇池国际文化旅游会展投资有限公司，共同投资建设昆明滇池国际会展中心、丘北普者黑等旅游项目。截至目前，省级统计管理的旅游重大项目有 780 个，计划总投资 10058.4 亿元，预计完成年度投资 800 亿元以上。

稳步推进涉旅国有企业改革。推进华侨城集团与云南世博旅游控股集团、云南文化产业投资集团实现战略重组，华侨城集团以 51% 的股权控股上述两家企业，两家企业的管理事务由云南省国资委顺利移交到华侨城集团。推动云南省城投集团与成都会展集团实现战略重组，由云南省城投集团控股成都会展公司，进一步整合资源，取长补短，在加大省内旅游项目投资开发的基础上，进一步扩大双方合作范围和领域，着眼于省外及国外项目，积极参与国家“一带一路”建设，共同在马尔代夫等海外市场进行战略拓展。推动上海复星集团与云南省旅游投资有限公司开展战略重组，并初步达成一致意见，双方正加快推进战略重组工作进程。

进一步创新旅游投融资机制。2016 年，首期融资规模为 50 亿元的红河浦发旅游产业基金成立，计划在三年内投资建设 183 个旅游项目，计划总投资 1236.33 亿元。2017 年 9 月，首期融资规模为 50 亿元的云南旅游文化产业投资基金正式设立，将在年内陆续投资全省旅游文化项目建设。此外，2017 年，云南省财政共安排省旅游产业发展专项资金 7.7 亿元，专项用于云南旅游文化产业投资基金设立和全省旅游重点项目的基础和公共服务设施建设；共争取到中央预算内资金支持旅游项目 9 个，申报金额 9000 万元；积极组织全省 12 个旅游基础设施项目进入云南省 2017 年基础设施领域 PPP 推介项目册。

四、对外开放

在入境旅游市场开发方面，进一步加强对外工作力度，积极传达云南旅游正能量，提升云南旅游在境外的新形象，组织参加泰国国际旅游交易会、香港国际旅游展、澳门旅游产业博览会、PATA 交易会、日本 JATA 旅展、万里茶道欧洲旅游推广活动（俄罗斯、瑞典、丹麦）、第六届马达加斯加国际旅游博览会（马达加斯加、南非、毛里求斯）、中哈旅游年宣传推广（哈萨克斯坦、乌兹别克斯坦）、日本韩国旅游促销、孟印巴宣传促销、美国南部旅游宣传推广、港澳深产业合作交流活动，对传统亚洲客源市场、重要欧美客源地和新兴非洲市场进行了宣传和促销，进一步扩大云南旅游品牌形象的认知度和覆盖面。积极引导海外旅行商和媒体赴滇踩线采风，组织接待了“德国基比克旅行商”“法国法中之家旅行商”“港澳旅行商”“台湾旅行商”和法国健康职业运动协会踩线云南，体验云南旅游新产品、新业态。

在融入“一带一路”国家战略方面，制定《加快推进云南旅游融入“一带一路”重点工作方案》，紧紧围绕主动服务和融入国家“一带一路”建设，充分发挥云南沿边区位和旅游产业优势，弘扬“和平合作、开放包容、互学互鉴、互利共赢”的丝路精神，以中国—中南半岛、孟中印缅等国际经济走廊为依托，发挥好湄公河次区域（GMS）经济合作机制和中国—南亚博览会等功能，全面推进云南与南亚东南亚国家的旅游合作，进一步提高旅游便利化水平，提升通达条件和公共服务能力，加快建设高势能国际旅游目的地，打造丝绸之路旅游精品线路，培育国际性会展节赛品牌，建设旅游大数据中心平台和旅游人才培养中心，推动旅游企业“走出去”发展，增强云南旅游的“聚集力”和“辐射力”，带动南亚东南亚区域旅游整体先前发展。

在促进延边地区对外开放和跨境旅游合作方面，按照国家旅游局和省委、省政府领导的批示要求，对《云南省德宏瑞丽边境旅游试验区建设实施方案》《云南省西双版纳州边境绿玉试验区建设实施方案》《云南省红河河口边境旅游试验区建设实施方案》《云南省临沧耿马边境旅游试验区建设实施方案》进行了进一步修改完善，上述 4 个方案省政府已行文正式上报国家旅游局。针对公安部反馈的相关意见，积极加强沟通衔接，力争瑞丽边境旅游试验区上报国务院审批。在前期编制完成《云南省中老跨境旅游合作区建设方案》《云南省中缅跨境旅游合作区建设方案》和《云南省中越跨境旅游合作区建设方案》的基础上，指导各地对方案进行修改完善。

在配合国家层面的旅游外交方面，一是举办了中缅旅游合作论坛和跨境旅游合作论坛。2017 年 3 月 1 日，由国家旅游局、云南省人民政府、中国驻缅甸大使馆、缅甸饭店与旅游部共同主办的中缅旅游合作论坛在缅甸内比都成功举办，中缅双方共同发布了着力构建中缅旅游合作交流机制、促进中缅地方旅游合作、提升两国旅游信息化建设及旅游全产业链合作的“中缅旅游合作内比都倡议”。二是做好2017中国国际旅游交易会的组织筹备工作。由国家旅游局、中国民用航空局和云南省人民政府共同主办的2017中国国际旅游交易会（以下简称“旅交会”）将于2017年11月17日至20日在昆明滇池国际会展中心举办，本届旅游交易会将继续推动从“大力发展入境旅游市场”向“打造世界一流综合性旅游展会”转变，从传统的旅游产品展示向新产品新业态推广交易转变，向强化国内外旅游交流合作、发挥旅游外交作用、彰显旅游大国形象等多元化和多层面的综合目标转变，力争在承办地办会自主权、组展商作用发挥、展会专业化水平、区域旅游合作、市场化运作转型、后勤综合保障等方面较往届交易会有明显提升。三是认真做好2017印度旅游业年会组织筹备工作。省旅游发展委和省外办积极配合外交部机关及驻外机构服务局，抓好各项工作的落实。四是积极推动澜沧江—湄公河旅游城市合作联盟建设。成立澜沧江—湄公河旅游城市合作联盟是首届澜湄领导人会议《三亚宣言》成果之一，是国家赋予云南的重要使命，是推动云南辐射中心建设的重要抓手，也是云南省将成立的第一家国际组织，目前各项工作正在有序推进。

五、 促进消费

全面促进旅游业态创新。以旅游项目建设为抓手，重点培育房车自驾、体育旅游、养生养老和医疗健康等旅游新产品新业态，努力打造新的旅游经济增长点。分期分批建设100个自驾车房车露营地，优选出10条云南最美自驾线路、10条云南最美徒步线路和7条精品跨省自驾线路重点打造，扶持5家连锁型、网络化的租赁车公司，努力把云南建设成为全国首个自驾游友好目的地省份。加快建设30个体育旅游示范基地和20个品牌体育赛事活动，争取把体育旅游培育成全省旅游产业发展的新热点。规划建设一批示范性养生养老和中医药旅游示范项目，延长游客停留时间，推动全省旅居业发展。目前，7家旅游型城市综合体、25家房车自驾车营地和3个自驾游运营服务中心基本建成并开通5条省内和3条跨省、跨国的自驾旅游线路，已注册成立10家通用航空公司有各类通用飞机27架，七彩通航公司正式成立并在省内开展短途旅游运输试运行工作，首个以马术运动为主要内容的高端休闲度假项目——云南莱德赛马会顺利落地。

《云南省露营地与自驾游专项规划（2016—2030年）》《云南省养老旅游专项规划（2016—2030年）》《云南省高铁旅游发展规划（2017—2025年）》《云南省航空运动旅游专项规划（2018—2025年）》《云南省康体养生旅游发展专项规划》《云南医疗旅游专项规划》等多个旅游规划已经完成编制或正在抓紧编制中。

六、公共服务

在旅游数据中心建设方面，积极推动“旅游＋互联网”融合发展，打造智慧旅游“云南版”，按照“一部手机游云南”建设工作要求，围绕“12534”的思路来开展工作。明确“一个目标”就是要打造“世界一流、国内领先”云南旅游大数据中心、游客综合服务平台、旅游综合管理平台，努力把云南建成数字时代全球旅游发展的先进地区。实现“两个定位”就是要通过“一部手机游云南”的建设，充分满足广大游客自由自在的旅游体验，努力实现政府部门无处不在的管理服务。实施“五大任务”就是要按照构建数据信息最全面、交易服务最方便、监督管理最权威系统平台的要求，组织实施好五个方面的建设任务。分为“三个阶段”期分批有序推进“一部手机游云南”建设工作。落实“四项措施”就是要从组织领导、资金投入、标准实施、考核评价四个方面，对“一部手机游云南”建设工作提供有力支撑和保障。

在旅游统计改革方面，针对全域旅游背景下，传统旅游统计方法与当前旅游产业发展不适应的实际，及时改革创新了旅游统计方法，形成《云南省旅游业主要指标测算办法》。会同省统计局，在国家旅游局、国家统计局制定的《旅游统计调查制度》的基础上，结合云南实际，健全和完善了《云南省旅游产业统计调查制度》。

在旅游市场规范方面，2017年以来，为整治云南省旅游市场突出问题，规范旅游市场秩序，促进旅游业健康发展，研究出台了《云南省旅游市场秩序整治工作措施》。“措施”明确了加强旅游购物管理、规范旅行社经营行为、改进导游管理方式、加强景区景点管理、推行综合监管模式、深化行业协会改革、强化属地管理责任7个方面22条措施。其中针对解决旅游价格欺诈、恶性低价竞争等问题方面明确：一是推行“1＋3＋N”旅游市场综合监管模式，建立健全集中统一的综合监管指挥平台，强化工商、公安、法院三支执法队伍建设，充分发挥旅游、物价、交通运输、人力资源社会保障、文化、质监、食药监、民族宗教、商务、税务、通信等涉旅部门专业监管和执法作用，承担旅游监管责任，共同维护旅游市场秩序。二是取消旅游定点购物，旅行社组织、接待旅游者，不得指定具体购物场所，不得安排另行付费旅游项目，不再对旅游购物企业进行等级评定认定，原评定的旅游购物企业不再定点接待旅游团队，所有旅游购物企业纳入社会商品零售企业进行统一监管。三是严厉打击发布、销售、经营“不合理低价游”产品。实行新的旅游标准合同，取消旅游合同中的购物附加条款，同时对合同签订不规范、指定购物点、推销另行付费自费项目、强迫及变相强迫消费等依法从严处理，并严格监管旅游合同，实行旅游合同电子化管理。建立旅行社“黑名单”制度，对旅行社进行综合评价，对进入“黑名单”的旅行社进行重点监管。

在旅游诚信制度建设方面，全面深化体制机制改革，9月底经省委、省政府研究同意，出台了《云南省旅游行业协会改革方案》《云南省旅游景区协会改革方案》《云南省旅游饭店行业协会改革方案》《云南省旅行社协会改革方案》《云南省导游协会组建方案》5 个旅游协会改革和组建方案，一是推动行业协会去行政化，旅游行业协会与行政机关完全脱钩，实现机构、职能、资产、人员等分离。二是强化行业协会职能，在旅游行业主管部门的授权委托下，完善行业自律制度，引导企业诚实守信，合法经营，承担旅游行业标准制定，旅游企业等级评定，旅游从业人员教育培训、资格认证、考核评价，旅游纠纷调解等自律监管职能。三是加强行业协会建设，建立健全旅游行业协会法人治理结构和运行机制，构建权责明确、运转协调、制衡有效的法人主体。

在加强导游服务管理方面，制定了《云南省导游人员服务质量综合评价办法》（以下简称《办法》）。《办法》经省委全面深化改革领导小组第三十四次会议审议通过，于 2017 年 10 月 1 日起施行。《办法》共 12 条，主要内容为：一是依托建立全省统一的导游管理信息平台，对执业导游开展服务质量综合评价，综合评价具体工作授权导游协会动态开展，以充分发挥导游协会的自律管理作用。二是综合评价总分 100 分，由导游执业能力评价和游客满意度评价两部分构成，各占 50% 的权重。其中导游执业能力评价由基础执业能力评价和执业规范度评价构成，主要反映导游职业道德、执业年限、职业资格等级、表彰奖励、遵纪守法等执业情况；游客满意度评价主要由游客从导游讲解水平、服务态度、仪容仪表三个方面进行线上实时评价。三是依据导游综合评价得分，将导游服务质量划分为五个档次，在平台上实时显示，提供游客查询和参考。同时，导游服务质量综合评价结果还将作为旅游行政管理部门及导游协会对导游人员表彰奖励的主要依据。通过以上办法，让游客实时评价、实时查询导游服务质量，让游客监督和评判导游，让市场去选择导游，从而建立起导游执业激励机制和良性发展机制。

在旅游基础设施和旅游公共服务建设方面，编制了《云南省“十三五”旅游基础设施专项建设规划》，推进全省旅游交通、游客服务中心、旅游厕所等基础设施建设。推动怒江六库—丙中洛美丽公路建设，建设丙中洛到六库 286 公里二级路，江对面建设慢行观景道路，配套建设房车露营地、旅游服务区、停车区、观景台等服务设施，具备应急抢险救援、停车、维修、加油（充电、加气）、自行车租赁、公交、观景、购物、餐饮、入厕、休憩等功能。全省开展高等级公路服务区专项整治行动，将完善已建成并投入使用的 165 个高速公路服务设施。

深入推进旅游厕所革命，认真贯彻落实《云南省人民政府关于加强全省旅游厕所建设与管理的实施意见》（云政发〔2015〕72 号）精神，加强统筹协调，充分整合各级、各部门资源，采取有力措施，全力推进旅游厕所革命：一是落实责任主体，分类推进建设；二是科学规划设计，确保建设品质；三是完善政策支撑，创新建设模式；四是坚持以人为本，提升管理服务水平。

七、精准扶贫

印发了《云南省旅游扶贫专项规划（2016—2020 年）》（云贫开发〔2016〕39 号）、《关于加快乡村旅游扶贫开发的意见》（云政办发〔2016〕151 号），对全省旅游扶贫的目标任务和安排部署作出了重大调整。2017 年，对《云南省旅游扶贫工作实施方案（2016—2020 年）》进行了修订调整，制定印发了《云南省旅游扶贫工作方案》（云旅产业〔2017〕1 号）。以省旅游发展委文件印发了《云南省“旅游千企千村帮扶专项行动”实施方案》（云旅发〔2017〕105 号），《省旅游发展委部门联系推进旅游扶贫重点工作任务责任分工表》（云旅发〔2017〕104 号），《关于开展旅游扶贫统计调查工作的通知》（云旅发〔2017〕108 号），完善了全省旅游扶贫工作制度。2016 年，全省乡村旅游投资达 180.8 亿元，接待游客 1.34 亿人次，实现总收入 1308.6 亿元，累计直接从业人员 45.34 万人、间接就业 80.61 万人，带动超过 20 万贫困人口脱贫，乡村旅游扶贫重点村脱贫出列 290 个村。2017 年 1—9 月，全省乡村旅游投资 157 亿元，接待游客 13589.43 万人次，实现旅游总收入 1292.95 亿元，累计直接从业人员 43 万人、间接就业 130 万人，累计带动 15.4 万贫困人口脱贫。2017 年，预计全年全省乡村旅游投资 210 亿元以上，接待游客 1.8 亿人次，实现旅游总收入 1600 亿元，累计直接从业人员 46 万人、间接就业 135 万人，累计带动 18 万贫困人口脱贫，乡村旅游扶贫重点村脱贫出列 320 个村。

八、 生态文明建设

在指导高等级旅游景区创建工作中，明确提出创建景区要将旅游资源保护和生态环境建设作为创建工作的重要内容，切实提升景区的资源价值和景观质量，并通过以旅游资源和生态环境保护为前提，以 A 级旅游景区创建为手段，不断提高景区的管理水平和服务质量，积极推动全省景区的可持续发展。

在全国生态旅游示范区工作中，按照国家旅游局和环境保护部要求，省旅发委与省环保厅共同在全省积极开展全国生态旅游示范区创建工作，在各州市推荐和申报的基础上，经过省级评定和申报，国家旅游局和环保部已先后批准西双版纳野象谷、玉溪庄园、昆明石林和七彩云南·古滇旅游文化名城 4 家单位成为全国生态旅游示范区。2017 年 6 月云南上报了元阳哈尼梯田、保山青华海、大理宾川鸡足山 3 家单位，目前待批。

加强对旅游资源的保护和生态环境的建设。按照国家旅游局核定景区最大承载量的要求，及时下发通知，要求全省 A 级旅游景区特别是 4A 级及以上旅游景区要合理确定景区的最大承载量，最大限度保持景区的最佳环境容量。

西藏自治区

旅游业改革创新工作情况

（一）全域旅游

1.理念、目标、机制做法。一是牢固树立全域旅游理念，按照“全时间、全地域、全产业融合发展”的要求，将全域旅游作为我区“十三五”旅游业发展主线，作为大力实施“旅游主导”战略的重要载体，作为推进旅游业供给侧结构性改革、走质量效益型集约化发展路子的重要途径，作为推进旅游富民、开展脱贫攻坚的重要抓手。二是2017年重点围绕“全时”全季全天皆有亮点、“全空”全区域统筹规划、“全产”横纵双向融合发展、“全民”全社会共建共享的目标，切实推进旅游要素和服务全域覆盖，促进旅游消费“全天候”，避免旅游资产和资源闲置，实现旅游业健康可持续发展，全面提升旅游业的品质和效益。三是聘请专家、学者对区旅发委干部职工、各市（地）旅发委主要领导、分管领导进行全域旅游理论与实践的专题培训、并结合西藏旅游发展实际，展开专题讨论；举办全区首届全域旅游领导干部高级研修班，全区首届全域旅游创建工作培训班。

2.体制、机制创新举措及其效果。创新旅游产品开发机制、创新旅游品牌推广机制、创新旅游行业监管机制、创新全域旅游的激励机制、创新旅游景区（景点）管理体制。编制了西藏自治区全域旅游产品发展规划，实施全域旅游重点产品打造专项计划，制定《全区2017年全域旅游重点产品名录》，建立全域旅游项目储备库；起草《西藏自治区旅游行业监管体制改革的意见》，积极探索设立“旅游警察”“旅游巡回法庭”“工商旅游分局”等管理新方式；树立全域旅游整体品牌形象、积极推广、宣传“天上西藏”全域旅游整体品牌；积极推进景区所有权、管理权、经营权“三权分离”。

3. 旅游与财政、金融、国土、工商、物价等相关部门、领域政策和行动协调问题。加强了由旅游、财政、金融、国土、工商、物价等部门相关领导组成的“西藏自治区旅游产业发展协调委员会”的权力与职责，并探讨相关重点成员单位负责同志统一任命为自治区旅游发展委员会“兼职副主任”，切实构建起各部门协调联动的全域旅游工作新机制。

（二）改革试点

1. 在国家级旅游改革创新先行区、国家公园试点建设改革方面的思路和做法。一是厘清政府与市场的关系，发挥政府在宏观调控、政策激励等方面的引导作用，加强和完善旅游产业研究、教育培训等职能；明确各部门之间的权责，着力解决各部门在旅游发展中责权交叉、职能不清的问题；理顺自治区旅游行政主管部门同地区部门的权责关系，依法行政，简政放权，试点推行，以点带面，全面发挥地方各有关部门的机制作用，释放基层在制度、管理等方面的活力，实现上下联动，形成高效、有序的旅游行政管理体系。二是把推进拉萨、林芝等国家级全域旅游示范区建设作为新时期促进旅游业改革发展的重要突破口，加快旅游业管理体制和执法机制改革创新，鼓励有条件的地区率先推广设立综合性旅游管理机构，在旅游发展模式转变、构建新型旅游发展格局上实现率先突破，积累可推广的经验。三是积极探索依托国家公园、自然保护区，推出生态旅游产品，最大限度降低开发建设对自然环境的影响，稳步发展自然保护区生态旅游等绿色旅游业态。探索通过建立“国家公园群”实现对西藏大好河山、大美资源的保护，确保国家生态屏障不遭受破坏。近年来，通过大力提升生态旅游景区的建设经营水平，发展生态康养旅游等措施保护环境。大力推进旅游业综合改革创新试点。

2. 旅游规划方面的改革。自治区对旅游规划改革高度重视，并通过相关法规、条例加以明确规定，《西藏自治区旅游条例》（2016 年 6 月 30 日西藏自治区第十届人大常委会第二十七次会议修订通过、自 2017 年 2 月 1 日起施行）第四、十四、十五、二十九条做出了明确规定；不仅如此，还探索实施“多规合一”机制。

3. 旅游用地、用海、用岛政策及其效果。逐步落实国土资源部、住房城乡建设部和国家旅游局《关于支持旅游业发展用地政策的意见》，推动落实差别化用地政策，加大对旅游扶贫、旅游厕所、区地（市）重点旅游项目用地的保障力度。支持使用未利用荒山、荒坡、荒滩、垃圾场、废弃矿山、石漠化土地、河流流域等土地建设旅游项目，多方式供应建设用地。支持城镇和乡村居民利用自有住宅或者其他条件依法从事旅游经营。支持自驾车、房车营地、乡村旅游、康养旅游、民俗文化旅游、休闲度假旅游、研学旅游发展用地。优化土地资源配置，编制土地利用规划时，充分考虑相关旅游项目、设施的空间布局和用地要求，实现土地的有效和可持续利用。

（三）产业促进

1.围绕“旅游+”战略，在调动各种资源、资本投入旅游领域发展与开发方面的政策举措。把实施“旅游+”战略，作为自治区“十三五”旅游业发展的重要战略，积极推动旅游与藏医藏药、城镇化、教育、文化、体育、农牧等融合发展，拓展旅游发展新领域。重点推进旅游+美丽乡村，大力培育和扶持以休闲农业、乡村度假、古镇村落、特色民宿为代表的乡村旅游新业态；旅游+商务会展，以拉萨市为中心，发展会展旅游与会展经济、培育会展品牌。旅游+交通，大力发展自驾车旅居车旅游、探险旅游，支持重点旅游地区建设自驾车旅居车营地，创新开发自驾车旅游产品。社会保障。配套建设一批养老公寓、疗养基地等，打造1～2个集旅行、保健、疗养等为一体的国际养老聚集区。

2.促进旅游业态创新、融合等方面的举措及效果。一是坚持融合发展，推动旅游业发展与文化传承、生态保护、城镇化、新农村建设、手工业和农牧业现代化相结合。创新旅游投融资机制，突出政府投入主导作用，设立政府旅游投资市场主体，发展旅游产业发展基金、打造一批精品景区、发展一批优势业态、建设一批特色城镇、壮大一批龙头企业，提升产业综合发展能力。二是积极推动旅游与文化融合发展，加强西藏特色文化的保护传承；落实旅游与生态融合发展，实现西藏生态环境的永续开发；创新旅游与新农村建设、新型城镇化融合发展模式，提升城乡建设质量；引导旅游与民族手工业融合发展，实施西藏旅游商品品牌建设工程；探索旅游和现代农牧业融合发展，打造国家级高原特色农产品基地。鼓励发展特色餐饮、主题酒店、民俗旅游体验区、特色文化体验区。

3.旅游领域的财政投入情况。一是完善智慧旅游建设。2017年积极申报国家“十三五”中央预算资金用于智慧旅游建设项目1个，申报资金3000万元，即西藏自治区旅游综合咨询公共服务中心建设项目。二是大力发展旅游文化产业。积极申报国家“十三五”中央预算资金用于旅游文化产业发展项目4个，申报资金8700万元。三是打造全域旅游精品线路和无障碍旅游区。围绕落实建设“具有高原特色和民族特色的世界旅游目的地”目标，科学构建14345的旅游空间布局，积极推动拉萨、林芝全域旅游示范区建设积极申报国家“十三五”中央预算资金用于精品线路建设项目9个，申报资金16900万元。申报落实自治区旅游发展资金用于精品线路建设项目2个，批复资金751.68万元。四是2017年从自治区层面推出实质性的支撑举措，围绕设立“西藏旅游文化产业园”“西藏旅游文化创客基地”等进行专门的项目、资金安排，同时配套出台相关支持政策，为发展现代服务业提供基础条件。共申报示范区2个（分别为：米林县中医药（藏医药）健康旅游示范区、西藏林芝市巴宜区鲁朗镇国家中医药健康旅游示范区）；示范基地5个（分别为：拉萨净土健康产业观光园—秀色才纳藏药材种植基地、林芝市米林县（藏医药）产业园基地、白玛曲秘藏医外治诊疗康复度假村、西藏自治区山南市藏医学院、波密县易贡景区中医药健康旅游示范基地）。积极申报国家“十三五”中央预算资金项目3个，申报资金4550万元。申报国家旅游发展基金补助地方项目资金用于乡村旅游扶贫示范项目6个，申报资金6700万元。

4. 国有旅游企业改革及旅游企业发展的最新情况。目前由自治区旅发委牵头，正筹建自治区直属的“西藏国际旅游文化投资集团有限公司”。

（四）对外开放

1. 通过旅游实现“一带一路”战略方面的举措及效：“十三五”期间，西藏将重点打造三大旅游廊道，一是构建茶马古道旅游文化廊道。依托318、214国道，联合川、滇两省，打造川滇藏“茶马古道”生态旅游文化廊道。二是打造唐竺古道旅游文化廊道。7世纪初，中国与邻国交往日益扩大，交通逐渐发展，于是又多了一条以唐蕃古道为基础，由拉萨不断向西拓展，经江孜、日喀则、定日、吉隆，进入尼泊尔到印度的大唐—吐蕃—天竺的古道。积极开发青藏铁路、中尼铁路及317国道（那曲—昌都）、214国道（昌都—玉树—西宁段）和109国道（那曲—拉萨）沿线历史古镇、古村落、文化遗迹、名山大川等人文与自然旅游资源。三是打造西昆仑旅游廊道。加强与新疆喀什、和田等地区的区域旅游合作，构建从拉萨到新疆叶城（拉萨—日喀则—拉孜—萨嘎—仲巴—日土—新疆叶城）的“西昆仑”文化旅游带廊道，沿线串联起阿里经日喀则到拉萨的旅游景区景点，成为西藏西北部区域旅游发展的重要轴线。有序推出世界最高公路——新藏公路自驾体验游、草原湿地生态游、特色民俗节庆游、乡村休闲度假游等产品。

2. 促进沿边地区对外开放以及跨境旅游合作的举措及效果。一是已向国家旅游局申报日喀则市、阿里地区普兰县作为边境旅游试验区。二是正在组织开展亚东边境生态旅游区、陈塘沟生态旅游区、吉隆沟景区、班公湖景区、札达土林景区、穹隆银城景区、古格王朝景区等涉及边境区域的4A级景区评定工作。三是坚持由点到面，以铁路、国省干道沿线城镇、旅游环线、主要景区为重点，逐步实现全区所有城镇、景区对外开放。建设旅游办证管理系统，实现各部门网上申报审批一体化、无纸化办公，在工作日全天受理办证申请，限定办结时限，提高旅游办证效率，实行旅游办证“零收费”制度。四是积极推动南亚大通道建设，加强与孟、印、尼、缅等国和邻省（区）合作，打造区域旅游产品集群，在边贸口岸、跨境经济合作区、冈底斯国际旅游合作区实行落地免签制度。鼓励西藏户籍人口出国旅游、学习。放宽国民前往边境地区管理、简化相关手续，全面推进无障碍旅游区建设。

（五）促进消费

1. 落实带薪休假的举措及效果。自治区实施了行政机关工作人员的带薪休假制度。

根据我区各地市的自然条件等的不同，在公务员中实施了分层分级的带薪休假制度。企、事业单位也参照实施了带薪休假制度。

2. 促进旅游购物、增加旅游消费的举措及效果。一是通过发展全域全时全产业旅游，延长游客游览、娱乐时间，促进游客夜间消费和购物消费。二是加大对旅游商品销售市场的监管，尽力杜绝以次充优、任意要价的现象，提高旅游商品的性价比，激发游客的购买欲望，增加游客旅游商品购买频次和购买支出。

3. 促进旅游产品创新与多样化（促进研学旅游、老年旅游、自驾车、房车营地、特色度假产品开发等）的举措及效果：制定《西藏自治区旅游创新争优奖励促进办法》，对在研学旅游、老年旅游、自驾车、房车营地、特色度假产品开发等方面做出突出成就的企业和个人给予物质奖励和精神鼓励。

（六）公共服务

1. 旅游数据中心建设及旅游统计改革的情况。结合“十二五”全区智慧旅游建设和委各处（室）上报的旅游数据库建设需求，形成具体的建设方案，并启动开展相关建设。

2. 各级旅游部门在解决旅游价格欺诈、恶性低价竞争等问题以及旅游诚信制度建设方面采取的措施及效果。一是持续强化市场监管。认真贯彻《国务院办公厅关于加强旅游市场综合监管的通知》精神，深入开展整治“不合理低价游”专项行动。深化多部门联合执法，探索创新行业主管部门交叉检查机制，加大违法失信行为惩处力度，规范市场秩序。二是坚持依法治旅，形成各级政府主导、相关部门联动、各司其职、齐抓共管的旅游市场综合监管机制。持续开展旅游市场秩序整治，依法严厉打击诱导、欺骗、强迫游客消费等行为，坚决遏制涉旅购物市场高额回扣等扰乱旅游市场秩序的突出问题。实施“暗访”调查制度，建立完善“黑名单”、降星、摘牌等惩戒机制，切实维护游客合法权益。三是加快建立旅游行业失信联合惩戒机制，健全旅游信用信息公示制度。加强文明旅游教育，提升公民文明旅游和理性消费意识。（4）落实旅游企业及从业人员诚信经营“红黑榜”，树立旅游市场主体的良好形象。

3. 在改善旅游基础设施、推进旅游厕所革命、景区道路、咨询中心、旅游公路、旅游公共服务建设等方面的举措及效果。一是在推进厕所革命方面，起草了《西藏自治区人民政府关于大力开展厕所革命的意见》和《西藏自治区开展旅游厕所革命的实施方案》。同时，协调申请专项资金组织开展了厕所革命技术导则编制工作，协调财政部门完成 1700 万元各地市厕所建设资金拨付工作，共涉及 49 座厕所。二是在旅游项目建设方面，编制上报国家旅游基础设施投资计划 30 亿元，涉及旅游公共服务保障、重点景区建设、全区乡村旅游及旅游扶贫建设等 5 类储备项目。

4. 旅行社管理体制改革。实行自治区旅游行政主管部门控制旅行社总量、审批权下放至设区市级旅游行政主管部门，实现上下联动，形成高效、有序的旅游行政管理体系。

（七）区域发展

1. 旅游在促进乡村发展、新农村建设方面的举措及效果。一是打响乡村旅游扶贫攻坚战，落实国家乡村旅游富民工程，依托我区禀赋好、品位好、特色突出的自然生态资源和民族文化资源，积极探索乐享生态型、景区带动型、特色小镇型、文化创意型、农牧业体验型、民族风情型、历史名村型、红色旅游型8种乡村旅游发展新模式，以拉萨—林芝市等区域为重点，通过发展旅游业，扶持贫困人口通过旅游脱贫致富，每年新增2万建档立卡贫困户参与旅游服务。二是实施乡村旅游精品示范工程。围绕国家“乡村旅游千千万万品牌推广计划”，推进乡村旅游发展与美丽乡村建设相结合，积极培育自治区级美丽乡村旅游示范区、3A级以上乡村旅游景区或度假区和自治区级旅游精品示范村建设。三是实施乡村旅游“后备箱”计划，鼓励面向自驾车游客包装开发高原原生态农副土特产品，培育品牌化、系列化、特色化乡村旅游商品。四是实施乡村旅游公共服务提升工程。加快推进景区连接线、县乡旅游道路、旅游风景道与绿道的建设、衔接与升级，加快乡村旅游点内部道路系统及道路景观化建设，配套建设道路沿线旅游公共服务设施，形成功能完备的乡村旅游交通网络。加快乡村游客中心、停车场、旅游厕所、医疗急救站、农副土特产品商店、文化广场和旅游标识标牌等“重点工程”建设，优化乡村旅游服务环境。将旅游扶贫示范村的旅游道路、停车场、厨厕改造、垃圾污水处理等旅游基础和公共服务设施集中打包，纳入各级政府和各相关部门的投资规划。

2. 旅游在促进新型城镇化、特色城镇建设等方面的举措及效果。在旅游开发与建设中，注重旅游对城镇人口聚集、基础设施和服务设施建设的带动作用。形成了拉萨市城关区、山南市泽当镇、昌都市昌都镇、那曲地区那曲镇、阿里地区狮泉河镇、林芝市八一镇和鲁朗国际风情旅游小镇等一批具有旅游接待功能的新型综合小镇。

（八）精准扶贫

通过乡村旅游促进精准扶贫方面的举措及效果。西藏旅发委认真贯彻落实自治区党委、政府关于脱贫攻坚系列指示精神，在脱贫攻坚指挥部的坚强领导下，将乡村旅游作为精准扶贫的重要载体，多措并举，扎实推进旅游精准脱贫。

1. 成立旅游产业精准脱贫工作领导小组，统筹部署、全面指导、整体推进全区旅游精准脱贫工作，实施景区带动扶贫工程、旅游精品示范工程、乡村旅游公共服务提升工程和乡村旅游人才培养工程。

2. 做好建档立卡工作，建立一手动态管理数据，切实将目标任务、政策措施精准落实到地（市）、到县（区）、到乡（镇）、到村组，落实到户、到人。

3. 以乡村旅游示范村建设为重点，积极争取与旅游有关的项目投入近40亿元，投资建设了特色旅游小镇、农业观光园、休闲度假村、旅游扶贫商铺、农家乐、旅游标示标牌等一批重点项目。通过精品景区建设、旅游项目建设、组织旅游企业开展百企帮百村的活动，带动贫困户增收致富，截至 2017 年上半年，共建成 34 个乡村旅游示范村，累计接待游客 90 余万人次，人均收入超过 1 万元。全区各级各部门通过金融贷款、国家投资、援藏帮扶等方式，农牧民群众参与旅游业发展建设达到 12 万人，实现旅游接待收入 11.9 亿元，人均增收 1.09 万元，分别较 2016 年同期增长 12.4%、16.7%、5.82%；农牧民家庭旅馆达到 1669 家，其中贫困户家庭旅馆 70 家；着力提升了 99 个具备旅游发展条件的贫困村旅游发展能力，建档立卡贫困人口直接从事旅游服务达到 4 万人以上、间接从事旅游服务 10 万人以上，实现 26174 建档立卡人口脱贫。

（九）生态文明建设

旅游在促进生态文明建设和可持续发展方面的举措及效果：

1. 将生态环境保护通过“一岗双责、设岗定责”的方式，落实到具体的工作中，做到了对生态环保工作紧抓不放、常抓不懈。

2. 将生态环境保护作为旅游发展的重要理念。在旅游开发的过程中，始终坚持保护第一、持续发展的原则，将环境保护和生态文明建设作为置于首位的前置条件和必须坚持的重要原则，真正通过把生态环保作为基础、把旅游发展作为动力，实现绿色低碳可持续发展。

3. 将生态环境保护作为规划制定的重要原则。为切实将生态环保要求落实到旅游发展的方方面面，在《西藏自治区“十二五”时期旅游业发展规划》《西藏自治区“十三五”时期旅游业发展规划》《西藏自治区“十二五”时期旅游扶贫规划》等重要规划的制定过程中，明确提出将生态环境保护作为重要保障和基本前提，依据《西藏自治区主体功能区规划》，结合西藏生态现状，将西藏旅游空间圈层划分为禁止开发区、限制开发区和重点开发区，各圈层严格按照相关规定，监督和规范旅游开发和旅游者行为，有效落实西藏自然生态保护要求，坚决守住生态保护底线。

4. 将生态环境保护作为景区建设的重要约束。近年来，自治区旅游景区建设得到迅速发展，截至 2016 年年底全区 A 级景区已达到 116 家。在景区开发建设的过程中，明确提出必须坚持生态文明的理念，坚守生态保护的底线，把好山好水好空气、原汁原味原风情作为景区建设最大的优势、最好的品牌，切实加强对景区自然环境、特色风貌等的保护，努力通过精品旅游景区展现精品环境、精品生态。

5. 将生态环境保护作为产品打造的重要优势。开展《高原湿地景区评定规范》《西藏自治区精品旅游景区评定规范》及《第三极野生动物研学旅游示范区评定规范》（西藏地方标准）制定工作，切实做到将生态环境保护和发展作为发展生态研学旅游等新业态的前置条件。

（十）其他改革创新

1. 旅游产业投资基金。围绕破解当前旅游投入不足的瓶颈制约，推动设立西藏旅游发展基金，变以往的资金直接补助性的扶持为市场化投融资手段引导扶持，政府扶持资金以较低的收益回报为代价，以5～10倍的乘数撬动社会资本参与旅游开发建设，在最新成立的“西藏国际旅游文化投资集团有限公司”中，也专门设立了旅游投资基金。

2. 促进旅游创业的举措。支持和组织引导旅游志愿者、艺术和科技工作者驻村帮扶，建设一批旅游创客基地，努力打造全国乡村旅游创客示范基地。

陕西省

创建全域旅游示范区，推进全域旅游发展，是我国旅游业发展理念、发展战略和发展模式的一次重大转变，是区域价值、区域增长和区域交流的一次重大提升，是大众化旅游时代旅游发展再定位，是经济新常态下区域发展新引擎，是落实五大发展理念的综合载体，是推动供给侧改革的有效抓手，符合旅游业发展规律，顺应时代潮流。2017年1月，陕西省人民政府工作报告将创建“全域旅游试点省份”作为年度工作目标；8月3日，在第三届全域旅游推进会暨“人文陕西”推介会上，陕西省正式被国家旅游局列为“全国全域旅游示范省创建单位”。一年来，围绕改革创建引领的工作思路，陕西在“全域旅游示范省”创建上迈出了新的步伐。

一、融合发展推动全域创建，构建共建共享旅游大格局

以《全域旅游示范区创建导则》为指导，出台《陕西省全域旅游示范省创建实施方案》、全域旅游示范省创建实施意见和考核办法，明确创建目标，建立了推进机制，扎实开展各项创建工作。

各级政府把全域旅游放到更加重要的位置来重点推进。西安市将旅游业作为五大支柱产业来定位，提出打造最具东方神韵的国际一流旅游目的地；宝鸡市提出打造最具幸福感的城市定位；铜川市提出构建“全域共建、全域共融、全域共享”的旅游新格局，共建宜居宜养宜游幸福新生活；商洛市全域推进精品景区、特色小镇、美丽乡村三大会客厅建设，打造山水生态优美西安后花园；韩城市形成了书记挂帅、四大班子一把手齐抓共管的推进格局。越来越多的市委书记、市长，县委书记、县长都把全域旅游作为稳增长、调结构、促转型、惠民生的重要途径来谋划、来发展。

全域旅游的政策、规划和制度体系进一步完善。全省各地创新性出台了一系列政

策、法规、规划和工作方案，保证了全域旅游发展的可行性和科学性。先后印发了《陕西省全域旅游示范省创建实施方案》《陕西省旅游业“十三五”发展规划》《陕西省沿黄旅游带建设工作方案》等文件。汉中市早在2015年就在全国率先高标准编制完成了市级全域旅游发展规划，宝鸡市、商洛市、韩城市以及佛坪、宁陕、礼泉、延川、宜川等也先后编制了全域旅游规划，西安市、咸阳市、渭南市、佳县、商南县、柞水县、山阳县等全域旅游规划已经进入评审阶段。铜川市出台了《关于加快发展全域旅游的意见》，渭南市出台了《关于建设华夏山水文化旅游目的地的意见》，留坝县、宁陕县等县创新性地制定了发展全域旅游促进旅游扶贫的扶持措施。榆林市分管市长牵头通过高水平课题研究策划重点项目、打造旅游精品，推进全域旅游。全省各市以及17个全域旅游示范区都制订或正在制订创建工作方案，已经召开或正在筹备召开创建动员会，加快落实任务分工，扎实开展创建工作。

旅发委 + 旅游警察、旅游工商分局 + 旅游巡回法庭“1+3”综合机构加快普及。2017年4月，省旅游发展委员会正式设立并称为政府组成部门。“局”改“委”在全省各级旅游管理体制改革中呈现破冰和燎原之势，旅游综合协调体制和依法综合监管机构已经成为全域旅游创建的最大动力。宝鸡、汉中、韩城、延安、铜川、商洛、安康、榆林、西安、咸阳10个市以及临潼区、扶风县、凤县、太白县、陇县、礼泉县、华阴市、大荔县、合阳县、黄陵县、宜川县、延川县、黄龙县、留坝县、石泉县、岚皋县、宁陕县、商南县、柞水县、山阳县、镇安县、洛南县、丹凤县、商州区24个县相继成立了旅发委。商洛市委、市政府和机构编制部门顺应全域旅游创建的需要，两步并作一步走，率先实现了市县两级同步成立旅发委，县区全部成立旅游公安、工商和巡回法庭。留坝县成立旅发委将文广局调整为直属机构，把旅发委调整为组成部门。同时，各市县也按照现代旅游治理体制的要求，陆续成立旅游警察、旅游工商分局和旅游巡回法庭。柞水县集中把旅游执法大队、旅游巡回法庭、旅游大数据中心、旅游形象推广中心集中整合到游客服务中心集中办公，以方便快捷地服务游客。华阴市一次性挂牌成立了旅发委、旅游警察、旅游工商、旅游巡回法庭以及旅游大数据中心。临潼区创新设立旅游购物退货监理中心，得到了国家旅游局的肯定。

景区加快提升，度假区、小镇、旅游村等目的地产品更加丰富。旅游产品的品质更优、业态更加丰富，旅游供给侧改革的成效更加显著。各市都把重大重点旅游项目作为全域旅游创建的重要支撑来谋划和推进，2017年前三季度，全省开工建设旅游项目650余个，完成投资780多亿元，同比分别增长21%和23.6%。汉中兴汉湖旅游示范区、乐华城欢乐度假区、丝绸之路风情城、龙岗文化生态旅游园区、太白山国际旅游度假区、韩城文史公园、华夏文化旅游综合体一期项目、乐华城《秦汉风云》项目、安康宁陕皇冠小镇等重大项目进展顺利。汉中市旅游集散咨询服务中心、大汉山景区二期、泾阳县郑国渠旅游风景区、兴平市宏兴码头景区、宜君县游客接待中心等项目建成营业。渼陂湖水系生态区（一期）东区项目、沣滨水镇·诗经里景区、昆明池景区、天汉·丝路花海景区项目在国庆中秋期间建成开园。在第四届西安丝绸之路国际旅游博览会陕西省旅游项目推介会暨旅游项目签约仪式上，全省各市共签约旅游项目 35 个，合同（协议）金额达 284.91 亿元人民币。商洛市以 A 级景区、特色小镇和美丽乡村为重点，大力推进全景商洛建设。目前，全省高 A 级景区突破 100 家，临潼、太白山等旅游度假区、乐华城、大唐西市、曲江不夜城等旅游综合体聚集效应显著，玫瑰小镇、硒茶小镇、诗经小镇、茯茶小镇以及商洛美丽乡村“八朵金花”等旅游目的地产品不断涌现，特色餐饮、主题酒店、乡村民宿等要素型产品不断提档升级，全景陕西呈现出新气象。

以“旅游 +”为核心的产业融合新格局逐步形成。各级各部门积极推进“旅游 +”和“+ 旅游”，加强旅游与相关产业、行业和部门的磨合、整合和融合，在融合中创新了产品业态、提升了自身价值、拓展了发展空间、实现了共建共赢，促进了区域产业结构的调整和优化。省政府召开了旅游及 12 个部门的融合发展协调会，省旅发委与 12 个省级有关部门出台了融合发展实施意见，省体育局着力推进了 9 个运动休闲小镇建设，省农业厅持续开展休闲农业庄园创建工作，省林业厅“十线百站”林业风情驿站建设进展顺利，省住建厅 31 个文化旅游名镇建设成效显著，4A 级景区突破 11 个。西安张裕瑞纳葡萄酒庄、宝鸡凤翔西凤酒厂、蒙牛乳业、渭南航天博物馆等工业旅游成效显现。宝鸡市重点实施了旅游 + 生态、文化、休闲、美食、体育“五个旅游 + 融合”发展战略；韩城市着力推进旅游与交通、城建、林业、水利融合发展，全域提升交通设施和生态环境。汉中市金融机构积极助推全域旅游，与旅游部门签订合作协议。渭南市从产业结构实际出发，正在制定印发旅游与 14 个部门的融合发展意见。蓝田县、大荔县着力实施一二三产融合发展思路，留坝、宁陕、佛坪着力实施全域旅游 + 整县扶贫的发展思路。“旅游 +”已经成为旅游业作为综合性产业的显著标志。2016 年，旅游业直接增加值占 GDP 的 8.11%；综合增加值占 GDP 的 15.15%。

以厕所革命为核心的全民共建共享公共服务体系进一步完善。在“三年任务两年完成”的基础上，提出了厕所革命新三年计划，再建旅游厕所 3000 座。同时，建设 100 个自驾车营地，在全省布局 1000 个大中小型旅游信息咨询服务中心和旅游服务集散中心。西安市大力推进“厕所革命”“烟头革命”和“行政效能革命”三大革命。韩城、商洛以及大荔、礼泉、宜川等市县将厕所革命与城乡环境综合整治相结合，持续擦亮全域旅游的环境本底。汉中市用“客厅”理念推进“厕所革命”建设旅游厕所 213 座，荣获国家旅游局“全国厕所革命先进市”。全省各地持续推进生态文明建设，绿色环保意识进一步增强，城乡综合环境整治取得显著成效，不断为美丽陕西建设贡献力量。

全方位、多渠道、整体性的目的地营销格局基本形成。组织春季旅游营销大会、丝绸之路旅游博览会等，集中展示推介了全省各市的旅游产品和项目，在国内、国际大型旅游展会重点宣传推介了“人文陕西”的品牌形象，“省、市、县、企业”四位一体的整体营销体系逐步形成。汉中市、延安市利用央视平台不断提升优秀旅游城市的品牌形象。榆林市抓住假日旅游的契机，通过节庆活动，借助央视媒体，集中宣传了榆林的旅游形象。西安市、宝鸡市、汉中市充分利用郑徐高铁、宝兰高铁和西成高铁开通的契机，开展了高铁旅游宣传推介活动。商洛市、宝鸡市凤县、蓝田县等市县推出了景区免门票活动，进一步破除单一门票经济。各市县还利用文化、外事、体育、影视、广电等平台和渠道，大力开展旅游宣传促销，杨凌国际马拉松赛、宝鸡太白之巅羽毛球电视挑战赛、榆林佳县沿黄河自行车赛等效果显著。

全社会关注、支持、参与全域旅游的氛围越来越浓。省旅发委在省政府召开新闻发布会，以“五大工程”落实“五新”战略任务，配合办公厅召开政策吹风会，全面解读《全域旅游示范省创建实施方案》；在新华网就陕西省全域旅游的发展成效和重大举措进行了视频专访；在《当代陕西》《陕西日报》《中国旅游报》《三秦都市报》等重要报刊宣传全域旅游。联合陕西新闻联播《秦风热线》栏目对全省9个市县创建成果进行了联播。省旅发委深入各市县就全域旅游的创建导则和实施方案进行解读培训，支持《华商报》以及大荔、华阴、临渭区、延川县、长安区等举办全域旅游论坛，探讨分享全域旅游新思路。连续两年在青岛、杭州举办全域旅游专题培训班和研讨会，配合国家局在永寿县举办全域旅游培训班。各市县积极宣传全域旅游，营造良好的舆论氛围，全社会共建共享的大格局初步形成。

二、坚持改革创新引领发展，破解旅游业发展难题

积极推动国家旅游业改革创新先行区韩城市旅游业改革创新，为全省旅游业改革探索经验。先行区试点工作开展以来，韩城市将“陕西树标杆，全国走前列”作为目标，提出了“三年任务两年完成”的要求，多次组织召开专题会议，统一思想、研究政策、部署任务、夯实责任、督办推进，先行区工作实现全面铺开、扎实推进、有效突破。

（一）创新做强旅游投融资平台

一是充分发挥财政资金的引导作用，设立1亿元旅游产业发展基金，用于支持文化旅游重大项目建设、旅游创新和旅游创业工作。二是坚持市场化运作、公司化运营，组建旅游投资开发公司、澽水河公司、大河奔腾公司和中韩司马投资公司，加快黄河旅投集团2A平台建设，大力推广运用PPP模式，引入知名企业进驻合作，引导金融机构加大融资，引领民营资本投入旅游，形成了政府主导、市场运作、多元投入的投

融资机制，加快实施国家文史公园项目等一批旅游重大建设项目。三是借力陕西省沿黄公路开通机遇，2017 年 10 月在韩城市举办了首届中国黄河旅游大会，成立沿黄城市旅游产业联盟，设立陕西沿黄旅游产业发展基金，旨在创新整合沿黄城市资源优势，发挥联盟优势，做实联盟基金，大力推广运用“旅游 +”新模式，促进沿黄旅游融合发展。

（二）建立完善旅游综合监管机制

一是旅游委充分发挥统筹协调职能，在产业布局、项目建设、要素保障、工作推进等方面强化牵总作用，统筹发展合力，有力推进旅游产业发展。二是旅游市场监管分局、旅游法庭、旅游公安分局在司马迁祠、党家村、古城等重点景区及涉旅企业分别设立旅游消费维权服务站、派驻景区旅游巡回法庭审判点、设立流动警务室，形成旅游监管网格化管理体系，实现常态监管、高效处置的运行机制。三是充分发挥“1+3”协作联动职能，围绕旅游安全、市场秩序、假日度节、旅游活动、投诉处置等重点环节，依法履责，协同联动，强化长效监管，组织集中整治，有力促进全市旅游市场秩序良好，切实保障广大游客合法权益，“1+3”模式综合产业综合抓，促进旅游突破发展的新格局正在全面发挥作用。

（三）加快景区市场化运营步伐

一是按照“所有权、管理权、经营权”三权分离的思路，在强化景区综合管理职能的前提下，将应该交由市场运营的职能剥离出来，在司马迁祠、党家村等重点景区率先组建景区运营公司，将保洁、安保、商业等运营外包专业公司或招租商户经营，迈出市场运营的第一步。二是持续加大高 A 级景区创建力度，建立健全景区标准化管理体系，强力推进景区精细化管理，优化景区游览环境，凸显个性文化元素，提升综合服务功能，2016 年党家村景区成功创建国家 4A 级景区，司马迁祠创建国家 5A 级景区顺利通过省级资源评定，梁带村 4A 级景区创建及王峰景区等一批 3A 级景区创建扎实推进。

（四）着力发展智慧旅游

积极探索旅游业与科技融合方式，开拓“旅游 + 互联网”新模式，广泛利用信息通信技术和互联网平台，大力发展智慧旅游，打造旅游大数据中心。

目前，高清云视频会议及信息大屏幕显示系统、一云多屏旅游综合门户系统及旅游大数据中心的设备及软件已全部安装调试到位，韩城旅游手机 APP 已完成制作，积极商洽专业公司合作运营，加快智慧旅游平台发挥效能，做大营销，拓展市场，提升收益。

（五）制定出台优先保障旅游用地政策

2017 年 5 月印发了《韩城市促进旅游业改革发展用地政策若干意见》，明确旅游产业用地管控政策、明确旅游新业态用地政策，优先保障旅游业发展用地供应，加强旅游业用地服务监管，提高旅游业用地市场化配置和节约集约利用水平。

（六）改革旅游中介组织发展机制

简化登记手续，取消前置审查程序，缩短筹备登记时间，自 2016 年韩城旅游酒店行业协会、韩城旅游行业协会相继组建成立之后，2017 年 4 月韩城市旅游行业协会导游分会登记成立，全力促进导游培训、导游队伍建设系统化推进。

（七）创新开展旅游宣传

实行市级领导包抓、财政保障经费、部门镇办包联的办法，在全国主要城市设立 30 个“韩城旅游招商服务处”，紧扣任务要求，扎实开展旅游营销。截至 6 月底，在全国范围内召开韩城旅游推介会 130 余次，发放韩城旅游宣传资料近 10 万份，签订旅行社合作协议 800 余份，实现国内市场的全覆盖。

（八）大力引导民营经济投入旅游开发

制定出台《关于促进民营经济加快发展的实施意见》《韩城市支持小型微型企业健康发展意见》等政策文件，促进民营经济突破瓶颈，加快发展，追赶超越，优化发展环境。结合全域旅游发展方向，制定出台优惠政策，降低市场准入门槛，提高政务服务效能，鼓励引导非民营经济投入旅游开发。

（九）探索旅游规划与其他规划衔接的有效办法，创新“多规合一”、旅游规划的实施机制

向国家申报旅游 + 健康产业（中国生态旅游特色小镇）项目，待审批。

（十）探索旅游业与科技融合方式，加快智慧城市建设

市网信办会同信投公司搭建了政府临时机房（金塔路东头质检大厦），目前正在进行内部装修，2017 年 10 月份投入运营，机房投入运营后将提供智慧旅游所需的一切硬件基础。

（十一）健全旅游统计制度，建立适应全域旅游的旅游统计体系

统计局 2017 年 4 月已拟定《韩城市旅游统计制度》。

（十二）创新辖区美丽乡村建设、乡村旅游发展体制机制

芝川镇在马陵村引进韩城市秦汉旅游产品开发有限责任公司投资建厂，利用山核桃制作旅游工艺品，并带动附近贫困户就业，提高生活水平。利用地理优势发展农家客栈，重点打造 8 户农家客栈，并对其进行规范化管理，计划安装宣传牌进行对外宣传。制订农家乐、农家客栈奖补办法，对于已建成并投入运行的农家客栈落实奖补政策，500 元 / 床位，每户不超过 3000 元的标准。芝阳镇开展建设村办企业露沉土织布厂房，目前完成项目新选址，及设计图纸，正在进行基础建设，2017 年 10 月底完工。西庄镇计划 2017 年完成柳村、郭庄村两个自然生态景观村建设。新城办五星村已制定乡村旅游发展规划。

2017 年 1—9 月，韩城市接待游客 965.6 万人次，旅游综合收入 44.37 亿元，同比分别增长 58.7% 和 78.2%。

三、服务“一带一路”核心区建设，推动国际旅游交流不断深化

“一带一路”建设是中国与世界合作共赢的伟大实践，是中国回应时代课题、彰显责任担当、构建人类命运共同体的创新之举。近年来，陕西认真落实习近平主席关于建设“一带一路”的重大倡议，抢抓历史机遇，服务国家大局，与沿线国家和地区务实合作不断取得新的成效。截至 2017 年 9 月，全省共开通国际航线 51 条，通达 20 个国家和地区的 37 个城市，国际旅游集散地功能日益显现。2017 年 1—9 月入境游客累计接待量达到 261.02 万人次，比 2016 年同期提高 13.44%；国际旅游收入 14.84 亿美元，同比增长 14.96%。

一是以重大活动为载体促进入境市场开发。9 月 14 日至 15 日举办了“澳大利亚千人游陕西暨仿唐入城仪式盛典”。此次大会邀请澳大利亚的千余名旅游者参加。澳大利亚驻华使馆商务处商务公使衔参赞邓博文、中国国家旅游局旅游促进与国际合作司巡视员张西龙出席旅游推介会，对于促进国际交流起到了积极的作用。以境内外推介为手段持续挖掘客源市场，积极参加海南世界休闲旅游博览会、广州国际旅展、德国柏林旅游交易会、澳大利亚、马来西亚、柬埔寨专项推广、波兰东欧专项旅游推广等一系列宣传推介活动，提高了陕西旅游的知名度和影响力。

二是利用境外社交媒体拓展宣传渠道。截至目前，Facebook 共有粉丝 21 万个，新增 11.7 万个，共发帖文 656 篇，获得 13.65 万次互动，覆盖人群达到 2100 万人次；Twitter 共有粉丝 2.3 万个，新增 1.1 万个，共发帖文 408 篇，获得 2.3 万次赞及转发，覆盖人群达到 300 万人次；Youtube 共有订阅者 849 个，新增 700 个粉丝，共发视频 32 个，视频总浏览量超过 50 万人次，总观看时长超过 60 万小时。2 月 25 日、26 日，陕西旅游境外社交媒体线下活动成功举办，此次活动通过全球最大的新闻发布机构美通社报道及雅虎、《纽约时报》、ABC(美国广播公司) 等美国主流新闻网站转载，使信息覆盖主要国家和地区，受众人群达数亿；同时，还在纽约时代广场大屏幕播放了活动海报，成为此次活动的一大亮点。

三是创新宣传模式实现境外宣传境内做。在接待境外旅行商、媒体来陕考察时，有针对性开展旅游推介会、业务洽谈会，将形象推广、业务洽谈和实地考察有机结合起来，令来陕旅行商、媒体对陕西有一个全方位认识和真切体验，宣传效果突出、花费成本更低。截至 9 月份，共接待 10 批次国外旅行商媒体来陕考察，有力地宣传了

陕西旅游目的地和旅游产品。

四、围绕一流品牌建设，全力推进研学旅游产业发展

陕西作为开展游学旅行最早的省份之一，是首批“内地旅游联盟”成员单位，2017 年以来，陕西依托丝绸之路起点风情体验旅游走廊、秦岭人文生态旅游度假圈、黄河旅游带、红色旅游等“四大旅游高地”，围绕旅游推广宣传主题，针对港澳游学市场发挥优势，注重特色，创新宣传推广方式，积极塑造“游学——从陕西开始”的口号，陕西游学旅行知名度和影响力进一步提升，游学旅行产品的吸引力、竞争力持续增强。2017 年全省接待港澳台地区游学团人数约 8000 人，主要以 4 天至 6 天行程居多，游学点主要集中在西安、宝鸡、咸阳、渭南、延安、杨凌以及韩城等地，游学产品主要以传统文化、历史遗迹、民俗风情、地方美食等为主。

一是完善政策配套。2017 年 4 月，陕西省旅游发展委员会与 12 个相关部门联合下发《关于推进中小学生研学旅行实施意见》，把与港澳青年学生的交流活动纳入全省各学校教育教学计划，作为学校开展社会实践活动的必修课。《意见》对积极打造研学基地、规范研学组织管理、健全经费保障机制、建立安全责任体系以及地接研学旅行市场的准入均提出了指导性意见。制定《关于开展陕西省首批中小学生研学实践教育基地评选工作的通知》，对进一步规范研学基地建设进行指导。2017 年 5 月，完成了国家旅游局组织开展港澳青少年游学基地审查认定工作，延安革命纪念馆、西北农林科技大学博览园被列为港澳青少年游学基地。会同物价部门协商统一的游学旅行价格和减免优惠政策，法门寺、太白山、关山草原、大水川、周公庙等多家景区针对游学旅行团出台大幅度优惠政策（对小学生团免门票，对中学生团半价优惠，对所有带队老师免门票政策，对同行家长实行半价门票等优惠政策），真正让广大青少年学生受益。

二是丰富研学旅游产品体系。突出“以游促学”核心目标，科学制订旅行方案，细化研学线路，强化活动体验，与教育、文化等部门共同做好适合青年学生旅行的产品开发，让革命遗址、文化景区、工厂农田、科研院所等成为学生的新课堂，让技工农民、文化学者、军营官兵等成为身边的好老师，通过实践体验，使广阔的自然天地、社会环境成为增长见识的大课堂。西安市推出了一批现代化企业、农业科技园、大专院校、博物院所、主题景区等游学旅行基地。宝鸡市将周秦文化寻根、历史文化名人、西府乡村民俗、秦岭太白生态和宝鸡红色旅游等为主题的五条游学旅行线路推向市场。杨凌示范区以“探索植物体验农耕”为主题积极开展农耕旅游、植物教学、劳动体验、辨识大会、拓展训练等系列活动，通过引导青少年探索植物奥秘，深入了解农作物生

长过程，激发广大青少年对农业科普的学习兴趣，培养独立的生活能力和团结协作精神、实地感受农耕文化，现场体验现代农业科技。韩城市积极开展“走进史圣故里·体验黄河文化”万人研学韩城行活动，把游（研）学旅行作为提升教育内涵发展和对外开放水平，大力实施素质教育，深化全域旅游示范市建设的重要抓手，打造6条游（研）学线路和5种产品，以及可同时容纳800余名师生入住的游（研）学旅行宿营地。同时，韩城市还依托丰富的人文旅游、新兴产业资源，推动以黄河、古寨为主题的游（研）学旅行“大基地”建设，建成之后将更好满足做大做强游（研）学旅行需求，实现旅游、教育和经济等多领域的融合与提升，创造覆盖黄河金三角地区乃至西北地区游（研）学旅行的“韩城模式”。

三是充分发挥企业的主体作用。用好游（研）学旅行相关利好政策和行业准则，支持企业研发研学旅游产品。陕西旅游集团下属陕西中国旅行社、陕西海外旅行社、陕西骏途网西游电子商务有限公司及其下属子公司相继成立游（研）学部，加强对游（研）学旅行项目的实施推广。陕旅集团旗下的华清池、少华山、白鹿原影视城、壶口文化景区、岐山周文化景区和诸葛古镇等依托景区资源优势以及《长恨歌》《法门往事》《延安保育院》《西安事变》《二虎守长安》等文化实景演艺项目，成功策划并运行30余条游（研）学线路。“弘扬延安精神，观看《延安保育院》”追寻红色足迹研学活动、“领略关中风情，传承民俗文化”关中民俗博物院及白鹿原游（研）学、“少华研学游，欢乐山水行”少华山游（研）学、“走进汉城湖，体验汉文化”汉城湖衣礼中华行游（研）学、“追寻道德经典，体验农博科技”曲江农博园及楼观台游（研）学等成为经典品牌。

五、构建立体化扶贫模式，综合带动贫困群众精准脱贫

认真贯彻落实习近平总书记来陕视察追赶超越定位、“五个扎实”要求和中央关于脱贫攻坚的部署，把国家全域旅游示范省创建与旅游扶贫相结合，立体化推进、综合性带动、精准化施策，形成“旅游是扶贫的翅膀、扶贫是旅游的战场”的强大合力，景区成为扶贫基地、旅游项目成为扶贫支点、乡村旅游点成为扶贫开发区、农产品成为旅游商品，促进贫困人口经济收入稳定、精神面貌改观、整体素质提升，实现产业和生态“双促进”、物质和精神“双脱贫”。2017年7月份，李克强总理在宝鸡调研期间，对发展旅游业带动脱贫的做法给予了肯定。

坚持“六个一批”，旅游扶贫全覆盖。充分发挥贫困地区特色旅游资源优势，持续推动“六个一批”。一是旅游示范县建设带动脱贫一批。将宝鸡、汉中、太白、延川等2市17县列为国家全域旅游示范区、省级旅游示范县创建单位，要求旅游脱贫

人数达到全部贫困人口的8%，对未完成脱贫指标的不予验收。二是旅游景区建设带动脱贫一批，在贫困地区集中实施精品景区倍增计划，培育景区依托型旅游乡村，形成“景村一体化”合作共赢格局。目前56个贫困县A级景区达到131家，商南金丝峡、南郑黎坪、留坝紫柏山、延川梁家河等成为热门景区景点。三是文化旅游名镇建设带动脱贫一批，用好省级文化旅游名镇各类专项资金，做好重点扶贫范围内22个省级文化旅游名镇建设工作，拓展文化扶贫，让文化遗产惠及民生。四是旅游扶贫试点村建设带动脱贫一批，优先培训31个旅游扶贫试点村，引导扶持贫困户通过参与旅游经营活动脱贫致富。五是汉唐帝陵旅游带发展带动脱贫一批，按照“一村护一陵、一陵带一村”发展思路，完成《汉唐帝陵周边乡村旅游发展规划》编制，依托汉唐帝陵大遗址保护、文物旅游发展乡村旅游，带动73个旅游扶贫重点村3万余贫困人口实现增收。六是旅游土特产生产销售带动脱贫一批，推动建设“乡村旅游后备箱工程示范基地”和乡村旅游扶贫电商示范村，研发具有鲜明特色且能满足游客需要的土特产品，成功打造风味食品、中草药、工艺美术等十大类乡村旅游土特产品，带动了农产品和手工艺品的销售。

落实“八大行动”，扶贫措施系统化。将旅游扶贫纳入全局工作统一部署，大力推动重点工作落实。一是精准扶贫研判行动，完成扶贫重点县、村旅游资源调查与评价，将1178个建档立卡贫困村列为旅游扶贫重点村，涉及36万贫困人口。二是旅游规划覆盖行动，按照“一村一色”和“一村一特”发展标准，为贫困村定制旅游发展规划，目前全省旅游扶贫重点村规范编制超过50%。三是基础设施建设行动，联合交通、住建等部门，完善贫困村道路、旅游厕所、停车场等旅游服务设施，支持从事乡村旅游经营的贫困户实施改厨、改厕、改房、整理院落，推动乡村旅游提档升级，2017年投入4800万元支持56个贫困县71个旅游基础设施项目建设。四是旅游项目建设行动，在每年旅游项目安排时贫困村优先，通过政策推动贫困村“三变”改革，涌现出咸阳袁家村、榆林赵家峁等一批典型。五是市场营销推广行动，依托乡村旅游“十百千”品牌推介以及各类展会，加大对贫困地区旅游项目、产品、线路的营销力度，吸引更多企业和游客到贫困地区投资、旅游。六是旅游人才培训行动，安排专项培训资金150万元，在陕南三市举办乡村旅游扶贫系列培训活动，每年培训超过3万人次；动员社会力量，围绕“互联网＋乡村旅游”等开展公益培训，累计培训7000余人次。七是扶贫工程示范行动，加强典型培养，发挥示范作用，大力培育宣传南宫山、陕西云集文化旅游发展有限公司等“景区带村”“公司＋农户”旅游扶贫模式，到2020年，创建1个旅游扶贫示范片区、10个旅游扶贫示范县、100个旅游扶贫示范村、100个旅游扶贫示范项目和1000户旅游扶贫示范户。八是强化规范管理行动，按照标准规范指导搞好各项工作。出台《关于加快乡村旅游转型升级的意见》，引导乡村旅游走规范化、差异化发展道路；发挥乡镇政府作用，加强对乡村旅游的服务和监管，推动乡村旅游走可持续发展道路。

实施“万企万村”，社会参与更广泛。统筹整合社会力量，推动“万企万村”帮扶脱贫工程，联合五大旅游协会发出倡议，组织全省旅游景区、旅行社、旅游饭店等涉旅企事业单位，采取景区带村、项目开发、输送客源、定点采购等办法，与旅游扶贫重点村开展结对帮扶。吸引专业化的市场主体参与景区（村）一体开发，实现旅游企业与贫困人口双赢。目前，全省 1178 个旅游扶贫重点村结对帮扶超过 75%，全省 A 级景区结对帮扶超过 90%。对于大水川景区、留坝县等参与帮扶脱贫工程的旅游企业和市县，在项目资金安排、品牌创建、荣誉奖励、教育培训、宣传推介等方面给予倾斜和支持；对旅游万村万企帮扶脱贫工程实施好的铜川、石泉等市县和陕旅集团等企业，优先支持创建国家全域旅游示范区、国家级旅游度假区、国家 5A 级旅游景区、国际特色旅游目的地等国家级旅游品牌，优先纳入评定程序，给予适当加分奖励。

2017 年，全省乡村旅游预计接待人数将达到 2.01 亿人次，综合收入将达到 265.93 亿元，直接带动脱贫人数预计将超过 5 万人。

甘肃省

2017 年以来，在国家旅游局的正确领导和大力支持下，甘肃省深入贯彻落实旅游业“515 战略”，进一步解放思想，创新发展理念，抢抓丝绸之路经济带和华夏文明传承创新区建设战略机遇，实施旅游强省战略，把旅游业作为现代服务业的龙头产业和国民经济的战略性支柱产业培育，作为各级政府抓现代服务业的首位工程来发展。以旅游科学发展为主线，以改革创新为动力，在全域旅游、区域联动发展、大景区建设、厕所革命、旅游精准扶贫、旅游市场综合监管、旅游创新先行区建设等方面积极采取了一系列创新举措，全省旅游业保持良好的发展势头。2017 年 1—9 月，全省共接待游客 1.99 亿人次，实现旅游综合收入 1301 亿元，分别较上年同期增长 24% 和 27%。

一、加快全域旅游创建，推进特色旅游联动发展

甘肃省把发展全域旅游作为推进全省旅游业转型升级的重要路径，积极推进全域旅游示范区创建工作。省政府于 2017 年 2 月 16 日在甘南州召开全省旅游工作会议暨全域旅游现场推进会，加快推动全域旅游示范区创建工作。积极鼓励各地先行先试，探索不同模式，争取创建国家全域旅游示范区。目前全省 3 个市（州）、11 个县（区、市）创建国家全域旅游示范区工作有序推进。甘南州坚持“青山绿水就是金山银山”的发展理念，持续开展旅游环境卫生大整治，实现了 4.5 万平方公里“全域无垃圾”的目标，改善了甘南州旅游环境卫生状况，提升了旅游形象，为全省发展全域旅游树立了标杆。

一是在体制机制改革上，因地制宜推进旅游产业促进、旅游公共服务、旅游行业自律、旅游市场监管、旅游联合执法等管理体制和基础制度建设，不断深化旅游综合改革，形成推进全域旅游新机制。二是在发展模式上，大力推进“多规合一”改革试点，把整个区域作为大景区来规划建设，结合本地实际，编制规划，制订方案，明确责任，

形成推进全域旅游发展合力。三是在资源优势挖掘上，围绕全域旅游发展，针对不同地域、不同情况，明确提出各具特色的旅游基地建设目标，推动省内区域旅游中心城市、特色旅游城市、特色旅游基地、旅游产业园区、新兴旅游产业集聚区以及旅游名城名镇名街创建和联动发展。四是坚持区域联动发展。全力打造河西五市、陇东南五市和沿黄四市（州）三大板块联动化、特色化、差异化发展新格局，已完成三个区域联动发展规划，成立三个区域旅游联盟。

二、创新体制机制，形成旅游改革发展合力

近年来，甘肃省以深化大景区管理体制改革为综合管理体制改革工作重点，以理顺畅通旅游管理体制来进一步推进全省旅游资源的开发整合。

（一）全面深化大景区体制改革

全省规划建设的18个大景区管理体制改革方案已经获得省政府审议通过。目前，省里已将涉及省直部门管理的林业资源分别整合下放到相关的5个大景区管委会管理；对省直部门管理未整合调整的文物等资源，明确由所在大景区管委会统筹管理；对市州管辖的资源，按照大景区规划建设需要进行整合调整，由大景区管委会统一管理。2016年11月，省旅游产业发展领导小组办公室下发《全省大景区资源整合移交会议纪要》。省政府督查室于2017年1月下发《关于开展大景区管理委员会设立及资源整合移交工作专项督查的通知》，督促推进大景区管理体制改革及资源整合移交工作。

（二）创新推动旅游行政管理体制改革

一是在国家旅游局的关心支持下，2016年，省旅游局经中央编办批准正式升格为省旅游发展委员会，并由省政府直属机构调整为省政府组成部门。省内部分市县也积极探索旅游行政管理体制改革，部分旅游重点市州已经或筹备成立旅发委，截至目前，甘南州8个市县、定西漳县、天水武山县、白银景泰县已相继成立了旅发委，旅游部门的综合统筹职能进一步增强。二是积极推广“1+3+N”旅游综合执法机制，鼓励各市州设立旅游警察、旅游巡回法庭、工商旅游分局及其他联合执法机构。各市州结合各自实际，认真探索研究旅游联合执法模式，在有条件的地区开展试点，有序推进相关工作。目前，酒泉敦煌市已成立旅游警察中队，并在莫高窟、鸣沙山月牙泉、阳关、雅丹等重点景区设立了景区派出所和警务室，旅游巡回法庭、旅游工商分局正在积极筹建中；临夏州计划在永靖县先行开展试点，筹备成立永靖县旅游综合执法局，开展旅游综合执法和旅游投诉统一受理工作，强化旅游安全保障，提高游客满意度；白银市在市旅游产业发展领导小组下设旅游市场综合监管办公室，成员单位由旅游局、发改委、公安局、国土局、住建局等部门组成，统一指导、协调、组织全市旅游市场

秩序管理工作；甘南州组建了由公安、工商、卫计委等14个执法部门参与的甘南州旅游综合执法局，开展旅游市场综合监管与综合执法工作，进一步健全完善旅游市场监管、旅游投诉受理机制。

（三）积极推进导游管理体制改革

印发实施《关于深化导游体制改革 加强导游队伍建设的实施意见》。按照意见的部署，甘肃省电子导游证注册已完成7400人，占总数的82.6%，在全国电子导游证注册工作中排第2位。导游人员监督管理平台联网工作进展顺利，甘肃省省级和各市（州）已完成与全国导游监管服务平台的联网，启动对导游人员实施电子动态管理的措施。导游协会组织进一步建立健全，内部管理制度进一步完善，较好地完成了社会导游电子导游证注册工作和动态管理措施的制定实施等工作，较好地发挥了导游行业组织行业自律、服务会员、解决争议、争取利益等方面的作用。

（四）加快实施离境退税政策

中川机场退税网点已建设完成，将于12月份上线运营；敦煌机场退税网点正在建设。

三、加快基础设施建设，完善旅游公共服务体系

（一）大力实施景区交通建设工程

为了加快推进大景区建设，甘肃省把旅游道路建设作为全省“6873”交通突破行动的重点，强化旅游配套设施建设，真正使广大游客“方便游、轻松游”。按照“5A级景区以高速公路连通、4A级景区以一级公路规划布线”的原则，加快城市及国道、省道至景区的连接道路建设，实施景区对外道路提等升级，统筹规划实施汽车露营地、旅游厕所，以及服务区、停车场、观景台和旅游交通引导标志标牌等交通安全与综合服务设施。截至目前，基本实现了全省5A级景区高速公路连通，4A级景区一级一幅公路平面图基本建成，有效解决了景区可进入性问题。

（二）深化旅游厕所革命

优化改善旅游环境。国家旅游局启动“厕所革命”以来，甘肃省高度重视，积极响应，迅速行动，2015年，省政府出台《甘肃省旅游厕所建设管理实施方案》，三年来已累计新建改建旅游厕所2126座。其中，2017年，完成新、改建旅游厕所1198座。在认真总结旅游厕所建设工作经验的基础上，结合全省旅游业改革发展的新常态，及时研究部署，启动新一轮“旅游厕所革命”工作。一是合理规划科学建设。2017年甘肃省旅游厕所项目选址多为景区边缘、郊区、通往景区道路沿线及乡村旅游点等偏远区域，将旅游厕所建设全部纳入景区和城市基础设施建设规划体系，争取全面清除旅

游环境卫生死角。各市州根据不同地域、人流量、文化、气候的差异，因地制宜开展旅游厕所建设工作。积极推广国家旅游局《厕所革命技术与设备指南》，注重绿色环保，提倡建设生态厕所、免冲厕所等新型厕所形态。目前，全省高原高寒地区旅游厕所，可生物降解泡沫冲洗和真空气冲技术推广使用广泛。二是持续创新管建措施。按照“谁所有、谁建设、谁管理”原则，继续探索旅游厕所社会化、市场化管理新模式，提升市场化运作和经营管理水平，并积极开拓旅游厕所衍生功能，探索“厕所 + 商铺”“厕所 + 售票点”“厕所 + 停车点”等模式，推广“以商建厕、以商养厕”机制，推动旅游厕所长效化、常态化管理。鼓励推行 PPP 模式，吸引企业和社会团体以承包经营、企业冠名赞助、商业广告特许经营、公私合营等方式积极参与厕所建设、管理和使用维护。兰州市文旅公司修建的 3 座品牌旅游厕所，设置了便民服务间，具备无线网络覆盖、物品零售、手机自助缴费、ATM 机取款等功能，有效拓展旅游厕所建设管理模式，树立以商养厕典范。

（三）加快推进自驾车房车露营地建设

2016 年 6 月，省政府办公厅印发《丝绸之路甘肃交通房车露营地发展规划》，目前，全省已建成运营自驾车房车露营地 24 个。力争到 2020 年，全省拥有 200 个左右的房车营地（含房车服务基地和露营地，提供约 6000 个房车营位）和 100 对左右的交通驿站，形成广覆盖、国际化、标准化、信息化、网络化、人性化的房车露营地服务体系。一是突出规划引领，强化公共服务保障。经过积极争取，有 17 个投资规模大、建设标准高、示范带动作用明显的自驾车房车营地被国家旅游局纳入了全国 500 个自驾车房车营地建设计划。各市州依据规划，结合各自实际，因地制宜，分别制定自驾车房车露营地建设规划。全省掀起新一轮自驾车、房车基地（营地）建设的高潮。二是突出科学布局，持续加快营地建设。依托丝绸之路经济带甘肃黄金段主要节点城市以及重点旅游景区，精心谋划布局自驾车房车基地（营地）。针对甘肃实际情况，在全省构建“服务基地 + 露营地 + 交通驿站”相结合的营地体系，打破单一建设营地的简单模式，以系统化的方式从营地、车辆、投资、建设、运营、服务、管理、政策等方面进行服务链、产业链、价值链的整体布局与完善，形成了各个环节的有效供给与连接，推动了甘肃省自驾车、房车旅游蓬勃发展。三是突出市场主导，着力优化发展环境。坚持以市场为主体，加强政府引导，吸引民间资本、国企、外商、协会等多方面力量参与自驾车房车营地建设。采取多种投资建设模式，包括政府引导、社会投资、特许经营、品牌纳入等，同时，引入专业化经营管理团队，为游客提供更加全面、体贴、人性化的服务。主动加强与公安、交通、国土、住建、工商等部门协调沟通，积极协助各市州解决营地建设项目立项审批、土地供给、业务指导、工商注册等困难和问题，确保项目顺利推进实施。四是不断丰富自驾旅游产品。2017 年以来，围绕发展全域旅游，以贯穿全省东西的丝绸之路自驾旅游发展交通轴为纽带，以打造河西走廊文化生态自驾旅游区、黄河风情自驾旅游区、陇东南生态自驾旅游区三大特色自驾旅游区为目标，不断创新自驾游产品，重点开发了一批戈壁体验、高原风情、农业休闲、民族民俗、冰雪体验、滨水度假、森林生态、草原湿地、文化体验、运动休闲等特色旅游产品。

（四）全力推进智慧旅游建设

甘肃智慧旅游平台，智慧营销、智慧管理、智慧服务框架已基本形成。全面加快旅游大数据中心建设。积极与公安、交通、移动、电信、银联、测绘等厅局衔接沟通，建立业务数据共享渠道，目前已接入中国电信、中国移动提供的信令数据，中国银联提供的游客消费数据，即将接入公安部门涉旅住宿数据和交通部门道路运输涉旅数据。目前，全省 4 个 5A 级、47 个 4A 级景区的视频监控系统以及部分景区的游客统计系统已接入国家和省级平台，其中 5A 级景区接入率 100%，4A 级景区接入率 63.5%。年底前将全部完成全省 74 个 4A 级景区信息数据接入任务。积极开展网络推介。与腾讯、新浪、网易、百度、中国搜索、携程、乐途、途牛、去哪儿、马蜂窝、Facebook 等 11 家网络平台签约合作，完成甘肃旅游核心信息网络曝光量 14.5 亿次以上，点击量 1.7 亿次以上，Facebook 甘肃旅游官方账号英文页面在国外同类别榜单中排名第六。策划开展网上直播、达人踩线、票选抽奖、沙龙对话、自驾游等精准化、主题化、差异化、创意化、体验式网络营销活动 9 场次。马蜂窝网举办的“私人定制自由行甘肃”和“2017 年度中国人眼中丝绸之路旅游十佳评选”2 次在线活动，累计访问量 180 万人次。不断丰富旅游资讯。建成甘肃旅游资讯网，新建“精品丝路·如意甘肃”“5A 级景区”“春天去哪儿”“官鹅沟旅游”“国际旅游节”“敦煌文博会”等 10 个专题，日均访问量 4900 人次。突出重大节点主题宣传。2017 年全省旅游工作会议暨全域旅游创建推进现场会期间，首次推出资讯网、微信公众号和网易新闻客户端图文直播，观看人数达到 78 万人次。第七届敦煌行·丝绸之路国际旅游节期间，通过设立网上专题展厅，向海内外游客和专家展示了甘肃旅游资源分布情况及智慧旅游发展成果。围绕宝兰客专、兰渝铁路开通，策划主题宣传，起到了很好的“引流”效果。

四、促进产业深度融合，不断拓展旅游发展空间

全面实施“旅游 +”战略，加快推进旅游与文化、健康、中医药、体育、农业、生态等产业跨界融合，大力开发森林生态、草原度假、养生保健、滑雪滑草、农事体验、民俗演艺、中药理疗等多产业融合项目，进一步拓宽旅游融合发展空间。一是推进文化旅游融合，围绕打造“122235”文化旅游产业体系。深入挖掘各类文化资源，大力推进互动性、参与性强的文化旅游项目，带动华夏文明传承创新，助推文化旅游产业

发展。二是推进旅游与中医药养生融合，开展国家中医药健康旅游示范区创建。加快中医药养生保健产业园、产业基地建成，定西市国家中医药健康旅游示范区创建已通过二轮评审，全省创建了 22 个中医药健康旅游产业基地。三是推进旅游与体育融合，着力开发汽车越野、低空飞行、高山滑雪、徒步穿越等户外旅游产品。积极打造体育旅游示范基地，临潭县冶力关国家 4A 级旅游景区被国家体育总局、国家旅游局命名为国家体育旅游示范基地，兰州国际马拉松赛被命名为国家体育旅游精品赛事。四是推进旅游与教育研学融合。围绕创建国家级中国红色旅游创新发展基地、红色旅游研学基地和打造全国红色旅游重要目的地，组织红色旅游景区管理人员参加全国红色旅游管理培训，甘肃省甘南州迭部县俄界会议旧址和茨日那毛主席旧居等 6 个红色旅游经典景区申请列入全国红色旅游经典景区三期总体建设方案目录；联合省教育厅制定印发《甘肃省推进中小学生研学旅行的实施意见》，在全省部署开展红色旅游校园行暨第七届全国大学生红色旅游创意策划大赛活动。五是加大商品研发力度。坚持把旅游商品研发作为延伸旅游产业链条、培育壮大旅游骨干企业的重要抓手，制定完善《关于加强旅游商品研发营销工作的指导意见》，加大旅游商品研发营销扶持力度。组织举办丝绸之路旅游产品展览会甘肃省旅游商品大赛，评选推荐甘肃旅游商品精品名牌，着力提高旅游购物消费水平。

五、打响丝路旅游品牌，着力拓展客源市场

近年来，我们紧扣“一带一路”战略，在市场营销上坚持“做足丝路文章，引爆国内外市场”的攻略，持续培育“精品丝路”品牌，持续打造“丝绸之路旅游黄金段”。一是持续提升敦煌行・丝绸之路国际旅游节实效性和影响力。我们坚持以“国际水准、国内一流”的标准来定位，已连续成功举办七届敦煌行・丝绸之路国际旅游节，节会已打造成服务丝绸之路沿线国家和地区旅游交流合作的国际性品牌节会，服务客商、开拓市场，以节促业、以会促游的功能效果不断显现。6 月 20 日，第七届敦煌行・丝绸之路国际旅游节在永靖县隆重开幕，来自丝路沿线的 22 个国家和地区、国内 31 个省区的旅游机构官员、旅行商、媒体记者 600 多人参加了开幕式。节会期间，全省各地举办了 57 项分项活动 321 项子活动，开展旅游资源、旅游产品、旅游线路等推介活动 100 余场次，签约旅游项目 158 个，签约金额 593.27 亿元。为期一个月节会期间，全省累计接待游客 2814 万人次，实现旅游综合收入 178.7 亿元，分别较上年同期增长 21.1% 和 25%。同时，积极争取得到国家旅游局大力支持，将丝绸之路旅游联盟、丝绸之路旅行商大会、丝绸之路旅游“十佳”评选发布三个平台放到了甘肃，使甘肃省在丝绸之路旅游平台打造上占据制高点和话语权。二是积极拓展境外客源市场。集

中开展整合宣传。2017 年整合旅游宣传资金 5500 多万元，在中央电视台《朝闻天下》和甘肃卫视、《人民日报》和《读者》杂志、首都机场 LED 和广州白云机场等投放旅游宣传资料，扩大甘肃旅游宣传。加强境外市场推广。组团参加“中澳旅游年”开幕式和中澳旅游企业交流会活动、2017 年印度孟买旅游展、“美丽中国——2017 丝绸之路旅游年宣传推广活动”等，着重宣传推介甘肃丝绸之路旅游线路和产品，取得明显成效。邀请香港中国旅游出版社拍摄制作“甘肃河西走廊·祁连山”专辑，扩大宣传甘肃丝绸之路旅游产品。三是积极发挥旅游在南向通道建设中的先行作用。按照省委、省政府建设南向通道部署，制定《中新互联互通南向通道建设人文旅游小组工作方案》。积极推进与柬埔寨旅游部的交流合作。起草完成合作方案和双方《旅游合作框架协议（征求意见稿）》，衔接柬埔寨旅游部下发《关于成立与中国甘肃省开展旅游合作工作组的决定》。抢抓兰渝铁路通车机遇，有针对性策划推出南向通道礼佛之旅、南向通道文化研修之旅六大主题产品。组团参加了第十四届东盟博览会，在南宁市举办“精品丝路、如意甘肃”推介会，与广西壮族自治区旅游发展委签署《旅游合作框架协议》，共同打造陆上丝绸之路和海上丝绸之路旅游线路产品。

六、加快发展乡村旅游，推动旅游精准扶贫

坚持把乡村旅游作为发展农村特色产业、增加农民收入、推进精准扶贫的有效举措来抓，大力实施乡村旅游提质行动。一是认真落实乡村旅游扶贫工程行动方案。按照省直 12 部门制定的《乡村旅游扶贫工程行动方案》，将全省 1196 个贫困村列入全国、全省旅游扶贫重点村计划进行重点扶持，着力改善乡村旅游基础和公共服务设施，培育发展乡村旅游产业，实现贫困群众脱贫致富。深入推进实施乡村旅游综合整治、旅游规划扶贫公益、乡村旅游后备箱和旅游电商推进、千企千村帮扶、百万乡村旅游创客、金融支持旅游扶贫、扶贫模式创新推广、旅游扶贫人才素质提升等为主的八大专项行动，充分发挥乡村旅游在精准扶贫、精准脱困中的重要作用，促进各县区旅游扶贫工作创新、均衡发展。截至目前，全省累计建成旅游示范村 42 个，建成旅游专业村 564 个，发展农家乐 12563 户。二是组织开展了乡村旅游发展调研。2017 年 7 月，组织开展了深度贫困地区产业扶贫调研和全省乡村旅游发展调研，全面掌握贫困县区所辖行政村旅游资源、生态环境、区位交通、客源市场、产业特色等情况，提出了有针对性的措施建议。三是全面启动旅游强县、特色旅游乡镇、旅游示范村创建。结合甘肃省特色小镇建设，起草特色旅游乡镇、旅游示范村建设标准，加快推进旅游强县及旅游名镇名村建设步伐。四是组织开展乡村旅游技能培训。联合甘肃行政学院举办了华夏文明传承创新区旅游产业培训班；积极组织旅游扶贫重点村的 70 名村干部参

加了全国乡村旅游扶贫重点村村干部培训；邀请省内乡村旅游专家在兰州、金昌、临夏东乡县、平凉崆峒区、陇南西和县等地举办乡村旅游从业人员培训班，共培训乡村旅游骨干 1000 多人次。

七、加大旅游项目建设，拓展旅游投融资渠道

围绕扩充规模、提升品质、完善服务、优化环境的要求，突出旅游投融资重点，创新招商引资方式，优化项目建设环境，扎实推进全省旅游项目建设工作。一是精心谋划征集旅游招商项目，进行广泛推介。为进一步加大全省旅游招商引资工作力度，切实夯实项目工作基础，甘肃省旅发委印发《关于征集 2017 年全省重点招商引资旅游项目的通知》，向各市州提前谋划征集 2017 年重大项目，共征集储存了 362 个投资过亿元的旅游大项目及具有示范引领作用的项目，总投资 1361.5 亿元，列入 2017 年重点推出的旅游招商储备项目库，为准确把握项目导向，引导旅游投资方向提供了有力支撑，并通过敦煌行·丝绸之路国际旅游节、敦煌文博会、兰洽会等系列节会活动进行全面推介。二是全力做好旅游休闲重大工程协调调度，引导旅游投资方向。根据《国家发展改革委国家旅游局关于实施旅游休闲重大工程的通知》（发改社会〔2016〕2550 号）和国家发展改革委社会发展司、国家旅游局规划财务司《关于做好旅游休闲重大工程协调调度工作的通知》要求，为推动重大工程加快实施，加强对旅游休闲重大工程建设工作的统筹协调，加快工作进度，定期调度掌握旅游休闲重大工程进展情况，更好地发挥投资在稳增长中的关键作用，甘肃省旅发委会同省发改部门，从旅游公共服务保障工程、重点景区建设工程、旅游扶贫工程、红色旅游发展工程、贫困户乡村旅游“三改一整”工程、新兴旅游业态培育工程、旅游创业创新工程和绿色旅游引导工程 8 个方面，对 2016 年起新建和在建的重大项目，通过建立项目清单和项目库等方式，建立旅游休闲重大工程按月调度的信息报送机制，及时跟踪调度，梳理问题清单，汇总实施进度，为促进旅游供给侧改革，释放旅游领域消费潜力，引导旅游项目投资提供了科学的依据，更为吸引省内外战略投资者、开发建设甘肃省重点旅游项目提供了方向。三是统筹谋划优选项目，积极推荐省列重大项目。根据国家旅游局关于征集 2017 年全国优选旅游项目的相关要求，甘肃省 24 个项目入选 2017 年全国优选旅游项目名录。为充分发挥重大旅游项目对甘肃省旅游业的支撑带动作用，结合项目建设规模、资金构成、建设年限等，重点围绕文化旅游融合、房车露营基地建设等旅游新业态，统筹谋划了一批重大旅游建设项目，及时将这些项目推荐报送给省重大项目办，有 7 个旅游类项目（5 个续建、2 个新建）进入 2017 年省列重大建设项目投资计划，实现了重大突破。四是加强与重点旅游企业对接，促进民间资本投资

旅游业。牢固树立和落实新发展理念，利用各种场所向省内外知名旅游企业和民营企业家介绍甘肃省旅游发展良好机遇和优惠政策，加强与万达集团、中国民生投资股份有限公司、北京锦源德利国际投资有限公司、浙江南山会等民营投资商对接，主动做好项目落地服务工作，吸引民营资本投资甘肃省旅游业。

八、完善综合监管机制，着力改善旅游市场环境

一是建立完善省级旅游综合监管机制。省政府办公厅印发《关于加强旅游综合监管的通知》，目前省一级已建立由 18 个省直部门组成的旅游综合监管机制。兰州、酒泉等 7 个市州也建立健全旅游市场综合监管机制。二是在重点旅游地区推动旅游执法改革。嘉峪关、威武、平凉、陇南、天水、甘南等重点旅游地区建立健全旅游综合执法平台。敦煌市初步建立起了以旅游综合指挥调度中心为执法平台，旅游执法大队、旅游警察中队、工商旅游分局、旅游巡回法庭、旅游纠纷调解人民委员会等机构进驻中心的综合执法机制。张掖丹霞大景区、平凉崆峒山大景区、天水麦积山大景区、黄河三峡大景区按照要求，初步建立起了以游客服务中心为综合执法平台，旅游、工商、公安、交通等有关部门设立分支机构进驻大景区，统一指挥调度，统一受理旅游投诉举报，联合开展行政执法的综合执法机制。三是构建旅游安全体系。着力构建加强旅游安全工作的责任体系、制度体系、落实体系，探索建立责任分解、综合协调、监督检查、挂牌督办、约谈问责、目标考核、事故追责等七大机制，有效防范遏制涉旅重特大事故的发生，维护广大旅游者的合法权益，提升旅游综合满意度。四是建立健全旅游综合监管机制。旅游热点市县建立以游客服务中心为执法平台，各有关部门进驻中心联合执法的机制，查处一批违法违规经营者，形成了强大震慑力。制定实施《甘肃省旅游行业诚信建设管理办法》，对旅游经营单位诚信经营情况实行记录、定期公布，有力促进其树立经营意识，守法经营，规范经营。建立省级旅游景区门票会商制度，确保门票价格保持稳定。

九、大力倡导文明旅游，形成全社会参与推动文明旅游工作机制

一是建立文明旅游联席会议制度。甘肃省建立由 41 个部门为成员单位的文明旅游联席会议制度。各成员单位加强协作，横向联动，共享宣传资源，在旅游不文明行为记录采集、追责处罚等方面联手行动，形成推动文明旅游工作的合力。二是集中开展文明旅游主题宣传活动。连续 3 年在“5·19 中国旅游日”期间，开展“文明旅游

背包行”、文明旅游“双倡双劝”、文明旅游“随手拍”“提个醒”、文明旅游漫画展、“行万里路、做文明人”万人签字等活动，形成了强大的文明旅游声势，在全社会形成了弘扬文明旅游的新风。三是突出抓好重点人群文明旅游工作。突出抓好旅行社团队游客的宣传教育引导，提升游客文明旅游素质；突出抓好导游领队文明旅游的教育培训，提高导游领队人员文明旅游业务技能；突出抓好重点区域文明旅游工作，打造文明旅游宣传环境；突出抓好重点环节的文明旅游工作，杜绝不文明行为的发生；突出抓好重点时段的文明旅游工作，形成良好的文明旅游氛围，使文明旅游成为每位游客的自觉行动。

在今后的工作中，甘肃省旅游行业将认真贯彻党的十九大全会精神，全面落实省委、省政府决策部署和全国旅游工作安排，牢固树立创新、协调、绿色、开放、共享的发展理念，适应经济发展新常态，以全域旅游为统揽，以转型升级、提质增效为主线，积极推进旅游业供给侧结构性改革，推动旅游与文化等相关产业融合，催生新业态、新模式，不断提高旅游产品、服务的供给质量和水平，着力培育旅游投资、消费热点，促进全省旅游发展再上新台阶。

青海省

"十三五"以来，青海省旅游发展委员会认真学习贯彻党的十八大、十九大精神，认真学习贯彻习近平新时代中国特色社会主义思想和视察青海时的重要讲话精神，认真学习贯彻青海省委十三次党代会精神，按照国家旅游局和青海省委全面深化改革领导小组的部署要求，结合青海旅游业改革发展实际，以全域旅游为主线，以转型升级、提质增效为路径，以深化旅游供给侧改革为引擎，扎实推进旅游领域改革创新，取得新进展、新突破、新成效。

一、全省旅游业改革创新成果及做法

（一）高度重视，统筹把握旅游业改革创新

成立省旅游发展委员会全面深化改革工作领导小组，加强组织领导。下设改革办公室，明确改革牵头处室、配合处室职责。建立年度改革任务台账，加强宣传动员和督察督办，狠抓工作落实。领导小组紧紧围绕青海省委提出的加快"从经济小省向生态大省、生态强省转变，从人口小省向民族团结进步大省转变，从研究地方发展战略向融入国家战略转变，从农牧民单一的种植、养殖、生态看护向生态生产生活良性循环转变"的要求，在服务建设富裕文明和谐美丽新青海的大局中，提高站位，明确定位，找准旅游业改革发展的结合点，打造青海旅游经济升级版，以"四个转变"推动"四个扎扎实实"落地生根。

（二）突出重点，扎实推进旅游业改革创新

坚持"问题导向、大胆尝试、重点突破、统筹推进"的原则，持续深化旅游领域改革创新，取得新进展，实现新突破。

1. 在旅游体制机制改革创新上实现新突破。一是成立省旅游发展委员会，由省政

府直属机构调整为省政府组成部门，旅游统筹协调职能进一步强化。互助县成立土族故土园景区管委会，果洛州成立年宝玉则景区保护利用管理局，景区管理体制进一步理顺。二是新修订《青海省旅游条例》。明确规定，县级以上人民政府应当加强对旅游业发展的组织领导，建立健全旅游业发展综合协调机制、市场监管机制和考核评价机制；县级以上人民政府统一负责本行政区域内的旅游安全工作，建立健全旅游安全综合监督管理和救援保障体系；县级以上人民政府应当建立完善旅游投诉统一受理机制等。三是联合民营资本（力盟集团）设立国有控股的省旅游投资集团，由省旅游发展委员会履行监管职责，主要承担全省旅游及相关产业国有资源的优化配置、拓展开发、品牌打造、市场营销等职能，在推进混合所有制企业改革、培育市场主体方面做了有益探索。四是设立青海省旅游产业促进基金。经省政府批准，由省财政厅、省旅游发展委员会联合社会资本共同发起，设立青海省旅游产业促进基金，深化旅游投融资改革，拓展旅游投融资渠道，搭建多元化投融资平台，整合优质旅游资源，谋划、推出一批重大旅游投资项目，发挥财政资金示范和杠杆作用，吸引社会资本投资、建设、运营旅游项目。基金规模为10亿元。同时，以该基金作为母基金，设立若干个子基金，放大资金规模，预计融资总规模30亿元。五是成立青海旅游产业融资担保公司，为全社会市场主体投资旅游基础设施和旅游项目建设提供投融资担保服务。六是成立青海旅游职业教育集团。深入贯彻落实《国务院关于大力发展职业教育的决定》，由青海师范大学牵头，全省18所中高职院校、6家景区、30多家旅行社和五星级酒店共同组建青海旅游职业教育集团，以此为载体和平台，促进旅游高等教育与职业教育有机衔接，旅游教育与旅游产业融合互动，实现旅游专业产学研一体化发展，共同打造优势互补、资源共享、互惠互利、合作共赢的教育联合体，培养旅游行业技术技能型人才和复合型人才，为旅游业发展提供人才支撑和智力支持。七是省旅游协会与委机关脱钩，委托省旅游投资集团为召集单位。

2. 在全域旅游创新发展上实现新突破。一是创建全国自驾车旅游示范省。把自驾车旅游示范省建设作为发展全域旅游的模式创新、突破口和产业提升的重要抓手，立足青海旅游改革发展实际，依托得天独厚的区位、资源、交通、环境优势，联合国家开发银行青海省分行、中科院地理资源研究所，以2007年全国首个自驾车旅游规划《青海省自驾车旅游产品开发规划》为基础，以“一圈三线三廊道三板块”旅游发展新格局为指导，坚持“全域资源、全域规划、全境打造、全民参与”的总体思路，编制了《青海省自驾车旅游示范省发展规划》《青海省自驾车旅游示范省创建方案与系列标准规范》，以打造中国一流的自驾车旅游目的地为发展目标，以“一圈一环三廊五线六心多点”为格局，重点建设线路产品、营地、风景道、公共服务、安全保障、市场营销、环境保护、管理运营八大体系，统筹“通道＋景区＋城镇＋营地”的全域旅游要素，形成旅游业与关联产业的深度融合发展，通过自驾车旅游体系化发展，实现旅游全域化发展、自驾车营地建设标准与体系、自驾车旅游产品体系、自驾车旅游风景道体系、自驾车旅游运营模式、自驾车旅游扶贫模式六个方面在全国形成引领示范，打造国家全域自驾旅游示范区，带动青海旅游业转型升级。二是扎实推进全域旅游示范区创建。海北州成立了创建工作领导小组，制定了创建实施方案、三年行动计划、任务分工方案及全域乡村旅游暨休闲度假规划，组织实施了26个旅游基础和配套设施项目，完成投资7.6亿元。金银滩—原子城景区、祁连阿咪东索—卓尔山创建国家5A级旅游景区工作持续推进。与中国联通青海分公司签订了智慧旅游战略合作协议，制订了全域智慧旅游实施方案，投资800余万元，建设海北州旅游数据中心。组织开展了“十万山东人游海北”活动，配合举办了全国区域性红色旅游管理人员培训班。大通县成立了县旅游产业发展领导小组，制订了创建工作方案，修编了休闲观光农业和乡村旅游、旅游景区、冰雪旅游、森林旅游、土地利用、东部新城控制性等规划，出台了旅游奖励、扶持乡村旅游发展、加快文化旅游融合相关政策措施，完善了旅游厕所和旅游标识标牌，开发了一批乡村旅游、冰雪旅游项目。祁连县成立了创建工作领导小组，编制了全域旅游规划，建成了一批休闲度假旅游项目。贵德县、乐都区编制了全域旅游规划，制订了创建实施方案，召开了启动大会。

3. 在推进生态文明建设上取得新进展。加强生态保护建设，筑牢国家生态安全屏障，是青海义不容辞的责任。青海最大的价值在生态、最大的责任在生态、最大的潜力也在生态。生态环境是最宝贵的旅游资源，是旅游业发展的重要基础和必备条件，生态是青海最重要最可持续的品牌。近年来，我们把发展生态旅游作为“绿水青山”和“金山银山”的最佳结合点，围绕建设全国生态文明先行区，以联动的观念、开放的战略，推进生态环保，推进人与自然和谐共生。一是创建生态旅游示范省。贯彻落实《全国生态旅游发展规划（2016—2025）》，编制了《青海省生态旅游发展规划（2017—2025）》《青海省国家级生态旅游示范省创建方案》及《创建导则》，探索建立和完善旅游绿色发展机制，率先推进旅游绿色技术开发应用，率先实施旅游生态管制，推进节能减排示范点建设和推行旅游业能源管理，创新倡导绿色旅游消费，先行先试，将青海建设成为国家级生态旅游示范省、国家生态文明旅游先行区和国际知名的生态旅游目的地，为全国生态旅游发展创造一批典型经验。二是会同省环境保护厅，联合下发了《关于加强旅游生态环境保护工作的通知》，坚持尊重自然、顺应自然、保护自然，将扎扎实实推进生态环境保护摆在突出位置，把旅游业发展与生态环境保护有机结合起来，通过保护生态环境促进旅游业发展，通过发展旅游业更好地保护和改善生态环境，实现社会、经济和生态效益相统一。三是坚持生态保护第一、科学适度开发原则，推进三江源国家公园生态体验集约化、低碳化、绿色化。积极参与三江源国家公园实施方案的编制，对三个园区的实施方案提出了修改意见和建议，制定了《三江源国家公园访客管理办法》。

4. 在推进旅游供给侧结构性改革上取得新进展。一是规划引领、项目带动。《青海省“十三五”旅游业发展规划》安排重点项目 190 个，总投资 1400 多亿元。为推进该规划的实施，《青海省加快提升旅游业发展行动方案》围绕旅游业发展十大行动，提出了 3 年完成旅游重点项目建设、基础设施建设、支撑体系建设 3 个千亿元的投资目标，其中仅就旅游基础设施、公共服务设施、旅游新业态、产业融合等安排重点项目 273 个，总投资 1083 亿元。二是旅游投资势头强劲。2016 年，全省新建续建重点旅游项目 87 个，实现投资 83.9 亿元，超过了前 4 年的投资总和。全省新建成一批 A 级旅游景区，新建成一批宾馆饭店、游客中心、停车场、旅游厕所和自驾车营地，旅游保障水平明显提高，旅游项目的支撑作用明显。2017 年，计划完成投资 188.4 亿元。新华联国际旅游城、茶卡盐湖光影小镇、青海之窗文旅城、循化撒拉尔水镇等一批重大旅游项目相继开工建设。民间资本参与旅游业的积极性进一步提高，西宁市城南新区马佳肴文化博览园、南川文化旅游创意园及温泉中心、鲁沙尔文化产业园、中华枸杞养生苑等一批民间投资项目成为旅游发展新业态。三是搭建“旅游 + 金融”平台。与国家开发银行青海省分行等 6 家银行分别签订了战略合作协议。青海湖、茶卡盐湖、互助北山、贵德国家地质公园等景区与金融机构签订了合作开发协议，签约旅游项目 26 项，签约金额 400 亿元。四是实施旅游厕所革命。将厕所革命由旅游部门一家“独奏曲”拓展成多部门合作的“大合唱”，三年来，全省累计投资 1.036 亿元，改建、新建旅游厕所 1011 座，实施厕所建设管理“红黑榜”，有效缓解了游客“如厕难”的问题。五是加大冬春季旅游产品开发力度。深入挖掘冬春季旅游资源，精心打造冬春季旅游产品，推出了以“探大美奇景、赏大美冬韵、品大美民俗”为主题的“自驾畅游美景之旅、欢乐冬日冰雪之旅、乡村旅游美食之旅、民俗风情体验之旅、非遗宗教文化之旅、摄影采风美景之旅、户外健身挑战之旅、新春嘉年华节庆之旅、旅游行业大练兵、冬春季旅游优惠措施等”十大类百余项活动，全面展示青海省冬春季旅游新产品、新线路以及民俗、宗教、体育、冰雪、休闲、摄影等旅游新业态。六是着力扩大旅游消费。积极推进旅游与农业、工业、文化、体育等产业融合发展，培育新的消费增长点。推出省、州、县旅游必购品，打造出一批“青海名品”，形成适合不同消费群体的“青海礼物”，解决旅游购物“短板”。包装推出《古道传奇》《爱情的证悟》《天境祁连》《唐卡》等文艺演出，提升旅游消费水平。七是推进智慧旅游建设。建成青海省智慧旅游大数据平台及智慧旅游大数据服务中心、旅游产业运行监测系统、旅游行业管理系统、景区客流监控系统四个子系统，为旅游业科学管理和政府决策提供数据支撑。

5. 在乡村旅游精准扶贫上取得新进展。脱贫攻坚是一项重大政治任务，旅游作为惠民产业要在脱贫攻坚、改善民生中发挥重要作用。结合青海实际，我们把精准扶贫、精准脱贫作为工作的重中之重，作为促进共享发展的一个重要举措，让旅游发展成果更多地惠及民生。出台《关于加快发展休闲农牧业与乡村旅游的意见》和《青海省乡村旅游扶贫项目实施意见（2016—2020）》。会同省发改委、省扶贫局等部门，组织编制了全省乡村旅游富民工程建设规划，将旅游扶贫纳入全省产业精准扶贫规划。安排省旅游发展资金5060万元，扶持171个贫困村发展乡村旅游。在全省243个旅游扶贫重点村中，2016年有43个村实现脱贫、退出，2017年将有53个村退出。

6. 在旅游市场监管上取得新进展。创造性提出旅游“春潮行动”，将每年2月至5月底作为旅游行业整治旅游环境的专门时段、专项行动长期坚持下来，持续加大旅游景区、交通沿线环境综合整治力度。建立旅游市场综合监管联席会议、联合执法、联动协查督查督办、违法违规信息共享机制，规范旅游市场秩序。充分利用网站、微信、微博及省内媒体、机场、车站广泛宣传文明旅游公约、行为指南。联合省文明委、公安、工商、质监等部门，协同治理价格欺诈、恶性低价竞争等问题，改善文明旅游环境。遴选旅游志愿者和社会监督员履职尽责，传递诚信经营、文明旅游正能量。

7. 在推进区域旅游合作上取得新进展。青藏铁路沿线旅游推广联盟成立以来，对促进沿线区域旅游发展、提升区域旅游竞争力和国际知名度，发挥了很好的带动和纽带作用。沿线17个省区市围绕青藏铁路沿线丰富而独特的旅游资源，按照“资源共享、市场共促、形象共推、责任共担、效益共赢”的原则，共同促进青藏铁路沿线旅游交流与合作，共同构建沿线整体旅游品牌形象，积极整合开发以“美丽中国·天路之旅”为纽带、适合境内外游客的系列旅游产品，共同打造“北京至拉萨·宗教文化之旅”“上海至拉萨·江河思源之旅”“广州至拉萨·绿色生态之旅”“重庆或成都至拉萨·西部风情之旅”“西宁或兰州至拉萨·神奇天路之旅”等5条国际旅游新线路、新产品，进一步拓展了青藏铁路旅游境外客源市场。沿线各地积极借助联盟平台，广泛开展各项宣传推广活动，提升了各地精品旅游线路产品在境内外的知名度和影响力，吸引了越来越多的海内外游客感受“美丽中国·天路之旅”的魅力。

8. 在入境旅游市场开发上取得新进展。一是在韩国首尔、中国香港湾仔地铁等投放广告，展示大美青海旅游形象。二是邀请西班牙、意大利、马来西亚、印度尼西亚、加拿大、奥地利、日本、英国等媒体及旅行商来青采风。与全景客公司合作，完成VR360拍摄并在西班牙国际旅展上投放。与携程旅行网合作，邀请国际旅游达人来青，举办CTF中国旅行者大会。三是举办“美丽中国——大美青海”丝路行暨青台交流活动，与台湾旅行业品质保障协会、台湾旅行商业同业公会总会、台北市旅行商业同业公会、高雄市旅行商业同业公会签署了一系列合作协议。举办中国·青海国际生态旅游创新发展分享会，发布“西宁宣言”。四是与英国ABTA旅游者协会杂志社合作，出版《国家地理旅客杂志——青海指南》。

二、把旅游业改革创新不断引向深入

当前和今后一个时期，我们要认真学习贯彻十九大精神，面向新时代，围绕解决人民日益增长的美好生活需要和不平衡不充分的发展之间的矛盾，深入实施全国旅游业“515”和“三步走”战略，以“持续打造大美青海、努力建成旅游名省”为目标，以全域旅游为引领，以“转型升级、提质增效”为路径，以“旅游+”为重要抓手，全面深化旅游业改革创新，做大做强旅游优势产业、特色产业，更好满足人民美好生活需要。

（一）深化旅游业体制机制改革

继续推进省及市州旅游行政管理体制改革，进一步强化旅游统筹协调职能。根据需要，在重点地区、景区设立旅游警察、旅游巡回法庭和工商旅游部门。扎实做好贵德县创建国家级旅游业改革创新先行区申报准备工作。切实研究解决青海湖景区管理体制改革问题，加强景区管理，提升服务水平。

（二）建设完善投融资平台

加大对省旅游投资集团等龙头企业的支持，加快市场化运作，利用贷款贴息、融资担保、债权、股份合作等多种金融杠杆，引导社会资本尤其是民营资本进入旅游产业。扩大省级旅游产业发展基金规模，进一步发挥资金杠杆作用，切实解决旅游企业融资难、担保难等问题。积极推进省旅游投资集团上市工作。

（三）推进全域旅游发展

编制《青海省全域旅游发展规划》，在全省层面，在原有品牌塑造、景区建设基础上，按照“全域景区化”发展理念，把青海作为一个“大景区”规划和建设，在铁路、公路、机场、主体功能区、美丽乡村、小城镇建设、乡村旅游、旅游扶贫、老工业企业转型升级等方面统筹协调，促进一二三产业融合发展。根据国家旅游局《全域旅游示范区创建工作导则》，推进全域旅游示范区创建工作。组织实施《自驾车旅游示范省创建方案》《生态旅游示范省创建方案》，落地生根，开花结果。

（四）推进旅游+农业发展

制订全省旅游与农牧业融合发展实施方案，大力实施“乡村振兴战略”，以打造休闲农牧业为抓手，推动休闲旅游规模集聚和产业化经营，大力发展休闲度假、创意农业、农牧体验、乡村民宿等新业态。鼓励社会资本有序开发休闲农庄、乡村酒店、特色民宿、自驾露营、户外运动等乡村休闲度假产品，开发富有地方特色的民俗演艺、农事体验项目，培育壮大休闲旅游产业。

（五）推进旅游＋工业发展

制订促进工业与旅游融合发展的实施方案，重点发展工业旅游、盐湖旅游、游艇旅游。

（六）推进旅游＋文化发展

制订文化旅游融合发展实施方案，依托非物质文化遗产、传统村落、文物遗迹及美术馆、艺术馆等建设一批文化旅游项目。鼓励文艺团体和专业院团与旅游集散地、重点景区合作，打造形式多样、游客喜闻乐见的演艺剧目，提升旅游消费水平。

（七）推进旅游＋体育发展

制订体育旅游发展实施方案，促进冰雪、水上、航空、山地户外、汽摩和自驾运动、体育旅游等健身休闲产业发展。

（八）推进旅游＋养生发展

制订康养旅游实施方案，推进养生保健和休闲旅游深度融合发展，培育开发一批特色医疗、中藏医健康保健、温泉养生等新产品和新业态。

宁夏回族自治区

一、全域旅游方面

（一）推动全域旅游发展方面提出的新理念、新战略、新目标、新机制、新做法

2016年7月，习近平总书记来宁夏视察期间，做出了“发展全域旅游，路子是对的，要坚持走下去”的重要指示，开启了中国全域旅游发展的新纪元，为我区旅游业发展指明了方向。2017年以来，我们坚持按照“全景打造、全业融合、全时体验、全民参与”新模式，全力推进全域旅游示范区创建。6月份，我区第十二次党代会提出“加快全域旅游示范区建设，把旅游业融入经济社会发展全局，打造西部独具特色的旅游目的地”，将旅游业摆在了更加突出的位置，进一步表明了自治区党委、政府发展全域旅游，加快全域旅游示范区建设的坚强决心。面对新形势、新任务和新要求，为深入贯彻落实党的十九大和自治区第十二次党代会精神，统筹指导全域旅游示范区建设，自治区党委、政府决定在11月27日召开全域旅游推进大会，届时党委、政府主要负责同志将出席会议并讲话，进一步安排部署全域旅游示范区创建工作。同时，我们起草完成了《自治区党委人民政府关于加快全域旅游示范区建设的意见》，计划在大会召开时印发，进一步明确按照“全景覆盖、全业融合、全时体验、全民参与”模式，把全区作为一个大景区来规划建设，全力打造西部独具特色的旅游目的地。

（二）促进旅游管理体制改革、综合协调、体制机制创新、行政管理创新方面的举措及效果

为进一步强化政府统筹促进旅游发展的职能，保护和合理开发利用旅游资源，紧紧围绕旅游新业态、旅游综合协调机制、旅游规划、旅游市场监管等重点、难点问题，

全委研究修订《宁夏回族自治区旅游条例》，为宁夏回族自治区在新常态下进一步深入推动全域旅游发展、促进全区旅游业健康持续发展营造了良好的法治环境。深入推进“十百千万”旅游服务质量提升工程，评选出全区“十佳”旅行社和星级旅游饭店，形成了比学赶帮超的良好氛围。宁夏回族自治区导游范城在第三届全国导游大赛中荣获总决赛银奖（西北五省区唯一挺进十强选手）。

（三）旅游与财政、金融、国土、工商、物价等相关部门、领域政策和行动的综合协调问题

加强旅游与财政、文化、体育等部门联合，在政策、资金、人才等方面深化合作，加大财政资金支持、联合办赛、制定政策等方面的推进力度。安排自治区旅游发展专项资金 1.35 亿元，主要用于旅游宣传促销、同心韦州、盐池长城、灵州古城等重大旅游项目建设，安排地方政府债券资金 2 亿元用于全域旅游示范区建设工作。与金融、国土、工商、物价等相关部门深入对接，在制定起草《自治区党委自治区政府关于加快实施全域旅游发展的若干意见》时充分吸收相关意见，形成政策支持合力。

二、改革试点方面

（一）在国家级旅游改革创新先行区、国家公园试点建设、旅游扶贫试验区等各种改革试点方面的思路和做法

1. 国家级旅游改革创新先行区建设情况。中卫市抢抓作为国家级旅游改革创新先行区的重要机遇，把全域旅游纳入旅游业改革创新先行区创建工作中，按照《国家级旅游业改革创新先行区建设管理办法》（旅办发〔2017〕41 号）、《国家旅游局关于认定第二批国家级旅游业改革创新先行区的通知》要求，以新思路、新举措推动旅游业改革创新先行区创建。

一是优化顶层设计。编制完成了《中卫市全域旅游发展行动规划》，明确构建“一核、两翼、三带、四区、六线、多节点”空间布局的发展思路。制定出台了《关于加快全域旅游示范市创建工作的意见》和《全域旅游创建工作推进方案》，确立了空间布局和发展路径。成立了全域旅游工作领导小组，专门研究解决涉及资金、资源、规划等事关全局性、政策性、导向性、创新性、监管性的重大事项。

二是狠抓项目建设。开工旅游项目 57 个，累计完成投资 36.5 亿元。建成沙坡头水镇、大漠边关、中宁车门沟等新景区。实施沙坡头、腾格里金沙岛、腾格里金沙海等景区的提质扩容项目，腾格里金沙海景区的火车旅馆、沙漠帐篷星辰酒店进一步丰富了全市休闲度假产品。沙坡头南岸丝路度假半岛生土度假村、国际滑沙场扩容及扶梯改造、沙坡头沙漠沙世界、夏华、鸣沙移民新村乡村旅游客栈、中宁生态连城黄河

过境段、海原非遗传承基地等项目按计划加快推进。

三是推进产业融合。借助云天产业园建成“云端中卫”体验中心；引进北京世宽公司开发中卫网景游戏“冬日威胁”项目，通过将景区旅游要素以游戏道具植入互联网，形成景区产品供销一条线；深化与农业融合，新建乡村旅游点7个，投资6000余万元建设鸣沙移民新村乡村旅游客栈项目和童家园子农家乐示范点改造提升项目；深化与文化融合，投资9000余万元的“沙坡头盛典”大型演艺节目已完成公司注册、组建、剧本创作，正在推进剧场改造、节目排练等工作。深化与医养融合，积极开展了“国家中医药健康旅游示范区”创建工作，建成集枸杞鲜果采摘、中药材种植、中药美容保健、观光旅游于一体的中宁枸杞万亩观光园。深化与体育融合，先后举办了环青海湖国际公路自行车赛中卫赛段、全国大漠健身运动大赛、2017丝绸之路拉力赛等知名体育赛事，有效提升了中卫的知名度和美誉度。

四是拓宽营销渠道。紧盯市场，加大投入，深化宣传营销，进一步推进营销宣传工作的精准化和效益化。成立中卫市旅游宣传营销中心，以重点景区营销宣传人员为基础，吸纳优秀人才、专业人才进入营销队伍，增添活力。引进陕西骏途电子商务公司与中卫相关景区共同组建中卫旅游快乐西游电子商务公司，旅游天猫“中卫旅游旗舰店”正式上线运营，形成了线上营销新机制。先后在甘肃、陕西、重庆、四川、福建等地开展专场宣传营销10余场次。在中央电视台、北京T3航站楼、北京660条公交班线车载电视、银川至敦煌沙坡头旅游列车投资1500余万元开展了旅游形象宣传营销。同时加强与《爸爸去哪儿》第四季、极客出发、速度与激情、七十二层奇楼等品牌真人秀专题节目的合作，沙漠水城、休闲中卫的品牌影响力不断提升。

五是创新管理机制。建立“1+3+N”管理服务机制。成立了市旅游发展委员会、市旅游警察分局，创新宁夏沙坡头旅游产业集团的管理模式，提升了规格，打通了与机关事业单位人员互通的渠道。强化了旅游统计工作新机制的实践探索，强化了旅游联席会议制度的作用，加强旅游市场监管服务力度，深入开展旅游市场综合治理和执法检查活动。

六是强化队伍建设。积极实施“十百千万”工程，协调组织开展全市旅游饭店星级标准培训班，促进全市饭店宾馆从业人员业务素质提升，树立饭店行业良好形象。组织乡村旅游点和农家乐代表负责人赴陕西省礼泉县袁家村、周至水镇、马嵬驿、岐山北郭村进行实地观摩学习，推进中卫乡村旅游发展，更好地适应全域旅游发展需要。此外，组织开展了导游（讲解员）大赛、导游词（讲解词）大赛、饭店服务技能大赛，其中沙坡头景区2名导游代表自治区参加全国第三届导游大赛，一人进入前10名，被授予全国青年服务标兵荣誉称号；开展了特色旅游街区、旅游购物店创建活动，高庙历史街区、旅游新镇、沙坡头水镇被列为自治区特色旅游街区，开展了文明旅游创建活动，在重点景区开展了党员“三亮三争”活动，游客满意度进一步提升。

2. 旅游扶贫试验区建设情况。2000 年 4 月，国家旅游局商国务院扶贫办、国家计委、财政部等部委批准建立了全国第一个“旅游扶贫试验区”。我们坚持富民优先和生态优先原则，改革体制抓管理，创新理念抓规划，突出特色抓建设，转变机制抓服务，宣传推介抓营销，在旅游发展、产业联动、扶贫增效、农民增收等方面取得了一定成效。

一是成立机构，明确责任。自治区党委、政府成立“六盘山旅游扶贫试验区开发建设管理委员会”。出台《关于进一步加快旅游产业发展的意见》，编制完成《宁夏六盘山旅游扶贫试验区建设方案》，修编完成了《固原市旅游产业发展总体规划（2014—2025）》《宁夏六盘山旅游扶贫试验区扶贫开发建设规划》，设立旅游发展专项资金，累计投入各类资金 3 亿多元，开发建设 10 多个旅游景区，发展旅行社、星级宾馆、农家乐 200 户，旅游从业人数达到 2 万多人。

二是加大基础设施建设，健全产业要素。加大固原市道路交通等基础设施改善力度，初步形成了铁路、高速公路、航空等立体交通网络。加快城市建设步伐，发展壮大商贸流通、餐饮住宿、交通运输等服务业，带动特色村镇发展。在旅游扶贫带动下，固原市各项社会事业呈现齐头并进、协同发展的良好局面，社会综合效益显著提升。

三是强化宣传营销，打造旅游品牌。组织景区、旅行社、宾馆饭店“走出去”召开旅游推介会，邀请主要客源地城市媒体、旅行社来固采风踩线，并在西安、银川设立“六盘山旅游办事处”，及时为当地旅行社和旅游者提供信息服务；开通银川、西安“六盘山旅游直通车”；整合五大景区优惠政策积极推出了“六盘山旅游一票通”。改版升级六盘山旅游网，实现网上预订、在线互动，与国内大型旅游营销网站链接和合作推广，六盘山旅游手机 APP 系统和微信公众平台上线运行。

四是推进多业融合，带动扶贫增效。引导景区贫困人口参与发展农家乐、果树采摘、花卉观赏等旅游项目和制作销售手工艺品、土特产品等方式，深度推进旅游产业与其他产业和扶贫开发融合。同时，旅游景区周边众多群众通过参加景区设施建设、参与旅游项目经营服务实现了脱贫致富，有效探索了少数民族贫困地区旅游产业发展与解决“三农”问题途径，走出了一条新型扶贫之路，实现了旅游带动扶贫。试验区建立以来，全市接待游客人数和旅游社会总收入每年以 20% 的速度递增。

（二）旅游规划方面的改革

立足全区旅游业发展实际，以自治区党委、政府名义研究制定了《关于加快实施全域旅游发展的若干意见》等政策文件，特别是首次以自治区政府名义制定出台了《自治区全域旅游发展“十三五”规划》，全域旅游成为自治区党委、政府重点推动重点战略举措，旅游业融入经济社会发展全局的进程不断加快。启动《宁夏全域旅游发展总体规划》《宁夏东部环线旅游发展规划》《宁夏乡村旅游指南》编制工作，进一步从顶层设计入手，完善全域旅游发展路径。扎实推动旅游规划融入“多规合一”范围，纳入宁夏经济社会发展、空间规划、城乡建设、土地利用、基础设施建设和生态环境保护等相关规划中，实现无缝衔接、同步实施。

三、产业促进方面

（一）围绕“旅游+”战略，在调动各种资源、资本投入旅游领域发展与开发方面的政策举措

以自治区党委、政府名义制定出台了《关于加快实施全域旅游发展的若干意见》《全区全域旅游发展“十三五”规划》等政策文件；起草完成了《自治区党委人民政府关于加快全域旅游示范区建设的意见》，将于近期印发执行，在一系列政策文件中对于加快“旅游+”战略予以明确，进一步从政策导向上对加快旅游与相关产业融合发展予以支持，对于取得突出成果的，将给予相应的资金及政策支持。

（二）促进旅游业态创新、融合等方面的举措及效果

充分发挥“旅游+”综合带动功能，着力拓展新领域、发展新业态、打造新优势。推动旅游与传媒融合发展，创新实践“旅游+广播”宣传营销新模式，精心策划创办了宁夏首个专业旅游广播频道FM103.7，并在全区范围内实现全频覆盖，为更多游客感知宁夏、畅游宁夏搭建起信息平台。推动乡村旅游融合发展，按照“一村一品”理念，依托当地特色产业、文化底蕴等核心要素，全面启动实施贺兰县四十里店等10个特色旅游产业示范村规划设计工作，稳步推进基础设施建设，打造全区乡村旅游“升级版”，让游客望得见贺兰山、看得见黄河水、记得住塞上江南风情。推动旅游与工业融合，鼓励工业企业利用废弃矿山、工厂，开发遗产观光、创意文化等旅游项目，精心打磨提升贺兰山“1958”、石嘴山煤城记忆等工业特色旅游产品，丰富旅游供给。推动旅游与餐饮融合发展。依托建发·大阅城城市综合体项目，探索推进“旅游+美食+娱乐+休闲+购物+夜游观光”创新模式，打造独具特色的宁夏观光夜市文化旅游品牌，留住游客脚步，带动消费增长。推进体育与旅游融合发展，依托我区特有的沙漠、山地等自然景观，加大与各类体育赛事的嫁接融合，发展体育健身娱乐、体育赛事观赏等项目，沙坡头旅游景区荣获2016年中国体育旅游精品项目、全国大漠健身运动大赛被评为体育旅游精品赛事。盐池长城观光景区入选17个全国通用航空旅游示范工程之一。

（三）旅游投资机制、类型、模式、数量、重大项目等方面的情况

2017年开工建设旅游项目129个，总投资63.95亿元，与2016年同期相比增长

40% 和 32%。有 5 个入选自治区 80 个重点建设项目名单，为历年之最。截至目前，5 个自治区重点旅游项目完成投资 38 亿元，在旅游投资建设中起到了重要的示范引领作用。

（四）国有旅游企业改革及旅游企业集团发展的最新情况

宁夏旅游投资集团旅游发展公司以股份公司的形式联合自然人吴玉容（现公司董事长兼法人）、西安民航凯亚科技有限公司、宁夏沙坡头旅游产业集团有限责任公司、敦煌智慧旅游有限责任公司、浙江深大智能科技有限公司，共同组建宁夏丝路风情旅游网络股份有限公司，旨在打造一家专注于旅游目的地智慧旅游建设运营、智慧旅游大数据服务、旅游信息化建设的创新型服务企业。该公司被列入“员工持股稳妥发展混合所有制经济”试点单位。一方面，公司积极拓展了在线旅游资源方市场，加强与景区、农家乐等资源方联系与沟通，与沙湖、天沐温泉小镇等景区签订了具有优势的线上价格以及线路优势，并根据提供的线路和服务，有针对性地开展进行产品组合、营销。利用自身优势积极开展合作，包括媒体优势、模式优势等，与涉旅企业开展合作，包括旅行社、俱乐部、OTA、系统集成公司等，实现资源共享，互利共赢。在系统集成及智慧旅游建设基础上开展旅游电子商务业务。另一方面，公司通过加快项目推进，进一步完善全域旅游信息服务体系。2017 年，公司成功实施了通湖草原、中卫金沙岛、滚钟口、花溪谷、固原须弥山等景区智慧化建设项目的智慧化建设及运营。通过数字门禁系统、Wi-Fi 系统、数字监控系统、智能化数字监控中心等项目建设内容打通所有通道，全部景区可以实现宁夏智慧旅游网平台发布的验证码或二维码验证进入，保证了旅游收入以及最重要的旅游大数据留在了电商平台系统，而且保证了宁夏智慧旅游网电商平台能够按照统一标准、统一规范、统一接口的原则，与景区资源实施无障碍性连接。2016 年，宁夏旅游投资集团旅游发展公司以股份公司形式发起设立宁夏观光夜市文化旅游股份有限公司，整合宁夏特色美食，营造宁夏地域文化特色就餐环境，统一经营管理，利用互联网技术实现统收银结算，统一食材供应，一方面保证夜市的食品安全以及品质，为游客的娱乐消费提供了方便；另一方面也展现了宁夏地域文化和餐饮文化，从而进一步带动宁夏特色农产品、餐饮的输出，丰富了旅游业态，扩大宁夏旅游的影响力。宁夏观光夜市通过把握市场讯息，掌握市场焦点，充分利用政府资源、社会活动资源、媒体资源，带动各种活动拉动人气。宁夏观光夜市不仅仅是简单的美食集合地，而是要扮演“老银川底片、新都市客厅”社会角色，经过一系列大型主题活动，为聚集人气、营造商业气氛扩大观光夜市在全国的品牌知名度起到了很大的作用。2017 年 1—10 月累计接待区内外游客 150 万人次。

四、对外开放方面

(一) 促进入境旅游市场开发等方面的举措及效果

近年来，宁夏旅游确定了深耕港澳台成熟市场、重点关注东南亚热点市场、努力开拓中东新兴市场、大力挖掘欧美远程市场的境外营销思路。旅游部门和企业通过赴境外营销、加大广告投入、精准定位客源等一系列有效措施，打造全域旅游宁夏品牌，有效提升了游客对宁夏旅游的认知和认同，形成了立体“织网”式营销模式。2017年1—9月宁夏共接待入境游客 49363 人，实现外汇收入 3012.21 万美元，分别同比增长 33.94% 和 42.58%。

一是加大旅游海外形象推广力度。依托国家旅游局组织的各类赴境外宣传推广平台，赴中国港澳台、法国、德国、英国、新西兰、澳大利亚、加拿大、美国、新加坡等国家及地区开展宁夏旅游形象推广。除此之外，为深度宣推宁夏丰富的旅游资源，还分别组织大型组团社、旅游景区等旅游业界赴加拿大、美国、墨西哥、埃及、阿联酋、阿曼、新加坡、马来西亚、印度尼西亚等 10 多个国家开展自主宣传推广，鼓励宁夏旅游业界“走出去”，在海外线上线下多个平台投放宁夏旅游系列广告，逐步提升了宁夏旅游形象在重点客源市场的知名度和美誉度。

二是大型节庆活动宣传效果明显。我们依托中国—阿拉伯国家博览会平台，已经连续举办了 3 届中阿旅行商大会，每届大会都有超过 20 个国家和地区的旅行商来宁参会，大会通过旅游推介、B2B 和 O2O 洽谈、实地考察等系列活动，全面展示了宁夏旅游资源。2016 年，宁夏还成功举办了中美旅游高层对话活动，国家旅游局和美国旅游推广局认为是历届最成功、最出彩的一届盛会。特别是 2017 年中阿旅行商大会，在参会人员、项目洽谈等方面取得更加务实的成果，办会规模和效果持续提升。

三是开启航空 + 旅游模式，建设空中丝绸之路。截至目前，我区开通至国外 10 个航点的 11 条国际航线。包括银川至阿联酋迪拜、泰国曼谷和普吉岛、日本大阪和名古屋、马来西亚吉隆坡、越南芽庄、柬埔寨、新加坡、中国台北等国际（地区）定期航线航班，极大地便利了宁夏与“一带一路”沿线国家旅游往来。围绕这些航线，宁夏旅游委积极锁定目标客源市场，近几年分别赴阿联酋、阿曼、卡塔尔、文莱等国家和地区开展“美丽中国 · 神奇宁夏”专场推介会，与阿联酋航空签署了合作备忘录，成立了宁夏旅游（中东）、美国、中国台湾和中国香港营销中心，加大在上述国家和地区的旅游营销投入，按照“航线开到哪儿，营销跟到哪儿”的境外营销思路锁定境外客源市场，成效显著。2017 年 8 月中旬至 11 月，印度尼西亚伊华旅行社组织 2000 多名东南亚游客通过 16 架次“雅加达—鄂尔多斯—宁夏”旅游包机赴宁进行 3 晚 4 天的深度体验游。新加坡华运旅游公司组织开通宁夏、新疆双向对开新东方旅游专列，串联丝绸之路精品线路。这将是迄今为止我区接待的规模最大的入境旅游团队，也是宁夏多项举措开拓入境旅游市场成效的集中显现。

四是提升了宁夏旅游市场的国际化程度。在客流量较大的景区设置了英语、阿语、韩语等多语种的导览牌、解说牌、警示牌、标示牌和服务指示牌；对高速公路标识牌进行了统一规范的翻译和制作，为国内外游客游览提供了便利。翻译印制了英文、阿文、日文、韩文等多语种宣传资料和音乐风光片，全方位多层次展示宁夏旅游形象。并对全区旅游从业人员进行了英文、阿文专题培训，全面提升从业人员自身素质和服务水平。

（二）通过旅游实现“一带一路”战略方面的举措及效果、促进跨境旅游合作的举措及效果

一是打造中阿旅行商大会品牌，助推“一带一路”倡议。在2013年、2015年成功举办两届中阿旅行商大会的基础上，2017年高水平举办了中阿旅行商大会，大会由国家旅游局和宁夏回族自治区人民政府共同主办，邀请“一带一路”沿线国家旅游部门和旅行商参会，搭建平台，洽谈合作，互送游客，实现共赢。经过3届的打造，中阿旅行商大会已经逐步发展成为“一带一路”沿线国家旅行商了解中国、了解宁夏，开展互送客源的品牌活动。高水准与海南省联合举办“沙与海的对话”主题活动，进一步加深了两省区在推进全域旅游探索发展方面的联系，极大促进旅游市场共享、信息互通、互动互联。

二是“驾越丝路·中阿巴友好万里行”国际自驾活动成功举办。为进一步加强与“一带一路”沿线国家和地区的旅游交流合作，“驾越丝路·中阿巴友好万里行”国际自驾活动于2016年9月24日从银川出发，全程37天，行程11000公里，车队编组国内段30辆，国际段20辆。活动期间，在巴基斯坦举办了“行走在中巴友谊中——中巴友好联谊及旅游交流活动”，有力地促进了宁夏与巴基斯坦的旅游交流，为中国和巴基斯坦建交65周年献礼。在迪拜举办了“驾越丝绸之路·中阿巴友好万里行”胜利抵达收官仪式暨旅游推介活动，推进中阿巴文化旅游交流合作。活动得到了沿途各级政府的高度重视和民众的热烈欢迎，传递了友谊、增进了了解，加强了交流，对于弘扬丝路精神，提升宁夏旅游知名度，推动中阿巴旅游线路相通、旅游交流合作、促进共同发展具有重要意义。

三是“请进来”+“走出去”加强交流合作。邀请土耳其、新加坡、马来西亚、印度尼西亚等“一带一路”沿线国家和地区旅行商来宁采风踩线，并组织宁夏旅行社举办座谈会，推进与“一带一路”沿线国家实现客源互送。围绕阿联酋航空开通迪拜—银川—郑州航线，赴阿联酋、阿曼、卡塔尔开展“美丽中国·神奇宁夏”旅游宣传推广活动，成立了宁夏旅游（中东）营销中心，以迪拜作为联结宁夏乃至全国与中东地区的中转站和支点，常态化进行宁夏旅游宣传展示。在2016中阿博览会走进埃及活

动周期间，举办“美丽中国·神奇宁夏”旅游推介活动，全方位立体展示宁夏旅游形象，同时还赴迪拜、东南亚、北美等“一带一路”沿线国家开展专题推介，进一步促进双向旅游交流合作。积极参加国家旅游局组织的丝绸之路系列推广活动，在线上线下平台，投放系列广告，借助海外媒体扩大影响，展示良好形象，进一步深化了与丝绸之路沿线国家市场旅游交流合作。

（三）配合国家旅游外交的情况

一是成功承办了由海旅会和台旅会共同主办的第七届海峡两岸旅游交流圆桌会议，通过旅游推介、项目签约、高端演讲、实地考察等系列活动，全方位展示了宁夏独特的旅游资源和民俗风情，进一步深化了与台湾旅游交流合作，得到了国家旅游局和台旅会的充分肯定和高度评价，认为这是圆桌会议历史上最有特色、最富成效的一次大会。

二是成功举办由国家旅游局和美国旅游推广局共同主办的中美旅游高层对话。9月8—12日，来自中美两国旅游主管部门、业界和新闻媒体代表近300人参加了会议，中国国家旅游局局长李金早、自治区主席咸辉、美国商务部旅游旅行办公室执行主任柯凯丽、美国国家旅游推广局总裁汤炳坤出席会议并致辞，自治区副主席王和山全程出席会议。中美旅游业界代表还围绕全域旅游实践、中美旅游年新机遇、中美旅游市场推广实践、中美自驾车房车旅游和营地建设等议题进行了深入探讨。国家旅游局与美国旅游推广局签署《中美旅游合作行动计划》，自治区旅游发展委和美国传奇智旅公司签署合作协议，宁夏旅行社代表与美国旅行商签署客源互送合作协议。通过旅游推介、对接交流活动、中美乡村音乐会、资源考察等系列活动，进一步深化了中美旅游交流合作成果，国家旅游局和美国旅游推广局对中美旅游高层对话的举办给予了高度评价，认为是历届最成功、最出彩的一届盛会。

三是借助中美旅游年活动，由自治区分管副主席带队出访美国、加拿大、墨西哥三国，拜访了美国商务部旅游旅行办公室、美国旅游推广局等部门，对接沟通了中美旅游高层对话筹备工作，得到了美方的大力支持；在渥太华、洛杉矶、墨西哥城分别开展旅游推介会和座谈会，成立了宁夏旅游（美国）营销中心，促使宁夏旅游在美国落地，得到了国家旅游局相关业务部门的认可，圆满完成了出访任务。

五、促进消费方面

（一）落实带薪休假的举措及效果

以自治区党委、政府名义研究出台《关于加快实施全域旅游发展的若干意见》，其中第三十三条落实带薪休假制度中明确指出：“着力打破旅游消费的时间制约，进一步释放旅游消费潜力。鼓励机关事业单位和企业根据自身实际，将带薪休假与地方特色活动、民族传统节日相结合，安排错峰休假。鼓励弹性作息，有条件的地方和单位可根据自身实际，依法调整优化夏季作息安排，为职工周五下午与周末结合外出休闲度假创造条件。”

（二）促进旅游购物、增加旅游消费的举措及效果

组织开展以“全域旅游惠及全民”为主题的中国旅游日惠民活动，全区先后举办各类主题活动 100 余项，推出旅游惠民措施 100 余条，3A 级以上景区、各组团社积极参与，极大地激发人民群众的旅游热情。连续开展“八闽亲人宁夏游”“金色五月免费游宁夏”“金色九月游宁夏”、冬季景区半价旅游等旅游惠民活动，有效吸引了更多游客走进宁夏、畅游宁夏、体验宁夏，带动增加旅游消费。组织开展宁夏旅游商品文创季活动，加快推进旅游商品研发中心（基地）建设，举办全区旅游商品评选活动，有效激发旅游商品生产企业的创新动能。修订出台《引客入宁旅游项目以奖代补管理办法》，安排 1000 万元奖励资金吸引旅游企业以包机、专列、自驾等方式组织游客来宁旅游，有效发挥了“四两拨千斤”的撬动作用。在全国率先推出首张 199 元省级旅游惠民卡，全区群众以最优惠价格全年无限次免门票畅游 31 个区内景区，积极推动打破门票经济壁垒，带动提升旅游综合消费。

（三）促进研学旅游、老年旅游发展等方面的举措及效果

围绕学生、老年人等群体，开发更多更加符合需求的特色旅游产品，策划开展“百万学子游宁夏”系列活动，结合旅游惠民带动研学旅游快速发展。

六、公共服务方面

（一）旅游数据中心建设及旅游统计改革的情况

旅游数据中心建设方面，坚持以“一个中心、三大体系”总体目标，建设宁夏旅游数据中心和固原市旅游数据分中心和部分旅游企业的数据平台，初步建立了“区旅游局—市旅游局—景区”三位一体的宁夏旅游数据中心体系。目前系统沉淀数据中心涉及 15 个大类，111 个子类，25 万多条数据。

一是以国家旅游局《“十三五”全国旅游信息化规划》为指引，以自治区党委、政府“建设智慧宁夏，打造八朵云”的具体目标为落脚点。坚持“以游客为本”的原则，依据全域旅游发展理念和“智慧宁夏”发展目标，构建宁夏旅游数据中心。二是编制完成《宁夏旅游信息化规划》，确定了“一个中心、三大体系”（宁夏旅游基础数据中心、宁夏旅游公共信息服务体系、宁夏旅游产业管理体系和宁夏旅游市场营销推广体系）的总体目标。三是立足自身人才的培养，全程参与系统建设。为让旅游数据中

心效能得到最大化的发挥，在系统建设过程中从建设方案的制订、系统建设、系统测试全程安排工作人员参与，既掌握了数据中心的技术内核，也培养了操作使用人才，使宁夏旅游数据中心在宁夏全域旅游创建中的聚合效应日益凸现。旅游统计改革方面，一是加快旅游统计制度方法改革，推动“三个覆盖”，即旅游统计的范围从单一“景点旅游”向“全域”覆盖；旅游统计职能从单一旅游统计处室向旅游部门内部业务处室全覆盖；旅游统计领域从单一的旅游部门向涉旅部门（单位）全覆盖。

二是推动旅游统计逐渐由部门统计纳入政府统计范畴。主动对接自治区统计局，扎实推进统计体系改革，建立4+ N模式，在系统建立起来后实现统计基础数据的共建共享。三是研究推进旅游卫星账户，为建立宁夏旅游综合统计核算系统做好准备。通过研究旅游卫星账户为准确反映旅游业对我区GDP的贡献，解决五大指标无法和国民经济核算体系比较的问题。在旅游卫星账户体系的基础上建立宁夏旅游统计核算体系，在一般宏观经济分析意义上实现旅游经济与其他产业的可比性。目前已经初步完成《宁夏全域旅游产业的界定办法》《宁夏全域旅游产业抽样调查方案》《宁夏全域旅游产业概念和指标解释》的编制，正在对相关办法和方案进行修改完善。

（二）各级旅游部门在解决旅游价格欺诈、恶性低价竞争等问题以及旅游诚信制度建设方面采取的举措及效果

一是扎实开展“不合理低价”专项行动、“暑期整顿”两大专项行动，围绕我区旅游市场秩序和游客反映强烈的突出问题，加大市场检查规范力度。全区旅游质监执法机构共出动人员360余人次，检查旅行社170家，发现和整改问题50余件，行政处罚5件。

二是联合自治区公安厅、工商行政管理局开展旅游市场秩序综合整治活动，联合印发《关于联合开展旅游市场秩序整治的通知》（宁旅发〔2017〕72号），并通过网络和媒体向社会公布，对违法违规从事旅行社业务的QQ、微信等户外群形成震慑作用。

三是先后在《新消息报》质监执法专栏刊登《旅游投诉欢迎拨打12301》《微信旅游难保障奉劝“亲”们慎选择》等通知消息，警示游客慎重选择微信群、户外群等新兴出行方式，仔细甄别低价旅游陷阱，提示游客文明旅游、理性投诉。同时建立“宁夏旅游执法”“宁夏旅游安全”微信群每天开展普法宣传和安全提示。

（三）解决景区门票价格问题的举措

策划开展了“金色九月半价游宁夏”等系列旅游惠民活动，吸引外地游客来宁旅游；在全国率先推出首张199元省级旅游惠民卡，全区群众以最优惠价格全年无限次免门票畅游31个区内景区。

（四）在改善旅游基础设施、推进旅游厕所革命、景区道路、咨询中心、旅游公路、旅游公共服务建设等方面的举措及效果

持续深入推进“旅游厕所革命”，开工建设“旅游厕所”185座，5A级旅游景区第三卫生间实现全覆盖，全区4A级以上景区标准化厕所达标率100%，3A级以上景区标准化厕所达到90%以上。我区在第四届全国厕所革命现场上被评为“厕所革命综合推进先进单位”，沙坡头景区和西夏陵景区分别被评为“机制创新代表单位”和“彰显特色代表单位”。会同自治区交通运输厅，对全区高速公路与国道上已有的490个旅游交通标识进行更新。加强旅游交通基础设施统筹规划，推动高速公路服务网向周边景区和乡村旅游点延伸，提高连接特色景观名镇名村、乡村旅游重点村的道路等级。加强城市与景区、景区与交通干线之间的交通设施和交通组织，实现城市中心区、机场、车站、码头等到主要旅游景区、旅游度假区等以及景区之间的交通无缝衔接。推动各地完善交通沿线及关键节点的旅游交通导览引导系统，将观景台、旅游标识标牌等设施与交通基础设施统一规划、设计。重点提升高速公路、国道、省道、旅游专用道路以及旅游景区、旅游度假区、乡村旅游点、商业步行街区等游客集中区域的旅游交通引导标识体系，增加区域人文特征和旅游特色，实现旅游交通标识的设置规范、清晰明确、快速识别。

七、区域发展方面

（一）在以旅游促进区域协调发展、城乡一体化发展方面的举措及效果

旅游在促进乡村发展、新农村建设方面的举措及效果。2017年以来，我们坚持把乡村旅游作为加快旅游产业转型升级、促进区域协调发展的重要突破口，持续推进项目建设、产品体系、市场营销等工作，乡村旅游人数和旅游收入连续12年保持两位数增长，已成为我区旅游产业蓬勃发展的“生力军”。

一是编制旅游规划，统筹乡村旅游发展。编制五市乡村旅游发展规划和乡村旅游示范点发展规划，同时引导鼓励四星级、五星级农家乐创建国家A级旅游景区、休闲农业与乡村旅游示范区，全面实行乡村旅游景区化管理和产业化发展。

二是制定乡村旅游行业标准，规范乡村旅游经营。制定出台《宁夏回族自治区星级农家乐等级评定管理办法》《宁夏回族自治区农家乐旅游服务质量等级划分与评定》（地方标准）以及农家乐旅游协会章程、管理制度和工作制度，把分散的“农家乐”资源联合成为规模实体，不断提高服务质量和管理水平。

三是加强资金支持，促进农家乐提档升级。自治区每年均安排专项资金扶持乡村旅游基础设施建设，从交通基础设施抓起，不断提高可进入性、通畅性。同时，持续

做好智慧旅游、饮用水、供电、厕所、停车场等的公共服务设施的配套完善。四是全力实施“十百千万”工程。3 年内要创建十条旅游特色街区、发展十大旅游购物商店、做特十大旅游扶贫示范村、扶持十大特色农家乐、推广十大金牌旅游小吃、评数百名旅游服务之星、培育千名乡村旅游带头人、培训万名旅游从业人员。力争通过 3 年的努力，在全区旅游行业形成争先、创优、树品牌的良好风尚，促进旅游服务质量全面提升。

（二）旅游在促进新型城镇化、特色城镇建设等方面的举措及效果

坚持把打造十大特色产业示范村作为促进新型城镇化、特色城镇建设的重要抓手。按照“一村一品”理念，我们从全区筛选确定了 10 个资源禀赋较高、文化积淀深厚的村庄作为首批特色产业示范村集中打造（贺兰县常信乡四十里店村、永宁县闽宁镇原隆村、利通区郭家桥乡山水沟村、青铜峡市叶盛镇地三村、盐池县高沙窝镇兴武营村、红寺堡区新庄集乡西川村、西吉县吉强镇龙王坝村、隆德县陈靳乡新和村、泾源县大湾乡杨岭村和中宁县舟塔乡舟塔村），由自治区住建厅、农牧厅、林业厅、旅游发展委、扶贫办各指导帮扶 2 个村庄，形成梯次推进格局，让乡村旅游成为美丽中国、富美乡村的生动载体，成为游客看得见山、望得见水、记得住乡愁、留得住乡情的真实写照。

八、精准扶贫方面

通过乡村旅游促进精准扶贫方面的举措及效果

一是加大财政支持力度。我们把乡村旅游精准扶贫作为打造宁夏全域旅游示范（省）区和全域旅游示范市、示范县的突破口，重点扶持列入国家序列的 8 个贫困县的 72 个旅游资源禀赋、基础设施较好的行政村发展乡村旅游，按照当年自治区旅游发展专项资金的 5% 以上支持旅游扶贫，优先安排基础设施建设与重点项目，协调有关部门整合资金，加强旅游扶贫重点村环境整治、道路、供水供电、停车场、厕所等基础设施建设以及标识标牌等公共服务设施建设。2016 年安排旅游扶贫专项资金 3845 万元，用于西吉县火石寨乡沙岗村等全区 20 个旅游扶贫重点村和泾源县胭脂峡景区等旅游基础设施建设。2017 年初安排旅游扶贫专项资金 4630 万元支持旅游扶贫重点村、盐池、彭阳、西吉县景区等建设。

二是加强规划引导。编制完成《宁夏六盘山旅游扶贫发展规划（2015—2020 年）》和五市乡村旅游发展规划。规划和建设泾源县胭脂峡景区、盐池县长城关旅游带、东部环线旅游风景大道、韦州古城等旅游扶贫带动功能强的新景区、新项目，升级改造一批设施落后、功能单一的现有景区，通过开发新的景区带动周边乡村旅游发展。

三是加强旅游公共服务体系建设。大力实施旅游基础设施“六小工程”（每个村

建一个停车场、一个旅游厕所、一个垃圾集中收集站、一个医疗急救站、一个农副土特产品商店和一批旅游标示标牌），完善乡村旅游配套设施。大力扶持改建、新建农家乐、农家客栈示范户，实施“三改一整”（即改厨、改厕、改房、修整院落）和乡村旅游“后备箱”工程，提升乡村旅游综合消费。

四是健全社会力量参与机制。鼓励支持民营企业、社会组织、个人参与扶贫开发，实现社会帮扶资源和精准扶贫有效对接。支持有条件的旅游扶贫重点村和农家乐积极发展智慧乡村游、电子商务游，积极推动“互联网＋旅游扶贫”模式，为全区三星级以上农家乐、有条件的旅游扶贫重点村建立电子档案，链接旅游智慧网和手机APP，充分依托微博、微信等新媒体促进乡村旅游产品在线宣传和销售，实现乡村旅游、旅游扶贫富民工程与旅游市场的常年对接。

五是培养旅游扶贫致富带头人。积极组织全区乡村旅游从业人员赴江西、安徽、贵州、陕西、四川、福建、浙江等省研修学习，组织全区乡村旅游扶贫重点村村干部参加国家旅游局组织的乡村旅游村干部培训班。在自治区党校举办了全区乡村旅游从业人员培训班。并要求各县、各乡镇结合实际，搞好管理和技能培训，提升经营管理人员和从业人员的专业技能，力争对具备发展乡村旅游条件的贫困村中的贫困户做到培训到户、培训到人，抓好素质提升，为推动乡村旅游的快速发展提供了人才支撑。截至目前，宁夏现有建档立卡贫困村1100个，其中未脱贫销号村551个，贫困人口41.8万；国家确定的宁夏乡村旅游扶贫重点村72个，其中59个是建档立卡贫困村，目前已脱贫销号40个。全区有67个乡村旅游扶贫重点村通过发展旅游带动4.21万建档立卡贫困户脱贫。

九、生态文明建设

旅游在促进生态文明建设和可持续发展方面的举措及效果

固原是我国西北地区重要的生态功能屏障区。近年来，通过天然林保护、封山禁牧、流域治理等手段强化生态建设，固原市生态文明建设有了长足发展，走上了可持续发展道路。

一是坚持以新发展理念为引领，坚持以“绿水青山就是金山银山”的重要思想和自治区第十二次党代会“生态立区”战略为基本遵循，大力实施生态建设和环境治理工程，突出山河治理和大生态建设，补齐固原生态脆弱现状的短板，更要发挥好固原生态潜力巨大的优势，以生态农业、林业及林下经济、乡村旅游等特色优势产业推进全市大生态建设和环境优化，把固原建成宁夏旅游的南大门和全国旅游东进西出、南下北上的重要枢纽，建成文化氛围浓厚的生态旅游和休闲度假城市，提高旅游产业的聚集和拉动效应。

二是强化生态功能屏障区建设，明确了发展方向，规划了发展的基本路径，立足于固原实际和长远发展的潜力需求，符合调结构、转方式、扩内需、惠民生的发展要求。认真贯彻落实自治区第十二次党代会精神，坚持生态立市战略，走建设大生态的路子。把固原四县一区 1.05 万平方公里的国土作为一个生态功能区，统一规划，合理布局，整体建设，突显特色，联动推进。

三是划定基本农田、水资源、森林生态系统红线，严格旅游景区景点的林评、环评，把旅游景区、景点的开发建设规范在合理空间，推进旅游开发和生态保护协调发展。促进旅游业主动适应国家环保、生态建设政策和最大限度降低旅游排放，最大限度避免旅游活动对生态环境的影响。同时，推进强化旅游业对生态环境保护的能动性，由“被动保护”向“主动建设”转变，以旅游景区、旅游道路带动城乡绿化、美化、净化、亮化。

新疆维吾尔自治区

一、全域旅游

以全域旅游为引领，培育旅游创新发展新动能，促进旅游转型升级。扎实推进全域旅游发展，支持有条件县市积极创建全域旅游示范区，指导吐鲁番市、巴里坤县、木垒县、布尔津县、阿勒泰市、温泉县、昭苏县、阜康市、吉木萨尔县、乌鲁木齐县、裕民县、博湖县、特克斯县、乌什县、喀什地区 15 个县市区做好全域旅游示范区创建的各项基础工作，确保取得实效。目前，各级党委政府对全域旅游发展已形成广泛共识，纷纷提出并实施一系列发展全域旅游的新部署、新目标、新举措。各地因地制宜、大胆改革，勇于实践，全域旅游发展各具特色，发展成效日益凸显。快速推进的全域旅游建设，为当地经济社会发展带来了新机遇，既激发了全域旅游发展的新动能，又体现出全域旅游发展的新担当。经过近两年实践，新疆全域旅游发展呈现出以下 5 个特点：

一是党政统筹、创新体制。全域旅游示范区创建已经成为县市一把手工程，形成县委决策统筹，政府推动落实，县乡村三级联动，多部门联合互融共促的发展格局。

二是顶层设计、融合发展。坚持旅游引领、部门协作、行业融合，编制多规合一的全域旅游专项规划，将旅游发展同精准扶贫、定居兴牧、抗震安居、富民安居、新农村建设相结合。在推进全域旅游发展过程中注重发挥文化、旅游、城建等不同管理部门的力量，形成合力，共同推进。

三是政府主导，企业主办、援疆助力。注重调动一切社会力量投入，形成政府、企业、援疆省市、当地居民合力共建的格局。四是全民参与、全民共享。布尔津县旅游住宿业、餐饮业、旅游商品销售解决了当地居民近万人就业，富蕴县旅游民宿解决了 100 多户哈萨克牧民就业增收。注重发挥引导引领作用，喀什市实施旅游就业“种子工程”，对当地居民进行培训，增强他们的旅游服务意识和服务技能，鼓励扶持当地居民从事旅游商品生产销售、旅游餐饮接待、家访歌舞表演，打造旅游民宿主题客栈，喀什市特色民俗街区解决了至少 2 万人的就业。五是全域服务、绿色发展。提升旅游公共服务设施的全域覆盖水平，景区内外全域范围内公共服务均等化。

二、改革试点

突出特色，精准发力，稳步推进先行区建设。构筑以克拉玛依市为中心的丝路自驾游体系、新疆航空旅游中转枢纽体系、连接国际国内的空中旅游走廊体系“三大体系”，打造区域旅游集散中心；建立“1+1+ N”为支撑的旅游投融资机制，释放旅游市场活力；实施以“3+4+ N”为核心的旅游精品项目建设，构筑城市旅游支撑品牌；推动“旅游 +12+ N”产业融合发展，助推旅游业转型升级；实施城市精准营销，搞好“大宣传”、开展“大活动”、走向“大市场”，叫响城市品牌；不断提升旅游质量，塑造良好“好客油城”形象。

先行区建设的稳步推进，为克拉玛依市旅游业的转型发展注入了新的动力和活力，促使克拉玛依市旅游业实现“两大转变”，一是实现克拉玛依由单一的“油（石油）城”向“既是油（石油）城又是游（旅游）城”的转变；二是实现由旅游过境地向旅游过夜地的转变并朝着旅游集散地的目标不断迈进。

初步形成“两大体系”，一是形成城市旅游产品体系，地质地貌旅游、石油工业旅游、城市休闲旅游“三大城市旅游支撑品牌”初具雏形，建成 38 处景区景点（其中 A 级景区 11 家）、4 家滑雪场、81 家“农家乐”；二是形成城市旅游产业体系，旅游企业发展到 368 家，涉旅企业（经营户）超过 3000 家。

三、产业促进

加强旅游产业融合发展，协调推进旅游产业发展水平更上一层楼。

（一）“旅游 + 自驾”，深入推进全区自驾车房车营地服务体系建设。

进一步加大旅游供给侧结构性改革和提档升级，完善自驾车房车营地基础设施与配套服务，与自治区公安厅、交通厅、国土厅、住建厅、工商局联合印发了《新疆维吾尔自治区关于促进自驾车房车营地建设和管理工作方案》，力争把自驾车房车旅游培育成旅游业新的增长极，发挥好旅游产业集聚功能和作用，全面推动新疆自驾游绿色、有序、健康发展。截至目前，全区已建成营地 10 处，在建营地 32 处，计划投资总额 29.21 亿元，实际投资总额 11.12 亿元；预计 2 年内开工建设拟建营地 77 处，计划投资总额 33.34 亿元；到 2020 年，全区力争建成自驾车房车营地 100 处。

（二）“旅游＋体育”，进一步推动旅游与体育的融合发展

为贯彻落实国家旅游局、国家体育总局《关于大力发展体育旅游的指导意见》（旅发〔2016〕172 号）文件精神，保障和改善民生，培育新的经济增长点，全委与自治区体育局对接，召开座谈会建立联络工作机制，研究制定了《新疆维吾尔自治区关于推动体育旅游产业发展的实施意见》，共同推进旅游与体育的深度融合，充分发挥我区旅游和体育的资源优势和市场优势，完善体育旅游基础设施，拓展合作内容，培育体育旅游品牌，实现旅游和体育的共建、共享、共兴、共赢。通过旅游部门与体育部门的紧密合作，力争到 2020 年，把新疆体育旅游发展成为国民休闲度假的重要产品，全区体育旅游接待总量和体育旅游总收入等综合指标明显增长，为全区经济社会又好又快发展提供强有力支撑。2017 年 8 月，新疆丝绸之路国际度假区由国家旅游局、国家体育总局确定为首批“国家体育旅游示范基地”创建单位，中国环塔（国际）拉力赛被确定为首批国家体育旅游精品赛事。

（三）“旅游＋康养”，进一步推动康养旅游产业深入发展

为创新建立党政统筹、部门联动、顶层设计、多规合一、资源整合、旅游引领、多业融合、政策扶持的发展机制，推动康养结合、医养结合和旅养结合，进一步促进旅游、医疗、养老、体育领域的融合发展，全委与自治区政协先后在乌鲁木齐县、奇台县联合举办康养旅游产业先行先试区座谈会，通过前期认真筹备，会议取得圆满成功，开启了我区康养旅游产业发展的新篇章，推动康养旅游产业发展迈上新台阶。同时全委会同自治区卫生和计划生育委员会、民政厅、体育局共同制定了《新疆维吾尔自治区康养旅游产业发展实施意见》，并在座谈会上予以发布，该意见的出台顺应当前旅游业的发展趋势，是新疆“十三五”期间康养旅游产业创新发展的指导性文件，对于促进我区传统旅游产业转型升级，全力推进旅游供给侧结构性改革，不断丰富旅游产品供给，加快构建“旅游＋”多业融合发展格局具有较强的现实意义。目前，初步确定了乌鲁木齐县、特克斯县、奇台县、昌吉市在开展康养旅游方面先行先试，为我区发展康养旅游探索新的方向和渠道。

（四）“旅游＋马产业”，更好推动新疆马产业发展

为加快新疆现代马产业发展，创新发展马文化旅游产业，培育新疆特色的马文化旅游品牌，自治区旅发委制定印发了《关于旅游促进现代马产业发展实施意见》。引导各地重视马文化旅游产业发展，进一步提升马文化旅游产业化水平，把我区马文化旅游发展成为国民休闲度假的重要产品，全区马文化旅游接待总量和马文化旅游总收入等综合指标明显增长，努力使马文化旅游收入成为我区旅游经济收入新的亮点，成

为促进增收、旅游富民的有效渠道。促进马文化、马精神成为新疆的名片，吸引更多游客参与马文化旅游，逐步走出独具我区特色的马文化旅游产业化之路，提升马文化旅游市场影响力，塑造我区马文化旅游品牌形象，形成新疆文化旅游的核心竞争力，成为国家马文化旅游的领跑者。目前，伊犁昭苏天马产业园已初具规模，野马集团、神木源也在积极探索开展以马文化为核心的旅游产品，丰富了新疆的旅游业态。

（五）“旅游＋交通运输”融合发展更深更广

与交通运输厅合作，正在编制《自治区旅游公路规划》和《加快新疆旅游公路发展的指导意见》，强化顶层设计，优化旅游公路基础条件。天山世界遗产风景道（新疆霍城、巩留、新源、特克斯、和静）、中巴公路风景道（新疆喀什—塔什库尔干—红其拉甫口岸）列入25条国家旅游风景道示范工程，库尔勒至博斯腾湖景区（国家5A级景区）旅游专线公路正式开通运行，昌吉西部南山伴行旅游公路等一批旅游公路项目加紧建设，旅游公路建设全面提速。初步统计，年内约200亿元投资用于旅游公路建设。与自治区公安厅、交通厅、国土厅、住建厅、工商局联合印发《新疆维吾尔自治区关于促进自驾车房车营地建设和管理工作方案》，推进全区自驾车房车营地服务体系建设。截至目前，全区已建成营地10处，在建营地30处，计划投资总额28.46亿元，实际投资总额10.9亿元，预计2年内开工建设营地77处。公路等基础设施条件的改善，提高了旅游出行的通达率和效率，节约了游客出游时间成本。旅游业的蓬勃发展，又带来了交通运输业的快速发展。

四、对外开放

利用“一带一路”倡议的巨大国际影响力，借助“中哈旅游年”活动和2017年阿斯塔纳世博会，积极走出去，有效扩大对外开放，提升新疆旅游国际化水平。抢抓机遇，将20项宣传推介活动主动纳入2017年哈萨克斯坦“中国旅游年”整体安排中，主动承担国家安排的重大任务，成功举办2017年阿斯塔纳世博会新疆旅游专题推介会。积极协助国家旅游局在哈国设立中国旅游办事处，派员参与其中，承办具体事宜。边境旅游试验区、跨境旅游示范区试点创建工作取得新进展，伊宁—霍尔果斯市边境旅游示范区实施方案已被国家旅游局确定为全国边境旅游示范区重点方案之一。截至8月2日，中哈霍尔果斯国际边境合作中心中方区出入境人数突破302.7万人次，哈方区出入境人数突破179万人次，预计2017年合作中心中哈双方出入境人数将突破950万人次，边境旅游展示出强大的吸引力。

加大国际旅游市场宣传促销。2017年参加了德国柏林国际旅游交易会，法国巴黎国际旅游展、英国伦敦国际旅游交易会、2017中美旅游高层对话会议等国际性展会；

参加了国家旅游局于5月15—23日在阿联酋、马来西亚、新加坡组织开展的“美丽中国——冰雪之旅”联合推广活动，不断扩大新疆旅游对外宣传。

五、促进消费

冬春旅游产品供给多样，冰雪游和赏花游受热捧。为均衡四季，做热冬春，以冰雪为重点，以花季为线索，持续在旅游供给侧发力，进行结构性改革，努力增加产品供给，力促夏季更火，冬春变热。相继推出冬春旅游主题活动160个，打造“冰雪旅游”“花儿为什么这样红”“乘着火车游新疆”等旅游品牌，冰雪旅游、赏花旅游受到游客青睐。乌鲁木齐、阿勒泰、伊犁、博州、昌吉、哈密等地州市纷纷举办冰雪旅游活动，冰雕展、冰灯节暨冰雪风情节、冬捕节、冰雪嘉年华、冰雪大世界等活动异彩纷呈，“丝绸之路＋冰雪旅游＋民族风情”产品组合，实现文旅融合，形成独特品牌魅力，迅速叫响全国，吸引大批疆外游客。吐鲁番杏花、裕民县山花、伊犁杏花迅速形成旅游热点，“花儿为什么这样红”旅游品牌逐渐叫响，支撑了春季旅游。

自驾旅游取得新突破。与自治区体育局联合研究制定《关于进一步推动体育旅游产业发展的实施意见》，共同推进旅游与体育的深度融合，到2020年，力争使我区体育旅游成为国民休闲度假的重要产品。目前，该意见初稿已基本完成。借助环塔拉力赛、环赛里木湖自行车赛等一批体育赛事，营造了旅游消费热点。

兵地合作，促进红色旅游区域融合发展。目前，新疆共有红色旅游景区26家。2016年，全区红色旅游接待游客884.63万人次，综合收入72.14亿元。全面启动了红色旅游规划工作。旅游与相关产业深化融合发展正在加速推进，大旅游格局正在加速形成。

六、公共服务

建立旅游数据共享机制。为进一步改进和加强旅游统计工作，完善旅游统计数据收集、分析工作，真实、准确反映全区旅游市场状况，为新疆旅游统计数据提供有力的参考和广泛的数据支撑，全委与公安、交通、民航、铁路、海关等单位积极沟通、协调相关工作，建立自治区旅游数据共享机制。明确相关部门共享的旅游数据内容、报送时间节点、数据来源等内容。

着力构建智慧旅游体系，全力提升旅游信息化服务管理水平。主动融入互联网时代，用信息化提升产业发展和管理水平。整合信息化资源，启动建立集旅游公共信息服务、文明旅游倡导、旅游企业监管、旅游市场秩序整治、旅游投诉、旅游不文明记录、旅游企业诚信记录、旅游目的地警示等于一体的旅游服务门户和社会综合管理平台。加快推进新疆旅游要素体系信息化和精准营销，启动“118114”咨询平台旅游综合咨询服务。引导本辖区内所有旅游企业、旅游景区和旅游要素信息在百度地图上系统化标注，推进新疆旅游要素体系及时更新和网上宣传销售，补齐我区旅游公共服务信息短板。支持搭建新疆旅游云数据平台，推进新疆智慧旅游和大数据统计体系建设。启动建设新疆旅游产业要素体系大数据库，开发建设新疆在线旅游服务咨询预订交易平台和 APP 软件，为全力构建智慧化公共服务体系提供信息化强有力的支撑。

开展旅游服务质量诚信年行动，优化旅游消费环境，文明旅游成果初显。在连续 5 年开展旅游市场专项整治工作的基础上，启动实施全区旅游服务诚信年行动，开展市场整治“春季行动”“暑期整顿”等专项行动，14 部门联动形成综合执法机制，加大执法检查力度，重拳打击违法行为。认真落实自治区维稳各项措施，完善各项旅游安全应急预案，切实加强旅游重大活动的安全管理，及时消除安全隐患。提高旅游安全保障水平，确保旅游万无一失，已成为全行业刻在心上的责任。2017 年“5・11”塔县地震、“8・8”九寨地震、“8・9”精河地震发生后，旅发委快速反应、迅速行动，立即启动区、州、县三级应急机制，在最短时间内了解掌握游客安全状况，做好游客情绪安抚工作，送去党委、政府的温暖；排查旅游设施安全隐患，确保旅游安全；迅速向自治区党委、政府报送“第一手”信息资料，服务决策。注重文明旅游提升工作，积极倡导文明旅游，加大宣传，做到家喻户晓，充分利用传统媒体和“两微一端”多种方式、倡导文明出行，力促全社会形成文明旅游共识。

加大旅游建设力度，不断改善公共服务。以旅游厕所建设为抓手，补齐旅游基础设施短板，新建改建旅游厕所 216 座和第三卫生间 29 座任务年内将如期完工。着力建设与旅游产业相关的配套基础设施，不断构建完善的旅游公共服务体系，让旅游出行更加安全、舒适、高效。

七、区域发展

*大力发展乡村旅游，充分发挥乡村旅游带动就业扶贫作用。*出台实施《新疆维吾尔自治区乡村旅游促进管理办法》，鼓励支持各地出台免税、以奖代补等政策大力发展乡村，把乡村旅游作为推进旅游发展的重要增长点和促进农牧民就业增收的重要渠道，切实加强对乡村旅游的规划、管理和政策引导，不断完善乡村旅游基础设施，丰富乡村旅游产品，推动乡村旅游向特色化、市场化、产业化、规模化方向发展，充分将乡村旅游与扶贫有机结合起来。

目前，已发展农牧家乐 4237 家，2017 年新增 255 家，其中星级农牧家乐 171 家。

已发展旅游商品经营户 1681 家，旅游餐饮民宿经营户 1513 家。

八、精准扶贫

（一）示范引领

根据《自治区级乡村旅游扶贫示范县及旅游致富带头人创建评选办法（试行）》，全委联合扶贫办为推进 2017 乡村旅游扶贫示范县创建工作进行了摸底。目前，已根据《自治区级乡村旅游扶贫示范县及旅游致富带头人创建评选办法（试行）》评出 2017 年的 10 个旅游扶贫示范县。

（二）项目带动

积极与扶贫办对接 2017 年村级惠民生项目，最终确定 2017 年我委村级惠民生项目 63 个，共计项目资金 3150 万元，目前，所有村级惠民生项目资金已发放到位。并下发了《关于变更 2017 年村级惠民生项目的函》（新旅函〔2017〕167 号），针对部分地州市旅游局反映，个别村级惠民生项目由于不符合实际建设需求，经研究，对 16 个村级惠民生项目进行了变更。

（三）多种模式辐射带动

派出调研组对巴州、阿克苏地区、喀什地区旅游扶贫工作方进行实地调研，并形成了调研报告，对在旅游扶贫工作中取得的经验和问题进行了总结，并针对问题，下发了通知，结合自治区“十三五”旅游扶贫实施方案中旅游扶贫的目标任务，进行了摸清底数，夯实基础，因地制宜，有的放矢，充分发挥农（牧）家乐 + 扶贫、景区 + 扶贫、观光农业 + 扶贫、美丽乡村建设 + 扶贫、旅游滑雪场 + 扶贫、特色旅游乡镇 + 扶贫、特色城市综合体 + 扶贫、手工艺品 + 扶贫、农副产品销售 + 扶贫、旅游消费新业态 + 扶贫模式、电商 + 扶贫等模式对扶贫的带动作用。

（四）深入贯彻落实国家旅游局旅游扶贫政策

自治区发展改革委、国土资源厅、环境保护厅、住建厅、交通运输厅、农业厅等 11 家单位联合下发了《新疆维吾尔自治区乡村旅游扶贫实施意见》。启动百企帮百村行动，制定下发《新疆维吾尔自治区旅游行业百企百村帮扶实施方案》。下发了《关于做好旅游精准扶贫摸底调查工作的通知》，坚持实事求是原则，切实把能够通过旅游带动扶贫的贫困户的底数彻底摸清楚，做到有的放矢，切实做到真扶贫、扶真贫。并初步制定了《自治区旅游扶贫工作相关处室分工方案》和旅游扶贫推进方案任务分配表。

九、生态文明建设

坚持以“五位一体”发展战略为指导，建立完善旅游生态环境保护考评制度。按照自治区人民政府办公厅《关于进一步完善自治区生态环境保护长效机制的意见》（新政办发〔2017〕176号）相关精神要求，围绕中央“五位一体”发展战略，制定了《旅游生态环境保护年度评估考核制度》。从完善制度建设、建立健全组织机构、科学编制规划、加强旅游日常环保工作、鼓励开展生态旅游创建、严肃日常执法检查6个方面建立旅游生态环境保护长效机制。各地、州、市旅游管理部门建立了与生态文明体制改革相适应的各项制度，成立了由主要领导为负责人的旅游行业环境保护工作领导小组，要求：一是加强与生态保护红线、环境保护规划的衔接，科学合理利用旅游资源，防止污染环境和破坏生态；二是在旅游开发和经营活动中遵守资源环境生态法律法规，加强生态环境保护，做好各类旅游景点和旅游宾馆等环境保护和污染防治工作；三是要重视发展生态旅游，推进生态旅游示范区创建，倡导生态旅游，引导文明旅游，开展生态、文明旅游特色项目或活动；四是在制定旅游规划、开发建设和经营时要严格遵守相关环保法规及国家和自治区有关生态文明建设方针政策，对于违反法律及方针政策的将严肃依法查处。下一步新疆维吾尔自治区旅发委每年在各地、州、市旅游管理部门开展自查的基础上对各地组织抽查，按照优、良、一般、较差、差进行量化定等，并对定等结果为差的单位进行通报。

新疆生产建设兵团

2017年兵团旅游工作围绕全域旅游发展和“515战略”，按照兵团第七次党代会提出的“打造中国屯垦旅游品牌，抓好全域旅游示范区创建，加快兵团旅游业发展”的总要求，以问题为导向，结合实际、大胆创新，旅游事业取得长足发展，现将年度改革创新整体情况总结如下：

一、全域旅游

兵团各级高度重视全域旅游创建工作，8月份召开了兵团全域旅游推进现场会，各师（市）、团场结合本地区位条件、资源特色和社会经济发展现状，探索交流了适合本区域的全域旅游发展新思路、新办法。为进一步推进兵团全域旅游创建工作统一了思想、明确了目标。

（一）以体制机制创新推进全域旅游发展

改革旅游管理体制机制是经济新常态下旅游业快速崛起的大势所趋，是顺应全域旅游改革的关键举措。兵团立足实行“党、政、军、企”合一的特殊机制，发挥办事效率高、执行力强、反应快速的优势，有效推动旅游事业的发展。在一、六、七、八、九、十师等旅游发展较快的单位成立了“一把手”挂帅，各职能部门负责人组成的旅游发展领导小组，进一步强化了统筹协调旅游发展的机构职能，形成了党政齐抓，共同推进全域旅游发展的局面。

（二）以财政金融创新助力全域旅游发展

兵团旅游局加强与财务局沟通协调，多渠道争取资金完善全域旅游基础设施和公共服务设施，共同出台《新疆生产建设兵团旅游专项资金管理暂行办法》，确保专项资金合理使用。2017年兵团旅游局争取各类旅游资金1.27亿元，用于全域旅游基础设施和公共服务设施的建设与改造。另外，一师每年设立文化旅游专项资金 1000 万元；八师每年设立旅游专项资金 2000 万元；九师每年设立旅游专项资金 2000 万元，用于全域旅游基础设施和公共服务建设，有力夯实了旅游转型发展基础。一师 10 团投入 1.57 亿元对团场小区、广场、景观大道等进行了绿化、亮化、美化。十师 185 团投资 2 亿元，对景区服务基础设施、道路交通基础设施、电力设施及亮化、金融服务设施、民宿改造等六大领域 22 个项目进行建设。

兵团旅游局与中国农业银行股份有限公司新疆生产建设兵团分行签署战略合作协议，共同推动兵团旅游产业发展建立长期稳定的战略合作关系。兵团农业银行无息贷款 1.2 亿元用于十师 185 团国家 5A 级旅游景区的基础设施建设。

（三）以“旅游 +”创新丰富全域旅游特色品牌

围绕“旅游 +”发展主线，把产业融合发展作为全域旅游发展的重要路径抓紧抓实，着力在旅游 + 农业、文化、城镇、工业、休闲度假、扶贫开发、体育上下功夫。一师以“旅游 + 农业观光”全力打造宜居宜业“蓝泊湾”特色梦幻小镇。利用团部城郊优势，发展设施农业，建设 3800 亩创意农业观光园，供游客观赏采摘。八师以“文化 + 旅游”新业态，持续开展文艺院团进景区活动。十师 185 团培育壮大文化旅游市场主体，做强以手工合作社、西之北文化传媒公司为代表的文化企业，提高产业集中度和竞争力。

二、产业促进

产业制度和政策决定着整个产业创新发展体系中人、财、物的投入、流向、使用效率和创新成果。兵团旅游业立足自身产业和区位特色，在旅游用地政策、多规合一、协同发展等方面进行了探索。

（一）将旅游用地纳入国土规划

兵团旅游部门与国土资源部门配合，在制定旅游规划时征求国土资源部门意见，将兵团“十三五”旅游发展规划中涉及用地项目纳入兵团国土规划中，有效解决了旅游项目建设和资源开发用地指标短缺、用地审批难等制约性问题。

（二）以全域旅游为目标，实现“多规合一”

一师十团作为国家首批全域旅游示范区创建单位，把优先发展旅游业作为制定经济社会发展、土地利用、城乡建设、生态环境保护等规划的前提，以“全域化”为目标，将旅游规划与各类规划相融合，实现全域旅游发展状态下的“多规合一”模式。

（三）探索与自治区地域交错地区实施共同开发

由于历史原因，新疆生产建设兵团与新疆维吾尔自治区在地域上存在行政管理权相互交错的问题，在一些旅游风景区也存在你中有我、我中有你的情况。鉴于此兵团旅游局与自治区旅发委建立了旅游协调机制，在部分共管景区实现了联合开发、联合申报，达到互利双赢的良好效果。

三、促进消费

为大力促进旅游消费，兵团旅游不断创新宣传推广方法手段，实现由行业宣传向社会宣传转变、由机关媒体宣传向全媒体宣传转变、由被动式宣传向主动发声转变，更好地服务行业产业发展，满足社会和公众需要。同时积极开展系列旅游节庆活动，有力促进了旅游消费。

（一）以旅游节庆活动促进消费

兵团各师围绕节假日开展丰富多彩的节庆活动，经济带动作用明显。一师阿拉尔市沙漠樱花旅游文化节；二师铁门关市博古其镇梨花节；江苏镇江“万人游四师可克达拉市”活动；六师郁金香节及郁金香节系列活动；七师采摘节、胡杨水韵景区冰雪旅游节、奎东农场桃花节；八师国际桃花节；九师旅游文化节和草原文化节；十师北屯市冰雪文化旅游节；十二师举办新疆首届国际荷兰风车节；十三师举办“赏桃花、品草莓”旅游文化节。一系列的旅游节庆活动拉动了消费，实现了旅游收入、人数双丰收。

（二）以旅游宣传营销促进消费

兵团旅游局利用《中国旅游报》《兵团日报》《西北旅游》平面媒体和微信发布平台、子网站和官方博客、宣传报道兵团旅游资源和旅游线路，组织师团及旅游企业参加“中国国际旅游交易会”“第八届中国国际旅游商品博览会”“第十二届海峡旅游博览会”等大型宣传推广活动。创建单位通过举办各种节庆活动，推介活动，宣传各师旅游品牌，扩大全域旅游影响力。一师举办蓝泊湾采摘文化节、美食文化节、红枣文化节、绿洲文化节、农业嘉年华等旅游节庆活动吸引人流、物流、资金流向团镇聚集。八师赴西安开展2017西部旅游营销大会“大美新疆　醉美石河子”主题推介会，举办了第十一届中国·新疆（石河子）国际桃花节、新疆“驼铃梦坡”杯摩托车越野挑战赛、八师121团军燕第二届“交银杯”汽车越野拉力赛。九师以“旅游+文化节庆”加大165团旅游品牌宣传推广。

四、公共服务

（一）旅游诚信制度建设

一是推进旅游标准化建设。推选第二师博斯腾宾馆进入 2017 年国家级服务业标准化试点项目，举办了星级酒店管理人员培训班，培养旅游标准化人才。

二是继续开展旅游诚信企业评比，对 28 家星级宾馆进行停业整顿处理，实现旅游企业进出有序的动态管理。

三是按照年初制定的《2017 年兵团旅游市场秩序治理行动方案》，在元旦、春节假日、“十一”和旅游旺季来临之前开展了兵团旅游市场秩序治理行动，重点整治“零负团费”“不合理低价”、欺骗强迫购物等违法违规行为。

四是加大对旅行社分支机构管理力度，进一步加强旅行社分支机构规范化管理。五是强化旅游安全管理。召开兵团旅游安全生产工作暨旅游市场秩序治理会议，进一步强化措施、落实责任，推动工作，确保新疆旅游旺季期间兵团旅游市场健康安全有序。

（二）导游管理体制改革及服务管理

2017 年兵团旅游局进一步加强了体制机制创新工作。

一是创新管理体制。兵团旅游协会正式与兵团旅游局脱钩后，兵团旅游局将兵团旅游星级饭店年度复核工作交由兵团旅游协会负责，充分发挥行业协会在兵团旅游业发展中的独特优势和应有作用。为加强行业自律，加快兵团导游自由执业化步伐，年初，兵团旅游协会成立了新疆天山旅游俱乐部。

二是按照国家旅游局统一部署，积极推进电子导游证换发工作，目前现有导游 70% 以上已完成换证。

（三）厕所革命方面

一是强化资金支持和政策扶持。2017 年，兵团建设旅游厕所 33 座，其中新建 30 座、改建 3 座。旅游厕所建设被纳入兵团旅游公共服务设施年度建设重点，2017 年列支 1120 万元对旅游厕所建设项目予以补助，同时各师配套 15 万元建设资金。要求各级发改、财务（政）、市政、环卫、园林、交通、林业等相关部门在旅游厕所建设上给予大力支持，高效办理项目规划、用地审批手续，并在税费、用电、用水、用气等方面给予适当优惠。

二是科学规划布局，坚持建设标准。按照科学规划、合理布局的原则，对重要旅游（节点）城市、景区、街区、游客集散地、乡村旅游点的现有旅游厕所分布和数量进行全面摸底、调查、核实，并对新建和改扩建旅游厕所的分布、数量、男女厕位比例、残疾人专用厕所等进行科学规划，做到布局合理、管用够用、质量优良，数量和蹲位与游客容量和增量相适应。坚持旅游厕所建设标准，印发了《旅游厕所建设管理指南》，要求旅游厕所全部为水冲式厕所或无水生态环保厕所，注重设施完备、功能实用、通风良好和清洁卫生，旅游厕所外观依据地方文化特色进行自主设计，与周边环境相协调。

三是明确责任主体，加强监督检查。明确各师和业主单位是旅游厕所建设的责任主体，建立以目标责任为基础的考核制度和奖惩制度，为兵团“厕所革命”提供制度保障。2016 年和 2017 年与各师旅游局签订了年度新疆生产建设兵团旅游厕所建设管理目标责任书，将旅游厕所建设任务分解到各师。年内多次进行现场检查和发文督办，同时结合兵团 A 级旅游景区和星级农家乐复核工作，重点对旅游厕所建设和管理情况进行核查。年度组织专家开展了全面验收考核工作，对保质保量甚至超额完成任务的相关师优先安排下一年度旅游厕所和其他旅游项目资金。

五、乡村旅游与精准扶贫

兵团充分利用大农业产业优势，大力发展乡村旅游，以乡村旅游带动旅游扶贫，促进乡村发展及新农村建设，取得了良好的经济和社会效益。

（一）借助规划促乡村旅游

随着兵团乡村旅游业的快速发展，2017 年“农家乐”“牧家乐”“渔家乐”在团场如雨后春笋般发展，为团场连队发展带来契机，同时为连队乡村旅游发展带来了机遇。在《兵团旅游业发展第十三个五年规划》和《兵团北疆重点片区乡村旅游规划》的引导下，兵团共有 11 个师整体谋划旅游工作，8 个师完成旅游规划编制，兵团 121 个团场启动了旅游开发和建设工作，40 多个团场完成旅游规划编制工作，为贫困团场和连队免费编制规划。通过兵团顶层设计和师团各级制定的多层次旅游规划，推进了兵团乡村旅游的特色化建设。三师加强扶贫顶层设计，制定了《第三师图木舒克市对口支援喀什地区脱贫攻坚工作方案》《第三师图木舒克市贯彻落实习近平总书记重要讲话精神加快推进深度贫困地区脱贫攻坚实施意见》，为更好推动师市脱贫攻坚工作提供了科学有效的顶层设计。

（二）借助全域旅游促乡村旅游

结合全域旅游理念，开创了兵团乡村旅游发展的“新机遇”“新局面”。各师以全域旅游为目标，建设美丽乡村，打造有特色的乡村旅游点，把具有旅游资源或旅游资源丰富的贫困连队纳入到全域旅游点中，以点带面创建全域旅游示范县和点，把团场打造成全域旅游大景区，带动团场和连队致富。一师 16 团借助 6 月份的荷花节，当日接待游客近 3 万人次。八师石河子通过全域旅游发展，全面完善产品体系，全面提升服务接待设施水平，五一小长假共接待游客 18.75 万人次，实现旅游综合收入

7500万元，分别比2016年同期增长23%和25%；十二师小土豆农庄以“旅游＋农业”的方式开展农事体验，蔬菜采摘项目，上半年接待5万人次。

（三）借助政策扶持促发展

为鼓励连队职工积极性，消除后顾之忧，根据兵团“农家乐”经营的实际情况，在政策上予以扶持。一是政策支撑。兵团制定了《贯彻〈国务院办公厅关于进一步促进旅游投资和消费的若干意见〉的实施意见》。到2020年，兵团建成80个以上乡村旅游模范连队，形成150个以上乡村旅游特色连队、100家星级农家乐，乡村旅游年接待游客超过200万人次，受益职工10万人。二是资金扶持。对四师、八师、十师出台了鼓励乡村旅游发展政策对旅游规划编制和获得星级农家乐、等级景区、举办旅游节庆实行以奖代补政策，2017年下拨各类旅游发展资金6700万元，支持各师乡村旅游游客中心、旅游厕所、停车场等基础和服务设施建设。十三师红星四场二牧场牧业连旅游扶贫工程基础设施建设项目已经完成了可研、项目选址等前期手续，项目正在开展中。

（四）借助人才培训促扶持

以“请进来、走出去”的形式抓好人才培训。申请国家旅游局“送教上门”项目，举办兵团乡村旅游经营与管理培训，重点对最新修订的《农家乐旅游服务质量等级划分》（DB65/T 2617—2015）进行培训，组织星级农家乐代表参加国家乡村旅游发展专题培训，同时组织他们到成都等地参观学习，聘请专业人士，对“农家乐”从业人员进行了服务技能、食品卫生、接待礼仪、消防安全、法律知识等方面的培训，提高了经营户的服务水平和经营水平。5月份，十三师旅游局联合河南省旅游局，哈密市旅游局联合举办“乡村旅游管理培训班”。培训内容涉及乡村旅游发展与旅游扶贫、乡村旅游规划与产品策划、乡村旅游产品营销、休闲农业与乡村旅游示范创建标准等方面，50多位农家乐负责人参加了培训；同时，在9月份十三师旅游局与哈密市旅游局共同受邀参与北京市旅发委、河南省旅游局在北京开办的乡村旅游、智慧旅游、全域旅游培训班，通过专家授课、交流分享、体验教学等方式，为旅游管理部门搭建了专业学习和互动交流的平台，取得了明显成效。

六、生态文明建设

为了保护好兵团旅游生态环境，正确处理好旅游资源开发与生态环境保护的关系，确保兵团旅游业的可持续发展，兵团旅游局把环境保护当成经常性工作来抓，坚持“保护优先、永续利用”原则，具体开展了以下工作：

（一）加强规划管理，明确环保职责

一是在兵团旅游局组织编制发布的《中国屯垦旅游新疆兵团区域专项规划》和《兵团旅游业发展第十三个五年规划》中，都将“旅游资源和环境保护”作为重要章节内容加以强调，明确环保工作职责和任务举措。

二是指导兵团各师（市）、团场和重点旅游景点编制规划时，按照国家标准《旅游规划通则》和旅游部门环境保护职责，要求将环境保护内容作为规划必备项目，明确环境保护工作是规划及项目实施中必备的硬性条件，对于缺少环保内容的规划，则不予组织评审。

三是指导重点景区编制规划时，侧重于加强景区生态环境保护管理，明确景区功能分区布局，做好旅游线路的设计，确保游客容量、设施建设与生态环境的承载能力相互适应，确保旅游设施建设与自然景观相协调。

（二）加强旅游环保基础设施和公共服务设施建设

一是加大对景区环保设施投资力度。在安排旅游景区建设项目和审定建设内容时，将环境保护设施设备作为项目建设的重要组成部分，如设置垃圾箱等环卫设施、生态停车场、生态游步道、环境保护引导标识等。2017 年，下拨旅游发展专项资金 1000 余万元，主要用于一、七、九师木栈道、生态停车场等基础设施建设；十师 185 团白沙湖创建 5A 级旅游景区建设中，用于旅游厕所、排污、植被等环保投入超亿元，提升了景区环保质量。

二是组织开展兵团旅游“厕所革命”三年建设行动。兵团办公厅 2015 年下发《关于印发〈兵团旅游厕所建设管理三年行动计划（2015—2017 年）〉的通知》，明确 2015—2017 年兵团将新建旅游厕所 100 座、改建旅游厕所 10 座。截至目前，已完成新建、改建旅游厕所 88 座，实际投资 2340 万元，完工率 100%，兵团旅游厕所革命取得显著成效。

（三）加强对旅游企业环境保护日常工作的监督管理

一是通过标准引导，促使等级景区、星级饭店等企业重视环境保护工作。在等级景区和星级饭店国家标准中，都将环境保护作为重要的考核内容和检查项目，如景区标准对空气、地面水、污水排放、绿化面积有一定要求，酒店标准中对节能减排、绿色发展有相关规定。兵团旅游局在标准宣贯和组织评定过程中，将环保内容作为重要指标加以考量。

二是在开展标准复核中，对环保不达标的景区和酒店进行相应处理。例如 2016 年 11 月份、2017 年 4 月份，根据国家旅游局统一部署，兵团旅游局两次对 4A 级旅游景区开展集中检查工作，全面检查景区安全管理、厕所革命、市场秩序、环境保护与服务质量等情况，对不达标的景区进行了处理，警告 3 家景区，通报批评 2 家景区，

取消等级 1 家。

（四）加强旅游活动环境保护宣传

兵团旅游局和各师旅游局充分利用节庆及旅游公益活动，通过发放宣传册、展览、说明书、门票、导游图、纪念品等形式积极开展旅游行业的环境保护宣传，在旅游线路和景点集中的地带设立环境保护标语牌或提示牌，加大对导游人员和出境领队的文明旅游培训力度，在培训中进行有关环境保护知识的宣传，通过对导游和出境领队的文明旅游培训带动了旅游者、旅游管理者的生态环境保护意识，正在形成文明旅游、科学旅游、健康旅游的社会氛围。

责任编辑：陈　冰
责任印制：冯冬青
版式设计：何　杰

图书在版编目（CIP）数据

中国旅游业改革发展报告．2016−2017 / 国家旅游局政策法规司，中国社会科学院旅游研究中心编著．−− 北京：中国旅游出版社，2018.3

ISBN 978-7-5032-5990-6

Ⅰ．①中…　Ⅱ．①国…　②中…　Ⅲ．①旅游业发展－研究报告－中国－2016-2017　Ⅳ．①F592.3

中国版本图书馆 CIP 数据核字（2018）第 045147 号

书　　名：中国旅游业改革发展报告（2016—2017）
作　　者：国家旅游局政策法规司，中国社会科学院旅游研究中心编著
出版发行：中国旅游出版社
（北京建国门内大街甲 9 号　　邮编 100005）
http://www.cttp.net.cn　E-mail:cttp@cnta.gov.cn
营销中心电话：010-85166503
经　　销：全国各地新华书店
印　　刷：北京工商事务印刷有限公司
版　　次：2018 年 3 月第 1 版　2018 年 3 月第 1 次印刷
开　　本：720 毫米 × 970 毫米　1/16
印　　张：23
字　　数：448 千
定　　价：78.00 元
I S B N　978-7-5032-5990-6